«... zu dieser dauernden Reformation berufen»

TVZ

reformiert !

herausgegeben von
Matthias Felder, Magdalene L. Frettlöh,
Frank Mathwig, Matthias Zeindler

Bd. 8 – 2020

Martin Ernst Hirzel, Frank Mathwig (Hg.)

«... zu dieser dauernden Reformation berufen»

Das Zweite Helvetische Bekenntnis: Geschichte und Aktualität

T V Z
Theologischer Verlag Zürich

Der Theologische Verlag Zürich wird vom Bundesamt für Kultur
mit einem Strukturbeitrag für die Jahre 2019–2020 unterstützt.

Bibliografische Informationen der Deutschen Nationalbibliothek
Die Deutsche Nationalbibliothek verzeichnet diese Publikation in der Deutschen Nationalbibliografie; detaillierte bibliografische Daten sind im Internet über http://dnb.dnb.de abrufbar.

Umschlaggestaltung
Simone Ackermann, Zürich
Unter Verwendung einer Illustration von Matthias Käser-Braun

Druck
Rosch Buch GmbH, Scheßlitz

ISBN 978-3-290-18210-6 (Print)
ISBN 978-3-290-18319-6 (E-Book: PDF)

www.tvz-verlag.ch

Vorwort zur Reihe

Die Schweizer Reformation war die erfolgreichste Reformation sowohl im Hinblick auf ihre Reichweite als auch auf ihre Nachhaltigkeit. Das Ausrufezeichen im Reihentitel «reformiert !» hebt den Finger im deutschsprachigen Raum der lutherischen Erbengemeinschaft. Die reformierte Tradition steht für Offenheit gegenüber anderen Konfessionen und Religionsgemeinschaften, für ein kritisch-engagiertes und zugleich aufmerksam-widerständiges Verhältnis gegenüber dem Staat und für einen revisionsfreudigen Gegenwartsbezug ihrer Glaubensinhalte.

Das Ausrufezeichen fällt auf und bekräftigt sichtbar dasjenige, worauf es bezogen ist. Ausrufezeichen sind – wie Theodor W. Adorno bemerkt hat – ein Stilmittel des Expressionismus, das zugleich Auflehnung und Ohnmacht signalisiert. Ein Widerspruch wird über- oder zugespitzt – Karl Barths «Nein!» – oder ein Protest als kollektive Bewegung stilisiert – Stéphane Hessels «Empört euch!». Der Strich mit dem Punkt hat Konjunktur in den sozialen Medien als Satzzeichen der ewig Unverstandenen. Das Ausrufezeichen reagiert auf eine gestellte oder unterstellte Frage und versucht die Zweifel zu überspringen, die der Satz selbst nicht auszuräumen vermag. Das Ausrufezeichen in «reformiert !» steht für all das: eine Position, ihre Bekräftigung und den dadurch alsbald provozierten Widerspruch.

Mit dem Ausrufezeichen unterscheiden sich die Reformierten vom Punkt der Lutheraner. Was bei Letzteren zum Abschluss kommt, wird bei Ersteren offengehalten. Wer ein Ausrufezeichen setzt, rechnet mit Fragezeichen: Nachfragen, Einwänden, Kritik und der Nötigung, noch einmal und immer wieder neu zu beginnen. In diesem Sinn folgen die reformierten Reformatoren dem Humanisten Erasmus, der den Ausdruck *logos* in Johannes 1,1 nicht mit *verbum* «Wort», sondern mit *sermo* «Gespräch»/«Rede» übersetzte. Reformiertes Bekennen gehört seither in das Gespräch der Kirche über den Glauben und tritt nicht an seine Stelle. Kirche nach reformiertem Verständnis ist entsprechend geistbegabte Kommunikationsgemeinschaft in der Nachfolge ihres Herrn.

Die Geschichte und Gegenwart der reformierten Kirchen und Theologien besteht aus einem Netz solcher Kommunikationsgeschichten. Das machte sie einerseits zum weltweit wirkungsmächtigsten schweizerischen Exportartikel. Andererseits erzeugt dieses Selbstverständnis bis heute ein vielstimmiges Gemurmel, in dem das eigene Wort manchmal untergeht, Missverständnisse und Dissense zum Alltag gehören und der Streit um die Wahrheit zum Dauerbrenner wurde. Die Zumutung, die Debatte nicht abreissen zu lassen oder gar doktrinär abzubrechen, kann so ermüdend werden, wie sie unverzichtbar ist und bleibt.

Die Reihe «reformiert !» greift diese lange Tradition des reformierten Gesprächs auf: zeitgenössisch, herkunftsbewusst, kontrovers, innovativ. Reformiert steht nach dem Verständnis der Herausgebenden für einen lebendigen Streit um die Sache ohne Schlusspunkt, aber mit deutlichem, zur kritischen Reflexion herausforderndem Ausrufezeichen.

Matthias Felder
Magdalene L. Frettlöh
Frank Mathwig
Matthias Zeindler

Bern, im November 2017

Inhalt

Abkürzungen

Die *Confessio Helvetica posterior* (= CHp) und Das *Zweite Helvetische Bekenntnis* (= ZHB) werden nach den folgenden Ausgaben zitiert:

CHp Heinrich Bullinger, Confessio Helvetica posterior (1566), bearbeitet von Emidio Campi: Andreas Mühling/Peter Opitz (Hg.), Reformierte Bekenntnisschriften, Bd. 2/2, Neukirchen-Vluyn 2009, 243–345.

ZHB Heinrich Bullinger, Das Zweite Helvetische Bekenntnis. Ins Deutsche übertragen von Walter Hildebrandt und Rudolf Zimmermann. Mit einer Darstellung von Entstehung und Geltung sowie einem Namen-Verzeichnis, Zürich ^{5}1998.

Martin Ernst Hirzel, Frank Mathwig

Vorwort

Die in diesem Band vereinigten Beiträge gehen zurück auf eine Tagung zum 450. Jahrestag des *Zweiten Helvetischen Bekenntnisses* unter dem Titel «‹... zu dieser dauernden Reformation berufen›. 450 Jahre Zweites Helvetisches Bekenntnis». Eine lange Tradition in Zürich aufnehmend, fand die Jubiläumsveranstaltung im Oktober 2016 auf Initiative des Schweizerischen Evangelischen Kirchenbundes und in Kooperation mit der Theologischen Fakultät der Universität Zürich und der Evangelisch-reformierten Landeskirche des Kantons Zürich statt. An historischem Ort, in der Helferei in Zürich, trafen sich an zwei Tagen in- und ausländische Expertinnen und Experten, um über Geschichte, Aktualität und Perspektiven der bedeutenden Bekenntnisschrift von Heinrich Bullinger zu diskutieren. Der Anlass entwickelte sich zu einem beeindruckenden und instruktiven Fachgespräch in einer kollegial-konstruktiven Atmosphäre. Die Fachtagung wurde ergänzt durch einen öffentlichen Abendvortrag von Professor Bruce Gordon (Yale, New Haven). Die Veranstaltung hat nicht nur erneut den Reichtum und die bleibende Bedeutung der reformiert-reformatorischen Tradition der Schweiz aufgezeigt. Verschiedene Beiträge erproben die Verbindung, die in der CHp mit der Bezugnahme auf die altkirchlichen Bekenntnisse selbstverständlich vorausgesetzt wird und die sich im Zitat aus dem Ökumenismus-Dekret des II. Vatikanischen Konzils im Tagungs- und Buchtitel widerspiegelt: «Ecclesia in via peregrinans vocatur ...».[1]

Zum vorliegenden Tagungsband hat Professor Jan-Andrea Bernhard (Zürich) noch eine rezeptionsgeschichtliche Studie und die Herausgeber einen zeitgeschichtlichen Beitrag beigesteuert, der den Bogen zur jüngeren Bekenntnisdiskussion in der Schweiz schlägt. Marion Wittine war uns bei den Korrekturarbeiten eine wertvolle Hilfe. Lisa Briner, Leiterin des Theologischen Verlags Zürich, danken wir für die in gewohnter Weise gute Zusammenarbeit sowie der Evangelisch-reformierten Kirche Schweiz für die Übernahme der Publikationskosten.

Martin Ernst Hirzel
Frank Mathwig

Bern, im September 2019

---

1 II. Vatikanisches Konzil, Dekret über den Ökumenismus, Kap. II, 6; vgl. Emidio Campi, «Ecclesia semper reformanda». Metamorphosen einer altehrwürdigen Formel: Zwingliana 37/2010, 1–19 (2).

Gottfried Wilhelm Locher

Geleitwort

«... in der Einigkeit des Glaubens und der Lehre ...»[1]

Im 450. Jahr nach Erscheinen des *Zweiten Helvetischen Bekenntnisses* kam eine internationale Gruppe von Fachleuten an der historischen Wirkungsstätte Heinrich Bullingers in Zürich zusammen. In Vorträgen und Gesprächen beschäftigten sich die Teilnehmenden mit dem wegweisenden – und aus heutiger Sicht weltweit einflussreichsten – Bekenntnistext der schweizerischen Reformation. Die Tagung «‹... zu dieser dauernden Reformation berufen›. 450 Jahre Zweites Helvetisches Bekenntnis» wurde vom Schweizerischen Evangelischen Kirchenbund in Kooperation mit der Theologischen Fakultät der Universität Zürich und in Verbindung mit der Evangelisch-reformierten Landeskirche des Kantons Zürich veranstaltet und fand in gediegener geschichtsträchtiger Umgebung statt.

Im Jahr 1270 erstmals urkundlich erwähnt, beherbergte der Tagungsort, das Haus an der Kirchgasse 13, seit dem 15. Jahrhundert die Professoren der hiesigen theologischen Fakultät. 1525 zog der Scholasticus und Theologieprofessor am Grossmünsterstift, Huldrych Zwingli, mit seiner Familie in die damals so genannte «Schulei» ein. Nach seinem Tod fand die Witwe mit ihren Kindern auf Veranlassung Bullingers in dem von ihm und seiner Familie bewohnten Antistitium, dem heutigen Pfarrhaus, Unterkunft. Die Schulei bezog der Nachfolger Zwinglis auf der Professur für biblische Theologie, Theodor Bibliander. Nach Aufhebung des Grossmünsterstifts im Jahr 1832 wurde das Haus Amtssitz des Diakons – des «Helfers» – und erhielt damit seinen heutigen Namen «Helferei». Das Haus war aber nicht nur Wohnstätte und Amtsgebäude von bedeutenden Gestalten der Reformationsgeschichte, sondern auch ein Ort, an dem um die «Einigkeit des Glaubens und der Lehre» gerungen wurde. So legten 1549 die reformierten Kirchen von Zürich und Genf unter diesem Dach ihren Abendmahlsstreit im *Consensus Tigurinus* bei. In inspirierender Umgebung diskutierten die Tagungsteilnehmenden in der nach Plänen von Johann Jakob Breitinger in der Mitte des 19. Jahrhunderts errichteten neugotischen Kapelle.

1 ZHB, Vorrede, 12. Überarbeitete Ansprache anlässlich der Eröffnung der Tagung «‹... zu dieser dauernden Reformation berufen›. 450 Jahre Zweites Helvetisches Bekenntnis» am 7. Oktober 2016 im Kulturhaus Helferei in Zürich.

«450 Jahre Zweites Helvetisches Bekenntnis» – bereits der Tagungstitel gibt zu denken. Die 450 Jahre von Bullingers Bekenntnis strahlen nicht mehr den Glanz der umwälzenden Anfangsphase aus, der kurze Zeit nach der Tagung mit den Feierlichkeiten zu 500 Jahren Reformation gedacht wurde. Das jubilarische Hinterherhinken des bullingerschen Bekenntnisses spiegelt sich auch in seinem etwas phantasielos anmutenden Titel *Confessio Helvetica posterior* wider. Es war eben nicht das erste reformierte Bekenntnis, nicht einmal in der Schweiz. Ihm voraus gingen beispielsweise der *Berner Synodus* von 1532, die 1536 von einer Theologengruppe unter Leitung von Leo Jud in die deutsche Sprache übersetzte *Confessio Helvetica prior*, Johannes Calvins im gleichen Jahr erschienene *Confession de la Foy*, der bereits erwähnte *Consensus Tigurinus* von 1549 oder die von Johannes Comander und Philipp Gallicius 1552 verfasste *Confessio Rhaetica*. Genau genommen war das *Zweite Helvetische Bekenntnis* nicht einmal ein von allen reformierten Ständen der Schweiz anerkannter Bekenntnistext. Denn unter dem Einfluss des Luther nahestehenden Theologieprofessors und Antistes Simon Sulzer hatte Basel seine Zustimmung verweigert. So liegt die ernüchternde Einsicht nahe: Das *Zweite Helvetische Bekenntnis* war weder ein Zeugnis des Aufbruchs mit dem Charme des Ersten und Neuen, noch hatte es eine alle schweizerischen Reformierten einende Reichweite. Dazu passt die verbreitete Meinung von der Hintergrundexistenz Bullingers im Schatten seines übergrossen Vorgängers Zwingli. Dieses Vorurteil wurde, von Ausnahmen abgesehen, bis in die 1970er Jahre auch von der Forschung bestätigt. Erst dann setzte ein verstärktes Interesse am Zürcher Antistes und eine intensive Beschäftigung mit seiner reichen Theologie ein.

Aber warum «450» im Titel? Zweifellos entspricht die Zeitangabe den historischen Tatsachen und erlaubt eine geschichtliche Einordnung des *Zweiten Helvetischen Bekenntnisses*. Hand aufs Herz! Hätte es diese Tagung gegeben und wären Fachleute aus den USA und Europa zusammengekommen, wenn kein solches Datum den Anlass und ihre Anwesenheit gerechtfertigt hätte? Die Frage ist berechtigt, denn das Verhältnis der Schweizer Reformierten zu ihren Bekenntnissen ist komplex, manche sagen schwierig, andere behaupten sogar prekär. Das gilt für Bekenntnisse allgemein, aber in besonderer Weise für das bullingersche. Seine häufige Bezugnahme auf die Kirchenväter und die ersten Ökumenischen Konzilien unterstreichen sein Anliegen, die Übereinstimmung der reformatorischen Lehre mit der Alten Kirche aufzuweisen und hervorzuheben. Vor diesem Hintergrund könnte die hinzugefügte Zeitangabe zum Veranstaltungsthema auch als Selbstdistanzierung der reformierten Erinnerungsgemeinschaft (miss)-verstanden werden, als – zumindest in der Vergangenheit – eine Art Verlegenheitslösung. In diesem Sinne bemerkte der Theologe Otto Fridolin Fritzsche in seiner Festrede zum dreihundertjährigen Gedenken des *Zweiten Helvetischen Bekenntnisses* der Theologischen Fakultät der Universität Zürich im Jahr 1866:

> «Die helvetische Confession ist auch uns ein ehrwürdiges Product, ehrwürdig durch ihre Haltung, ehrwürdig durch ihren Verfasser, ehrwürdig durch die Anerkennung, die sie erlangte, aber ihre verpflichtende Bedeutung hat sie für uns verloren. *Einer* ist unser Meister, *Jesus Christus*, so *Bullinger'n*, so uns: aber die Wissenschaft, die Schrifterkenntnis, das Leben ist fortgeschritten, vertrauen wir auf dem einigen gemeinsamen Grund stehend trotz mancher sehr einschneidender Verschiedenheiten dem Helfer, dem Geiste, den der Herr verheissen hat, er wird uns in alle Wahrheit führen!»[2]

Diese Haltung ist selbst eine historische und atmet den Geist des damals aktuellen Apostolikumstreits. Wir stehen heute an einem anderen Ort, auch deshalb, weil wir die damaligen Kontroversen und die daraus resultierenden Konfliktlösungen mehrheitlich internalisiert haben. Sie gehören längst zum verbreiteten Selbstverständnis der Schweizer Reformierten. Insofern birgt eine Tagung zu einem reformierten Bekenntnistext in Zürich einige ekklesiologische und kirchenpolitische Brisanz. Die Autorinnen und Autoren des Bandes nehmen in ihren Beiträgen diese Herausforderung an und beziehen ihre gewonnenen historischen Einsichten auf die heutigen Herausforderungen von Kirche und Theologie.

Tagungen zum *Zweiten Helvetischen Bekenntnis* haben in Zürich eine lange und gute Tradition. Anlässlich der 400-Jahr-Feier des *Zweiten Helvetischen Bekenntnisses* 1966 hatte der Kirchenrat des Kantons Zürich eine Jubiläumsausgabe des bullingerschen Bekenntnisses veranlasst. Den angefügten Text zur Entstehungsgeschichte und Geltung der *Confessio* beginnt Walter Hildebrandt mit den Worten:

> «Glaubensbekenntnisse entstehen aus dem Bedürfnis, sich selber über den eigenen Glaubensstand Rechenschaft zu geben und sich vor seiner Umgebung darüber zu erklären. So entstand im Jahre 1566 die ‹Confessio Helvetica posterior›, ‹Das Zweite Helvetische Bekenntnis›, aus der Notwendigkeit, die rechte Lehre der reformierten Kirchen in der Eidgenossenschaft kundzugeben und deren Übereinstimmung mit allen Kirchen Christi, namentlich aber mit der alten apostolischen Kirche, zu beweisen.»[3]

2 Otto Fridolin Fritzsche, Die Helvetische Confession. Rede im Namen der Theologischen Facultät in Zürich zur Dreihundertjährigen Jubelfeier der Helvetischen Confession am 18. Juli 1866, Zürich 1866, 22–23.

3 Walter Hildebrandt, Entstehung und Geltung des Zweiten Helvetischen Bekenntnisses (Anhang): Heinrich Bullinger, Das zweite Helvetische Bekenntnis, hg. vom Kirchenrat des Kantons Zürich zum Gedächtnis des Erscheinens vor vierhundert Jahren – 1566, Zürich 1966, 139–166 (139).

Die Bemerkung veranschaulicht nicht nur, dass das kirchliche Erinnern an das *Zweite Helvetische Bekenntnis* selbst einem historischen Wandel unterliegt. Darüber hinaus ist dort – wohlgemerkt im Präsens – von dem «Bedürfnis» der Kirche die Rede, sich selbst und gegenseitig über den Glauben Rechenschaft abzulegen. Die Aufforderung aus 1. Petrus 3,15 hat nichts von ihrer Aktualität eingebüsst – im Gegenteil. Sie stellt die Kirchen in einer liberalen und religiös pluralen Gesellschaft – und zuweilen auch angesichts eines ausfransenden Konfessionalismus und Denominationalismus – vor ganz neue innere und äussere Herausforderungen. In individualisierten Lebenswelten hat die Frage nach Einheit auf den ersten Blick keine Konjunktur. Zugleich sind die Nöte fehlender Einheit und gemeinsamer Orientierung unübersehbar. Das gilt auch für die Kirche, deren Pluralisierung eine historisch-kontingente Tatsache und gleichzeitig fragwürdige Entwicklung darstellt.

Genau in diesem Punkt ist der Blick Bullingers den Ausgangsperspektiven Zwinglis oder Luthers überlegen. Der Nachfolger war hautnah mit den durchschlagenden, aber auch ambivalenten Folgen des Wirkens seiner Vorgänger konfrontiert. Insofern hat es nicht nur agendarische, sondern gewichtige ekklesiologische Gründe, dass vor den Feierlichkeiten zur 500-jährigen Reformation über das ein halbes Jahrhundert jüngere Bekenntnis von Heinrich Bullinger nachgedacht und diskutiert wurde. Als Präsident der Gemeinschaft Evangelischer Kirchen in Europa (GEKE) und als Reisender in ökumenischer Sache liegt mir das Verbindende und Verbindliche der *Confessio*, die nicht selbstzufrieden bei den eigenen Überzeugungen stehen bleibt, besonders am Herzen. Ich bin davon überzeugt, dass nicht nur die Reformierten, sondern auch die weltweite Kirche heute von Bullinger lernen kann.

Frank Mathwig, Martin Ernst Hirzel

Die *Confessio Helvetica posterior* im Gegenwind

Heinrich Bullingers Bekenntnis im Horizont der reformierten Bekenntnisdiskussion in der Schweiz

I. Jubiläumsfragen

Anlässlich des 400. Jahrestags des *Zweiten Helvetischen Bekenntnisses* stellte Fritz Blanke ganz unfeierlich zwei unbequeme Fragen:

> «Hat die zürcherische reformierte Landeskirche das Recht dazu, aus Anlass der 400. Wiederkehr des Erscheinens der Zweiten Helvetischen Konfession eine Jubelfeier zu veranstalten? Dieses Bekenntnis ist ja in unserer Kirche und in allen anderen reformierten Schweizer Kirchen ausser Kraft gesetzt. Im 18. Jahrhundert wurden die reformierten Pfarrer in der Schweiz auf die Helvetica Posterior vereidigt. Im 19. Jahrhundert wurde diese Verpflichtung in unserem ganzen Land aufgehoben, und heute sind die reformierten Kirchen der Schweiz die einzigen in der protestantischen Welt, die keine Bekenntnisschrift haben. [...] Sind wir darum von Heinrich Bullinger abgefallen?»[1]

Der Kirchen- und Dogmengeschichtler und in dieser Funktion 1964 Gründer des Instituts für Schweizerische Reformationsgeschichte in Zürich wies die von ihm aufgeworfenen Fragen am Ende zurück. Mit Berufung auf Bullinger selbst plädierte er für eine Relativierung der Bedeutung seines Bekenntnisses: «Von einer Bekenntnisschrift als Merkmal der Kirche ist [im Zweiten Helvetischen Bekenntnis] nicht die Rede. Die Kirche wird durch das Evangelium begründet.»[2] Und hinzugefügt werden müsste, dass der Gedanke eines «Abfalls» der Kirche Jesu Christi von einer historischen Person nicht nur ein unreformierter, sondern auch ein durch und durch römisch-katholischer Vorwurf wäre. Insofern kann als reformierter Konsens vorausgesetzt werden:

1 Fritz Blanke, Entstehung und Bedeutung des Zweiten Helvetischen Bekenntnisses: Kirchenrat des Kantons Zürich (Hg.), 400 Jahre Zweites Helvetisches Bekenntnis. Geschichte und ökumenische Bedeutung. Ansprachen anlässlich der Feier vom 8. Juni 1966 im Grossmünster Zürich, Zürich/Stuttgart 1966, 11–25 (23–24).

2 Blanke, Entstehung (Anm. 1), 24.

> «Es gehört zu den charakteristischen Merkmalen des reformierten Protestantismus, dass er seine Identität weder auf eine ihn normierende ‹apostolische› Tradition, noch auf eine einzelne, massgebende Gründergestalt oder doch einen klar eingrenzbaren Gründerkreis, noch auf ein vorgegebenes Corpus Doctrinae stützen kann und will. Das macht es nicht leicht, ihn im Konzert der vielfältigen Gestalten des Christentums klar zu identifizieren.»[3]

Freilich verschiebt diese schweizerisch-reformierte Standardsicht nur den Fokus von Blankes rhetorischer Provokation. Auch wenn die Frage nach einem *Recht* auf reformierte Bekenntnisfeiern aus *reformierter Sicht* in der Schweiz nicht sinnvoll gestellt werden kann, ist damit die andere Frage nach den spezifisch kirchlichen und theologischen *Gründen* für ein feierliches Gedenken noch nicht vom Tisch. Die Idee, die *Confessio* als einen erfolgreichen schweizerischen Exportschlager – neben Heimweh, Neutralität, Käse, Schokolade, Sackmesser usw. – zu feiern, wäre zwar aus nationaler Sicht durchaus erwägenswert, sollte aber die Kirchen und die Theologie kalt lassen.

Umso höhere Betriebstemperatur ist von ihnen dagegen beim Nachdenken über die eigene reformierte «Identität» gefordert.[4] Dabei geht es nicht um einen reflexhaften «konfessorisch-religiösen Gegenlärm»[5] in der bild- und symbolfixierten spätmodernen Gesellschaft. Vielmehr gilt es, die aktuellen kirchlichen Profil- und Profilierungsdebatten – in einer zweiten Reflexionsrunde – zeitgeistkritisch auf ihre kirchliche und biblisch-theologische Kohärenz und Korrespondenz zu überprüfen.[6] Die selbstreflexive Pointe dieses ekklesiologischen Verge-

3 Peter Opitz, Identitätsmerkmale der reformierten Bekenntnistradition in historischer Sicht: Maren Bienert/Marco Hofheinz/Carsten Jochum-Bortfeld (Hg.), Neuere reformierte Bekenntnisse im Fokus. Studien zu ihrer Entstehung und Geltung (reformiert!, Bd. 2), Zürich 2017, 25–54 (25).

4 Zum schwierigen Begriff der Identität im kirchlichen Kontext vgl. Margit Ernst-Habib, Reformierte Identität weltweit. Eine Interpretation neuerer Bekenntnisse aus der reformierten Tradition, Göttingen/Bristol CT 2017, bes. Kap. 2: «Confessing is Identity»: Der doppelte Fokus von Identität und Bekenntnis, 57–108; Opitz, Identitätsmerkmale (Anm. 3), sowie die knappe, aber wichtige Bemerkung von Rudolf Gebhard, Umstrittene Bekenntnisfreiheit. Der Apostolikumstreit in den Reformierten Kirchen der Deutschschweiz im 19. Jahrhundert, Zürich 2003, 458.

5 Matthias D. Wüthrich, Theologische Überlegungen zur reformierten Bekenntnisbildung in der Schweiz: SJKR/ASDE 15/2010, 37–62 (39).

6 Der Korrespondenzbegriff schliesst hier an das «story»-Konzept von Dietrich Ritschl an; vgl. ders., Die Herausforderung von Kirche und Gesellschaft durch medizinethische Probleme. Ein Exposé zu einer Landkarte der medizinischen Ethik: ders., Konzepte. Ökumene, Medizin, Ethik. Gesammelte Aufsätze, München 1986, 213–244, 226: «Korrespondiert die von mir erwogene Handlung in Bezug auf eine Einzelstory (ein Einzelschicksal) oder eine einzelne Frage dem, was unsere Väter bekannt, gelehrt und gehofft

wisserungsprozesses greift Blankes Anfrage auf und weitet sie aus: Was passiert in der Kirche, wenn von den klassischen *notae ecclesiae* und den reformatorischen Exklusivpartikeln, den vier *soli*, etwas subtrahiert oder – diese Option ergibt sich logisch aus der Bekenntnisfreigabe – hinzuaddiert wird?

Die folgenden Überlegungen gehen anhand einiger weitgehend vergessener Beispiele aus der schweizerischen Rezeptionsgeschichte des bullingerschen Bekenntnisses und der aktuellen Bekenntnisdebatte der Frage nach den Gründen für eine kirchliche und theologische Beschäftigung mit der *Confessio Helvetica posterior* nach. Der Fokus liegt dabei auf einem Aspekt des ersten Wortes im Titel, mit dem sowohl der *Inhalt* und *Status* des Textes als auch seine *Gattung* benannt wird. Zwar bestehen Inhalt, die illokutionäre Rolle seiner Äusserung und ihr performativer Anspruch nicht unabhängig voneinander. Aber die analytische Konzentration auf die Textgattung bietet die Möglichkeit, den inhaltlichen Fokus des *Zweiten Helvetischen Bekenntnisses* auf das neu erwachte systematisch- und praktisch-theologische Interesse an Bekenntnistexten zu beziehen.[7] Aus zwei

haben, was wir aus der Bibel erinnern, was Jesus gesagt, getan und gelebt hat (was Moses gesagt, was Jahwe gewollt hat)?» Zur christologischen Modifikation dieser Reflexionsfigur vgl. Marco Hofheinz, Gezeugt, nicht gemacht. In-vitro-Fertilisation in theologischer Perspektive, Münster 2008, 424–433.

7 Zur aktuellen Diskussion vgl. aus reformierter Sicht Michael Beintker, Der Wandel der Denkformen und die Hermeneutik der reformatorischen Bekenntnisse: ders./Martin Heimbucher (Hg.), Verbindende Theologie. Perspektiven der Leuenberger Konkordie, Neukirchen-Vluyn 2014, 145–170; Bienert/Hofheinz/Jochum-Bortfeld, Bekenntnisse (Anm. 3); Pierre Bühler/Emidio Campi/Hans Jürgen Luibl (Hg.), «Freiheit im Bekenntnis». Das Glaubensbekenntnis der Kirche in theologischer Perspektive, Zürich/Freiburg i. Br. 2000; Michael Bünker (Hg.), Schrift – Bekenntnis – Kirche / Scripture – Confession – Church (Leuenberger Texte 14), Leipzig 2013; Eberhard Busch, Reformiert. Profil einer Konfession, Zürich 2007, bes. 31–48; ders., Die Nähe der Fernen – Reformierte Bekenntnisse nach 1945: Michael Welker/David Willis (Hg.), Zur Zukunft der Reformierten Theologie. Aufgaben – Themen – Traditionen, Neukirchen-Vluyn 1998, 587–606; Matthias Felder/Frank Mathwig, Bekennen und Säkularisierung. Zur gesellschaftlichen Verortung der Kirche aus reformierter Sicht: Irene Dingel/Christiane Tietz (Hg.), Säkularisierung und Religion. Europäische Wechselwirkungen, Göttingen 2019, 165–182; Magdalene L. Frettlöh (Hg.), «Gottes kräftiger Anspruch». Die Barmer Theologische Erklärung als reformierter Schlüsseltext (reformiert!, Bd. 3), Zürich 2017; Rudolf Gebhard, Kirchenordnung und Bekenntnis: Ingolf U. Dalferth/Cla Reto Famos (Hg.), Das Recht der Kirche. Zur Revision der Zürcher Kirchenordnung, Zürich 2004, 183–207; Ernst-Habib, Identität (Anm. 4); Martin Ernst Hirzel, Bekenntnis und Kirchengemeinschaft aus reformierter Perspektive: Thomas Flügge u. a. (Hg.), Wo Gottes Wort ist. Die gesellschaftliche Relevanz von Kirche in der pluralen Welt. FS für Thomas Wipf, Zürich 2010, 157–167; ders./Frank Mathwig/Matthias Zeindler (Hg.), Der Heidelberger Katechismus – ein reformierter Schlüsseltext (reformiert!, Bd. 1), Zürich 2013; Marco Hofheinz/Georg Plasger/Annegreth Schilling (Hg.), Verbindlich werden. Reformierte Existenz in ökumenischer Begegnung.

Gründen bietet sich die *Confessio* für einen solchen Versuch an: Erstens ist hier die Schnittmenge der beiden Anliegen – wie die Beiträge im vorliegenden Band zeigen – ausgesprochen gross und zweitens bieten die älteren und jungen Bekenntnisdiskussionen in der Zürcher Kirche ein einzigartiges Anschauungsmaterial.[8] Die Kirche Zwinglis und Bullingers hat es sich zu keiner Zeit leicht gemacht mit ihrer Bekenntnistradition. Sie mag die *Confessio* und das *Apostolikum* ab einem gewissen Zeitpunkt für zu leicht befunden haben, aber auf die leichte Schulter genommen hat sie die beiden Bekenntnisse nicht.

FS für Michael Weinrich, Neukirchen-Vluyn 2015 (bes. die Beiträge von Marco Hofheinz und Christian Link); Marco Hofheinz/Raphaela J. Meyer zu Hörste-Bührer/Frederike van Oorschot (Hg.), Reformiertes Bekennen heute. Bekenntnistexte der Gegenwart von Belhar bis Kappel, Neukirchen-Vluyn 2015; Matthias Krieg (Hg.), Reformierte Bekenntnisse. Ein Werkbuch, Zürich 2009; Matthias Krieg/Hans Jürgen Luibl (Hg.), In Freiheit Gesicht zeigen. Zur Wiederaufnahme des liturgischen Bekennens im reformierten Gottesdienst, Zürich/Freiburg i. Br. 1999; Thomas K. Kuhn (Hg.), Bekennen – Bekenntnis – Bekenntnisse. Interdisziplinäre Zugänge, Leipzig 2014; Wolfgang Lienemann, Bekenntnis, Bekenntnisfreiheit, Bekenntnisbindung: Informationes Theologieae Europae. Internationales Jahrbuch für Theologie, Frankfurt a. M. 2011, 9–33; Frank Mathwig, Norma normans – norma normata? Zur Frage nach der Autorität kirchlicher Bekenntnisse aus reformierter Sicht: Paolo Becchi u. a. (Hg.), Texte und Autoritäten. Autorität der Texte, Basel 2012, 153–179; Georg Plasger, «Es ist ein rechtes Bekenntnis, nicht aber verkehrte Verteidigung vonnöten.» Die Öffentlichkeit des Bekenntnisses bei Calvin, in Barmen und heute: KuD 56/2010, 31–44; ders., Die Confessio Augustana als Grundbekenntnis der Evangelischen Kirche in Deutschland? Anmerkungen und Überlegungen aus reformierter Perspektive: ZThK 105/2008, 315–331; Hanna Reichel, Theologie als Bekenntnis. Karl Barths kontextuelle Lektüre des Heidelberger Katechismus, Göttingen/Bristol CT 2015; Alfred Schindler, Überlegungen zum Bekenntnisstand der evangelisch-reformierten Landeskirchen der Schweiz, vor allem Zürichs: SJKR/ASDE 5/2000, 33–45; Friedrich Weber, Bekenntnis und Bekennen. Die Barmer Theologische Erklärung und die Confessio Augustana als die evangelischen Kirchen verbindende Bekenntnisse: KuD 56/2010, 323–330; Thomas Wipf, Bringt uns ein (*gemeinsames*) Bekenntnis weiter? Eine reformierte Stimme im Raum der Leuenberger Kirchengemeinschaft GEKE: EKD (Hg.), Soll das Augsburger Bekenntnis Grundbekenntnis der Evangelischen Kirche in Deutschland werden? Ein Votum der Kammer der Evangelischen Kirche in Deutschland für Theologie (EKD Texte 103), Hannover 2009, 108–118; Wüthrich, Überlegungen (Anm. 5).

8 Vgl. dazu die entsprechenden Titel in der vorherigen Anmerkung.

II. Kirchliche Bekenntnisse als Indikatoren für und Reflexionen über den Zeitgeist

1. Das 300-jährige Jubiläum des Zweiten Helvetischen Bekenntnisses

Nach einem verbreiteten Bonmot wüssten die Reformierten zwar nicht so genau, was sie glauben, aber dafür umso präziser, was sie nicht glauben. Als Gründe dafür gelten – neben der Reformation – die wegweisenden kirchenpolitischen Weichenstellungen im 19. Jahrhundert. Die Entwicklung begann 1803 mit der Streichung des *Zweiten Helvetischen Bekenntnisses* aus dem Ordinationsgelübde der Zürcher Pfarramtskandidaten, weitete sich anschliessend auf die gesamte Deutschschweiz aus[9] und mündete in die vollständige Abschaffung der Verbindlichkeit jeglicher Glaubensbekenntnisse.[10] Die Privatisierung und Pluralisierung christlichen Bekennens fiel in eine Zeit grosser Umwälzungen: der ersten Schweizer Bundesverfassung von 1848, die die Glaubens- und Gewissensfreiheit als Grundrecht etablierte, das zunächst nur den Mitgliedern der christlichen Kirchen vorbehalten war, aber mit der Verfassungsrevision von 1872 generalisiert und auf die Angehörigen anderer Religionsgemeinschaften ausgeweitet wurde.[11]

9 1847 wurde das *Zweite Helvetische Bekenntnis* bzw. die Basler Konfession nur noch bei den Amtseinführungen in Bern, Freiburg, Basel-Stadt, Schaffhausen und Graubünden erwähnt. Vgl. Gebhard, Kirchenordnung (Anm. 7), 189, Anm. 18.

10 Zu den Einzelheiten siehe Gebhard, Bekenntnisfreiheit (Anm. 4); Thomas K. Kuhn, Kirchen ohne Bekenntnis. Der schweizerische theologische Freisinn und seine Folgen: Jochen-Christoph Kaiser (Hg.), Vom Ertrag der neueren Kirchengeschichte für Kirche und Gesellschaft. Symposium zum 70. Geburtstag von Martin Greschat, Marburg 2008, 85–104; Olivier Fatio (Hg.), Confessions et catéchismes de la foi réformée, Genf 1986. Bereits 1725 war in Genf die Bekenntnisverpflichtung aufgehoben und damit auch die *Formula Consensus* und das *Zweite Helvetische Bekenntnis* ausser Kraft gesetzt. Vgl. Klauspeter Blaser, Die Abschaffung des Glaubensbekenntnisses in der Schweiz, dargestellt am Beispiel der Waadt (1839): Zwingliana 15/1981, 382–396; Rudolf Pfister, Das Zweite Helvetische Bekenntnis in der Schweiz: Joachim Staedtke (Hg.), Glauben und Bekennen. Vierhundert Jahre Confessio Helvetica Posterior. Beiträge zu ihrer Geschichte und Theologie, Zürich 1966, 54–80, bes. 65–70; Joachim Staedtke, Die historische Bedeutung der Confessio Helvetica Posterior: ders., Reformation und Zeugnis der Kirche. Gesammelte Studien, Zürich 1978, 199–211 (202).

11 Vgl. Gebhard, Bekenntnisfreiheit (Anm. 4), 445–448; Thomas K. Kuhn, Religionsfreiheit – Beispiele aus dem schweizerischen Diskurs des 18. und 19. Jahrhunderts: Reinhold Bernhardt/ders. (Hg.), Religionsfreiheit. Schweizerische Perspektiven, Zürich 2007, 13–35. Vgl. aus spezifisch kirchlich-theologischer Sicht die zeitgenössischen Darstellungen von [Diethelm] G[eorg] Finsler, Geschichte der theologisch-kirchlichen Entwicklung in der deutsch-reformierten Schweiz seit den dreissiger Jahren, Zürich 1881; Carl Pfeiffer, Ueber die Zukunft der evangelischen Kirche in der Schweiz, mit besonderer Rücksicht auf

Hinzu kam die Welle neuer oder revidierter Kantonsverfassungen und Kirchenordnungen, die im – liberal interpretierten – Geiste Huldrych Zwinglis darauf zielten, die Eigenständigkeit der einzelnen Kirchgemeinden zu stärken.[12] Die Entscheidungskompetenz in Lehr- und Bekenntnisfragen verschob sich damit von der kantonalen auf die Gemeindeebene. In enger Verbindung zwischen Kirche und Politik bildeten sich auf kirchenpolitischer Ebene entlang der Positionen im Bekenntniskonflikt zwei engegengesetzte Gruppierungen heraus: die «Positiven» oder «Orthodoxen» und die «Liberalen» oder «Freisinnigen» bzw. «Reformer», zu denen eine mittlere «vermittlungstheologische» Gruppierung und – viel später – die «Religiös-Sozialen» hinzukamen.[13] Der innertheologische Konflikt zwischen den Parteigängern eines epistemischen Rationalismus und Empirismus – vor allem in Gestalt des damaligen geschichtswissenschaftlichen Paradigmas – und den Anhängern einer – an der Orthodoxie orientierten – dogmatischen Theologie wurde auf die politische Ebene verschoben, wobei der dominierende freisinnige Gestus die eigenen geschichts- und politiktheologischen Implikationen weitgehend verdeckte.[14]

Verstärkt wurden die liberalen Strömungen durch die katholischen Entwicklungen in jener Zeit. Die Dogmen von der unbefleckten Empfängnis Mariens (1854) und der Unfehlbarkeit des Papstes im Ersten Vatikanischen Konzil von 1869/1870, die Zurückweisung der Religionsfreiheit und der Trennung von Staat und Kirche in der Enzyklika *Quanta cura* samt dem 80 Irrtümer aufzählenden *Syllabus errorum* (1864) förderten die antikatholischen Ressentiments auf protestantischer Seite. Zwei gegenläufige Effekte sind dabei hervorzuheben. Einerseits richtete sich der antikatholische Reflex in der Folge auch gegen die eigene – als

---

die Bekenntnissfrage, St. Gallen/Bern 1854; E[mil] Boesch, Geschichte der schweizerisch-reformierten Kirchen, 2 Bde., Bern 1898/1899, bes. Bd. 2, 245–399.

12 Vgl. Emidio Campi, Die Bekenntnisfrage in Geschichte und Gegenwart der evangelisch-reformierten Landeskirche des Kantons Zürich: Bühler/Campi/Luibl, Freiheit (Anm. 7), 75–89, bes. 81–87; ders., Bekenntnis und Bekennen: Krieg/Luibl, Freiheit (Anm. 7), 53–61, bes. 53–57.

13 Vgl. Peter Schweizer, Freisinnig, positiv, religiössozial. Ein Beitrag zur Geschichte der Richtungen im Schweizerischen Protestantismus, Zürich 1972. Campi, Bekenntnis (Anm. 12), 55, betont in dem Zusammenhang die «engen Wechselbeziehungen zwischen Politik und Kirche»: «Es entbehrt nicht der Ironie, dass in diesem, mit allem theologischen Ernst ausgetragenen Disput die Positionen der beiden Kontrahenten zu einem guten Teil von der geistigen und politischen Atmosphäre der zu Ende neigenden Ära Escher mitgeprägt waren.»

14 Während die politik- und geschichtsphilosophischen bzw. -theologischen Hintergrundannahmen bei den Religiös-Sozialen heute gut aufgearbeitet sind, fehlt u. W. nach wie vor eine analoge kritische Aufarbeitung der theologischen, geistesgeschichtlichen und politischen Implikationen des damaligen Liberalismus.

restaurativ-katholisch denunzierte – reformierte Bekenntnistradition. Andererseits wirkte die gemeinsame Frontstellung gegen den Katholizismus ein Stück weit deeskalierend auf den Streit zwischen den reformierten Gruppierungen.[15]

Bereits die an den damaligen Debatten Beteiligten waren sich der Genuinität ihrer Lage bewusst. So bemerkt Karl Pfeiffer zur schweizerischen Situation Mitte der 1850er Jahre:

> «Es ist merkwürdig, welch' ein grosser Unterschied in der Beziehung zwischen dem protestantischen Deutschland und der protestantischen Schweiz besteht. Während man dort vor einer protestantischen Kirche ohne die altprotestantischen Bekenntnisschriften wie vor einem Gespenst ohne Fleisch und Bein zurückschreckt, als ob das eine Kirche ganz ohne Bekenntniss wäre, auch dieser Zustand sich nur in einem verhältnismässig sehr kleinen Theile von Deutschland findet, so ist das hier in der Schweiz sogar der allgemeinere Zustand, und man nimmt ihn sehr ruhig, ja fast bewusstlos hin.»[16]

Entsprechend zielt der historische Bericht des St. Galler Pfarrers darauf,

> «[d]ass es nun eine evangelische Kirche auch ohne die altprotestantischen Bekenntnissschriften geben könne, ohne darum bekenntnisslos zu werden, und dass ein solcher Zustand gar nicht nothwendig abnorm und ein blosser Uebergang sein müsse, sondern recht wohl der wahrhaft normale und für die Zukunft bestehende sein könne».[17]

Das ambivalente Verhältnis zur eigenen Bekenntnistradition wird in den Zürcher Feierlichkeiten zum 300. Jubiläum des *Zweiten Helvetischen Bekenntnisses* greifbar. Bereits die Verlegung des Anlasses vom März auf den 18. Juli 1866 – den Geburtstag Bullingers – weist auf eine gewisse Distanznahme gegenüber dessen Bekenntnis hin. Der Festredner, der Theologieprofessor und damalige Rektor der Universität Zürich, Otto Fridolin Fritzsche, begründete die Terminwahl mit der bewussten Würdigung der Person vor dem Werk.[18] Mit dem Wech-

15 Vgl. Campi, Bekenntnis (Anm. 12), 56, und Ralph Kunz, Reformierte Katholizität – eine Leerstelle?: Wolfgang W. Müller (Hg.), Katholizität – Eine ökumenische Chance, Zürich 2006, 117–146 (125–129), der den Apostolikumstreit als Prozess der «Dekatholisierung» rekonstruiert.

16 Pfeiffer, Zukunft (Anm. 11), Vorrede, o. S. [3].

17 Pfeiffer, Zukunft (Anm. 11), Vorrede, o. S. [3–4].

18 Fritzsche selbst hatte noch 1839 den lateinischen Text der *Confessio* mit einem Vorwort veröffentlicht, in dem er die Geschichte des Bekenntnisses nachzeichnete. Vgl. Confessio helvetica posterior. Recognovit atque cum integra lectionis varietate autographi turicensis, prolegomenis indicibusque edidit Otto Fridolinus Fritzsche, Zürich 1839.

sel des Datums sollte offensichtlich an der Bedeutung des Reformators trotz des Bedeutungsverlusts seines Bekenntnisses festgehalten werden. Bezeichnenderweise kommt der Laudator erst nach knapp zwei Dritteln seines Vortrags (ab Seite 14 des 23-seitigen Textes) auf das Bekenntnis zu sprechen. Prägnant setzt er Bullingers Schrift von dem hermetischen, «bewundernswerthen formulirten dogmatischen Zauberkreis» eines «Consensu repetitus fidei vere Lutheranae» ab und deutet die Differenz als liberalen Zug im theologischen Denken des Zürcher Antistes:

> «Bringt es die Natur eines Bekenntnisses mit sich, dass es deutlich und bestimmt gehalten Zweideutigkeiten nicht Raum gebe, am wenigsten absichtlich, so ist doch wiederum auch eine Differenz je nach der Stimmung und nach der Tendenz der Bekennenden berechtigt. [...] Wer dagegen zwar fest gegründet in evangelischer Grundanschauung sich doch nicht verhehlt, dass bei den incommensurablen Einflüssen, unter denen der menschliche Geist und das menschliche Herz steht, der unendliche evangelische Inhalt sehr verschieden entwickelt werden kann; wer daher zu der evangelischen Freiheit hindurchgedrungen ist, dass auf dem positiven evangelischen Grunde wie im Leben so in der Lehre Verschiedenheiten eine gewisse Berechtigung haben, dass er sie in ihrer Weise würdigt, ihnen etwa eine skeptische ἐποχή entgegensetzt, und dass die Praxis, die thätige Liebe in ihrer unendlichen Hingabe das einigende Band ist, das nie zerrissen werden sollte; wer endlich in einen Kampf feindlicher Brüder gestellt, der die gemeinsame Sache zu Grunde zu richten und den Feinden gefesselt zu überliefern droht, das Wort der Einigung und des Friedens ertönen lassen, mindestens Duldung erreichen will: der wird schreiben müssen, wie *Bullinger* damals schrieb, einfach und klar, das dogmatische Formelwesen möglichst bei Seite setzend, bescheiden und mild.»[19]

Hinter dieser Charakterisierung von Bullingers Anliegen steht der Versuch, dessen Theologie der dominierenden theologischen Strömung im Zürich des 19. Jahrhunderts anzunähern. Fritzsche attestiert Bullinger die stoische Einstellung der ἐποχή, die Zurückhaltung im Urteilen und das Offenhalten von Entscheidungen. Bezeichnenderweise hatte sich Erasmus von Rotterdam in seiner Kontroverse mit Martin Luther über den freien Willen genau zu dieser skeptischen Haltung bekannt – «Et adeo non delector assertionibus, ut facile in Scepticorum sententiam pedibus discessurus sim» –,[20] die der Wittenber-

19 O[tto] F[ridolin] Fritzsche, Die Helvetische Confession. Rede im Namen der Theologischen Facultät in Zürich zur Dreihundertjährigen Jubelfeier der Helvetischen Confession am 18. Juli 1866, Zürich 1866, 20.

20 Erasmus von Rotterdam, De libero arbitrio: ders., Ausgewählte Schriften in acht Bänden. Lateinisch und Deutsch, hg. von Werner Welzig, Bd. 4, Darmstadt 1969, 6,9f.

ger Reformator energisch zurückwies: «Non est enim hoc Christiani pectoris, non delectari assertionibus, imo delectari assertionibus debet, aut Christianus non erit. [...] Spiritus sanctus non est Scepticus.»[21] Die Pointe, Bullinger mit den Überzeugungen von Erasmus in Verbindung zu bringen, war keiner innerprotestantischen Kontroverse geschuldet, die in jener Zeit keine erkennbare Rolle spielte. Vielmehr nutzte der Festredner die humanistische Position des im reformatorischen Basel und Zürich populären Erasmus als Bande, um die Kugel der Theologie Bullingers zum kirchlichen Liberalismus des 19. Jahrhunderts weiterzuspielen.

Freilich kam auch Fritzsche – zwei Jahre vor dem Zürcher Synodenbeschluss, eine alternative Tauf- und Abendmahlsliturgie mit und ohne *Apostolikum* anzubieten – nicht daran vorbei, die Abschaffung der Verbindlichkeit der *Confessio* zu erklären, die der Freigabe der Verpflichtung auf das *Apostolikum* nicht nur zeitlich vorausging, sondern sich im Gegensatz dazu auch ohne Aufsehen in Kirche und Öffentlichkeit vollzogen hatte:

> «Ein Auflösungsprocess kam, ein Kampf, dass man auch das Gewissen der Geistlichkeit von dem befreien müsse, was die theologische Wissenschaft des 16. Jahrhunderts als unzweifelhaft auf biblischem Grunde gefestigt erachtete, was aber die fortgeschrittene Wissenschaft sehr wesentlich berichtigen zu müssen glaubte. Ja das Wichtigste, selbst die Stellung der heiligen Schrift als Auctoritätsprincip kam in Frage. Es ist wesentlich die Errungenschaft des 18. Jahrhunderts, die Fesseln der symbolischen Bücher gesprengt zu haben, eines Jahrhunderts, das viel verschrieen ist und doch voll von Geist, Kraft, Muth und Redlichkeit war und auf das das 19. Jahrhundert in Selbstgefälligkeit herabzublicken endlich einmal verlernen sollte.»[22]

Die aufklärerische Idee einer auf Objektivität und Unparteilichkeit zielenden kritischen Geschichtswissenschaft lieferte die Referenznorm für den Umgang mit der Schrift als Quelle und der Tradition als hermeneutischem Fundus der Kirche und ihrer Theologie. Der kleine Seitenhieb gegen einen arroganten Blick auf die Vergangenheit kann als Zugeständnis an die «orthodoxe» Minderheit gelesen werden. Wer den Offenbarungscharakter resp. das «Auctoritätsprincip» der

(«Daher habe ich so wenig Freude an festen Behauptungen, dass ich leicht geneigt bin, mich auf die Seite der Skeptiker zu schlagen», 7).

21 Luther, WA 18, 603,10–12, 605,32: «Denn das ist nicht Christenart, sich nicht an festen Ansichten zu freuen. Man muss viel mehr an festen Meinungen seine Freude haben oder man wird kein Christ sein. [...] Der heilige Geist ist kein Skeptiker.» (Martin Luther, Vom unfreien Willen 1525: Kurt Aland [Hg.], Luther Deutsch, Bd. 3, Stuttgart, Göttingen 1961, 155.160).

22 Fritzsche, Confession (Anm. 19), 22–23.

Schrift aus wissenschaftlicher Sicht kritisiert, kann nicht auf eine ebenso rationalitätskritische Reflexion der eigenen Methoden verzichten. Bekenntniskritik ohne Erkenntniskritik entpuppt sich bei seriöser Prüfung als Selbstwiderspruch. Ungeachtet des (selbst)kritischen Einwurfs mündet die Jubiläumsansprache in eine Grabrede auf Bullingers Bekenntnis:

> «Die helvetische Confession ist auch uns ein ehrwürdiges Product, ehrwürdig durch ihre Haltung, ehrwürdig durch ihren Verfasser, ehrwürdig durch die Anerkennung, die sie erlangte, aber ihre verpflichtende Bedeutung hat sie für uns verloren. *Einer* ist unser Meister, *Jesus Christus*; so *Bullinger'n*, so uns: aber die Wissenschaft, die Schrifterkenntniss, das Leben ist fortgeschritten, vertrauen wir auf dem einigen gemeinsamen Grunde stehend trotz mancher sehr einschneidender Verschiedenheiten dem Helfer, dem Geiste, den der Herr verheissen hat, er wird uns in alle Wahrheit führen!»[23]

2. Bekenntniskirche «auf eine besondere Weise»

Wie einflussreich der kirchlich-theologische Bekenntnisrelativismus jener Zeit war, zeigt etwa Karl Barths völliges Desinteresse an Bekenntnisfragen während seines Studiums und im Pfarramt, das in diametralem Gegensatz zu seiner späteren Theologie steht.[24] Erst nach seinem Antritt der Professur in Göttingen wird das Thema zu einem zentralen Anliegen seiner Theologie.[25] Das seit den 1920er

23 Fritzsche, Confession (Anm. 19), 23.

24 Vgl. dazu Reichel, Theologie (Anm. 7), 20–28.

25 Am Anfang stehen die Göttinger Vorlesungen: Karl Barth, Die Theologie der Reformierten Bekenntnisschriften. Vorlesung Göttingen Sommersemester 1923, Gesamtausgabe II/30, Zürich 1998, gefolgt von ders., Wünschbarkeit und Möglichkeit eines allgemeinen reformierten Glaubensbekenntnisses: ders., Vorträge und kleinere Arbeiten 1922–1925, Gesamtausgabe III/19, hg. von Holger Finze, Zürich 1990, 604–643; ders., Credo. Die Hauptprobleme der Dogmatik dargestellt im Anschluss an das Apostolische Glaubensbekenntnis. 16 Vorlesungen, gehalten an der Universität Utrecht im Februar und März 1935, München ³1935; ders., Das Bekenntnis der Reformation und unser Bekennen, München 1935; ders., Gotteserkenntnis und Gottesdienst nach reformatorischer Lehre. 20 Vorlesungen (Gifford Lectures) über das Schottische Bekenntnis von 1560, gehalten an der Universität Aberdeen im Frühjahr 1937 und 1938, Zollikon 1938; ders., La Confession de Foi de l'Eglise, Neuchâtel 1943, deutsch: ders., Das Glaubensbekenntnis der Kirche. Erklärung des Symbolum Apostolicum nach dem Katechismus Calvins, Zürich 1967; ders., Die christliche Lehre nach dem Heidelberger Katechismus. Vorlesung gehalten an der Universität Bonn im Sommersemester 1947, Zollikon-Zürich 1948; und schliesslich ders., Dogmatik im Grundriss (1947), Zürich ⁷1987, die Barth ausdrücklich als Paraphrase zum Apos-

Jahren allgemein neu erwachende Interesse an den kirchlichen Bekenntnissen kann nicht abgelöst werden von den weltpolitischen Wirren und Katastrophen in der ersten Hälfte des 20. Jahrhunderts.[26] In der Schweiz sind es eher theologische Zwischentöne, die die These von der kirchlichen und politischen Krise als eigentlichem Ort des Bekenntnisses bestätigen.

Die Kontroverse um den Beitritt des Schweizerischen Evangelischen Kirchenbundes zum Oekumenischen Rat der Kirchen in den Jahren 1939/1940 bietet dafür ein instruktives Beispiel. Nach einer längeren Diskussionsphase im Vorfeld trat am 11. Juni 1940 die Abgeordnetenversammlung zu ihrer abschliessenden Sitzung in Bern zusammen. Konsens bestand – wie der Basler Kirchenratspräsident Alphons Koechlin, Vorstandsmitglied und ab 1941 Präsident des Kirchenbundes, in seinem Eröffnungsreferat festhielt – darin, dass keine innerkirchliche Übereinstimmung hergestellt werden könne.[27] Der Dissens betraf wesentlich die gemeinschaftliche Haltung der reformierten Kirchen gegenüber Bekenntnisinhalten, die – wie im Fall der Verfassung des Oekumenischen Rates –[28] über die ausschliessliche Bindung an die Schrift hinausgingen. Schliesslich fand sich eine Mehrheit für einen Beitritt unter dem folgenden Vorbehalt:

tolischen Glaubensbekenntnis verstand. Vgl. dazu insgesamt Georg Plasger, Die relative Autorität des Bekenntnisses bei Karl Barth, Neukirchen-Vluyn 2000.

26 Vgl. Pfister, Bekenntnis (Anm. 10), 78: «Neues Interesse an der Bekenntnisfrage liess erst der durch die Machtergreifung des Nationalsozialismus ausgelöste Kirchenkampf in Deutschland in den dreissiger Jahren des 20. Jahrhunderts wieder wach werden.»

27 Alphons Koechlin führt aus: «Die Beratungen zeigten mit bemühter Deutlichkeit, dass unsere schweizerischen Kirchen auf keinerlei Formulierung sich hätten einigen können. Wir wollen auch in aller Ehrlichkeit zugeben, dass wenn wir gemeinsam von Jesus Christus als unserm Herrn und Haupt reden, die theologischen Interpretationen, mit denen wir diese Ausdrücke unterbauen, derart verschiedene sind, dass von einem einheitlichen Einstehen für diese Formulierung letztlich nicht gesprochen werden kann. [...] Wir wollen doch nicht bedauern, die Aussprache in unsern Kirchen durchgeführt und uns bewusst unter die grossen und schmerzlichen Spannungen gestellt zu haben, die unser heutiges kirchliches Leben in der Schweiz kennzeichnen. Auf dieser Wahrhaftigkeit liegt mehr Segen als in der konstanten Umgehung solch fundamentaler Schwierigkeit. Wir hätten wohl vornehmlich in der heutigen Zeit nicht von uns aus willkürlich [nach] einer solchen Debatte gerufen. Da sie aber von Seiten der oekumenischen Bewegung an uns herangetragen wurde, war es Pflicht, sie zu wagen, und wäre es feige gewesen, ihr auszuweichen.» Zit. nach Urs Peter Forster, Kirchen auf dem Weg zur Kirche. Die Auseinandersetzung um den Beitritt des Schweizerischen Evangelischen Kirchenbundes zum Oekumenischen Rat der Kirchen, Zürich/Stuttgart 1972, 110.

28 Der Beitritt des Kirchenbundes zum Oekumenischen Rat war an die Zustimmung zum Bekenntnis von Christus als «Gott und Erlöser» gebunden. Diese Formulierung sei aber – wie Koechlin bemerkte – für die schweizerische «innerkirchliche Lage nicht ohne Schwierigkeiten» (zit. nach Forster, Kirchen [Anm. 27], 26).

> «Die Abgeordneten-Versammlung erklärt ausdrücklich, dass die in der vorläufigen Verfassung des Oekumenischen Rates der Kirchen aufgestellte Glaubensgrundlage an dem bestehenden Bekenntnisstand der schweizerischen Kirchen nichts ändert. Diese Kirchen halten an den Grundlagen der reformierten Kirchen fest und bekennen, gestützt auf die Heilige Schrift, ihren Glauben an Jesus Christus unseren Herrn und Heiland, alleiniges Haupt der Kirche.»[29]

Interessant ist die Genese des Schlussdokuments. Der Vorstand des Kirchenbundes hatte eine Variante vorgeschlagen, die anstelle des Ausdrucks «Bekenntnisstand» den schillernden Begriff «Bekenntnisfreiheit» vorsah. Einen alternativen Vorschlag formulierte der St. Galler Kirchenrat Robert Rotach, der einen Beitritt der im «Kirchenbund zusammengefassten Kirchen» mit der Annahme verband, «dass dieser Eintritt geschehen könne ohne Verleugnung der auf ihrer Geschichte beruhenden Eigenart, der sie in ihrer Mehrzahl verbindlich nicht auf formulierte Bekenntnisse, sondern auf die Fülle der Heiligen Schrift verpflichtet».[30] Eine dritte, vom Kirchenhistoriker und Grossmünsterpfarrer Oskar Farner eingebrachte Version plädierte gegen einen Beitritt, weil eine Zustimmung zur vorläufigen Verfassung des Oekumenischen Rates «unseren schweizerischen Kirchen beim derzeitigen Fehlen von in ihren Gesetzen verankerten bekenntnishaften Formulierungen unmöglich ist».[31]

Der Streit «Bekenntnisfreiheit» versus «Bekenntnisstand» mündete bemerkenswerterweise – und gegen das heute verbreitete Selbstverständnis – in eine Abstimmung, in der gut zwei Drittel (21 zu 9 Stimmen) der Stimmberechtigten den kirchlichen Statustitel der Bekenntnisfreiheit ausdrücklich ablehnten. Koechlin und der damalige Sekretär des Oekumenischen Rates der Kirchen, Willem Visser't Hooft, machten anschliessend keinen Hehl aus ihrer Erleichterung über die Begriffsumstellung. Beide sahen in der Betonung des Schriftprinzips und im – vom Berner Synodus und von der Barmer Theologischen Erklärung hervorgehobenen – Bekenntnis zu Jesus Christus als alleinigem Herrn der Kirche «ein Bekenntnis in nuce».[32] In einem Brief an Adolf Keller über die weitere Entwicklung des Oekumenischen Rates resümiert Visser't Hooft subtil doppeldeutig:

29 Zit. nach Forster, Kirchen (Anm. 27), 114.
30 Zit. nach Forster, Kirchen (Anm. 27), 112.
31 Zit. nach Forster, Kirchen (Anm. 27), 112.
32 Zit. nach Forster, Kirchen (Anm. 27), 115.

> «Ich bin aber der Überzeugung, dass was auch weiter geschehen möge, die Tatsache, dass die Schweizer Kirchen in dieser Stunde die Einheit der Kirche bezeugen, sehr grossen Wert behalten wird.»[33]

Später hat Alfred Schindler aus den damaligen Debatten im Kirchenbund den Schluss gezogen:

> «Das scheint mir zu zeigen, dass wir auch gegenüber aussen keinesfalls Begriffe verwenden sollten, die – wie ‹Bekenntnisfreiheit› – auch nur den Eindruck erwecken könnten, es handle sich um eine Freiheit *vom*, also: weg, fort vom Bekenntnis, sondern solche, die klar ausdrücken, dass wir sehr wohl ‹bekennende Kirchen› sind, wenn auch auf eine besondere Weise.»[34]

Die damalige Diskussion verdeutlicht die Schwierigkeiten, den Bekenntnisstatus der schweizerischen reformierten Kirchen unabhängig von seiner historischen Genese zu plausibilisieren. Die drei diskutierten Vorschläge bieten keine befriedigende Antwort: Die angenommene Formulierung rettet sich mit der Bezeichnung «Bekenntnisstatus»[35] auf die formale Ebene und umgeht die Zumutung einer inhaltlichen Positionierung. Einen Bekenntnisstatus behaupten auch diejenigen, die nichts bekennen. Der Vorschlag Rotachs plädiert für eine Normativität des Faktischen, indem er die kontingente historische Bekenntnisentwicklung in der Schweiz zur kirchlichen Norm erklärt. Sein Alternativvorschlag der Verpflichtung auf die «Fülle der Heiligen Schrift» läuft auf das Paradox einer Verpflichtung ohne verbindliche Norm hinaus. Farners Version setzt an die Stelle von Rotachs Hinweis auf die Faktizität der Verhältnisse auf das Kriterium der (kirchen)rechtlichen Geltung. Damit stellt er das lexikalische Ableitungsverhältnis von Kirche als Glaubens- und Rechtsgemeinschaft auf den Kopf, mit der Konsequenz, dass Kirche nur bekennen kann, was ihrer rechtlichen Definition nicht widerspricht.[36] Auch Schindlers Résumé führt nicht weiter. Zwar versucht er mit

---

33 Zit. nach Forster, Kirchen (Anm. 27), 117f.

34 Schindler, Überlegungen (Anm. 7), 40.

35 Vgl. Schindler, Überlegungen (Anm. 7), 33–35.

36 Hans-Richard Reuter, Der Begriff der Kirche in theologischer Sicht: ders., Botschaft und Ordnung. Beiträge zur Kirchentheorie, Leipzig 2009, 13–55 (19), hat in diesem Zusammenhang auf ein doppeltes und nach wie vor aktuelles Missverständnis hingewiesen: «Einerseits darf die Kirche niemals als eine Grösse verstanden werden, in der und für die das Recht konstituierende Bedeutung besitzt; die Rechtsordnung der Kirche steht dann im Gegensatz zu ihrem Wesen, wenn ‹das Recht aus einem regulierenden zu einem konstituierenden wird›. [Rudolf Bultmann, Theologie des Neuen Testaments, Tübingen ^{5}1965, 449f.] Andererseits aber gilt: Die Rechtsordnung der Kirche darf ihrem geistlichen Wesen nicht zuwiderlaufen, sie muss ihm vielmehr so weit wie möglich entsprechen. Das heisst:

dem Verzicht auf den Ausdruck «Bekenntnisfreiheit» den Bekenntnisball im Spiel zu halten – aber in welchem Spiel eigentlich? Das Konstitutionsverhältnis von Schrift und Kirche bleibt ungeklärt.[37]

Mit dem «auf die Heilige Schrift» gestützten Bekenntnis zum «Glauben an Jesus Christus unseren Herrn und Heiland, alleiniges Haupt der Kirche», wird eine gängige reformierte Formel aufgegriffen.[38] Sie findet sich auch in verschiedenen Paraphrasen in Kapitel XVII der *Confessio*, das überschrieben ist mit «Die katholische (allgemeine) und heilige Kirche Gottes und das einzige Haupt der Kirche».[39] Entscheidend ist an dieser Stelle, dass diese Bekenntnisse nicht bei der formalen Feststellung der «Königsherrschaft Christi» stehen bleiben. Vielmehr zielen sie darauf, das Bekenntnis zu Christus als dem Herrn der Kirche zu explizieren und – in mehr oder weniger differenzierter Form – für das kirchliche und weltliche Leben zu entfalten.

3. Die Dogmenkritik von Kuno Fiedler und Leonhard Ragaz

Das verbreitete Narrativ von der schweizerisch-reformierten «Bekenntnisfreiheit» war bei genauerem Hinsehen nicht nur umstritten, sondern auch nicht in jedem Fall mehrheitsfähig. Hinter den öffentlichen Kontroversen verschwinden die differenzierten theologischen Diskurse jener Zeit. Das gilt beispielhaft für das Gespräch über Dogma und Bekenntnis zwischen den befreundeten Theologen

---

Das Recht gehört nicht konstitutiv, sondern konsekutiv bzw. regulativ zur Wirklichkeit der Kirche.»

37 Vgl. dazu Eberhard Jüngel, Bekennen und Bekenntnis: ders., Ganz werden. Theologische Erörterungen V, Tübingen 2003, 76–88.

38 Vgl. die erste der zehn von Berchtold Haller und Franz Kolb verfassten Berner Thesen vom 17. November 1527: «Die heilige christliche Kirche, deren alleiniges Haupt Christus ist, ist aus dem Wort Gottes geboren. Darin bleibt sie und hört nicht auf die Stimme eines Fremden.» (Martin Sallmann/Matthias Zeindler [Hg.], Dokumente der Berner Reformation: Disputationsthesen. Reformationsmandat. Synodus, Zürich 2013, 39) Die These liegt dem Verwerfungssatz zur zweiten These der Barmer Theologischen Erklärung vom 31. Mai 1934 zugrunde: «Wir verwerfen die falsche Lehre, als gebe es Bereiche unseres Lebens, in denen wir nicht Jesus Christus, sondern anderen Herren zu eigen wären, Bereiche, in denen wir nicht der Rechtfertigung und Heiligung durch ihn bedürften.» (Georg Plasger/Matthias Freudenberg [Hg.], Reformierte Bekenntnisschriften. Eine Auswahl von den Anfängen bis zur Gegenwart, Göttingen 2005, 243) Der *Heidelberger Katechismus* formuliert sinngemäss in Frage/Antwort 50: «Christus ist dazu in den Himmel erhöht worden, dass er sich dort erweise als das Haupt seiner Kirche durch das der Vater alles regiert.» (Plasger/Freudenberg, Bekenntnisschriften [Anm. 38], 165).

39 Zum Folgenden ZHB, Kap. XVII.

Leonhard Ragaz und Kuno Fiedler.[40] Den Ausgangspunkt bildete die epistemologische Frage nach dem Verhältnis zwischen kirchlich-theologischen und (natur)wissenschaftlichen Wahrheiten. Sind die in den altkirchlichen und reformatorischen Bekenntnissen formulierten Glaubenswahrheiten («Dogmen») einem neuzeitlichen Wissenschaftsverständnis zugänglich – und wenn ja, in welcher Weise? Fiedler argumentiert wissenschaftstheoretisch und philosophisch mit deutlichen Anleihen bei Ludwik Fleck und Martin Heidegger.[41] Historische Dogmen und das neuzeitliche Denken gehörten zu verschiedenen Denkstilen: «Die Worte können bei beiden Denkstilen genau dieselben sein, – ihr Inhalt und ihre Bedeutung sind trotzdem völlig andere.»[42] Wenn ein mittelalterlicher und ein moderner Mensch die gleichen Wörter verwenden, müssen sie mit ihren Äusserungen nicht das Gleiche meinen, denn von der Gleichheit der Ausdrücke kann nicht auf die Identität der Bedeutungen geschlossen werden. Die Wörter verweisen auf eine gemeinsame (Sprach-)Kultur, aber deren Bedeutungen sind wesentlich in sozial konstituierte und lebensweltlich situierte Sprachspiele eingebunden. Man muss die Verwendung der Ausdrücke in einer Sprachgemeinschaft gelernt haben, um die Bedeutung der darin gemachten Äusserungen zu verstehen.

Fiedlers Sprach- und Erkenntniskritik hat drei Pointen. Sie zielt erstens auf die Ungleichzeitigkeit der alten Sprache der Dogmen und der rationalen Sprache der Wissenschaften: Dogmen entstammten einer *bildlichen*, Rationalität einer *be-*

40 Vgl. Kuno Fiedler/Leonhard Ragaz, Der heutige Mensch und das Dogma. Eine freundschaftliche Aussprache: Neue Wege 36/1942, H. 7, 12–22; Leonhard Ragaz, Bekennen und Bekenntnis: Neue Wege 37/1943, H. 4, 192–196; ders., Das Bekenntnis: Neue Wege 36/1942, H. 8, 28–59; ders., Gegen die Orthodoxie: Neue Wege 36/1942, H. 5, 27–35; Kuno Fiedler, Bekennen und Bekenntnis, Bern 1943; ders., Schrift und Schriftgelehrte. Eine kleine Rüstkammer, Bern 1942. Kuno Fiedler hatte wegen seiner antilutherischen Haltung zunächst seine Pfarrstelle verloren und wurde später von den Nationalsozialisten inhaftiert, konnte aber aus dem Gefängnis in die Schweiz flüchten. Aufgrund der Interventionen von Leonhard Ragaz und Thomas Mann, mit dem ihn eine lebenslange Freundschaft verband, erhielt er in der Schweiz Asyl und schon bald eine Pfarrstelle in Graubünden. Vgl. Thomas Sprecher, Pfarrer Kuno Fiedler. Weggefährte und Korrespondent Thomas Manns: Bündner Jahrbuch 41/1999, 94–104; Jan Rohls, Thomas Mann und der Protestantismus. 100 Jahre «Buddenbrooks»: ZThK 99/2002, 351–378.

41 Vgl. Ludwik Fleck, Entstehung und Entwicklung einer wissenschaftlichen Tatsache. Einführung in die Lehre vom Denkstil und Denkkollektiv (1935), Frankfurt a. M. 1980; Martin Heidegger, Sein und Zeit (1927), Tübingen [8]1957.

42 Fiedler/Ragaz, Mensch (Anm. 40), 12. Die Unterscheidung begegnet später auch bei Ludwig Wittgenstein, vgl. ders., Vorlesungen über den religiösen Glauben: ders., Vorlesungen und Gespräche über Ästhetik, Psychoanalyse und religiösen Glauben, Göttingen 1968, 87-110 (87–91); vgl. dazu Hilary Putnam, Für eine Erneuerung der Philosophie, Stuttgart 1997, 172–226, und Ulrich Browarzik, Der grundlose Glaube. Wittgenstein über Religion: NZSTh 30/1988, 72–100.

grifflichen Sprache; die Ausdrücke im ersten Fall müssten in einem *uneigentlichen*, im zweiten Fall in einem *eigentlichen* Sinn verstanden werden, und die alte Sprache der Dogmen sei eine *gewachsene*, die moderne Sprache der Rationalität eine wesentlich *konstruierte*. Zweitens müsse unter den Bedingungen der neuzeitlichen Vernunft von gesellschaftlich ausdifferenzierten Rationalitätskonstrukten ausgegangen werden. Am Beispiel des damals heftig debattierten Dogmas von der Jungfrauengeburt unterscheidet der Theologe drei Rationalitäts- oder Deutungsoptionen:

> «Naturwissenschaftlich: Das Auftauchen des Genies ist verstandesmässig nicht restlos zu erklären.
> Philosophisch: Das Geschlechtliche ist ein Notbehelf, und die Jungfräulichkeit bedeutet ein Ideal.
> Religiös: Das Göttliche ist nicht an die Gesetze menschlicher Unvollkommenheit gebunden.»[43]

Das Dogma enthält abhängig vom Sprachspiel, in dem es auftaucht – also vom naturwissenschaftlichen, philosophischen oder religiösen Rationalitätskonstrukt –, je eine andere Bedeutung. Es wird nicht pauschal als irrational diskreditiert, sondern als Behauptung im Rahmen eines bestimmten – des religiösen – Sprachspiels.[44] Allerdings haben diese theoretischen Überlegungen nur eine vorbereitende Funktion im Hinblick auf Fiedlers entscheidende dritte Pointe: Theologisches Verstehen sei eine spezifische Praxis. Der Begriff ist nicht schon mit dem verwendeten Wort gegeben.

> «Dieser muss vielmehr erst erarbeitet werden. Und er kann erarbeitet werden lediglich auf *dem* Wege, dass man – zum mindesten innerlich und versuchsweise – die Gesamteinstellung des Menschen annimmt, der das Wort einst geäussert hat. Und das ist der tiefere Sinn der Forderung der Nachfolge, die Jesus seinen Jüngern gegenüber erhoben hat. [...] Es ist wahr: was den Christen in erster Linie ausmacht, das ist der Mut, sich zu Christus zu *bekennen*. [...] das Wesen des Bekennens ruht ausschliesslich eben darin, dass es Tätigkeit ist, und das Wesen des Bekenntnisses kaum weniger ausschliesslich darin, dass es *keine Tätigkeit*, sondern ein Ding ist. Und wenn zu der Tätigkeit des Bekennens [...] Mut gehört, so zu dem Ding ‹Bekenntnis› lediglich eine gewisse formale Ausdrucksfähigkeit, – wenn nicht gar bloss ein gutes Gedächtnis.»[45]

43 Fiedler/Ragaz, Mensch (Anm. 40), 14.

44 Vgl. Fiedler/Ragaz, Mensch (Anm. 40), 12: «‹Wahr› sind sicher auch die Dogmen, – oder zum mindesten steht dem, *dass* sie es sind, an sich nichts im Wege. Aber sie sind wahr darum doch noch keineswegs nach Massgabe *heutiger* Anforderungen.»

45 Fiedler, Bekennen (Anm. 40), 6.

Die eigentümliche Rede von der Dinghaftigkeit des Bekenntnisses[46] zielt auf die Kontrastierung der *Wörter des Bekenntnisses* gegenüber ihren *Bedeutungen im Bekennen.* Im Anschluss an die bekannte Äusserung Wittgensteins, «Jedes Wort, jedes Zeichen scheint allein tot, was gibt ihm Leben? Im Gebrauch lebt es. Hat es da den lebenden Atem in sich? – Oder ist der Gebrauch sein Atem?»,[47] kann mit Fiedler paraphrasiert werden: Jedes Bekenntnis scheint allein tot, was gibt ihm Leben? In der praktischen Nachfolge Jesu lebt es. Hat das Bekenntnis den lebenden «Atem» in sich? – Oder ist das Bekennen im Akt der Nachfolge sein «Atem»? Obwohl die Reformatoren die Differenz zwischen theoretischem Bekenntnis und praktischer Nachfolge im Blick hatten, hätten sie den «grundsätzlichen Unterschied[] zwischen dem von Jesus geforderten Bekennen und dem von der Kirche gelehrten pseudorationalen Bekenntnis» übersehen.[48] Damit werde einer kirchlichen «Autorität» das Wort geredet, die dem autoritären Grundsatz des Bekenntnisses

> «ebenso sehr entspricht, wie das Bekennen ihm widerstreitet. Denn während das Bekennen stets ein starkes subjektives und individuelles Element in sich trägt, stellt das Bekenntnis ohne Zweifel ja etwas der Absicht nach in hohem Masse Objektives und Allgemeingültiges dar. Es ist, anders ausgedrückt, ein Schritt auf die katholische Kirche zu.»[49]

Von der Botschaft Jesu sei allein die Gerichtsankündigung in die Bekenntnisse eingegangen. Zugleich sei von den Kerninhalten seiner Verkündigung, «vornehmlich dem Liebesgebot, dem Reichgottesgedanken und allem, was daran anschliesst, schechthin nichts in das Bekenntnis übergegangen».[50] Mit dieser signifikanten Abweichung von der Verkündigung Jesu korrespondiere die Entfremdung eines Glaubens, der vom persönlichen Gehorsam in der Nachfolge auf die Objektivität von autoritativen Glaubenssätzen umgestellt habe.

> «Das Dogma hat der Nachfolge, der ‹Glaube› den Gehorsam ertötet. Und das heisst zugleich: Dogma und ‹Glaube› haben den Weg zu echter Religion versperrt. Denn

46 Gemeint ist das Apostolische Glaubensbekenntnis, das Fiedler in seiner Schrift *Bekennen und Bekenntnis* bezeichnenderweise nicht namentlich erwähnt, sondern ausschliesslich von «Bekenntnis» spricht.

47 Ludwig Wittgenstein, Philosophische Untersuchungen: ders., Werkausgabe, Bd. 1, Frankfurt a. M. 1984, 432.

48 Fiedler, Bekennen (Anm. 40), 19.

49 Fiedler, Bekennen (Anm. 40), 20.

50 Fiedler, Bekennen (Anm. 40), 24.

nach Jesu Meinung – und nach aller bisherigen Erfahrung – sind Nachfolge und Gehorsam *allerdings* der Weg der Religion, – und zwar der einzig mögliche.»[51]

Dagegen zeichne sich der Weg der gehorsamen Nachfolge Jesu durch eine sittliche Praxis aus, der alle objektiv-theoretische Erkenntnis fremd sei.

> «In Wirklichkeit gibt es für den religiösen Menschen gar nichts Objektiveres und Unmittelbareres als die Führung, der er folgt. Die sogenannten objektiven Normen der Bekenntnisgläubigkeit lassen immer noch Zweifel und Bedenken aufsteigen, gewähren immer noch Raum für Abweichungen, Vorbehalte und persönliche Sonderdeutungen. Der ‹Subjektivismus› der Religion aber kennt nichts dergleichen. Der von ihm Beherrschte muss so handeln, wie er handelt. Er kann sich der Hand, die ihn führt, nicht entziehen [...].»[52]

Obwohl Fiedler mit seiner Dichotomisierung die Komplementarität von *fides quae* (Glaubenserkenntnis) und *fides qua* (Glaubenspraxis) unterläuft, bestand die Attraktivität seiner Position für den religiösen Sozialisten Leonhard Ragaz in der Betonung der als *sittlich* vorgestellten Nachfolge Jesu. Zugleich widersprach er den erkenntnistheoretischen Prämissen und Folgerungen seines Theologenfreundes. Fiedlers Verhältnisbestimmung von Bild und Begriff in seiner Rekonstruktion des Dogmas und Religionsbegriffs müsse gerade umgekehrt werden:

> «Was im Evangelium ‹Bildnis und Gleichnis› ist, wird zum *Begriff.* [...] Nicht das Dogma repräsentiert das *Bild*, sondern das, was er [Fiedler] ‹Religion› nennt, ich aber lieber Bibel, Evangelium oder Reich Gottes nenne. Weil es sich beim Dogma also um Denken und Wissenschaft handelt, so müsste eigentlich der Rationalismus daran Freude haben. Das Dogma ist eine Form des Rationalismus.»[53]

Ragaz will das biblische «Bild» gegen Fiedlers Willkürkritik absichern. Zwar stimmt er dessen Einwänden gegen eine «*intellektualistisch[e]*» statische Theologie ausdrücklich zu. Ein solches Denken rechne «mit einer *ruhenden* Gottheit und einer *ruhenden* Welt» und könne «den *lebendigen* Gott und das *werdende* Reich nicht fassen».[54] Aber der Rationalismus Fiedlers – der für Ragaz beispielhaft für den gesamten Liberalismus seiner Zeit steht – unterscheide sich nicht von der von ihm kritisierten Orthodoxie.[55] Gegen den Versuch, die biblischen Wahrheiten auf den Begriff zu bringen, betont Ragaz «das ewige Recht der sym-

51 Fiedler/Ragaz, Mensch (Anm. 40), 17.
52 Fiedler, Bekennen (Anm. 40), 34.
53 Fiedler/Ragaz, Mensch (Anm. 40), 19.
54 Fiedler/Ragaz, Mensch (Anm. 40), 19.
55 Vgl. Ragaz, Bekennen (Anm. 40), 194.

bolischen Darstellung».[56] Er stimmt zwar der kritischen Stossrichtung seines theologischen Freundes zu, hält dessen Weg aber für eine Sackgasse: nicht Verstandeskritik, sondern Anerkennung der biblischen – nicht dogmatisch verhärteten, sondern dynamisch-wachsenden – Wahrheit.

Die Konsequenzen aus diesen Überlegungen für den Bekenntnisbegriff hat Ragaz in einer Besprechung von Fiedlers Schrift *Bekennen und Bekenntnis* weiter ausgeführt. Unterschieden werden müsse zwischen einem «Bekennen der Religion», das ein «Bekenntnis für das *Denken*» sei, und einem Bekennen des «Reiches Gottes» als Bekenntnis der «*Tat*».[57] Es gehe – mit Fiedler – nicht um eine den «objektiven, stabilen und stabilisierenden, wesentlich den vorhandenen Status wahrende[] theologisch-dogmatische[] Formel», sondern um die «subjektiv bestimmte[], auf das Reich [Gottes] und die Nachfolge abzielende[] Tat, die als solche ein Bekennen des wagenden Glaubens ist».[58] Bei der theologischen Würdigung des *Apostolikums* liegen die beiden Theologenfreunde allerdings weit auseinander. Ragaz beklagt das Unverständnis Fiedlers gegenüber seiner Sicht,

> «dass man die Wahrheit, die in der Form des Dogmas liegt, völlig verstehen und selber bekennen, aber die Form preisgeben, das Apostolicum wie auch andere Bekenntnisse der Vergangenheit für einen ganz ungenügsamen Ausdruck für das, was Christus und das Reich bedeutet, betrachten, und zwar höchst entschieden für das Bekennen, aber ebenso entschieden für seine zweite Form [Bekennen als *Tat*] und gegen die erste [Bekenntnis für das *Denken*] sein kann».[59]

Dieses kurze Gespräch übersteigt die allgemeine Flughöhe der damals in Kirchen, Theologie, Kirchenzeitungen und Öffentlichkeit geführten Debatten.[60] Es

56 Fiedler/Ragaz, Mensch (Anm. 40), 20.

57 Ragaz, Bekennen (Anm. 40), 193f.

58 Ragaz, Bekennen (Anm. 40), 194.

59 Ragaz, Bekennen (Anm. 40), 196; vgl. Ragaz, Bekenntnis (Anm. 40), 59, der am Schluss seiner Apostolikumauslegung die Frage nach dem Ziel seiner Auslegung beantwortet: «Sie soll die lebendige Wahrheit herausheben, die in den Grundlehren des Christentums vorhanden ist, dass wir sie verstehen und ihr in Ehrfurcht begegnen. Aber sie soll uns gerade damit fähig machen zum freien Bekennen an *unserem* Orte, nach *unserer* Art und in *unserer* Sprache. Und auch zum freien, immer neuen Suchen und Finden Gottes. Auch das Dogma ist Wahrheit. Seine Wahrheit stammt aus der Wahrheit des Reiches Gottes. In den lebendigen, warmen Strom *dieser Wahrheit* muss es wieder hinein, um selbst wieder lebendig zu werden. Es muss sich auflösen, um sich erfüllen zu können, und es muss sich erfüllen, um sich auflösen zu können.»

60 Gebhard, Bekenntnisfreiheit (Anm. 4), 451, verweist in dem Zusammenhang auf die zunehmende (kirchen)rechtliche Engführung der damaligen Debatten: «Die Übergewichtung des rechtlichen Aspekts hatte zur Folge, dass jahrelang um die Einleitungsfor-

legt den Finger auf den wunden Punkt der damals konkurrierenden Positionen, dem freilich auch ihre Kritiker nicht immer entgehen. So dekonstruiert Ragaz den liberalen Individualismus von Fiedler, der dem Charakter der Kirche als Glaubens*gemeinschaft* widerspricht. Beide Theologen tendieren darüber hinaus von verschiedenen Standpunkten aus – Fiedler aus einer Aufklärungs-, Ragaz aus einer sozialistischen Perspektive – für einen sich historisch vollziehenden Erkenntnisfortschritt, der aus theologischer Sicht in der Konsequenz einer orthodoxen *similitudo*-Lehre nahekommt. Bezeichnenderweise hatte bereits die *Confessio* eine solche Sichtweise entschieden zurückgewiesen:

> «Deshalb lassen wir uns in strittigen Punkten der Religion und des Glaubens weder durch blosse Sätze der Kirchenväter oder durch Konzilsbeschlüsse, noch viel weniger durch angenommene Gewohnheiten oder durch die Menge derer, die derselben Meinung sind, noch durch die Einrede des Besitzes während langer Zeit in die Enge treiben.»[61]

Die Vorreden der reformiert-reformatorischen Bekenntnisse bieten eine Perspektive, die auch in Fiedlers und Ragaz' Gespräch gegen den Zeitgeist anklingt: die Möglichkeit der Revision, die die Reformatoren nicht nur als Option, sondern als konstitutives Element des Bekenntnisses und damit als unverzichtbare Verpflichtung der Bekennenden betrachteten. Die Entfremdung von der reformatorischen Tradition liegt weniger im Umgang mit der Verbindlichkeit der Bekenntnisse – die in der spezifischen Weise für das kirchliche Leben erst in der protestantischen Orthodoxie erhoben wurde –, sondern in dem Verzicht auf die reformatorische Forderung nach einer immer neuen *Arbeit am Bekenntnis* auf der Grundlage sorgfältiger Schriftauslegung in der Gemeinde. Walter Hildebrandt hat auf den fundamentalen Dissens zwischen der Selbstbescheidenheit der reformatorischen Bekenntnisse und der liberalen Grundentscheidung hingewiesen:

> «Ohne dass man es [das *Zweite Helvetische Bekenntnis*] in aller Form abschaffte, wurde es allmählich stillschweigend seiner rechtlichen Kraft entkleidet. Wiewohl ja nach seiner eigenen Aussage der Weg einer Revision des Wortlautes offen stand, kam es merkwürdigerweise nie zu einer Änderung des Textes. Zu sehr wurde es wohl als festgefügtes und bewährtes Ganzes empfunden.»[62]

---

meln diskutiert und um einzelne Worte darin gerungen werden konnte, dass aber andere wichtige Aspekte des Bekenntnisses zu wenig oder gar nicht beachtet wurden.»

61 ZHB, Kap. II, 21.

62 Walter Hildebrandt, Entstehung und Geltung des Zweiten Helvetischen Bekenntnisses: ZHB, 139–166 (152).

Ragaz ist – im Gegensatz zu Fiedler und bei allen Vorbehalten gegenüber der Orthodoxie – mit seiner Auslegung des *Apostolikums* dem dynamischen Selbstverständnis reformierten Bekennens gefolgt. Fiedler wiederum hat erkenntniskritische Anstösse gegeben, die ihr innovatives Potenzial auch dann nicht einbüssen, wenn seinen Schlussfolgerungen nicht gefolgt wird.

III. Bekenntnis und Kirche

Die heute verbreitete Rede von der schweizerisch-reformierten Bekenntnisfreiheit korrespondiert weitgehend mit den offiziellen kirchlichen und kirchenrechtlichen Regelungen. Dieser Link funktioniert auch in entgegengesetzter Richtung, wenn kirchlichen Verfassungen eine Bekenntnisfunktion zugeschrieben wird.[63] Unabhängig davon gab und gibt es in den gleichen Kirchen lebendige und innovative Bekenntnisdiskussionen, in denen freilich die *Confessio* auf den ersten Blick keine bemerkenswerte Rolle spielt. Gleichwohl belegen eine Reihe von Neueditionen und -drucken gerade in der Phase der sukzessiven Abschaffung der Bekenntnisbindung ein bleibendes Interesse an Bullingers «geistlichem Testament» (Heinrich Ott). Beispielhaft dafür steht die von der pietistisch orientierten Evangelischen Gesellschaft des Kantons Bern 1832 publizierte Ausgabe *Die Helvetische Konfession in berichtigter deutscher Übersetzung*. Das knappe Vorwort liest sich wie ein Fanal gegen den damaligen theologischen und kirchenpolitischen Zeitgeist. Zwei Defizite werden besonders hervorgehoben: die allgemeine Unkenntnis über die reformierte Lehre und die Gefährdung des Zusammenhalts der kirchlichen Gemeinschaft:

> «Einerseits nämlich ist es bei uns dahin gekommen, dass gar nicht mehr überall die Lehre unserer Kirche rein und der Verpflichtung der Prediger gemäss gelehrt wird, und dass uns wohl über kurz oder lang der Zeitpunkt bevorsteht, wo man keinen kirchlichen Lehrbegriff mehr wird anerkennen wollen, und also unsere reformirte Kirche Gefahr läuft, das Fundament ihres äusseren Daseyns, ihrer wahren Einheit und ihres innern Lebens zu verlieren [...]. Andrerseits aber findet auch unter denjenigen, welche in unserem Lande die Kraft des Evangeliums zur Seligkeit erfahren haben, theils eine traurige Zertrennung und Verschiedenheit der Meinungen, theils aber auch

63 Vgl. Stefan Grotefeld, Verfassung als Bekenntnis?: Krieg/Luibl, Freiheit (Anm. 7), 97–115; Lukas Vischer, Was bekennen die evangelischen Kirchen der Schweiz? Eine Übersicht über die Bekenntnisgrundlagen der evangelischen Kirchen, Freikirchen und Gemeinschaften in der Schweiz, Texte der Evangelischen Arbeitsstelle Oekumene Schweiz Nr. 4, Bern 1987.

> nicht selten eine Unkunde der evangelischen Lehre Stat [sic]: und auch in dieser Rücksicht schien die helvetische Confession einen Vereinigungspunkt darzubieten und Belehrung zu gewähren, und also ihre Herausgabe zur festeren Verbindung der Gläubigen und zur Förderung ihrer Erkenntniss und ihres innern Lebens dienlich zu seyn. [...] Christliche Leser! Empfanget also hier das von euch so lange sehnlich gewünschte Bekenntniss des Glaubens unserer Kirche! Rein und lauter ist in demselben das Wort des Herrn dargestellt, und die seligmachende Lehre des Kreuzes Christi verkündigt! Dieses Bekenntniss ist es, welches ihr auch für das eurige erklärtet, als ihr in die Gemeinschaft unserer Kirche aufgenommen wurdet.»[64]

Angesichts der reformierten Unwissenheit über den eigenen Glauben verfasste Friedrich Oehninger 1878, damals Pfarrer in Schwerzenbach, eine kommentierte Ausgabe der *Confessio*.[65] Er versteht Bullingers Bekenntnis «gleichsam als ein evangelisches Brevier», weil darin die Grundsätze der reformierten Kirche enthalten seien. Zugleich kritisiert er einen sich verselbstständigenden Konfessionalismus, der zeige, «wie sehr wir in unserer reformirten Kirche abgekommen sind von der Kraft und Einigkeit des Glaubens unserer Väter, von ihrer Fülle christlicher Lehre, von ihrem ernsten Bestreben, den Zusammenhang mit der alten apostolischen Kirche und mit allen Gemeinden Gottes in der ganzen Welt zu bewahren und zu bekennen».[66]

1932 veröffentlichte der jungreformierte Winterthurer Pfarrer Max Frick eine allgemein verständliche Auslegung des *Heidelberger Katechismus*. Seine zeitkritische Stossrichtung, über die er im Vorwort Auskunft gibt, entspricht ganz dem Anliegen der bernischen Herausgeber der *Confessio* hundert Jahre zuvor:

> «Es hat dem Protestantismus nicht wohlgetan, dass er sich im letzten Jahrhundert von seinen Wurzeln zu lösen begann. Er hat sich dadurch Menschenmeinungen, Zeitweisheiten und Gelehrtensündlein ausgeliefert, die wohl eine Zeit lang Modeschlagworte lieferten, aber keine Gemeinschaft der Gläubigen herzustellen vermochten. [...] So stehen wir heute in einer Zeit, die sonderbar wenig Bescheid über ihren Glauben ge-

64 Vorwort: Die Helvetische Confession in berichtigter deutscher Übersetzung, Bern 1832, V–VIII (V–VII); zur Evangelischen Gesellschaft Kurt Guggisberg, Bernische Kirchengeschichte, Bern 1958, 623–631.

65 Friedrich Oehninger, Die Helvetische Konfession. Ein Gang durch das Glaubensbekenntnis der reformierten Kirche, Augsburg 1878.

66 Zit. nach Pfister, Bekenntnis (Anm. 10), 77. Zum differenzierten Konfessionsverständnis der Reformierten vgl. Wilhelm Niesel, Die ökumenische Bedeutung der Confessio Helvetica Posterior: 400 Jahre Zweites Helvetisches Bekenntnis. Geschichte und ökumenische Bedeutung. Ansprachen anlässlich der Feier vom 8. Juni 1966 im Grossmünster Zürich, Zürich/Stuttgart 1966, 27–49; ders., Reformiertes Bekenntnis heute: ders., Gemeinschaft mit Christus. Vorträge und Voten zur Theologie, Kirche und ökumenischen Bewegung, München 1964, 31–39.

ben kann. In grösster Naivität wird die Modeweisheit unserer Tage, der Fortschrittsglaube, mit dem Evangelium verwechselt. Darum mag eine Besinnung darüber, was reformierter Glaube sei, nicht unnütz sein. [...] Sage niemand, dieses Zurückgreifen auf das Erbe der Väter sei blosse Repristination! Es muss einer reformierten Kirche immer eigen sein, dass sie zu den Quellen zurückkehrt. Mit der Rückkehr zum Worte Gottes hat die Reformation begonnen, und wir tun wohl daran, uns von jenem Geschlecht, das mit neugeschärftem Blick die Heilige Schrift erforschte, weisen zu lassen.»[67]

Die Jungreformierten Walter Hildebrandt und Rudolf Zimmermann besorgten 1936 eine, bis heute verwendete, neue deutschsprachige Übersetzung der *Confessio Helvetica posterior* mit einer Darstellung der Geschichte des Bekenntnisses.[68] 1938 und 1939 erschien eine zweibändige Vortragsreihe über das *Apostolikum*.[69] Eine eigene Diskussion entstand um die «Berner Erklärung» des Vorstands des Schweizerischen Evangelischen Kirchenbundes zu den kirchlichen Verhältnissen im nationalsozialistischen Deutschland, die am 21. März 1934, zwei Monate vor der Barmer Theologischen Erklärung, veröffentlicht wurde.[70]

Das Interesse an den reformiert-reformatorischen und altkirchlichen Bekenntnissen setzt sich bis in die Gegenwart fort. Exemplarisch dafür stehen Fritz Buris Kommentar zum *Basler Bekenntnis* von 1959,[71] Hans Ulrich Jägers systematisch angelegter Traktat *Reformierter Glaube* von 1994[72] oder die vom Schweizerischen Evangelischen Kirchenbund herausgegebene, der Struktur des Dekalogs folgende reformierte Glaubenskunde *Rede und Antwort stehen*.[73] Daneben bezeichnend sind eine ganze Reihe von zumeist summarischen Kommentaren

67 Max Frick, Vorwort: ders., Reformierter Glaube. Eine Darstellung der biblischen Lehre an Hand des Heidelberger Katechismus, Zürich 1932, 3–4.

68 Zuerst erschienen als Bd. 3 der *Quellen und Studien zur Geschichte der Helvetischen Kirche*; zwei Jahre später erfolgte eine zweiteilige Auflage in Bd. 4 und 5.

69 Herrmann Grossmann/Emil Brunner/Rudolf Grob/Peter Barth, Unser Bekenntnis zu Jesus Christus, Zürich 1938; Hans Martin Stückelberger/Georg Vischer/Walter Hoch/Gottlob Schrenk/Eberhard Zellweger, Wir bekennen unsern Glauben, Zürich 1939. Die biblisch orientierte Auslegung für ein allgemeines Publikum verzichtet vollständig auf einen Einbezug der reformierten Bekenntnistradition.

70 Vgl. dazu Frank Mathwig, «Das wahre Wesen der Kirche Jesu Christi». Kirchenpolitik und politische Ethik zwischen Bern und Barmen: Magdalene L. Frettlöh (Hg.), «Gottes kräftiger Anspruch». Die Barmer Theologische Erklärung als reformierter Schlüsseltext (reformiert!, Bd. 2), Zürich 2017, 237–266.

71 Vgl. Fritz Buri, Basler Bekenntnis heute, Zollikon 1959.

72 Vgl. Hans Ulrich Jäger, Reformierter Glaube, Zürich 1994.

73 Vgl. Schweizerischer Evangelischer Kirchenbund, Rede und Antwort stehen. Glauben nach dem Unservater, Zürich 2014.

zum *Apostolikum*: Robert Leuenberger,[74] Heinz Rüegger,[75] Anne Käfer[76] und zuletzt die Berner Ringvorlesung zum Credo.[77]

Die von Barth dem 18. und 19. Jahrhundert attestierte «an Bekenntnislosigkeit streifende ‹Freiheit›»[78] bzw. «Bekenntnisschwäche»[79] wurde in der zweiten Hälte des 20. Jahrhunderts von einer «neuen Bekenntnisfreudigkeit» abgelöst,[80] die als Folge der Barmer Theologischen Erklärung angesehen wird.[81] Das gilt auch für die schweizerischen Reformierten, wie eine Sammlung reformierter Bekenntnistexte seit den 1980er Jahren dokumentiert. Die Hälfte der sechs ausgewählten europäischen Dokumente stammt aus der Schweiz: das *Glaubensbekenntnis* der Schweizerischen Evangelischen Synode von 1986, die *Déclaration de Foi* der Église Nationale Protestante de Genève von 1992 und *Das Credo von Kappel* des Schweizerischen Evangelischen Kirchenbunds von 2008.[82] Deutlich zeigt sich darin die synchrone und diachrone Pluralität und Partikularität spezifisch reformierten Bekennens. Gegenüber dem Luthertum hätten die Reformierten in Bekenntnisfragen – wie Barth in seiner Vorlesung über die reformierten Bekenntnisschriften bemerkt hat – «von Haus aus etwas *Pietätloses*».[83] Die «relative

74 Vgl. Robert Leuenberger, Glauben. Das Apostolische Bekenntnis verstehen, Zürich 1993.

75 Vgl. Heinz Rüegger, Das Apostolische Glaubensbekenntnis heute. Grundlagen des christlichen Glaubens, Berg am Irchel 2002.

76 Vgl. Anne Käfer, Glauben bekennen, Glauben verstehen. Eine systematisch-theologische Studie zum Apostolikum, Zürich 2014.

77 Vgl. Matthias Felder/Frank Mathwig (Hg.), Credo! Das Apostolikum. Reformiert gelesen – ökumenisch akzentuiert (reformiert!, Bd. 9), Zürich 2020.

78 Karl Barth, Die Theologie der Reformierten Bekenntnisschriften. Vorlesung Göttingen Sommersemester 1923, Gesamtausgabe II/30, hg. von Eberhard Busch, Zürich 1998, 51.

79 Karl Barth, Das Bekenntnis der Reformation und unser Bekennen, München 1935, 24.

80 Busch, Nähe (Anm. 7), 588.

81 Vgl. Busch, Nähe (Anm. 7), 590–594; Pfister, Bekenntnis (Anm. 10), 78; Lukas Vischer, Vorwort: ders. (Hg.), Reformiertes Zeugnis heute. Eine Sammlung neuer Bekenntnistexte aus der reformierten Tradition, Neukirchen-Vluyn 1988, V–IX (V); vgl. auch die generelle Bemerkung von Hans-Georg Link, Bekennen und Bekenntnis (Ökumenische Studienhefte 7), Göttingen 1998, 154, «dass die Barmer Theologische Erklärung ein neues Kapitel für das Bekennen des christlichen Glaubens im 20. Jahrhundert aufgeschlagen hat».

82 Hofheinz/Meyer zu Hörste-Bührer/Oorschot, Bekennen (Anm. 7), 107–115.125–128; zum Credo von Kappel vgl. auch Matthias Zeindler, Das Credo von Kappel: Bienert/Hofheinz/Jochum-Bortfeld, Bekenntnisse (Anm. 3), 271–286.

83 Barth, Theologie (Anm. 78), 17. Der Herausgeber sah sich bei Barths Frage, ob die lutherische Kirche bereit sei, «auf die Frage, ob das in der Augustana niedergelegte Schriftverständnis das richtige ist, gegebenfalls zurückzukommen», zu der editorischen Fussnote genötigt: «‹Zurückkommen› ist hier wie weiter unten ein Helvetismus und bedeutet so viel wie: neu zur Diskussion stellen, revidieren.» (7).

Autorität»[84] reformierter Bekenntnisse gründet in ihrer Praxis unbedingten Bekennens. Reformierte Bekenntnisse sind im besten Sinne Gebrauchstexte, die keinen unhistorischen oder übergeschichtlichen Status beschwören, sondern den Status der Gläubigen in einer konkreten Situation deklarieren.

Zum Abschluss ihrer Arbeit greift die Schweizerische Evangelische Synode in der zweiten Hälfte der 1980er Jahre das Bekenntnisthema auf:

> «Was haben wir gemeinsam über das Evangelium zu sagen? Worin besteht der Grund, auf dem unser Glaube beruht? Was heisst es, heute von der Hoffnung zu reden, die Gott uns in Jesus Christus geschenkt hat?»[85]

Dieser Verantwortung für das eigene Zeugnis war man sich Ende der 70er Jahre im Hinblick auf die Reformationsjubiläen bewusst geworden.[86] Die damit verbundene Frage nach der eigenen Identität war nicht unberührt von der Ernüchterung über den Fortschritt in der Ökumene. Der Rückgriff auf die reformatorische Tradition sollte dabei nicht repristinatorisch sein, sondern konsequent auf die Fragen der Gegenwart bezogen werden. Als geeignetes Instrument sollte ein nationaler synodaler Prozess dienen.

Das jüngste Beispiel für die neuere Bekenntnisdiskussion innerhalb der reformierten Kirchen der Schweiz und im Kirchenbund stellt das Ende der 1990er Jahre entstandene «Projekt Bekenntnis» der Zürcher Kirche dar.[87] Sie ging bezeichnenderweise aus einer Projektgruppe «Reformierte Identität» hervor und wurde später vom Kirchenbund aufgenommen. Im Zentrum stand die Frage:

> «Was heisst es, in einer postkonfessionellen und multireligiösen, wenn nicht gar nachchristlichen Epoche ‹reformiert› zu sein? Inwiefern ist reformiert zu sein mehr, als nicht katholisch oder nicht lutherisch zu sein? Gibt es überhaupt reformierte Eigentümlichkeiten?»[88]

---

84 Vgl. Plasger, Autorität (Anm. 25).

85 Schweizerische Evangelische Synode (Hg.), Bekennen. Schlussdokumente der SES, Heft 6. Bericht der beiden Untergruppen der Gruppe «Den Glauben heute bekennen und leben», o. O. o. J. [Bern 1987], 1. Die Gruppe bestand aus Klauspeter Blaser, Käthi La Roche, Robert Leuenberger, Christian Link, Jan Milič Lochman, Ulrich Luz, Christine Nöthiger und Lukas Vischer.

86 Vgl. hier und im Folgenden Ökumenische Kirchengeschichte der Schweiz, im Auftrag eines Arbeitskreises hg. von Lukas Vischer, Lukas Schenker und Rudolf Dellsperger, Freiburg/Basel 1994, 299.

87 Hier und im Folgenden Krieg/Luibl, Freiheit (Anm. 7), 5. Der Prozess wurde theologisch Begleitet von der Theologischen Fakultät der Universität Zürich; vgl. Bühler/Campi/Luibl, Freiheit (Anm. 7).

88 Krieg/Luibl, Freiheit (Anm. 7), 5.

Dass die Bestätigung der eigenen Identität (wo doch reformierte Kirchen in der Schweiz keine Bekenntniskirchen sind), konfessionelle Abgrenzung und damit im Grunde der institutionelle Selbsterhalt Auslöser des Nachdenkens über das Bekenntnis waren, ist erstaunlich, hatten doch dem «Bekennen heute» schon längere Zeit auch die ökumenischen Bemühungen gegolten,[89] womit die Bemühung der Kirchen, gemeinsam dem Evangelium in der Gesellschaft mehr Gehör zu verschaffen, in den Vordergrund getreten war. Bemerkenswert ist auch, dass das Bekennen primär unter dem Aspekt seiner liturgischen Verwendung betrachtet wurde und nicht umfassender in theologisch-ekklesiologischer Perspektive. Das Bemühen der Zürcher Kirche ums Bekennen bleibt verdienstvoll und man kann es auch so interpretieren, dass sich dahinter unartikuliert das Unbehagen an der vielbeschworenen Bekenntnisfreiheit verbirgt, die – aus der Ablehnung von obrigkeitlich verordnetem Bekennen und aus «der Mühe, ein Bekenntnis zu glauben», geboren worden war – je länger, je weniger «eine lebendige Freiheit, den Glauben zu bekennen», ist.[90] Letztere ist jedoch für die Weitergabe des Glaubens und das Bestehen der Kirche angesichts zunehmender Pluralität und für ihre Suche nach Einheit unabdingbar. Wenn Bekenntnisfreiheit in Bekenntnislosigkeit und damit in das Unvermögen, den Glauben verbindend und verbindlich zu formulieren, mündet, ist die eigene Kirche in Gefahr.

Dieser zu begegnen, mag auch mit ein Grund gewesen sein, dass die Zürcher Kirche von Anfang an Vertreterinnen und Vertreter anderer reformierter Kirchen in ihre Projektgruppe einbezogen hatte und das Projekt Bekenntnis im Jahr 2009 zur Angelegenheit des Schweizerischen Evangelischen Kirchenbunds erklärt wurde.[91] Das in diesem Rahmen erarbeitete «Werkbuch Bekenntnis» in deutscher und französischer Sprache präsentiert zwanzig sorgfältig eingeleitete altchristliche, reformatorische und neuere Bekenntnisse.[92] Es wurde in die Vernehmlassung gegeben, deren Ziel eine Textbasis für das Gespräch über den Glauben und das reformierte Profil war.[93] Diese sollte erstens ein traditionsfähiges

89 Siehe z. B. das Themenheft Una Sancta 37/1982 (2): «Gemeinsam den Glauben bekennen».

90 Eberhard Busch, Credo. Das Apostolische Glaubensbekenntnis, Göttingen 2003, 11.

91 Motion der Evangelisch-reformierten Landeskirche des Kantons Zürich, der mitunterzeichnenden Reformierten Kirchen Bern-Jura-Solothurn und weiterer mittragender Kirchen betreffend Werkbuch Bekenntnis, Abgeordnetenversammlung vom 14.–16. Juni 2009 in Genf.

92 Bezeichnenderweise unterläuft diese Sammlung die nach reformiertem Verständnis fundamentale Unterscheidung zwischen altkirchlichen *Bekenntnissen* (als Artikulationen der *regula fidei*, also der apostolischen Verkündigung und *Bekenntnisschriften*.

93 Reformierte Bekenntnisse. Ein Werkbuch als Grundlage für eine Vernehmlassung zum reformierten Bekennen in der Schweiz und zugleich als Geschenk für Jean

Corpus reformierter Bekenntnisse umfassen, zweitens ein liturgiefähiges kurzes Bekenntnis (vom Typ Bekenntnis) sowie drittens eine längere diskursfähige Bekenntnisschrift (vom Typ Katechismus). Das «Werkbuch Bekenntnis» enthält für die beiden ersten Typen eine Vorlage. Die Zahl der Vernehmlassungsantworten aus den Kreisen der Kirchenleitungen, Gemeinden und Pfarrpersonen war sehr gering (nur knapp vier Prozent der Fragebögen kamen zurück), ganz im Gegensatz zum grossen Medienecho.[94] Zwar fand das Werkbuch insgesamt bei den Teilnehmenden ein positives Echo und führte – so das Fazit des Rates des Kirchenbundes – vielerorts zu konstruktiven Gesprächen über die Grundlagen des Glaubens. Klare Aussagen über Inhalt und Umfang der Bekenntnisgrundlage und zum Stellenwert von Bekenntnissen blieben jedoch aus. Es zeigte sich eine weitverbreitete Zurückhaltung gegenüber der verbindlichen Festschreibung von Glaubensinhalten, was vom Rat des Kirchenbundes so gedeutet wurde: «Das Problembewusstsein für den Traditionsabbruch in den reformierten Kirchen der Schweiz [ist] (noch) zu wenig vorhanden; die Notwendigkeit eines klärenden Bekenntnisses wird nicht gesehen.» (12) Die Scheu vor Verbindlichkeit war nach wie vor stärker als die Angst vor der Sprachlosigkeit der Kirche. Dahinter steht wohl der sich seit dem 19. Jahrhundert gebildete reformierte Reflex gegen «von oben» verordnete und damit disziplinierende Bekenntnisse und gegen die Deklaration von fest zu glaubenden Glaubensinhalten (*fides quae creditur*). Dabei war doch das Ziel des Projekts Bekenntnis und des Werkbuchs nicht viel mehr, als den Kirchen dauerhaft die theologisch reflektierte Artikulation des Glaubens aufzutragen, mithin das, was durch die Vernehmlassung ein Stück weit geschehen war: eine Grundlage zu geben für das Gespräch über den christlich-reformierten Glauben, das die Gemeinschaft der Kirche eint und den Glauben der Einzelnen wachhält. Die bleibende Herausforderung der evangelisch-reformierten Kirchen besteht in der von Eberhard Busch genannten Gretchenfrage: «Kann der christliche Glaube, wenn er dem zu verkündigenden Zeugnis der Heiligen Schrift entspricht, ohne Bekenntnis des Glaubens leben?»[95]

Calvin zum 500. Geburtstag am 10. Juli 2009, hg. von einer interkantonalen Initiativgruppe unter Leitung von Matthias Krieg, Zürich 2009 / Confessions de foi réformées. Un livre-outil, éd. par un groupe d'initiative intercantonal sous la direction de Matthias Krieg, Lausanne 2009.

94 Hier und im Folgenden: Vorlage für die Abgeordnetenversammlung des SEK vom 17. bis 19. Juni 2012 in Aarau: SEK/Der Rat, Werkbuch Bekenntnis. Motion der Evangelisch-reformierten Landeskirche des Kantons Zürich, der mitunterzeichnenden Reformierten Kirchen Bern-Jura-Solothurn und weiterer mittragender Kirchen vom 14.–16. Juni 2009: Bericht zur Vernehmlassung, 3. April 2012 (Bundesarchiv).

95 Busch, Credo (Anm. 90), 11.

Martin Sallmann

Zur Gemeinschaft mit Christus erwählt

Die Prädestinationslehre der *Confessio Helvetica posterior*

Die Lehre von der Prädestination hat in der reformierten Theologie einen steilen Aufstieg hinter sich. Im 19. Jahrhundert wurde sie als der zentrale theologische Topos bezeichnet, aus dem heraus die reformierte Theologie überhaupt zu erschliessen und zu verstehen sei. Alexander Schweizer, Professor an der Universität und Prediger am Grossmünster in Zürich,[1] benannte sie als «Grunddogma» und «Materialprincip» der reformierten Kirche.[2] In der *Leuenberger Konkordie* von 1973 wurde die Prädestinationslehre neben dem Abendmahl und der Christologie als einer der Gründe dafür erwähnt, dass Kirchengemeinschaft zwischen lutherischen und reformierten Kirchen über Jahrhunderte unmöglich gewesen sei.[3] Bis in die Mitte des 16. Jahrhunderts gab es zwar unterschiedliche Versionen der Prädestinationslehre im reformatorischen Lager, aber keine polemischen

1 Felix Flückiger, Alexander Schweizer (1808–1888). Vermittler zwischen Glaube und Wissen: Stephan Leimgruber/Max Schoch (Hg.), Gegen die Gottvergessenheit. Schweizer Theologen im 19. und 20. Jahrhundert, Basel u. a. 1990, 68–85; Peter Alexander Schweizer, Alexander Schweizer (1808–1888). Ein Lebensbild: Emidio Campi/Ralph Kunz/Christian Moser (Hg.), Alexander Schweizer (1808–1888) und seine Zeit, Zürich 2008, 1–38.

2 Alexander Schweizer, Die Glaubenslehre der evangelisch-reformirten Kirche dargestellt und aus den Quellen belegt, Bd. 1, Zürich 1844, 35–45.135–143; ders., Die protestantischen Centraldogmen in ihrer Entwicklung innerhalb der reformirten Kirche. Erste Hälfte: Das 16. Jahrhundert, Zürich 1854, 68–72; ders., Die Christliche Glaubenslehre nach protestantischen Grundsätzen, Bd. 1: Allgemeiner Theil, Zürich 1863, 169–186; Christian Link, Calvins Erwählungslehre zwischen Providenz und Christologie: Peter Opitz (Hg.), Calvin im Kontext der Schweizer Reformation. Historische und theologische Beiträge zur Calvinforschung, Zürich 2003, 169–193 (169); Luca Baschera, Umstrittene Orthodoxie. Die historiographisch-theologische Kontroverse zwischen August Ebrard und Alexander Schweizer: Campi/Kunz/Moser, Alexander Schweizer (Anm. 1), 167–187 (186f.); Matthias Zeindler, Erwählung. Gottes Weg in die Welt, Zürich 2009, 46f.; Matthias Freudenberg, Reformierter Protestantismus in der Herausforderung. Wege und Wandlungen der reformierten Theologie (Theologie: Forschung und Wissenschaft 36), Berlin 2012, 54f.

3 Wilhelm Hüffmeier (Hg.), Konkordie reformatorischer Kirchen in Europa (Leuenberger Konkordie) 1973. Dreisprachige Ausgabe mit einer Einleitung (zweisprachig) von Friedrich-Otto Scharbau, Frankfurt a. M. 1993, 30, Art. 17; Martin Friedrich, Von Marburg bis Leuenberg. Der lutherisch-reformierte Gegensatz und seine Überwindung, Waltrop 1999, 222–224.

Auseinandersetzungen darüber. Erst danach konsolidierten sich langsam, aber sicher unterschiedliche, konfessionell geprägte Auffassungen, die sich allerdings erst seit Anfang 1580 in Bekenntnissen niederschlugen.[4]

Im Folgenden soll die theologische Signatur der Prädestinationslehre in der *Confessio Helvetica posterior* herausgearbeitet werden, um dann zu schauen, ob sie allenfalls von «providentieller Bedeutung» war, die sich allerdings erst in der *Leuenberger Konkordie* von 1973 ausgestaltete.[5] Zuerst soll die Stellung der Prädestination in der *Confessio Helvetica posterior* erhoben, dann der Gedankengang der Lehre über die Prädestination nachvollzogen, weiter die theologische Signatur rekapitulierend festgehalten und schliesslich in einem vierten Schritt der Bezug zur *Leuenberger Konkordie* und zur Gegenwart gesucht werden.

I. Die Stellung der Prädestinationslehre in der *Confessio Helvetica posterior*

Über den Aufbau der *Confessio Helvetica posterior* und über deren inhaltliche Spannungen ist viel nachgedacht und noch mehr geschrieben worden.[6] Um angemessen von der Prädestinationslehre zu sprechen, ist es unumgänglich, die charakteristische Stellung des Kapitels innerhalb des gesamten Bekenntnisses noch einmal zu vergegenwärtigen.[7] Nach der Eröffnung des Bekenntnisses mit den zwei Kapiteln über die Heilige Schrift als Wort Gottes und ihrer Auslegung

4 Theodor Mahlmann, Art. Prädestination, V. Reformation bis Neuzeit: TRE, Bd. 27, 1997, 118–156 (123–129).

5 Mahlmann, Prädestination (Anm. 4), 127,47–49, allerdings mit Bezug auf die Wittenberger Abendmahlskonkordie (1536) und auf den *Heidelberger Katechismus* (1563), wo eine zweifache Vorherbestimmung fehlt.

6 Als Beispiele Edward A. Dowey, Der theologische Aufbau des Zweiten Helvetischen Bekenntnisses: Joachim Staedtke (Hg.), Glauben und Bekennen. Vierhundert Jahre Confessio Helvetica Posterior. Beiträge zu ihrer Geschichte und Theologie, Zürich 1966, 205–234 (208–213); Pierre Bühler, Heinrich Bullinger als Systematiker – am Beispiel der Confessio Helvetica Posterior: Zwingliana 31/2004, 215–235 (221–224); Emidio Campi (Bearb.), Confessio Helvetica posterior, 1566: Andreas Mühling/Peter Opitz (Hg.), Reformierte Bekenntnisschriften, Bd. 2/2: 1562–1569, Neukirchen-Vluyn 2009, 243–345 (248–255).

7 Zur Stellung der Prädestinationslehre in der *Confessio Helvetica posterior* siehe Cornelis P. Venema, Heinrich Bullinger and the Doctrine of Predestination. Author of «the Other Reformed Tradition»?, Grand Rapids MI 2002, 91–94. Die deutschen Übersetzungen orientieren sich am Text des ZHB, sind aber nicht immer mit diesem identisch, sondern bieten zuweilen eigene Übertragungen.

(Kap. I–II) folgt ein erster Teil über Gott und seine Verehrung (Kap. III–V).[8] Ein zweiter Teil behandelt die Schöpfungslehre, die mit der Vorsehung beginnt und übergeht zur Erschaffung aller Dinge und des Menschen (Kap. VI–IX).[9] An dieser Stelle schliesst das Kapitel über die Prädestination an (Kap. X), dem das Kapitel zur Christologie (Kap. XI) folgt.[10] Ein dritter, längerer Teil behandelt danach die Soteriologie mit den Themen Gesetz und Evangelium, Busse, Rechtfertigung, Glaube und Werke (Kap. XII–XVI).[11] Der weitaus längste vierte Teil behandelt ekklesiologische Themen wie Kirche, Amt und Sakramente (Kap. XVII–XXI) sowie in praktischer Ausrichtung Themen wie Gottesdienst, Gebet, Unterricht, Seelsorge oder Begräbnis (Kap. XXII–XXVIII).[12] Zwei Kapitel des gesellschaftlichen Lebens, nämlich zum ledigen Stand, zur Ehe und zum Hausstand sowie zur Obrigkeit (Kap. XIX–XXX), schliessen das Bekenntnis ab.[13]

Für unseren Zusammenhang ist bemerkenswert, dass das Kapitel über die Prädestination an exponierter Stelle steht. Voraus gehen die Kapitel über die Schöpfung, nämlich «Von der Erschaffung aller Dinge, von den Engeln, dem Teufel und dem Menschen»,[14] «Vom Fall des Menschen, von der Sünde und von der Ursache der Sünde»[15] und «Vom freien Willen und den übrigen Kräften des Menschen».[16] Die Kapitel über die Schöpfung enden mit dem Menschen als gefallener Kreatur. Dem Kapitel zur Prädestination folgt dann das Kapitel der Christologie, «Von Jesus Christus, wahrem Gott und Menschen, dem einzigen Retter der Welt».[17] Das Kapitel zur Prädestination, «Von der Vorherbestimmung Gottes und der Erwählung der Heiligen»,[18] führt also vom Menschen als einem gebrochenen Geschöpf zum gewichtigen Kapitel der Christologie über, das deutlich soteriologische Akzente enthält. Damit kommt dem Kapitel der Prädestination die Rolle eines Scharniers zu.

Eine vergleichbare Rolle nimmt das inhaltlich korrespondierende Lehrstück über die Vorsehung ein. Die Lehre von der Providenz schliesst die Gotteslehre ab und führt über zur Schöpfungslehre. Die Gotteslehre enthält die Kapitel «Von

8 CHp, 273,5–276,29 und 277,1–281,38.

9 CHp, 282,1–289,15.

10 CHp, 289,16–291,14 und 291,15–297,10.

11 CHp, 297,11–310,9.

12 CHp, 310,10–334,2 und 334,3–342,24.

13 CHp, 342,25–345,25.

14 CHp VII, 283,18: «De Creatione Rerum Omnium, de Angelis, Diabolo, et Homine».

15 CHp VIII, 284,23: «De lapsu hominis, et peccato, et causa peccati».

16 CHp IX, 287,1: «De libero arbitrio, adeoque viribus hominis».

17 CHp XI, 291,15: «De Iesu Christo vero Deo et Homine, unico mundi Salvatore».

18 CHp X, 289,16: «De Praedestinatione Dei, et Electione Sanctorum».

Gott, seiner Einheit und Dreieinigkeit»,[19] «Von den Götzen oder Bildern Gottes, Christi und der Heiligen»[20] und «Von der Anbetung, der Verehrung und der Anrufung Gottes durch den einzigen Mittler Jesus Christus».[21] In diesen Kapiteln zur Gotteslehre klingt bereits der rechte Gottesdienst an, der christologisch akzentuiert ist. Dann folgt das vermittelnde Kapitel «Von der Vorsehung Gottes».[22] Es schliessen die Kapitel über die Schöpfung und besonders über den Menschen an. Die Vorsehungslehre verbindet also Gotteslehre und Schöpfungslehre. Die Gotteslehre ist ausgerichtet auf den Gottesdienst, auf die Verehrung Gottes, und erwähnt schon hier den einzigen Mittler Jesus Christus. Da heisst es: «Diesen einen Gott rufen wir an in allen Entscheidungen und Wechselfällen unseres Lebens, und zwar durch die Vermittlung unseres einzigen Mittlers und Fürbitters Jesus Christus.»[23] Das Kapitel zur Vorsehung wird eröffnet mit dem Satz: «Wir glauben, dass durch die Vorsehung dieses weisen, ewigen und allmächtigen Gottes alles im Himmel und auf Erden und bei allen Geschöpfen erhalten und geleitet wird.»[24] Die Schöpfungslehre, die auch den Menschen in seiner Gebrochenheit enthält, steht damit unter dem Signum der Vorsehung Gottes.

Eine entsprechende Funktion hat das Kapitel über die Prädestination, die zwischen Schöpfungslehre und Christologie steht. Die Gebrochenheit des Menschen wird im Kapitel der Prädestination aufgenommen und mit der Christologie vermittelt. Auf dem Weg von der Gotteslehre zur Schöpfungslehre und von dort zur Christologie liegen die zwei Kapitel von der Vorsehung und von der Prädestination. Sie haben die Funktion von Bindegliedern. Heinrich Bullinger ordnete schon früh Providenz- und Prädestinationslehre einander nahe zu. Die Vorsehungslehre umfasst das gesamte göttliche Heilshandeln an seiner Schöpfung, die Vorherbestimmung erschliesst die Umsetzung des göttlichen Heilswerks. Vorsehung, Schöpfung und Prädestination gehören in den gleichen grossen Zusammenhang von Gottes Heilshandeln.[25]

---

19 CHp III, 277,1: «De Deo, Unitate eius, ac Trinitate».

20 CHp IV, 279,1: «De Idolis vel Imaginibus Dei, Christi, et Divorum».

21 CHp V, 280,13f.: «De adoratione, cultu, et invocatione Dei, per unicum mediatorem Iesum Christum».

22 CHp VI, 282,1: «De providentia Dei».

23 CHp, 280,27–29: «Eundem [Deum] solum invocamus in omnibus discriminibus et casibus vitae nostrae, idque per interventum unici mediatoris et intercessoris nostri Iesu Christi.» ZHB, Kap. V, 28.

24 CHp, 282,3–5: «Dei huius sapientis aeterni et omnipotentis providentia, credimus cuncta in coelo, et in terra, et in creaturis omnibus conservari et gubernari.» ZHB, Kap. VI, 30.

25 Peter Opitz, Heinrich Bullinger als Theologe. Eine Studie zu den «Dekaden», Zürich 2004, 175–177; Peter Walser, Die Prädestination bei Heinrich Bullinger im Zusammenhang mit seiner Gotteslehre (Studien zur Dogmengeschichte und systematischen

II. Der Gedankengang im Kapitel über die Prädestination

Eine klare Gliederung des Kapitels über die Prädestination liegt nicht einfach auf der Hand. Vielmehr entwickelt das Bekenntnis einen eigenen Gedankengang, der wesentliche inhaltliche Motive benennt, sie aber nicht einfach durch blosse Abfolge, sondern auch durch Rückgriffe und Vorgriffe einander zuordnet und miteinander verbindet. Diesem Gedankengang gilt nun die Aufmerksamkeit, indem fünf Felder benannt werden.[26]

1. Konkretes Heilshandeln Gottes

Der Titel über diesem Kapitel nennt die Begriffe *praedestinatio* und *electio* nebeneinander: «Von der Vorherbestimmung Gottes und der Erwählung der Heiligen».[27] Eröffnet wird das Kapitel dann mit einem ersten, dichten Satz, der die grundlegenden inhaltlichen Punkte umfasst: «Gott hat von Ewigkeit her vorherbestimmt oder erwählt, frei und aus seiner reinen Gnade, ohne Rücksicht auf Menschen, die Heiligen, die er selig machen will in Christus [...].»[28] Die Verben vorherbestimmen (*praedestinare*) und auswählen (*eligere*) nehmen die entsprechenden Nomen aus dem Titel auf. Sie werden im Bekenntnis wechselseitig verwendet.[29] Gottes Vorherbestimmung impliziert die Auswahl der Heiligen und bezeichnet also ein konkretes Handeln. Dieses Heilshandeln Gottes geschieht «frei» (*libere*), «aus seiner reinen Gnade» (*mera sua gratia*) und «ohne Rücksicht

Theologie 11), Zürich 1957, 71–80, arbeitet die Verbindung von Vorsehung und Vorherbestimmung mit der Gotteslehre heraus.

26 Siehe dazu Walser, Prädestination (Anm. 25), 141–149; Paul Jacobs, Die Lehre von der Erwählung in ihrem Zusammenhang mit der Providenzlehre und der Anthropologie im Zweiten Helvetischen Bekenntnis: Staedtke, Glauben (Anm. 6), 258–277; Ernst Koch, Die Theologie der Confessio Helvetica Posterior (Beiträge zur Geschichte und Lehre der Reformierten Kirche 27), Neukirchen-Vluyn 1968, 88–105; Richard A. Muller, Christ and the Decree. Christology and Predestination in Reformed Theology from Calvin to Perkins (Studies in Historical Theology 2), Durham 1986, 44–47; Venema, Predestination (Anm. 7), 95–100.

27 CHp, 289,16: «De Praedestinatione Dei, et Electione Sanctorum».

28 CHp, 289,18–20: «Deus ab aeterno praedestinavit vel elegit libere et mera sua gratia, nullo hominum respectu, sanctos, quos vult salvos facere in Christo [...].» ZHB, Kap. X, 43.

29 Auch die zweite Marginalie des Kapitels nimmt beide Begriffe auf: CHp, 289,26: «In Christo electi vel praedestinati sumus.» ZHB, Kap. X, 43: «Gott hat [...], die er in Christus selig machen will, vorherbestimmt oder erwählt»; vgl. Koch, Theologie (Anm. 26), 89.

auf Menschen» (*nullo hominum respectu*). Damit wird das Heilshandeln in Gottes Freiheit und Unabhängigkeit als Akt der Gnade situiert. Die erste Marginalie nimmt diesen Gedanken ausdrücklich auf: «Gott hat uns aus Gnade erwählt.»[30]

2. *Erwählung in Christus*

«Von Ewigkeit her [*ab aeterno*] hat Gott vorherbestimmt oder erwählt [...].»[31] Auch im Eröffnungssatz zur Christologie erscheint diese Terminologie der Erwählung von Ewigkeit her exakt wieder. Dort heisst es: «Wir glauben zudem und lehren, dass der Sohn Gottes, unser Herr Jesus Christus, von Ewigkeit her vorherbestimmt oder vorhergeordnet worden ist [*ab aeterno praedestinatum vel praeordinatum esse*], vom Vater, als Retter der Welt [...].»[32] «Ab aeterno» verweist auf ein konkretes Heilshandeln Gottes. «Von Ewigkeit her» ist hier Christus vorherbestimmt als Retter der Welt und «von Ewigkeit her» sind die Heiligen dort auserwählt. «Von Ewigkeit her» meint nicht zuerst ein objektives, absolutes göttliches Dekret, sondern umfasst konkret die Vorherbestimmung Christi als Retter der Welt einerseits und die Erwählung der Heiligen in Christus andererseits. Das Handeln Gottes, von Ewigkeit vorherzubestimmen und auszuwählen, konkretisiert sich im Heil für den gebrochenen Menschen, der durch den Retter der Welt, Christus, zum Heiligen wird.[33] Beide gehören in diesem Heilshandeln von Ewigkeit her zusammen, Christus als Retter der Welt und die erwählten Heiligen. Der Gegenbegriff der Verwerfung (*reprobatio*) kommt an dieser Stelle nicht vor.

Dem ersten Satz im Kapitel über die Vorherbestimmung folgen zwei treffende Bibelstellen. Wie im ganzen Bekenntnis werden diese nicht einfach als Belege erwähnt, sondern als Zitat durch Anpassungen in den Textverlauf eingewoben. Die erste, grundlegende Stelle ist Eph 1,4, von welcher der erste Satzteil aufgenommen wird: «Gott hat uns in ihm selbst [Christus] erwählt, bevor die Grundlagen der Welt gelegt waren.»[34] Auch 2Tim 1,9–10 belegt explizit das Motiv «vor

---

30 CHp, 289,18: «Deus elegit nos ex gratia.» ZHB, Kap. X, 43, hat als Marginalie «Die Gnadenwahl».

31 CHp, 289,18: «Deus ab aeterno praedestinavit vel elegit [...].» ZHB, Kap. X, 43.

32 CHp, 291,17–19: «Credimus praeterea et docemus filium Dei Dominum nostrum Iesum Christum ab aeterno praedestinatum vel praeordinatum esse, a Patre, Salvatorem mundi [...].» ZHB, Kap. XI, 47.

33 Koch, Theologie (Anm. 26), 90f.

34 CHp, 289,20f.: «Deus elegit nos in ipso, antequam iacerentur fundamenta mundi.»; vgl. ZHB, Kap. X, 43.

ewigen Zeiten» sowie die Erwählung in Christus und bietet zusätzlich Gottes Handeln nicht nach menschlichen Werken, sondern nach seinem Vorsatz und seiner Gnade.[35] Beide Stellen gehören zu den biblischen Belegen für den Topos der Prädestination und betonen Gottes Erwählung in Christus. In dieser Eröffnung begegnet nicht ein abstraktes Prinzip der Vorherbestimmung im Dunkel der Vorzeiten, sondern der Leser und die Leserin «schauen in das Antlitz Jesu Christi».[36]

3. Mittel und Ziel der Erwählung

Nach diesem Einstieg folgt ein längerer Abschnitt, der affirmativ die Prädestinationslehre weiter ausführt. Die Erwählung wird nach Mittel und Ziel dargelegt. Gott habe uns nicht ohne Mittel (*non sine medio*), sondern in und wegen Christus (*in Christo, et propter Christum*) erwählt. Zugleich werden irgendwelche Verdienste aufseiten der Menschen ausdrücklich abgelehnt. Folgerichtig wird jetzt der Glaube eingeführt: Erwählt seien daher die, welche in Christus eingepflanzt seien durch den Glauben, verworfen aber die, welche ausserhalb von Christus seien (*qui sunt extra Christum*).[37] Der Erwählung Gottes in Christus korrespondiert auf der Seite des Menschen der Glaube in Christus. Fehlt aber der Glaube, so ist er nicht in Christus und daher verworfen. Das Bekenntnis geht an dieser Stelle unumwunden von Erwählung *und* Verwerfung aus, führt aber Letztere in keiner Weise weiter aus.[38] Das Sein-in-Christus, die Präsenz Christi im Glauben, wird zum Ort der Vergewisserung der Erwählung. Das Bekenntnis fügt die Bibelstelle 2Kor 13,5 bei, in der Paulus die Korinther zur Selbstprüfung auffordert: «Prüft euch selbst, ob ihr im Glauben seid. Erkennt ihr etwa bei euch selbst nicht, dass Jesus Christus in euch ist? Wenn nicht, so seid ihr verworfen.»[39] Sehr direkt wird im Bekenntnistext auf die Selbstprüfung der Gläubigen hingewiesen. We-

35 CHp, 289,21–25.

36 Gottfried W. Locher, Das Zweite Helvetische Bekenntnis: ders., Huldrych Zwingli in neuer Sicht. Zehn Beiträge zur Theologie der Zürcher Reformation, Zürich/Stuttgart 1969, 289–305 (300).

37 CHp, 289,25–29: «Ergo non sine medio, licet non propter ullum meritum nostrum, sed in Christo, et propter Christum, nos elegit Deus, ut qui iam sunt in Christo insiti per fidem, illi ipsi etiam sint electi, reprobi vero, qui sunt extra Christum [...].» ZHB, Kap. X, 43f. Walser, Prädestination (Anm. 25), 122–124.

38 Walser, Prädestination (Anm. 25), 131; Koch, Theologie (Anm. 26), 94.

39 CHp, 289,29–31: «Vos ipsos tentate, num sitis in fide. An non cognoscitis vosmetipsos, quod Iesus Christus in vobis est? nisi sicubi reprobi estis.» ZHB, Kap. X, 44.

niger wohl, um stringent vom Ergebnis zurück auf Gottes Erwählung zu schliessen, sondern vielmehr um zu ermuntern. Denn der Erwählung in Christus, die unverbrüchlich gilt, entspricht doch der Glaube als Gabe Gottes durch den Heiligen Geist, was zunächst nicht ausgeführt, aber im Kapitel über den Glauben noch folgen wird.[40]

Die Erwählung findet auf ein bestimmtes Ziel hin statt (*ad finem certum*), wie Marginalie und Text ausdrücklich festhalten. Das Bekenntnis nimmt hier die zu Beginn des Kapitels schon eingeführte Bibelstelle Eph 1 wieder auf und zitiert sie weiter (Eph 1,4–6).[41] Das Ziel der Erwählung in Christus ist die Heiligung der Erwählten, und die Vorherbestimmung zur Kindschaft Gottes führt zum Lob der Gnade Gottes. Das Schema «Mittel» und «Ziel» erscheint bereits in der Vorsehungslehre. Es wird dort durch mehrere Bibelstellen ausgeführt und dient dazu, eine fatalistische Passivität der Menschen und die Auffassung von einem blinden Schicksal abzuwenden.[42] Gott handelt vielmehr mit bestimmten Mitteln auf ein bestimmtes Ziel hin.[43] Daher verweisen Mittel und Ziel auf das konkrete Heilshandeln Gottes an seinen Menschen.

4. Zweifel und Hoffen

Was schon anklang, wird dann ausdrücklich aufgenommen: Obwohl Gott die Seinen kennt und in der Schrift immer wieder die kleine Zahl der Erwählten erwähnt wird, ermahnt das Bekenntnis dazu, für alle das Beste zu hoffen und nicht leichtfertig jemanden zu den Verworfenen zu zählen.[44] Vielmehr soll jeder schauen, dass er durch die enge Pforte ins Himmelreich eingehe (Lk 13,23–24).

---

40 CHp XVI, 307,4–310,9: «De fide, et bonis operibus, eorumque mercede, et merito hominis».

41 CHp, 289,31–290,2: «[Electi sumus ad finem certum.] Denique electi sunt sancti in Christo, per Deum, ad finem certum, quem et ipsum exponit Apostolus et ait, *Elegit nos in ipso, ut essemus sancti et irreprehensibiles coram illo per charitatem.* [Ephes. 1 (4–5).] *Qui praedestinavit nos, ut adoptaret in filios per Iesum Christum, in sese, ut laudetur gloria gratiae suae.*» ZHB, Kap. X, 44: «Mithin hat Gott die Heiligen in Christus für ein bestimmtes Ziel auserwählt, worauf der Apostel mit den Worten hinweist: ‹Er hat uns ja in ihm erwählt …, damit wir heilig und untadelig seien vor ihm, indem er in Liebe uns zur Annahme an Sohnesstatt bei sich selbst durch Jesus Christus vorherbestimmt hat nach dem freien Entschluss seines Willens zum Lobe der Herrlichkeit seiner Gnade …› (Eph. 1,4–6).»

42 CHp, 282,25–283,17.

43 Koch, Theologie (Anm. 26), 89f.

44 CHp, 290,2–4.

Das neugierige Nachfragen ist in dieser Angelegenheit nicht angemessen.[45] Damit rückt die *Confessio Helvetica posterior* in die konkrete Lebenswelt der Gläubigen, in die Welt ihrer Anfechtungen und in die Welt ihres beharrenden Lebenswandels im Glauben.

Der Hinweis auf wenige Erwählte kann zu Positionen führen, die das Bekenntnis abweist. Wie in der Vorsehungslehre fatalistische Haltungen abgelehnt werden, werden auch hier falsche Schlüsse aus der Prädestinationslehre für das Leben verworfen: Da man seiner Erwählung nicht sicher sein könne, solle man sich den Genuss des Lebens nicht versagen. Oder wer zu den Erwählten gehöre, den könne nichts mehr an der Seligkeit hindern, und wer zu den Verworfenen gehöre, dem nütze weder Glaube noch Busse.[46] Dagegen hält das Bekenntnis an der Sorge des Gläubigen um den Lebenswandel fest.

5. Ermahnung und Belehrung

Mit Augustin wird festgehalten, dass beides gepredigt werden müsse, freie Gnadenwahl und Vorherbestimmung sowie heilsame Ermahnungen und Belehrungen. Damit ist einerseits das Stichwort für die Predigt gegeben, andererseits aber ist mit Gnadenwahl und Vorherbestimmung Christus angesprochen. Die Frage nach der Erwählung ausserhalb Christi wird abgelehnt.[47]

Hier zeigt sich noch einmal anschaulich, wie stark die *Confessio Helvetica posterior* von der Erwählung in Christus her denkt. Die Frage nach der Erwählung ausserhalb des Glaubens an Christus zu stellen, ist zwecklos. Denn sie kann eigentlich nur im Innenraum des Glaubens, aus der Perspektive der Betroffenen angesprochen werden. Konsequent verweist daher das Bekenntnis auf die Predigt des Evangeliums, dem der Glaube entspringt: «Die Predigt des Evangeliums muss gehört und ihr geglaubt und sie für unzweifelhaft gehalten werden, [nämlich] dass du, wenn du glaubst und in Christus bist, erwählt bist.»[48] Der Gläubige ist an die Predigt verwiesen, die das Evangelium darbietet, und wer ihr glaubt, ist in Christus erwählt. Mit der Erwählung in Christus greift das Bekenntnis auf den Anfang zurück. Es wird ausdrücklich noch einmal die dort angeführte, begründende Bibelstelle aus 2Tim 1 aufgenommen. Der Gedanke kulminiert nach

45 CHp, 290,8–12.
46 CHp, 290,13–19.
47 CHp, 290,24–28.
48 CHp, 290,28f.: «Audienda est enim praedicatio evangelii, eique credendum est: et pro indubitato habendum, si credis ac sis in Christo, electum te esse.» ZHB, Kap. X, 45f.

mehreren Bibelstellen, die das Evangelium in Christus bezeugen, in folgendem Satz: «Christus sei daher der Spiegel, in dem wir unsere Vorherbestimmung betrachten. Ein genügend klares und festes Zeugnis werden wir haben, dass wir im Buch des Lebens eingeschrieben sind, wenn wir mit Christus Gemeinschaft haben, und er im wahren Glauben unser ist und wir sein sind.»[49] In Christus wird wie in einem Spiegel die eigene Erwählung sichtbar. Die Gemeinschaft mit Christus im Glauben wird zum Zeugnis für die Erwählung. Das Bild von Christus als Spiegel hat auch Johannes Calvin benutzt.[50] In Christus wird die Erwählung des Gläubigen gewiss.[51]

Allerdings endet das Kapitel nicht mit der Erwählung in Christus, die den Bogen zum Anfang des Kapitels schliesst. Vielmehr wird der Trost mit Blick auf die Anfechtung der Erwählung abschliessend zum Thema, denn es gebe keine gefährlichere Anfechtung als diese. Der Trost besteht in einem Vierfachen: Die Verheissungen Gottes gelten allen Gläubigen, mit der ganzen Kirche beten sie im Herrengebet zum Vater in den Himmeln, sie werden durch die Taufe in den Leib Christi eingepflanzt, und sie werden in der Kirche mit Fleisch und Blut zum ewigen Leben gespeist.[52] Solcherweise, gleichsam durch das kirchliche Leben, in dem die Verheissungen Gottes hörbar, im Gebet Gott als Vater angesprochen und die Sakramente zur Stärkung gereicht werden, getröstet, werden die Gläubigen auf ihren Weg geschickt. «Damit [mit diesen Gaben] gestärkt, sollen wir mit Furcht und Zittern, nach der Anweisung des Paulus, unser Heil schaffen.»[53]

Am Ende des Kapitels wird der einzelne, angefochtene Gläubige weg von sich auf die Verheissungen Gottes, auf das gemeinsame Vaterunser sowie die Sakramente Taufe und Abendmahl verwiesen, die in der Gemeinschaft der Kirche geübt werden. Die Erwählung zur Gemeinschaft mit Christus führt konsequent in die Kirche hinein.

49 CHp, 291,5–8: «Christus itaque sit speculum, in quo praedestinationem nostram contemplemur. Satis perspicuum et firmum habebimus testimonium, nos in libro vitae inscriptos esse, si communicaverimus cum Christo, et is in vera fide noster sit, nos eius simus.» ZHB, Kap. X, 46.

50 Johannes Calvin, Institutio Christianae Religionis III, 24,5.

51 Eberhard Busch, Gotteserkenntnis und Menschlichkeit. Einsichten in die Theologie Johannes Calvins, Zürich 2005, 72–74.

52 CHp, 291,8–13. Koch, Theologie (Anm. 26), 95–98.

53 CHp, 291,13f.: «His confirmati cum timore et tremore, iuxta praeceptum Pauli, nostrum salutem operari iubemur.» ZHB, Kap. X, 46.

III. Die Signatur der Prädestinationslehre

1. Die Erwählung in Christus als freier Akt der Gnade Gottes

In ausserordentlicher Klarheit bestimmt die *Confessio Helvetica posterior* die Vorherbestimmung Gottes als Erwählung der Gläubigen in Christus. Platziert zwischen Schöpfungslehre und Christologie, ist das Kapitel nicht nur im Aufbau in die Heilslehre eingebunden, sondern auch inhaltlich stark christologisch geprägt.[54] Ihr festes Ziel hat die Vorherbestimmung Gottes in der Erwählung der Heiligen, die in Christus sich ereignet. Dieses konkrete Heilshandeln ereignet sich als freier Akt der Gnade Gottes. Unabhängig vom Handeln und Verhalten der Menschen ist es verankert in Gottes Heilshandeln von Ewigkeit her. Damit ist die Heilsgewissheit der Gläubigen an Gott selbst gebunden.

2. Die Darlegung der Erwählung mit Blick auf die Gläubigen

Auch wenn die Darlegung der Prädestinationslehre beim Heilshandeln Gottes von Ewigkeit her beginnt, ist sie inhaltlich vom konkreten Ergebnis dieses Heilshandelns her entwickelt.[55] Der Gläubige, der im Glauben in Christus ist, ist der in Christus auserwählte Heilige. In der Anfechtung seiner Erwählung schaut er auf den Glauben und in das Antlitz Christi. Von Ewigkeit her als Retter bestimmt, sind die Gläubigen in ihm erwählt. Wie in einem Spiegel sehen sie in ihm ihre Erwählung. Hier ist der Ort, an dem die Gläubigen mit ihrer Anfechtung der Erwählung stehen und sich durch die Präsenz Christi im Glauben ihrer selbst vergewissern.

Die Begrifflichkeit für die Darlegung der Prädestinationslehre *a priori* und *a posteriori* wird erst durch Hieronymus Zanchi (1516–1590) systematisch eingeführt. *A priori* meint die Darlegung der Prädestination von den Ursachen Gottes aus, während *a posteriori* die Darlegung von den Wirkungen her meint. Den offenbarten Willen Gottes der Prädestination nennt Zanchi erstmals *absolutum Dei decretum*.[56] Obwohl das Bekenntnis diese Terminologie nicht benutzt, zeigt sich eindrücklich, dass die Prädestinationslehre vom Glauben und Zweifeln der Gläubigen her gedacht ist. Ihnen soll die Lehre von der Prädestination eine Vergewisserung des Heils ermöglichen.

---

54 Siehe Venema, Predestination (Anm. 7), 92.97f.
55 Koch, Theologie (Anm. 26), 98f.
56 Mahlmann, Prädestination (Anm. 4), 125,39–126,51.

3. Der Hinweis auf das Leben der Kirche

Dieser aposteriorischen Tendenz des Bekenntnisses entspricht es, dass der Trost der Gläubigen in der Anfechtung ausdrücklich angesprochen wird. Die Gläubigen sind letztlich auf die Kirche verwiesen, auf Predigt, Gebet und Sakramente, die sie für den Weg des Glaubens ausrüsten. Dieser seelsorgerliche Zug des Bekenntnisses, der die Gläubigen tröstet und zugleich ermahnt, durch den Glauben in der Gemeinschaft mit Christus zu bleiben und zu wachsen, führte dazu, von einer «gemässigte[n] Lehre» der Prädestination im Bekenntnis zu sprechen.[57] Das Bekenntnis widerspiegelt hier seinen Verfasser als Prediger und Seelsorger.[58]

4. Verortung im historischen Zusammenhang

Wie zu Beginn schon erwähnt, war die Frage nach der Prädestination lange kein Feld der konfessionellen Abgrenzungen. Grundlegender Einspruch wurde erst seit 1551 von Hieronymus Bolsec (1520–1584) und Sebastian Castellio (1515–1563) oder schon früher von Albert Pighius (1490–1542) geäussert. Die Zürcher Kirche musste gutachterlich zu Bolsec Stellung nehmen und brieflich stand Bullinger in Kontakt mit Johannes Calvin. Auch im Konflikt zwischen Johannes Marbach (1521–1581) und Hieronymus Zanchi in Strassburg 1561 nahm die Zürcher Kirche in einem Gutachten Stellung. Die Abfassung und die Veröffentlichung der *Confessio Helvetica posterior* fiel in diese frühe Phase der theologischen Ausdifferenzierung der Prädestinationslehre, die Bullinger ohne Zweifel verfolgte und kannte.[59] Es sollte aber eine weitere Generation dauern, bis der konfessionelle Gegensatz sich auch in der Lehre von der Prädestination niederschlagen und in entsprechenden Bekenntnissen, etwa in der Konkordienformel (*Formula Con-*

57 Walser, Prädestination (Anm. 25), 113. Opitz, Dekaden (Anm. 25), 177, folgt dieser Einschätzung.

58 W. Peter Stephens, Predestination or Election in Zwingli and Bullinger: Emidio Campi/Peter Opitz (Hg.), Heinrich Bullinger, Life – Thought – Influence. Zurich, Aug. 25–29, 2004, International Congress Heinrich Bullinger (1504–1575) (Zürcher Beiträge zur Reformationsgeschichte 24), Bd. 1, Zürich 2007, 313–334 (330); Walser, Prädestination (Anm. 25), 113–122.

59 Walser, Prädestination (Anm. 25), 168–170.181f.; Mahlmann, Prädestination (Anm. 4), 123,13–18, 123,51–124,2, 125,39–127,23.

cordiae) 1577/1580 oder den Artikeln der Dordrechter Synode 1618/1619, geäussert werden sollte.[60]

IV. Die Prädestinationslehre in der Leuenberger Konkordie

Mit dieser Charakterisierung der Prädestinationslehre in der *Confessio Helvetica posterior* wenden wir uns der schon erwähnten *Leuenberger Konkordie* zu. Durch das gemeinsame Verständnis des Evangeliums ermöglicht sie immerhin über die bestehenden Differenzen der reformatorischen Bekenntnisse hinweg Kirchengemeinschaft zwischen lutherischen und reformierten Kirchen sowie aus ihnen hervorgegangenen Kirchen und verwandten vorreformatorischen Kirchen.[61]

Die affirmativen Aussagen der *Leuenberger Konkordie* zur Prädestination setzen mit dem Evangelium ein, das die bedingungslose Annahme der Sünder verheisst. Wer darauf vertraut, darf sich des Heils gewiss sein. Hier ist konsequent die Perspektive der Gläubigen eingenommen. Auf die Verheissung des Evangeliums antwortet der Glaube, der sich seines Heils gewiss sein darf. Zugleich setzt die Erwählungslehre beim Heil in Jesus Christus ein, wobei auch hier die Seite der Gläubigen und deren Berufung durch Christus eingenommen ist. Prädestination ist Erwählung in Christus. Hier liegt deutlich eine aposteriorische Darlegung der Erwählungslehre vor, wie sie auch in der *Confessio Helvetica posterior* zur Sprache kommt.[62]

Auch die Verwerfung kommt allein aus der Erfahrung des Glaubens zur Sprache, nämlich, die Erfahrung, dass auf das Evangelium nicht gehört und es nicht angenommen wird. Die Ursachen dafür werden dem Geheimnis von Gottes Wirken zugeordnet und bleiben dem Glauben verborgen. Von dieser Ebene aus wird dann auch der Ernst menschlicher Entscheidung – analog zur *Confessio Helvetica*

60 Mahlmann, Prädestination (Anm. 4), 127,50f.; Jan Hoek, Die Deutung der Prädestinationslehre in der Leuenberger Konkordie: Michael Beintker/Martin Heimbucher (Hg.), Verbindende Theologie. Perspektiven der Leuenberger Konkordie (Evangelische Impulse 5), Neukirchen-Vluyn 2014, 104–124 (108–112).

61 Hüffmeier, Konkordie (Anm. 3), 32, Art. 29–34.

62 Hüffmeier, Konkordie (Anm. 3), 31, Art. 24: «Im Evangelium wird die bedingungslose Annahme des sündigen Menschen durch Gott verheissen. Wer darauf vertraut, darf des Heils gewiss sein und Gottes Erwählung preisen. Über die Erwählung kann deshalb nur im Blick auf die Berufung zum Heil in Christus gesprochen werden.»

posterior – festgehalten. Ausdrücklich abgewiesen wird schliesslich ein ewiger Ratschluss Gottes zur definitiven Verwerfung.[63]

Mit dem klar aposteriorischen Zugang zur Prädestinationslehre wird der entgegengesetzte apriorische Zugang obsolet.[64] Spekulationen über ein ewiges, absolutes Dekret, das Erwählung und Verwerfung vor aller Zeit festlegte, müssen nicht mehr zur Sprache kommen. Daher überrascht es, dass in der ausdrücklichen Abweisung exakt diese Ebene erwähnt wird, nämlich ein ewiger Ratschluss Gottes zur definitiven Verwerfung. Der Bereich der Heiligung dagegen, der in der *Confessio Helvetica posterior* angesprochen ist, fehlt in diesen Passagen, die stark von der Rechtfertigung her konzipiert sind. Die Heiligung wird zwar in der *Leuenberger Konkordie* aufgenommen, aber im Zusammenhang mit der Rechtfertigungslehre ausgeführt.[65]

Insgesamt, so lässt sich als Fazit festhalten, können sowohl Ansatz wie Inhalt der in der *Leuenberger Konkordie* erwähnten Übereinstimmungen in der Prädestinationslehre von der *Confessio Helvetica posterior* her plausibel nachvollzogen werden. Wesentliche, unüberbrückbare Differenzen sind jedenfalls hier nicht auszumachen. Ob man damit der *Confessio Helvetica posterior* zugleich eine providenzielle Bedeutung für die *Leuenberger Konkordie* zumessen will, bleibe dahingestellt.

63 Hüffmeier, Konkordie (Anm. 3), 31, Art. 25: «Der Glaube macht zwar die Erfahrung, dass die Heilsbotschaft nicht von allen angenommen wird, er achtet jedoch das Geheimnis von Gottes Wirken. Er bezeugt zugleich den Ernst menschlicher Entscheidung wie die Realität des universalen Heilswillens Gottes. Das Christuszeugnis der Schrift verwehrt uns, einen ewigen Ratschluss Gottes zur definitiven Verwerfung gewisser Personen oder eines Volkes anzunehmen.»

64 Hoek, Prädestinationslehre (Anm. 60), 107f.

65 Hüffmeier, Konkordie (Anm. 3), 28, Art. 10.

Luca Baschera

Pneumatologie in der *Confessio Helvetica posterior*

Wie in den meisten reformierten Bekenntnisschriften und dogmatischen Darstellungen aus dem 16. und 17. Jahrhundert[1] findet sich auch in der *Confessio Helvetica posterior* keine in sich geschlossene Abhandlung über den Heiligen Geist.[2] Dass kein ganzes Kapitel und auch nicht ein Abschnitt im Rahmen eines Kapitels speziell der dritten Person der Trinität gewidmet ist, darf allerdings nicht als Indiz für eine «Geistvergessenheit» gelten. Denn Heinrich Bullinger bezieht vielmehr den Heiligen Geist in den unterschiedlichsten Zusammenhängen mit ein, so dass die Pneumatologie sich in der Tat als «der innerste Nerv» dieses Bekenntnisses erweist.[3]

Zugleich fällt bei der Lektüre der CHp auf, dass jedes Mal, wenn ausführlich vom Heiligen Geist die Rede ist, dessen *äussere Wirkungen* (*operationes ad extra*) im Vordergrund stehen. In trinitätstheologischer Hinsicht beschränkt sich Bullinger hingegen darauf, den altkirchlichen Konsens knapp zusammenzufassen

1 Vgl. Yuzo Adhinarta, The Doctrine of the Holy Spirit in the Major Reformed Confessions and Catechisms of the Sixteenth and Seventeenth Centuries, Carlisle 2012, 28: «Instead of discussing the Holy Spirit in one independent chapter or heading, the confessions and catechisms of the sixteenth and seventeenth centuries discuss the Holy Spirit under several headings, due to the pervasive nature of the role of the Holy Spirit in Christian doctrine.» Siehe auch Richard A. Muller, Post-Reformation Reformed Dogmatics. The Rise and Development of Reformed Orthodoxy, ca. 1520 to ca. 1725, Bd. 4: The Triunity of God, Grand Rapids MI 2003, 333. Eine Ausnahme stellen allerdings die *Confessio Scotica* (1560) und die *Confessio Belgica* (1561) dar. Vgl. Andreas Mühling/Peter Opitz (Hg.), Reformierte Bekenntnisschriften, Bd. 2/1: 1559–1563, Neukirchen-Vluyn 2009, 258–260, 328,17–21.

2 Vgl. dazu Ernst Koch, Die Theologie der Confessio Helvetica Posterior, Neukirchen-Vluyn 1968 (Beiträge zur Geschichte und Lehre der reformierten Kirche 27), 19f.

3 Koch, Theologie (Anm. 2), 427f. Dasselbe trifft nach Benjamin B. Warfield, Introductory Note: Abraham Kuyper, The Work of the Holy Spirit, Grand Rapids MI 1969, xxvii, auf die *Westminster Confession of Faith* zu: «The sole reason why it does not give a chapter to this subject, [...] is because it prefers to give nine chapters to it.» Für einen ähnlichen Befund bezüglich des *Heidelberger Katechismus* vgl. Fred H. Klooster, Our only Comfort. A Comprehensive Commentary on the Heidelberger Catechism, Grand Rapids MI 2001, 660: «The catechism from beginning to end either implies or refers directly to the person and work of the Holy Spirit.»

und zu rezipieren.[4] Ferner erfolgt selbst im Rahmen dieser Konzentration auf die äusseren Wirkungen des Heiligen Geistes eine deutliche soteriologische Zuspitzung. Andere Bereiche pneumatischer Wirkung wie etwa die Erhaltung der Schöpfung oder die Empfängnis Jesu Christi werden zwar erwähnt,[5] aber nicht ausführlich behandelt. Auch diesbezüglich knüpfte Bullinger einfach an den allgemeinen christlichen Konsens an.

Dieser zweifache Befund kann freilich nicht ohne Konsequenzen im Hinblick auf die Untersuchung der Pneumatologie in der CHp bleiben, welche zwangsläufig eine Vielzahl von theologischen *Loci* berücksichtigen muss. Im Folgenden werden diese verschiedenen Loci allerdings nicht in derselben Reihenfolge behandelt, in der sie in der CHp begegnen. Vielmehr soll der Versuch unternommen werden, in drei Schritten (Abschnitte II–IV) eine systematische Darstellung der Pneumatologie der CHp zu entwerfen. Angesichts der erwähnten soteriologischen Zuspitzung von Bullingers Pneumatologie ist es ferner wohl angemessen, einleitend auf einige zentrale Charakteristika seiner Heilslehre hinzuweisen (Abschnitt I) und so den Rahmen der darauffolgenden Ausführungen abzustecken.

I. Pneumatische Teilhabe an Christus als übergreifendes Thema von Bullingers Soteriologie

Das Heil in Jesus Christus verwirklicht sich Bullinger zufolge eminent als Teilhabe der Glaubenden an ihm. Teilhabe an Christus (*participatio Christi*) ist für den Zürcher Reformator gar die angemessenste Bezeichnung dessen, was in evangelischer Perspektive überhaupt als «Heil» gilt. Denn nur in Christus, d. h., indem der Mensch an Christus teilhat, erhält das gefallene Geschöpf erneut Zugang zur Gemeinschaft mit Gott, seinem Schöpfer und Erlöser. Zu einer solchen Teilhabe an Christus ist der gefallene Mensch von sich aus freilich nicht fähig, so dass sie durch Gott selbst realisiert werden muss. Gerade in der Verwirklichung der Teilhabe an Christus besteht nun die soteriologisch wesentliche Auf-

4 CHp III, 277,15–23; ZHB, Kap. III, 23f. Die Knappheit, mit der Bullinger den altkirchlichen Konsens referiert, darf nicht als Hinweis darauf interpretiert werden, die Trinitätslehre nehme im Rahmen seiner Theologie eine zweitrangige Stellung ein. Zur Zentralität des trinitarischen Bekenntnisses in Bullingers Theologie vgl. Mark Taplin, Bullinger on the Trinity. «Religionis Nostrae Caput et Fundamentum»: Bruce Gordon/Emidio Campi (Hg.), Architect of Reformation. An Introduction to Heinrich Bullinger, 1504–1575, Grand Rapids MI 2004, 67–99.

5 CHp VII, 283,21f.; XI, 292,12.

gabe des Heiligen Geistes als dritter Person der Trinität und als Geist Christi. Darauf hatte Bullinger bereits in der neunten Predigt der fünften Dekade hingewiesen:

> «Unter Gemeinschaft [*communio*] verstehe ich [...] die Teilhabe am Herrn Jesus Christus [*participatio Christi domini*], durch die er sich selbst durch seinen Geist [*per spiritum suum*] ganz in uns einsenkt und sich mit uns verbindet und wir wiederum durch den Glauben seiner teilhaftig [*participes*] und mit ihm verbunden werden, so dass wir, die durch ihn von der Sünde und vom Tod erlöst worden sind, in ihm leben als Erben des ewigen Lebens [vgl. Tit 3,7] und er in uns lebt und ganz unser ist, wie auch wir ihm ganz angehören.»[6]

Es ist also der Heilige Geist, der den Menschen am Heil in Jesus Christus teilhaben (*participare*) lässt, oder anders augedrückt: Durch die Wirkung des Heiligen Geistes wird für den Menschen eine Teilhabe an Christus ermöglicht, welche heilsam ist (*participatio vitae* bzw. *participatio Christi* als *donum spiritus sancti*).[7]

Die *participatio Christi* stellt nun für Bullinger ein komplexes Geschehen dar, das gleichsam aus zwei miteinander verflochtenen Dimensionen, einer äusseren bzw. objektiven und einer inneren bzw. subjektiven, besteht. Zwischen diesen beiden Dimensionen existiert keine Priorisierung, so dass es im Prinzip indifferent ist, welche Dimension als erste besprochen wird. Bullingers Reflexion auf die eine erfolgt nie ohne Einbezug der anderen, und verschiedene Aspekte der beiden Dimensionen kommen in unterschiedlichen Kapiteln der CHp zur Sprache.

Die objektive Dimension wird im Folgenden allerdings bewusst als erste behandelt, um dem Vorurteil entgegenzusteuern, die äusseren kirchlichen Handlungen seien nach reformierter Auffassung zweitrangig gegenüber dem inneren

6 Heinrich Bullinger, Dekaden: Emidio Campi u. a. (Hg.), Heinrich Bullinger Schriften, Bde. 3–5, Zürich 2006 (= Dekaden), Bd. 5, 477 (5,9); vgl. ders., Sermonum Decades quinque de potissimis Christianae religionis capitibus (1552), hg. von Peter Opitz (Heinrich Bullinger Werke. Dritte Abteilung: Theologische Schriften 3/1 und 3/2), Zürich 2008 (= Decades), 1014,21–6 (5,9): «Caeterum per communionem intelligo societatem, coniunctionem vel participationem Christi domini, qua ipse per spiritum suum se totum nobis insinuat atque coniungit nosque eius per fidem participes efficimur ac ipsi connectimur ita, ut per ipsum liberati a peccato et morte in ipso vivamus haeredes vitae aeternae ac ipse vivat in nobis ac totus noster sit, quemadmodum ipsi sumus eius toti.» Siehe auch Decades 5,6 (Anm. 6), 889,8–10: «[...] participatio vitae, consortium cum Christo et membris eius, dona item sancti spiritus, quae conceduntur nobis per gratiam dei in fide Iesu Christi [...].»

7 Zur Stellung der pneumatisch gewirkten Teilhabe an Christus im Rahmen von Bullingers Soteriologie und seiner Theologie im Allgemeinen vgl. Peter Opitz, Heinrich Bullinger als Theologe. Eine Studie zu den «Dekaden», Zürich 2004, 215–315.

Vorgang des Glaubens. Bei der Lektüre der CHp sowie anderer Schriften Bullingers stellt sich nämlich deutlich heraus, dass etwa Glaube und Wiedergeburt für ihn sich keineswegs von den kirchlichen Vollzügen der Wortverkündigung und der Feier der Sakramente isolieren lassen oder gar Letztere überflüssig machen. Im Gegenteil: Innere und äussere Vollzüge bilden die beiden Dimensionen ein und desselben Geschehens, nämlich der pneumatisch gewirkten, heilsamen Teilhabe an Christus.

Selbstverständlich räumt Bullinger die Möglichkeit ein, dass Glaube und somit Teilhabe am Heil in Christus unabhängig von äusseren kirchlichen Vollzügen entstehen kann. Jedes Mal, wenn er dieses Thema anspricht, fügt er jedoch immer hinzu, dass es sich dabei um einen Ausnahmefall handelt, der – wie das bekannte Adagium besagt – die Regel nicht infrage stellt, sondern geradezu bestätigt.[8]

II. Die objektive Dimension der Teilhabe

Im Allgemeinen lässt sich festhalten, dass für Bullinger Teilhabe am Heil durch den Geist in Verbindung mit bestimmten kirchlichen Handlungen bewirkt wird. Diese Handlungen nimmt Gottes Geist nämlich gleichsam in Anspruch, er macht sie sich dienstbar, um den Menschen Zugang zur Gemeinschaft mit Christus zu verschaffen.

1. Wortverkündigung

Eine solche Handlung stellt etwa die Wortverkündigung dar. Von ihr gilt, dass «nicht bloss leere Worte hergesagt werden, wenn man predigt, sondern zugleich die mit den Worten bezeichneten oder verkündigten Dinge von Gott dargeboten werden [*offeruntur*]».[9] Daraus folgt: «Wenn also heute dieses Wort Gottes durch rechtmässig berufene Prediger in der Kirche verkündigt wird, glauben wir, dass

8 ZHB, Kap. I, 19: «Wir geben [...] zu, Gott könne Menschen auch ohne die äussere Verkündigung erleuchten, wann und welche er wolle: das liegt in seiner Allmacht. Wir reden aber von der gewöhnlichen Art, wie die Menschen unterwiesen werden müssen, wie sie uns durch Befehl und Beispiel von Gott überliefert ist.»

9 ZHB, Kap. XIX, 107; CHp, 327,4–6: «[...] non tantum verba nuda recitantur, dum praedicatur, sed simul a Deo offeruntur res verbis significatae, vel annunciatae [...].»

Gottes Wort selbst verkündigt und von den Gläubigen vernommen werde»;[10] was Bullinger auch in der berühmten Aussage zusammenfasst: «Praedicatio verbi Dei est verbum Dei.»[11]

Ist nun die Rede des Dieners am Wort etwa an sich wirkliche Verkündigung, echtes Wort Gottes, oder muss sie es erst werden? Und wenn Letzteres der Fall ist, wie geschieht das? Bullingers Antwort ist eindeutig: Es kann nur durch die Wirkung des Heiligen Geistes geschehen. Denn es ist der Geist, der «innere Erleuchtung» bewirkt[12] und die Menschen nicht blosse Worte, sondern Gottes Wort hören und damit am Heil teilhaben lässt:[13]

> «Wir sollen also glauben, dass Gott uns äusserlich durch seine Diener in seinem Wort unterweise, inwendig aber die Herzen seiner Erwählten durch den Heiligen Geist zum Glauben bewege, und dass man daher alle Ehre für diese ganze Wohltat Gott geben müsse.»[14]

> «Jene Predigt des Evangeliums selbst wird vom Apostel Paulus Geist und Dienst des Geistes genannt, darum, weil sie in den Ohren, mehr noch, in den Herzen der Gläubigen durch den Glauben und durch den sie erleuchtenden Heiligen Geist wirksam und lebendig wird.»[15]

Ohne diese Wirkung des Geistes bliebe die Verkündigung bloss menschliche Rede. Wirkendes Subjekt der Wortverkündigung ist somit der Geist Gottes selbst, während sich die Tätigkeit des Predigers «ministerial» dazu verhält. Die Verkündigung des göttlichen Wortes ist insofern ein pneumatisches Geschehen, welches aber nicht ohne menschliches dienendes Handeln zustande kommt.

> «Gott hätte ja wohl aus eigener Macht unmittelbar Menschen zu einer Kirche versammeln können, aber er bevorzugte es, durch den Dienst von Menschen mit den Men-

10 ZHB, Kap. I, 18; CHp, 273,28–274,1: «Cum hodie hoc Dei verbum per praedicatores legitime vocatos annunciatur in ecclesia, credimus ipsum Dei verbum annunciari, et a fidelibus recipi.»

11 CHp I, 273,28.

12 CHp I, 274,10.15.

13 CHp XIX, 327,6f. Vgl. CHp I, 274,9f.: «[...] nemo veniat ad Christum, [Ioan. 6, 44] nisi trahatur a patre coelesti, ac intus illuminetur per spiritum sanctum [...].»

14 ZHB, Kap. XVIII, 89; CHp, 317,11–14: «Credamus ergo Deum verbo suo nos docere foris per ministros suos, intus autem commovere electorum suorum corda ad fidem per spiritum sanctum: ideoque omnem gloriam totius huius beneficii referendam esse ad Deum.»

15 ZHB, Kap. XIII, 60; CHp, 300,10–13: «Illa ipsa evangelii praedicatio, nuncupatur item ab Apostolo [2. Cor. 3,6.] spiritus et ministerium spiritus, eo quod efficax et viva fiat per fidem in auribus imo cordibus credentium per spiritum sanctum illuminantem.»

schen zu verkehren. Deshalb sind die Pfarrer nicht bloss als Diener, sondern als Gottes Diener zu betrachten, weil Gott durch sie das Heil der Menschen schafft [*operatur*].»[16]

Es wird also deutlich, dass die wahre *praedicatio verbi Dei* bei Bullinger ein Beispiel von *concursus Dei et hominis* darstellt: In ihr wirken ja Gott und Mensch auf bestimmte Weise zusammen. Gänzlich ausgeschlossen ist dabei allerdings die Vorstellung, dass sich göttliches und menschliches Handeln *quantitativ*, im Sinne eines «Repartierens zwischen Gott und dem Menschen»,[17] voneinander unterscheiden liessen. Göttliches und menschliches Handeln ergänzen sich nicht gegenseitig, sondern das eine Geschehen der Wortverkündigung soll sowohl als ganz menschlich wie auch als ganz göttlich betrachtet werden.[18] Der zwischen diesen beiden Ebenen bestehende Unterschied ist somit nicht ein *quantitativer*, sondern ein *qualitativer*. Denn – wie Bullinger in *Dekaden* 5,6 schreibt – Gott allein *wirkt* im engeren Sinn bei der Wortverkündigung, während der Mensch *dient*.[19] Die beiden Subjekte Gott und Mensch handeln also beide gleichzeitig in

16 ZHB, Kap. XVIII, 88; CHp, 316,22–28: «Posset sane Deus sua potentia immediate sibi adiungere ex hominibus ecclesiam, sed maluit agere cum hominibus per ministerium hominum. Proinde spectandi sunt ministri, non ut ministri duntaxat per se, sed sicut ministri Dei, utpote per quos Deus salutem hominum operatur.»

17 Otto Weber, Grundlagen der Dogmatik, Bd. 1, Neukirchen-Vluyn [4]1972, 572.

18 Diese Position betreffend den *concursus*, die etwa auch Calvin in seiner 1543 erschienenen polemischen Schrift *De captivitate et liberatione humani arbitrii* vertreten hatte (vgl. J. Todd Billings, Calvin, Participation, and the Gift. The Activity of Believers in Union with Christ, Oxford u. a. 2007, 47f.), sollte Teil des allgemeinen theologischen Konsenses unter Reformierten werden. Vgl. Heinrich Heppe, Die Dogmatik der evangelisch-reformierten Kirche, Neukirchen-Vluyn [2]1958, 200f.209–211, sowie Herman Bavinck, Reformed Dogmatics, Bd. 2, hg. von John Bolt/John Vriend, Grand Rapids MI 2004, 614: «In relation to God the secondary causes can be compared to instruments [...]; in relation to their effects and products they are causes in the true sense. [...] There is no division of labor between God and his creature, but the same effect is totally the effect of the primary cause as well as totally the effect of the proximate cause.»

19 Vgl. die Marginalie bei: Dekaden 5,6 (Anm. 6), Bd. 5, 312: «Die Schrift unterscheidet zwischen dem Dienst [*ministerio*] des Menschen und dem Wirken [*operatione*] des Geistes.» Diese Auffassung vom Zusammenwirken von Gott und Mensch wurde später auch als *concursus per modum actionis et principii* bezeichnet, um sie vom *concursus per modum actionis* abzugrenzen. Vgl. J. A. van Ruler, Franco Petri Burgersdijk and the Case of Calvinism Within the Neo-Scholastic Tradition: E. P. Bos/H. A. Krop (Hg.), Franco Burgersdijk (1590–1635). Neo-Aristotelianism in Leiden (Studies in the History of Ideas in the Low Countries 1), Amsterdam/Atlanta GA 1993, 46.

ein und demselben Geschehen, stehen aber zugleich in einem eindeutigen hierarchischen Verhältnis zueinander.[20]

2. Taufe und Abendmahl

Dieselbe Auffassung von einem Zusammenwirken von Gott und Mensch steht im Hintergrund von Bullingers Ausführungen über die beiden weiteren kirchlichen Handlungen Taufe und Abendmahl, die traditionell als «Sakramente» im engeren Sinn gelten.

Als «Sakrament» bezeichnet Bullinger immer eine ganze Handlung (er spricht von «ritus sancti» und «sacrae actiones»),[21] die wiederum zwei Dimensionen hat: eine irdische, menschliche – die Dimension des Zeichens – und eine himmlische, göttliche – die Dimension der bezeichneten Sache, die Bullinger auch «Substanz» des Sakraments nennt.[22] Diese Substanz ist bei Taufe und Abendmahl im Grunde dieselbe, nämlich Christus selbst.[23] Gleichwohl werden in den beiden Sakramenten durch die verschiedenen Zeichen bzw. Handlungen unterschiedliche Aspekte der Teilhabe an Christus vergegenwärtigt: «die Wiedergeburt und die Abwaschung der Sünden» bei der Taufe, «die Gemeinschaft mit Leib und Blut des Herrn» beim Abendmahl.[24]

20 Dasselbe Prinzip hat Rudolf Bohren (1920–2010) bekanntlich als «theonome Reziprozität» bezeichnet und in explizitem Anschluss an die CHp seiner Homiletik zugrunde gelegt. Vgl. Rudolf Bohren, Predigtlehre, Gütersloh [6]1993, 50f.76f.

21 CHp XIX, 323,17.

22 CHp XIX, 324,23. Die Unterscheidung zwischen «irdischem» Zeichen und «himmlischer» Sache, die in der sakramentalen Handlung verbunden sind, ohne sich miteinander zu vermischen, geht auf Irenäus von Lyon zurück. Irenäus von Lyon, Adversus Haereses / Gegen die Häresien, hg. von Norbert Brox, Bd. 4 (Fontes Christiani VIII/4), Freiburg i. Br. u. a. 1997, 146,8–11 (IV, 18.5): «Qui est a terra panis, percipiens invocationem Dei, iam non communis panis est, sed eucharistia, ex duabus rebus constans, terrena et caelesti.» Bullinger bezieht sich in seinen Werken immer wieder auf diesen Passus von Irenäus im Zusammenhang mit der Sakramentenlehre. Vgl. Heinrich Bullinger, Der Ursprung des Irrglaubens betreffend das heilige Abendmahl des Herrn und die päpstliche Messe, hg. von Detlef Roth: Emidio Campi u. a. (Hg.), Heinrich Bullinger Schriften, Bd. 1, Zürich 2004, 396f. (Kap. 11); Decades 5,6 (Anm. 6), 888,19f.; Heinrich Bullinger, In sanctissimam Pauli ad Romanos epistolam: Heinrich Bullinger Werke. Dritte Abteilung: Theologische Schriften, Bd. 6, hg. von Luca Baschera, Zürich 2012, 91,16–18 (zu Röm 4,11–12).

23 CHp XIX, 324,21–24: «Praecipuum illud, quod in omnibus sacramentis proponitur a Deo, et attenditur a piis omnibus omnium temporum (quod alii nuncupant substantiam et materiam sacramentorum) Christus est servator.»

24 CHp XIX, 325,21–25: «In baptismo enim, signum est elementum aquae, ablutioque illa visibilis, quae fit per ministrum. Res autem significata, est regeneratio vel

Es ist Bullinger ein Anliegen, sowohl den Zusammenhang als auch den Unterschied zu betonen, welche zwischen den beiden genannten Dimensionen, der irdischen und der himmlischen, bestehen. Zum einen wird, auch wenn die irdische Handlung nicht mit dem Wesen des Sakraments identisch ist, dieses Wesen doch *in Verbindung mit* jener Handlung dargeboten. Deshalb trifft auf Taufe und Abendmahl die Bezeichung «symbola mystica» zu,[25] weil in ihnen die irdische und die himmlische Dimension gleichsam zusammenfallen (συμ-βάλλειν).[26] Zum anderen kann die Sache des Sakraments allerdings nur durch Gott und nicht durch seine Diener dargeboten werden.[27] Genauer gesagt ist der Heilige Geist derjenige, der das bewirkt, wovon die rituelle Handlung als solche nur ein Zeichen wäre, und somit aus ihr ein vollkommenes Sakrament macht, nämlich eine göttlich-menschliche, die Teilhabe an Christus fördernde Handlung. So schreibt Bullinger in Bezug auf die Taufe:

> «Inwendig werden wir wiedergeboren, gereinigt und von Gott erneuert durch den Heiligen Geist; äusserlich aber empfangen wir die Besiegelung dieser herrlichen Gaben im Wasser, in dem auch jene herrlichen Wohltaten vergegenwärtigt und uns gleichsam augenscheinlich dargeboten werden.»[28]

Dasselbe gilt auch für das Abendmahl:

---

ablutio a peccatis. In coena vero Domini, signum est panis et vinum, sumptus ex communi usu cibi et potus. Res autem significata, est ipsum traditum Domini corpus, et sanguis eius effusus pro nobis, vel communio corporis et sanguinis Domini.»

25 CHp XIX, 323,16, 326,6.

26 CHp XIX, 326,5–8: «[Sacramenta] rerum sacrarum sunt symbola mystica et signa et res significatae inter se sacramentaliter coniungantur, coniungantur inquam, vel uniantur per significationem mysticam, et voluntatem vel consilium eius, qui sacramenta instituit.» Vgl. Bullinger, Ursprung (Anm. 22), 288 (Kap. 2): «[Die Sakramente] werden ‹Symbola› genannt aufgrund ihrer Eigenschaft des Vermittelns, weil sie dem, der die beiden Dinge zusammenhält, zugleich eine geheimnisvolle Einsicht vermitteln und, nachdem die Ähnlichkeitsbeziehung erkannt worden ist, aus sich selbst heraus unter der Leitung des Wortes dazu anreizen, das anzunehmen, was durch die Hülle verdeckt wird.»

27 CHp XIX, 324,18–20: «[Fideles] discriminant aperte in administratione sacramentorum, inter dominum ipsum, et domini ministrum, confitentes sacramentorum res dari ab ipso domino». Vgl. Consensio mutua in re sacramentaria: Emidio Campi/Ruedi Reich (Hg.), Consensus Tigurinus (1549). Die Einigung zwischen Heinrich Bullinger und Johannes Calvin über das Abendmahl, Zürich 2009, 132 (Art. 13): «Organa quidem sunt [sacramenta], quibus efficaciter, ubi visum est, agit deus, sed ita, ut totum salutis nostrae opus ipsi uni acceptum ferri debeat.»

28 ZHB, Kap. XX, 109; CHp, 328,5–8: «Nam intus regeneramur, purificamur, et renovamur a Deo per spiritum sanctum: foris autem accipimus obsignationem maximorum donorum, in aqua, qua etiam maxima illa beneficia representantur, et veluti oculis nostris conspicienda proponuntur.»

«Die Gläubigen empfangen, was ihnen vom Diener des Herrn gegeben wird, essen das Brot des Herrn und trinken aus dem Kelch des Herrn; inwendig jedoch empfangen sie durch den Dienst Christi und durch den Heiligen Geist das Fleisch und das Blut des Herrn, und werden damit gespiesen zum ewigen Leben.»[29]

Auch bei den Sakramenten wie schon bei der Wortverkündigung ist also – im Sinne der bereits erwähnten *concursus*-Lehre – Gott der Heilige Geist wirkendes Subjekt der Handlung, während den Menschen eine ministeriale Aufgabe zukommt.[30] So «nehmen [die Gläubigen] auch die Sakramente» gleichsam «aus Gottes Hand selbst»,[31] wenn sie am entsprechenden Ritus teilnehmen.

Diese Präzisierung macht den Ritus und das *ministerium* der Menschen zwar nicht überflüssig, stellt aber klar, dass Gottes Handeln prioritär gegenüber demjenigen der Menschen ist. Nur Gott selbst kann durch seinen Geist der sakramentalen Handlung Wirksamkeit verleihen. Mehr noch: Nur Gott selbst kann aus dem Ritus überhaupt ein Sakrament machen. Jegliche andere Begründung der Wirksamkeit der sakramentalen Handlung, etwa aufgrund der Wiederholung der «ipsissima verba» Christi oder aufgrund der priesterlichen Würde des Liturgen, war für Bullinger von Anfang an ausgeschlossen.[32] So erweist sich das Sakrament als zugleich göttliches und menschliches Handeln, wobei zwischen Gott und den Menschen eine unumkehrbare Hierarchie besteht.

Gerade diese stark pneumatologisch konnotierte Begründung sakramentalen Handelns birgt jedoch die Gefahr einer Relativierung desselben. Denn die Wirkung des Geistes bleibe grundsätzlich unverfügbar und sei keineswegs in die Grenzen kirchlichen Handelns einzuzwingen. Läuft dies letztlich nicht auf eine

29 ZHB, Kap. XXI, 112; CHp, 330,3–10: «Visibiliter hoc foris sacramento per ministrum repraesentatur, et veluti oculis contemplandum exponitur, quod intus in anima invisibiliter, per ipsum spiritum sanctum praestatur. [...] Ergo accipiunt fideles quod datur a ministro domini, et edunt panem domini, ac bibunt de poculo domini: intus interim opera Christi per spiritum sanctum, percipiunt etiam carnem et sanguinem domini, et pascuntur his in vitam aetemam.»

30 Indem Bullinger den drei kirchlichen Handlungen Wortverkündigung, Taufe und Abendmahl dieselbe Handlungsstruktur (*concursus* von Gott und Mensch) und denselben Skopus (den Menschen Zugang zur Christusteilhabe zu verschaffen) zuschreibt, subsumiert er sie alle – zumindest implizit – unter dieselbe Kategorie. Dadurch pflichtet er der augustinisch geprägten Tradition bei, Taufe und Abendmahl als eine Form von Verkündigung («verba visibilia») sowie die Wortverkündigung als besonderes Sakrament («sacramentum audibile») zu bezeichnen. Wollte man den bullingerschen Gedankengang explizieren, könnte man also alle drei Handlungen als «Symbola» bzw. als «Sakramente» bezeichnen.

31 CHp XIX, 324,15: «[Fideles] sacramenta perinde, ac ex ipsius Dei manu percipere [...].»

32 CHp XIX, 326,15–18.

Infragestellung der Notwendigkeit von Wortverkündigung, Taufe und Abendmahl im Hinblick auf die heilsame Teilhabe an Christus hinaus?

Bullinger erkannte freilich das Problem und betonte – um möglichen Missverständnissen vorzubeugen –, dass in dieser Frage genau zwischen Norm und Ausnahme zu unterscheiden sei. Zwar sei Gott im absoluten Sinn an keine externen Mittel gebunden, um seinen Heilswillen zu verwirklichen. Aber die «usitata ratio», nach der Gott in der Welt handle, schliesse die Verwendung kreatürlicher Mittel durchaus mit ein.[33] Solche Mittel zu verachten, wäre also geradezu blasphemisch.[34]

III. Die subjektive Dimension der Teilhabe

1. Busse und Wiedergeburt

Was hier als «subjektive Dimension» der pneumatischen Teilhabe an Christus bezeichnet wird, umschreibt Bullinger mit mehreren Begriffen, die alle eine Entsprechung im neutestamentlichen Vokabular haben. Bei Bullinger werden diese verschiedenen Begriffe im Grunde synonym verwendet, wobei in jedem von ihnen unterschiedliche Nuancen der subjektiven Christusteilhabe zur Sprache kommen.

Die Begriffe, deren Bullinger sich auf diese Weise bedient, sind: *poenitentia* bzw. *resipiscentia*[35] (μετάνοια – Mt 3,2 par.; Lk 5,32; 24,47; Apg 3,19; 2Petr 3,9), *conversio* (μετάνοια sowie ἐπιστροφή – Apg 3,19; 9,35; 1Thess 1,9) und *regeneratio* (παλιγγενεσία – Mt 19,28; Tit 3,5). Wie sehr die ersten drei Begriffe bei Bullinger als Synonyme gelten, zeigt sich an einem Passus in Kapitel XIV der CHp:

> «Unter Busse [*poenitentia*] verstehen wir die Sinneserneuerung [*mentis resipiscentia*] im sündigen Menschen, die durch das Wort des Evangeliums und durch den Heiligen Geist geweckt und im wahren Glauben angenommen wird, so dass der sündige Mensch seine angeborene Verderbnis und alle seine Sünden, deren ihn das Wort Got-

33 CHp I, 274,23–25.

34 Vgl. CHp XVII, 314,26–28; XXII, 334,12–14. Siehe auch Decades 5,7 (Anm. 6), 954,19–28: «Ubicunque vera fides est, ibi non contemnuntur aut repelluntur, sed petuntur magis sacramenta. […] fides ergo sacramenta non respuit, sed perfidia.»

35 Die Übersetzung von μετάνοια durch *resipiscentia* geht auf Laktanz zurück. L. Caelius Firmianus Lactantius, Divinae institutiones, hg. von Samuel Brandt/Georg Laubmann (CSEL 19/1–2), Wien u. a. 1890, 572,9–12 (VI, 24): «Quem enim facti sui paenitet, errorem suum pristinum intellegit, ideoque Graeci melius et significantius μετάνοιαν dicunt quam nos Latine possumus resipiscentiam dicere.»

tes anklagt, erkennt [...] und, emsig auf Besserung bedacht, fortwährend nach Unschuld und Tugend trachtet, worin er sich alle übrigen Tage seines Lebens heilig übt. Und zwar ist dies die wahre Busse: aufrichtige Hinwendung [*conversio*] zu Gott und allem Guten und beharrliche Abwendung vom Teufel und allem Bösen.»[36]

Es fällt auf, wie Bullinger die Begriffe *resipiscentia* und *conversio* zur Erläuterung von *poenitentia* einsetzt und somit alle drei zugleich verwendet, um ein einziges pneumatisches Geschehen zu beschreiben. Man könnte also sagen: Busse (*poenitentia*) ist jene Wandlung des Sinns (*resipiscentia*), die in einer Hinkehr zu Gott (*conversio ad Deum*) resultiert, wobei diese ganze innere Bewegung durch den Heiligen Geist in Verbindung mit dem Wort des Evangeliums bewirkt wird.

Obwohl Bullinger in Kapitel XIV den vierten Begriff – *regeneratio* – nicht verwendet, bringt er dort, wo diese spezifisch thematisiert wird, genau dieselben Aspekte zur Sprache, die im Zusammenhang mit der *poenitentia* begegnen:

«Bei der Wiedergeburt [*regeneratio*] wird der Verstand [*intellectus*] erleuchtet durch den Heiligen Geist, so dass er die Geheimnisse und den Willen Gottes erkennt. Und der Wille [*voluntas*] selbst wird durch den Geist nicht bloss verändert, sondern er wird auch mit den Vermögen [*facultates*] ausgerüstet, die ihm ermöglichen, aus innerem Antrieb das Gute zu wollen und es auszuführen.»[37]

Die Wiedergeburt besteht somit – genauso wie die *poenitentia* – in einer pneumatisch bewirkten Sinneserneuerung, mit der die Hinkehr zu Gott einhergeht. Darüber hinaus macht der soeben zitierte Passus besonders deutlich, dass die innere Wandlung, die als Wiedergeburt (beziehungsweise als Busse, Sinneswandlung oder Umkehr) bezeichnet wird, sowohl den Verstand als auch den Willen, d. h. den ganzen Menschen, betrifft. Von der *regeneratio* als Sinneswandlung und Umkehr sind daher – wie bereits im Zusammenhang mit der *poenitentia* zur Sprache kam – der Eifer um einen gottgefälligen Lebenswandel und das Streben

36 ZHB, Kap. XIV, 62; CHp, 301,6–15: «Per poenitentiam autem intelligimus mentis in homine peccatore resipiscentiam, verbo evangelii et spiritu sancto excitatam, fideque vera acceptam, qua protinus homo peccator, agnatam sibi corruptionem peccataque omnia sua, per verbum Dei accusata, agnoscit, [...] cogitans iam sedulo de emendatione, et perpetuo innocentiae virtutumque studio, in quo sese omnibus diebus vitae reliquis, sancte exerceat. Et haec quidem est vera poenitentia, syncera nimirum ad Deum et omne bonum conversio, sedula vero a diabolo et ab omni malo aversio.»

37 ZHB, Kap. IX, 41; CHp, 288,2–5: «In regeneratione, intellectus illuminatur per spiritum sanctum, ut et mysteria et voluntatem Dei intelligat. Et voluntas ipsa, non tantum mutatur per spiritum, sed etiam instruitur facultatibus, ut sponte velit et possit bonum.» Vgl. Gottfried W. Locher, Die Lehre vom Heiligen Geist in der Confessio Helvetica Posterior: Joachim Staedtke (Hg.), Glauben und Bekennen. Vierhundert Jahre Confessio Helvetica Posterior. Beiträge zu ihrer Geschichte und Theologie, Zürich 1966, 304f.

nach dem Guten untrennbar. Dass Bullinger als Erstes die Erneuerung des Verstandes thematisiert, sollte folglich nicht im Sinne einer Priorisierung dieses geistigen Vorgangs gegenüber der ethischen Dimension interpretiert werden. Vielmehr ist es auffallend, dass er den in der reformatorischen Theologie zentralen Begriff «Glaube» als Bezeichnung *einer* von zwei Dimensionen der *regeneratio* verwendet, mit der die Erneuerung des Willens als weitere Dimension organisch zusammenhängt.

2. Glaube und Willenserneuerung

Insofern, als der Mensch wiedergeboren bzw. zu Gott hingekehrt wird, wird ihm einerseits die Möglichkeit zu glauben eröffnet, wobei «Glaube» in Kapitel XVI der CHp folgendermassen definiert wird:

> «Der christliche Glaube ist [...] ein ganz gewisses Erfassen [*comprehensio*] der Wahrheit Gottes, die in der Heiligen Schrift und im Apostolischen Glaubensbekenntnis dargelegt ist, ja [ein Erfassen] Gottes selbst als des höchsten Gutes und besonders der göttlichen Verheissung, und Christi, der der Inbegriff aller Verheissungen ist. Dieser Glaube aber ist ganz und gar Gottes Gabe, die Gott allein um seiner Gnade willen und nach seinem Ermessen seinen Erwählten schenkt, wann, wem und in welchem Masse er will, und zwar durch den Heiligen Geist mittelst [*mediante*] der Verkündigung des Evangeliums und des gläubigen Gebetes.»[38]

Der Glaube ist somit eine Gabe Gottes, die denjenigen zuteil wird, welche durch den Heiligen Geist und mittels Wortverkündigung und gläubigen Gebets an Christus Anteil bekommen. Der Glaube erwächst in diesem Sinn aus der pneumatischen Christusteilhabe, so dass die Teilhabe an Christus als prioritär gegenüber dem Glauben erscheint. Allerdings finden sich in der CHp auch Passagen, in denen Bullinger diese Reihenfolge umkehrt. Etwa im Rahmen seiner Behandlung der Rechtfertigung schreibt er, dass der Mensch erst durch den Glauben an Christus teilhat.[39]

38 ZHB, Kap. XVI, 71f.; CHp, 307,6–13: «Fides enim Christiana, non est opinio ac humana persuasio, sed firmissima fiducia et evidens ac constans animi assensus, denique certissima comprehensio veritatis Dei, propositae in scripturis, et symbolo Apostolico, atque adeo Dei ipsius summi boni, et praecipue promissionis divinae, et Christi, qui omnium promissionum est colophon. Haec autem fides, merum est Dei donum, quod solus Deus ex gratia sua, electis suis, secundum mensuram, et quando, cui, et quantum ipse vult, donat, et quidem per spiritum sanctum, mediante praedicatione evangelii, et oratione fideli.»

39 CHp XV, 306,13f.: «Credendo participamus Christo.»

Es wäre jedoch unangebracht, diesen Befund als ein Zeichen von Inkonsequenz in Bullingers Argumentation zu betrachten. Vielmehr wird daran deutlich, dass die pneumatische *participatio Christi* Bullinger zufolge ein mehrdimensionales, komplexes Gefüge darstellt, dessen verschiedene Facetten (*poenitentia, conversio, regeneratio, resipiscentia* und eben auch *fides*) aufs Engste miteinander zusammenhängen. Daher ist es für ihn gewissermassen nebensächlich, ob man das gesamte Geschehen der *participatio* ausgehend vom Glauben, von der Wiedergeburt oder von der Umkehr betrachtet. Oder anders ausgedrückt: Es ist ebenso zulässig zu sagen, dass Teilhabe an Christus durch den Glauben oder durch die Wiedergeburt ermöglicht wird, wie auch, dass die Christusteilhabe Glaube und Wiedergeburt bewirkt. Denn letztlich gründen all die erwähnten Dimensionen und die Teilhabe selbst in der einen heilsamen, erneuernden Wirkung des Heiligen Geistes.[40]

Wie bereits erwähnt, geht mit der *regeneratio* des Verstandes auch die Erneuerung des Willens einher. Beide sind Bullinger zufolge unlöslich miteinander verbunden wie – erneut treffen wir auf diese Denkfigur – zwei Dimensionen desselben Geschehens. Wahrer Glaube ist nicht zu trennen von der Willenserneuerung und dem daraus resultierenden gottgefälligen Handeln: «Wir lehren, dass wirklich gute Werke [*vere bona opera*] aus dem lebendigen Glauben [...] entstehen und dass sie von den Gläubigen getan werden nach dem Willen Gottes und dem Massstab seines Wortes.»[41] Zugleich stellt diese Fähigkeit, erneut auf gottgefällige Weise zu handeln, selbst eine Gabe des Heiligen Geistes dar, deren sich der Mensch folglich nicht rühmen darf:

> «Die Werke, die von uns aus dem Glauben getan werden, gefallen Gott, weil diejenigen, die gute Werke tun, wegen ihres Glaubens an Christus Gott gefallen, und darüber hinaus weil jene Werke selbst durch den Heiligen Geist aus Gottes Gnade vollbracht werden.»[42]

40 Vgl. Opitz, Dekaden (Anm. 7), 313.

41 ZHB, Kap. XVI, 73; CHp, 308,1–3: «Docemus enim vere bona opera enasci ex viva fide, per spiritum sanctum, et a fidelibus fieri secundum voluntatem vel regulam verbi Dei.»

42 ZHB, Kap. XVI, 75; CHp, 309,12–14: «Placent vero approbanturque a Deo opera, quae a nobis fiunt, per fidem. Quia illi placent Deo, propter fidem in Christum, qui faciunt opera bona, quae insuper per spiritum sanctum ex gratia Dei sunt facta.»

3. Subjektive Christusteilhabe als göttlich-menschliches Geschehen

Die Wiedergeburt ist – in ihren beiden Aspekten der *regeneratio intellectus et voluntatis* – Gabe des Heiligen Geistes und somit ein gnädiges, vom Menschen unverdientes Geschehen.[43] Sie widerfährt vielmehr dem Menschen, der sich in diesem Sinn zu ihr passiv verhält. Zugleich belebt die *regeneratio* den Menschen aber auch neu und ermächtigt ihn somit dazu, die geoffenbarte Wahrheit aktiv zu bejahen und aus eigenem Antrieb entsprechend dem Willen Gottes zu handeln.

Auch bei Bullingers Behandlung der Wiedergeburt als der subjektiven, inneren Dimension der pneumatischen Christusteilhabe kehrt also das Motiv des *concursus*, des Zusammenwirkens von Gott und Mensch, wieder: Gott handelt an den Menschen und treibt sie, damit sie selber handeln und somit Gottes Handeln mitvollziehen. Oder wie Bullinger unter Rekurs auf Phil 2,13 («Denn Gott ist es, der in euch das Wollen und das Vollbringen bewirkt») auf Latein formuliert: «Aguntur enim [regenerati] a Deo, ut agant ipsi, quod agunt.»[44]

IV. Der Raum der Teilhabe

Pneumatische Christusteilhabe geschieht laut Bullinger nicht im Vakuum. Vielmehr, gerade weil sie sowohl eine subjektive als auch eine objektive Dimension hat, steckt sie gleichsam einen Raum ab, in dem sie sich weiter entfalten und festigen kann. Dieser Raum ist die *ecclesia*:

> «[Die Kirche] ist die aus der Welt berufene oder gesammelte Schar der Gläubigen [*coetus fidelium*], die Gemeinschaft aller Heiligen [*sanctorum omnium communio*], nämlich derer, die den wahren Gott, in Christus dem Heiland, durch das Wort und den Heiligen Geist wahrhaft erkennen und recht anbeten, und im Glauben an allen durch Christus umsonst dargebotenen Gütern teilhaben [*participant*]. All diese Menschen sind Bürger einer Stadt [*unius civitatis cives*], leben unter dem gleichen Herrn, unter den gleichen Gesetzen und haben an allen Gütern gleichen Anteil [*in eadem omnium bonorum participatione*].»[45]

43 Vgl. CHp XIV, 301,15–17: «Diserte vero dicimus hanc poenitentiam merum esse Dei donum, et non virium nostrarum opus.»

44 CHp IX, 288,17.

45 ZHB, Kap. XVII, 77f.; CHp, 310,14–20: «[Ecclesia,] id est e mundo evocatum vel collectum coetum fidelium, sanctorum inquam omnium communionem, eorum videlicet, qui Deum verum, in Christo servatore, per verbum et spiritum sanctum, vere cognoscunt,

Die Kirche ist also für Bullinger die Versammlung der Christenbürgerinnen und -bürger, d. h. all derer, die durch die Verkündigung des Wortes und die Wirkung des Heiligen Geistes am Heil in Christus teilhaben.

Diese Definition wirft sogleich zwei Fragen auf. Die eine betrifft den Zusammenhang zwischen Glaube und Zugehörigkeit zur Kirche: Bedeutet etwa die Bestimmung der Kirche als Versammlung der *Gläubigen*, dass die Kirche eine sekundäre Erscheinung gegenüber der pneumatisch gewirkten Gabe des Glaubens an Einzelne darstellt? Selbst wenn die Definition auf den ersten Blick einen solchen Eindruck erwecken könnte, erweist sich eine solche Interpretation angesichts dessen, was bislang über das Verhältnis zwischen subjektiver und objektiver Dimension der Teilhabe an Christus gesagt wurde, als unangemessen. Denn genauso wie der äussere Empfang von Wort, Taufe und Abendmahl und die innere Erneuerung nichts anderes als zwei Dimensionen ein und desselben pneumatischen Geschehens darstellen, sind auch der Glaube und die Zugehörigkeit zur wahren Kirche zwei Aspekte der einen Teilhabe an Christus, dem Haupt und Bräutigam der Kirche.

Die zweite Frage hängt damit zusammen, dass sich Bullingers Definition in erster Linie eindeutig auf die Kirche als *communio sanctorum* bezieht. Wie verhalten sich nun aber die verborgene Schar der Erwählten und die verfasste, zu einer bestimmten Zeit und an einem bestimmten Ort existierende Kirche zueinander? Ist etwa die Zugehörigkeit zur verfassten Kirche ein *adiaforon* in Bezug auf die Zugehörigkeit zur verborgenen Kirche? Auf diese Frage geht Bullinger unter Rekurs auf die Unterscheidung zwischen Norm und Ausnahme ein.

Zum einen hält Bullinger daran fest, dass die Zugehörigkeit zur verfassten Kirche die *usitata ratio* darstellt, um Zugang zur verborgenen Kirche zu erlangen. Man sollte sich deshalb davor hüten, die kirchlichen Handlungen (gemeinsames Gebet, Wortverkündigung, Taufe und Abendmahl) sowie die Träger kirchlicher Ämter geringzuschätzen oder gar zu verachten. Denn – wie er schreibt – «Gott wollte durch den Dienst von Menschen mit den Menschen verkehren».[46] Daraus folgt, dass jegliche Form von Absonderung von der verfassten, die evangelischen Merkmale der rechtmässigen Wortverkündigung und Feier der Sakramente aufweisenden Kirche mit einer Verachtung des wahren Glaubens gleichzusetzen sei.[47]

et rite colunt, denique omnibus bonis per Christum gratuito oblatis fide participant. Sunt isti omnes unius civitatis cives, viventes sub eodem domino, sub iisdem legibus, in eadem omnium bonorum participatione.»

46 ZHB, Kap. XVIII, 88.

47 ZHB, Kap. XXII, 119; CHp, 334,12–14: «Quotquot hos [sc. coetus sacros] aspernantur, et ab his sese segregant, religionem veram contemnunt, urgendique sunt a pastoribus et piis magistratibus, ne contumacius se segregare, et coetus sacros aversari pergant.»

Zum anderen seien verborgene und verfasste Kirche jedoch nicht miteinander zu identifizieren, und dies wiederum aus zwei Gründen. Erstens stelle die verfasste Kirche zu allen Zeiten und an allen Orten immer ein *corpus permixtum* dar, in dem sich sowohl «lebendige Glieder» als auch «Heuchler» befinden.[48] Zweitens sprenge die Wirkung des Heiligen Geistes, in der die Teilhabe an Christus und somit auch die Zugehörigkeit zur *civitas dei* begründet liegen, die Grenzen der verfassten Kirche, so dass es sich nicht behaupten lasse, dass alle, die ihr nicht angehören, *ipso facto* von der Zugehörigkeit zum Volk Gottes ausgeschlossen seien.[49]

Als Raum, in dem sich die pneumatische Teilhabe an Christus entfaltet, gilt also in erster Linie die Kirche als verborgene Gemeinschaft der Heiligen. Von diesem verborgenen Raum ist der öffentliche Raum der verfassten Kirche zwar zu unterscheiden. Die beiden voneinander zu trennen, wäre jedoch laut Bullinger fatal. Denn die Existenz der evangelisch verfassten Kirche, mit ihren für sie konstitutiven Handlungen und Ämtern, gehe selbst auf die Entscheidung Gottes zurück, sich kreatürlicher, gebrochener Mittel zu bedienen, um das Heil der Menschen zu «bewirken».[50]

48 CHp XVII, 315,24–37: «Non omnes qui numerantur in ecclesia, sancti et viva atque vera sunt ecclesiae membra. Sunt enim hypocritae multi, qui foris verbum Dei audiunt, et sacramenta palam percipiunt, Deum quoque per Christum invocare solum, Christum confiteri iustitiam suam unicam, Deum item colere, et charitatis officia exercere, patientiaque in calamitatibus ad tempus perdurare videntur: sed intus vera spiritus illuminatione, et fide animique synceritate, et finali perseverantia destituuntur. [...] Et tamen dum hi simulant pietatem, licet ex ecclesia non sint, numerantur tamen in ecclesia: sicuti proditores in republica, priusquam detegantur, numerantur et ipsi inter cives, et quemadmodum lolium vel zizania et palea inveniuntur in tritico: aut sicut strumae et tumores inveniuntur in integro corpore, cum revera morbi et deformitates sint verius corporis quam membra vera.»

49 CHp XVII, 315,1–7: «Signis tarnen commemoratis [sc. rechtmässige Verkündigung des Wortes Gottes und Teilnahme an den von Christus eingesetzten Sakramenten], non ita arcte includimus ecclesiam, ut omnes illos extra ecclesiam esse doceamus, qui vel sacramentis non participant, non quidem valentes, neque per contemptum, sed necessitate potius inevitabili coacti, nolentes ab iis abstineant, aut iis careant [...]. Scimus enim Deum aliquot habuisse in mundo amicos, extra Israelis rempublicam.»

50 Vgl. CHp XVIII, 316,24–26: «Spectandi sunt ministri, non ut ministri duntaxat per se, sed sicut ministri Dei, utpote *per quos Deus salutem hominum operatur.*»

V. Antireduktionismus und Komplexitätswahrung als Merkmale von Bullingers Theologie

Anhand der obigen Analyse lässt sich erstens festhalten, dass die *participatio Christi* die zentrale, gar umgreifende Kategorie von Bullingers Heilslehre bildet. Zweitens, da diese *participatio* ein eminent pneumatisches Geschehen darstellt und die Soteriologie im Zentrum der CHp steht, kommt der Lehre vom Heiligen Geist als solcher eine ebenso zentrale Stellung im Rahmen der ganzen Bekenntnisschrift zu: «Das Zweite Helvetische Bekenntnis, das keinen Artikel der Pneumatologie enthält, ist ein pneumatologisches Glaubensbekenntnis in allen Aussagen.»[51]

Weitet man den Blick über die CHp hinaus auf andere frühneuzeitliche Quellen reformierter Theologie, so stellt sich jedoch bald heraus, dass weder die pneumatologische Konzentration noch die Betonung der geistgewirkten Teilhabe an Christus als Kern des Heilsgeschehens ein Spezifikum allein dieser Bekenntnisschrift darstellen. Denn zum einen gehört es «mit zu den Wesensmerkmalen aller reformierten Bekenntnisschriften, dass sie der Lehre vom Heiligen Geist höchstes Gewicht beilegen. Das Zeugnis vom Heiligen Geist ist gleichsam der rote Faden, der alle Fragen und Artikel durchzieht».[52] Zum anderen begegnet die Lehre von der pneumatischen Teilhabe an Christus, die – wie Peter Opitz mehrfach hervorgehoben hat –[53] wohl als Fluchtpunkt von Bullingers gesamtem theologischen Opus betrachtet werden kann, auch bei anderen prominenten reformierten Theologen. So nimmt dieses Theologumenon nicht nur bei Johannes Oekolampad,[54] sondern auch, wie neuere Untersuchungen aus dem angelsächsischen Sprachraum belegt haben,[55] bei Johannes Calvin einen zentralen Platz ein.

Ob nun die Lehre von der geistgewirkten Christusteilhabe mit ihren soteriologischen, sakramentstheologischen und ekklesiologischen Implikationen als Brennpunkt reformierter Theologie schlechthin betrachtet werden kann, muss zwar dahingestellt bleiben, solange keine breiter angelegten Untersuchungen

51 Paul Jacobs, Theologie reformierter Bekenntnisschriften in Grundzügen, Neukirchen-Vluyn 1959, 99. Vgl. Locher, Lehre (Anm. 37), 311: «Es besteht eine verborgene pneumatologische Verbindung sämtlicher Stücke des Bekenntnisses.»

52 Jacobs, Theologie (Anm. 51), 98. Vgl. auch oben Anm. 1.

53 Vgl. Peter Opitz, Eine Theologie der Gemeinschaft im Zeitalter der Glaubensspaltung: Emidio Campi (Hg.), Heinrich Bullinger und seine Zeit. Eine Vorlesungsreihe: Zwingliana 31/2004, 199–214; ders., Dekaden (Anm. 7), bes. 215–218 und 344–352.

54 Siehe Opitz, Dekaden (Anm. 7), 226–239.

55 Vgl. Billings, Calvin (Anm. 18); Julie Canlis, Calvin's Ladder. A Spiritual Theology of Ascent and Ascension, Grand Rapids MI 2010.

diesbezüglich vorliegen. Es steht allerdings ausser Frage, dass in Bullingers Behandlung dieses Themas ein wesentliches Merkmal seiner Theologie im Allgemeinen deutlich zutage tritt: ihre antireduktionistische Intention.

Bullinger zeigt in seinen Ausführungen zur Pneumatologie, dass er den christlichen Theologen primär als «Hüter» des in Christus geoffenbarten Erlösungsgeheimnisses betrachtet: Der evangelische Theologe darf sich Bullinger zufolge nicht anmassen, jenes Geheimnis zu *erklären*, sondern hat in erster Linie vielmehr darüber zu wachen, dass es in all seinen Facetten *bewahrt* wird, zur Sprache kommen und so seine heilsame Wirkung auf die Menschen entfalten kann. Denn das Geheimnis der Erlösung in Jesus Christus stellt ein mehrdimensionales und das gesamte Dasein des Menschen involvierendes Geschehen dar. Als solches verlangt es – wie Huldrych Zwingli bereits betonte –, «mit grösster Scheu, mit tiefstem Beben und höchster Verehrung [*summa cum verecundia, summo cum tremore et veneratione*] behandelt [zu] werden».[56] Jeglicher Versuch, es auf eine seiner Dimensionen zu reduzieren, wird hingegen zwangsläufig zu dessen Verfälschung führen.

Deshalb geht es in erster Linie darum, sich der Komplexität des Erlösungsgeheimnisses zu stellen und diese gegen jede Form des Reduktionismus – sei es auf die innere oder auf die äussere, auf die inhaltlich-kognitive oder auf die ethische Dimension der Christusteilhabe – zu verteidigen. Von diesem antireduktionistischen, auf die Bewahrung der Komplexität der Offenbarung bedachten Grundzug der theologischen Reflexion Bullingers kann sich wohl jede Generation von Theologen mit Vorteil inspirieren lassen.

56 Huldrych Zwingli, Kommentar über die wahre und falsche Religion (1525): Thomas Brunnschweiler/Samuel Lutz (Hg.), Huldrych Zwingli Schriften, Bd. 3, Zürich 1995, 113; ders., De vera et falsa religione commentarius: Emil Egli u. a. (Hg.), Huldreich Zwinglis sämtliche Werke, Bd. 3, Leipzig 1914, 681,7f. Vgl. Gottfried W. Locher, Die Theologie Huldrych Zwinglis im Lichte seiner Christologie. Erster Teil: Die Gotteslehre, Zürich 1952 (Studien zur Dogmengeschichte und systematischen Theologie 1), 155.

Christiane Tietz

Rechtfertigung und gute Werke in der *Confessio Helvetica posterior*

In Kapitel XV über «Die wahre Rechtfertigung der Gläubigen» definiert die *Confessio Helvetica posterior*, was sie unter Rechtfertigen versteht: «die Sünden vergeben, von Schuld und Strafe freisprechen, in Gnaden annehmen und für gerecht erklären».[1] Das ist ja eine der zentralen Aussagen reformatorischer Theologie, dass der Mensch durch Gottes Gnade allein gerechtfertigt wird. Er kann nicht aus sich selbst heraus etwas dafür tun, dass Gott ihn annimmt, auch keine guten Werke. Er ist dazu ganz auf Gottes Gnade angewiesen. Er wird ohne eigenes Verdienst vor Gott gerecht und von Gott angenommen.

Die *Confessio* fügt sogleich hinzu, dass der Mensch aber zunächst «vor dem Richterstuhl Gottes der Ungerechtigkeit überwiesen und des Todes schuldig befunden» wird,[2] sie erinnert also daran, dass sich die Rechtfertigung allein aus Gnade auf den *Sünder* bezieht und hält damit die spannungsvolle Dialektik aus, die in der Rechtfertigungslehre liegt.

Dies ist ein Gedanke, der heute durchaus unbeliebt ist, meint man doch die Rechtfertigungslehre übersetzen zu können mit Formeln wie «Du bist gut so, wie du bist»[3] oder «Gott sagt zu allem an dir vorbehaltlos Ja».

Doch dies sind keine zutreffenden Übersetzungen der Rechtfertigungslehre in heutige Sprache. Zur Rechtfertigungslehre gehört unverzichtbar hinzu, dass der Mensch zunächst als Sünder, als ungerecht vor Gott wahrgenommen wird. Heinrich Bullinger unterstreicht dies, indem er zu Beginn seiner Ausführungen zur Rechtfertigung mehrere Bibelstellen zitiert, in denen Recht als Recht und Unrecht als Unrecht benannt wird.[4] Die Rechtfertigungslehre wäre falsch verstanden, wenn sie die moralischen Kategorien durcheinanderwirbeln würde.

Es ist eben erst der zweite Schritt, in dem der als Sünder identifizierte und darum in den Augen Bullingers dem Tod anheimfallende Mensch «von Gott, un-

---

1 CHp, 304f.: «peccata remittere, a culpa et poena absolvere, in gratiam recipere, et iustum pronunciare». Zur Entwicklung von Bullingers Rechtfertigungslehre vgl. Christoph Strohm, Frontstellungen, Entwicklungen, Eigenart der Rechtfertigungslehre bei Bullinger: Emidio Campi/Peter Opitz (Hg.), Heinrich Bullinger, Life – Thought – Influence (Zürcher Beiträge zur Reformationsgeschichte 24), Bd. 2, Zürich 2007, 537–572.

2 ZHB, Kap. XV, 68.

3 Vgl. dazu Christiane Tietz, Freiheit zu sich selbst. Entfaltung eines christlichen Begriffs von Selbstannahme, Göttingen 2005, 146.

4 Vgl. ZHB, Kap. XV, 68.

serem Richter, durch Christi Gnade allein für gerecht erklärt, das heisst von Sünden und Tod freigesprochen [wird], ohne irgendein eigenes Verdienst oder Ansehen der Person».[5]

Deshalb kommt dieser Beitrag auch nicht unmittelbar auf die Rechtfertigung zu sprechen, sondern wendet sich zuerst etwas ausführlicher Bullingers Verständnis der Sünde zu. In seinem Sündenverständnis werden die Probleme des menschlichen Wesens erkennbar, die dann auch, soll es mit der Rechtfertigung zu guten Werken kommen, wirksam überwunden werden müssen. Das war ja ein Vorwurf, der der reformatorischen Rechtfertigungslehre gemacht wurde: dass die Menschen durch die Lehre von der Rechtfertigung aus Gnade allein, ohne Werke, unmoralisch werden, entweder meinen, gar nichts mehr tun zu müssen, oder meinen, auch das schlimmste Verhalten sei doch durch die Gnade bereits abgegolten. Dieses Problem will Bullinger in seinem Text bearbeiten.

I. Der Mensch als Sünder

Um diese Erörterungen nicht zu negativ zu beginnen, sei zunächst auf die Situation *vor* dem Sündenfall geblickt. Wie beschreibt Bullinger den Menschen vor dem Fall?

Der Mensch ist zum Ebenbild Gottes geschaffen «in Gerechtigkeit und wahrer Heiligkeit, gut und recht (*in iustitia et sanctitate veritatis, bonus et rectus*)».[6] *Vor* dem Fall *kann* er beim Guten bleiben, aber sich auch für das Böse entscheiden. Er hat einen freien Willen. Die Freiheit des Willens vor dem Fall ist die «Möglichkeit, Gutes und Böses zu tun».[7] Dieser Gedanke ist wichtig, weil er zur Geltung bringt, dass Gott den Menschen eben gut geschaffen hat. An Gott liegt es nicht, dass der Mensch Sünder ist.

Nach dem Fall ist der Mensch verfallen; Bullinger spricht von einem zweifachen Verfallensein des Menschen: Er ist «der Macht der Sünde, des Todes und verschiedener Übel unterworfen/verfallen (*peccato, morti, variisque calamitatibus factus est obnoxius*)».[8] Und er ist dem Zorn unterworfen/verfallen. Der Begriff, der dafür im Lateinischen steht (*obnoxius*), ist durchaus interessant, weil er so-

5 ZHB, Kap. XV, 68.

6 CHp, 284; ZHB, Kap. VIII, 35 (Übersetzung geändert).

7 «Facultates habebat faciendi bonum et malum.» Heinrich Bullinger, Sermonum Decades quinque de potissimis Christianae religionis capitibus (1552), bearbeitet von Peter Opitz, Heinrich Bullinger Werke, Abbt. 3, Bd. 3/1: Decades 1–4,2, Zürich 2008, 3,10 (455,23).

8 CHp, 284; ZHB, Kap. XVIII, 35 (Übersetzung geändert).

wohl aktive (unterwürfig, gehorsam) wie passive (ausgesetzt, preisgegeben) Konnotationen hat.

Inhaltlich ist die Sünde eine «angeborene Verderbtheit des Menschen (*nativa illam hominis corruptio*)».[9] Der Mensch ist durch die Sünde umfassend untauglich gemacht. Er ist durch sie «versunken in verkehrte Begierden, abgewandt vom Guten, aber geneigt zu allem Bösen, erfüllt mit aller Schlechtigkeit, Misstrauen, Verachtung und Hass gegen Gott». Deshalb können wir «aus uns selbst nichts Gutes tun, ja nicht einmal denken».[10] Die Verfallenheit an Sünde und Tod und andere Übel ist nichts Äusserliches, sondern der Mensch ist «mit Sünde und Tod verkettet/verflochten/verwickelt (*implicaverit [...] peccato et morti*)».[11]

Die Verderbtheit des Sünders zeigt sich insbesondere an seiner *Vernunft* und seinem *Willen*, den beiden entscheidenden Grundcharakteristika des Menschen als Ebenbild Gottes. Der Mensch nach dem Fall hat immer noch Vernunft und Willen, er ist kein «Stock und Stein (*lapis vel truncus*)».[12] Aber diese menschlichen Fähigkeiten sind nun «verändert und vermindert (*immutata et imminuta*)».[13]

Der *Verstand* ist «verdunkelt (*obscuratus*)».[14] Er «beurteilt [...] die göttlichen Dinge aus sich selbst nicht recht».[15] Der Verstand aus sich selbst heraus ist nicht in der Lage, «etwas Gutes zu denken».[16] *Deshalb* kann auch der Wille des Menschen nicht auf das Gute ausgerichtet sein.

Der *Wille* nach dem Fall ist unfrei: Er ist von einem «freien Willen (*voluntas libera*)» zu einem «knechtischen Willen (*voluntas serva*)» geworden.[17] Knechtisch ist dieser Wille, insofern er der Sünde «freiwillig (*volens*)»[18] dient. Das ist ja eine grundlegende Einsicht reformatorischer Theologie: Auch wenn der Mensch einen unfreien Willen hat, ist er für sein Sündersein *verantwortlich*; denn er tut seine Sünden nicht *gegen* seinen Willen (*nolens*), sondern *mit* seinem Willen. Er *will* Sünder sein. Bullinger fügt hinzu, man nenne den Willen deshalb

9 Vgl. CHp, 284; ZHB, Kap. XVIII, 35.
10 ZHB, Kap. VIII, 35.
11 CHp, 287; ZHB, Kap. IX, 39.
12 Vgl. CHp, 287; ZHB, 39 (Übersetzung geändert).
13 CHp, 287; ZHB, Kap. IX, 39.
14 CHp, 287; ZHB, Kap. IX, 39.
15 CHp, 287; ZHB, Kap. IX, 40.
16 CHp, 287; ZHB, Kap. IX, 40.
17 CHp, 287; ZHB, Kap. IX, 39 (Übersetzung geändert).
18 CHp, 287; ZHB, Kap. IX, 39.

auch «voluntas», nicht «noluntas».[19] «[...] die Verknechtung des Willens unter die Sünde [ist] [...] eine freiwillige Verknechtung.»[20]

Deshalb hält die Confessio fest: «Was also das Böse oder die Sünde angeht, so wird der Mensch weder von Gott noch vom Teufel dazu gezwungen, sondern er begeht das Böse aus eigenem Antrieb (*non coactus [...], sed sua sponte, malum facit*)». Darum gilt: Der Mensch hat «in dieser Hinsicht den allerfreiesten Willen (*et hac parte liberrimi est arbitrii*)».[21] Dieser Wille ist dafür verantwortlich, dass der Mensch die Sünde aus eigenem Antrieb begeht.[22]

So hatte auch Martin Luther in seiner Schrift über den unfreien Willen formuliert: Der Sünder *will* die Sünde «aus eigenem Antrieb und mit bereitwilligem Wollen (*sponte et libenti voluntate*)».[23] Aber Luther thematisiert viel stärker, dass der Wille des Menschen sich nicht von sich aus auf etwas Gutes ausrichten kann. Er kann nicht von sich aus seine Richtung ändern. Er wird – so das Bild Luthers – vom Teufel geritten. Und erst ein Reiterwechsel bringt Veränderung.[24]

Luther interessiert sich stärker als Bullinger für die Frage der Richtungsänderung des Willens, für den Willen als Wahlfreiheit (*liberum arbitrium*)[25]. Denn sein Kontext der Erörterungen ist die Prädestinationslehre, d. h. die Frage, wie der Mensch zum Heil kommen kann. Luthers Antwort lautet: nicht durch sich selbst; denn er kann sich aus sich selbst heraus nicht vom Bösen weg- und zum Guten hinwenden. Gott muss dies tun, und er tut es bei den Prädestinierten.

Bullinger interessiert mehr die Frage, wie der Wille des Menschen sein Handeln bestimmt, also die treibende Kraft in seinem bösen und guten Tun ist. Er thematisiert den Willen als *voluntas*, als Fähigkeit, sich für den Vollzug von Handlungen zu entscheiden und sie zu vollziehen.[26] Nur von hier aus lässt sich in seinen Augen die Frage nach dem Verhältnis von Rechtfertigung und guten Werken angemessen bearbeiten. Warum tut der Mensch nach dem Fall keine

19 CHp, 287; ZHB, Kap. IX, 39.

20 Ernst Koch, Die Theologie der Confessio Helvetica Posterior, Neukirchen-Vluyn 1968, 78.

21 CHp, 287; ZHB, Kap. IX, 39.

22 Diese «libertas in malo» – Freiheit zum (im, so Text) Bösen – nimmt Gott dem Menschen nicht, aber er verhindert immer wieder, dass der Mensch sein böses Ziel erreichen kann. CHp, 287; ZHB, Kap. IX, 39 (Übersetzung geändert).

23 Martin Luther, De servo arbitrio / Vom unfreien Willensvermögen: ders., Lateinisch-deutsche Studienausgabe, Bd. 1: Der Mensch vor Gott, hg. von Wilfried Härle, Leipzig [2]2016, 288/289 (Übersetzung geändert).

24 Vgl. Luther, De servo arbitrio (Anm. 23), 290/291.

25 Vgl. Arnim Regenbogen/Uwe Meyer (Hg.), Wörterbuch der philosophischen Begriffe, vollständig neu hg., Hamburg 2013, 734f.

26 Vgl. Regenbogen/Meyer, Wörterbuch (Anm. 25), 734f.

guten Werke? Bullingers Begründung lautet: Die Vernunft des gefallenen Menschen kann ihre Aufgabe als Führerin des Willens nach dem Fall nicht so erfüllen, dass der Wille sich nun allein durch die menschliche Vernunft auf etwas Gutes richtet.

Bullingers Akzent auf dem Tun zeigt sich noch an einem zweiten Punkt. Bullinger schliesst sich der Lehre von der Erbsünde oder Ursprungssünde an; Bullinger spricht von *peccatum originale.* Diese Lehre bringt zum Ausdruck, dass der Mensch immer schon unter der Sünde steht. Er hat nicht mehr, wie Adam, die Möglichkeit, auch das Gute zu wählen. Von der Erbsünde unterscheidet Bullinger, auch das ganz im Sinne der üblichen Lehre, die *peccata actualia*, die Tatsünden, die aus der Erbsünde entstehen.[27] Um einer Gleichmacherei und damit Beliebigkeit in Bezug auf das Tun des Menschen zu wehren, fügt Bullinger aber hinzu, bei den Tatsünden könne nach ihrem Schweregrad unterschieden werden. Das könnte ja ein Vorwurf gegenüber der reformatorischen Rechtfertigungslehre sein, dass durch ihre Betonung, jeder Mensch sei in der gleichen Weise Sünder und der Rechtfertigung bedürftig, das Tun des Menschen gleichgemacht und damit letztlich bedeutungslos wird. Dagegen wendet sich die Vorstellung, dass sich unterschiedliche Schweregrade bei der Sünde unterscheiden lassen.[28]

Strittig in der Auseinandersetzung um die reformatorische Rechtfertigungslehre war die Frage, wie denn, wenn der Mensch nicht anders kann als sündigen, seine Sünde als seine *Schuld* angesehen werden kann. Luther beantwortete die Frage damit, dass sie deshalb Schuld ist, weil der Mensch Sünder sein *will.* Auch wenn er nicht anders kann, als Sünder zu sein: Er ist es ganz und gar und mit eigener innerer Begeisterung.

Bullinger unterscheidet: *Adam* sei «auf Antrieb der Schlange und durch eigene Schuld (*sua culpa*)»[29] abgefallen. Bei den Nachgeborenen spricht er aber nicht von einer eigenen Schuld am grundlegenden Sündersein.[30] Auch wenn Bullinger diese Vorstellung nicht ablehnt, die entscheidende Schulddimension besteht für ihn darin, dass aus der Erbsünde *die Tatsünden entstehen.* Die aus der Erbsünde hervorgebrachten «bösen Gedanken, Worte[] und Werke[]» sind –

27 Vgl. CHp, 285; ZHB, Kap. XVIII, 36.

28 Vgl. CHp, 285; ZHB, Kap. XVIII, 36. Bullinger lehnt dabei allerdings die römische Unterscheidung zwischen Todsünden, also Sünden, bei denen auch der getaufte Mensch in der Hölle landet, wenn er sie vor seinem Tod nicht bekennt, und lässlichen Sünden, die nicht so schlimm und letztlich keine wirklichen Sünden seien, ab.

29 CHp, 284; ZHB, Kap. XVIII, 35.

30 Vgl. ZHB, Kap. VIII, 35. Vgl. Pierre Bühler, Heinrich Bullinger als Systematiker – am Beispiel der Confessio Helvetica Posterior: Emidio Campi (Hg.), Heinrich Bullinger und seine Zeit. Eine Vorlesungsreihe: Zwingliana 31/2004, 215–233 (226).

wie bei einem schlechten Baum – «schlechte Früchte», für die wir «nach unserem Verdienst (*merito nostro*)»[31] dem Zorn Gottes verfallen sind. Denn erst durch diese Aktualisierung wird die Sünde etwas, was alles Menschliche, Gedanken, Worte und Werke, durchdringt.

Der Weg hinaus aus der Sünde *beginnt* für Bullinger mit der Begegnung mit dem Gesetz.

II. Sündenerkenntnis durch das Gesetz

Für sein Anliegen, das Verhältnis zwischen Rechtfertigung und guten Werken positiv zu bestimmen, entwickelt Bullinger ein grundsätzlich positives Verständnis des Gesetzes, also der Gebote Gottes. Er betont, das Gesetz sei gut und heilig, weil in ihm «der Wille Gottes dargelegt» wird.[32] Das Gesetz Gottes wird unterschieden in die *lex naturae*, die durch den Finger Gottes in die Herzen der Menschen geschrieben wurde, und in die ebenfalls durch den Finger Gottes auf die Tafeln des Mose geschriebenen und in den fünf Büchern Mose ausführlicher erläuterten Gesetze.[33] Diese über das Gesetz der Natur hinausgehenden Gesetze werden weiter unterschieden in die *lex moralis*, das Sittengesetz, welches in den zehn Geboten enthalten ist, die *lex caeremonialis*, das Zeremonialgesetz zu Zeremonien und Gottesdienst, und die *lex iudicialis*, das Rechtsgesetz zu wirtschaftlichen und politischen Ordnungen.[34] Bullinger betont, dass im Gesetz Gottes alle notwendigen Gebote für das Leben zu finden sind.[35]

Warum ist das Gesetz gegeben? Im Sinne der Kernüberzeugungen reformatorischer Theologie wird festgehalten: Nicht dazu, dass der Mensch durch den Gehorsam gegenüber dem Gesetz *gerecht gemacht* wird, sondern dazu, dass der Mensch an ihm seine Schwachheit und Sünde erkenne, also erkenne, dass er nicht in der Lage ist, dem Willen Gottes gerecht zu werden, und dass er deshalb eigentlich Verdammnis verdient hätte.[36]

Interessant ist, dass als Wirkung des Gesetzes nicht nur der Zorn Gottes genannt wird (über den Sünder, der das Gesetz nicht erfüllt), sondern auch der Zorn *des Menschen*.[37] Denn wer das Gesetz *ohne* den Geist Gottes und den Glauben

31 CHp, 285; ZHB, Kap. VIII, 35.
32 CHp, 297; ZHB, Kap. XII, 55.
33 Vgl. CHp, 297; ZHB, Kap. XII, 55.
34 Vgl. CHp, 297; ZHB, Kap. XII, 55f.
35 Vgl. CHp, 297; ZHB, Kap. XII, 56.
36 Vgl. CHp, 297f.; ZHB, Kap. XII, 56.
37 Vgl. CHp, 300; ZHB, Kap. XIII, 60.

wahrnimmt, in dessen Herzen wirkt es Zorn und reizt zur Sünde.[38] Das Gesetz wird zum den Menschen zornig machenden Buchstaben, wenn es *nicht durch den Geist* wahrgenommen wird.[39] Damit wird bereits vorbereitet, dass es offenbar auch eine andere Möglichkeit gibt, das Gesetz wahrzunehmen, auf die noch zurückzukommen sein wird.[40]

Zunächst aber, ohne Geist und Glauben, verzweifelt der Mensch durch das Gesetz an seinen eigenen Kräften und erkennt sich als Sünder. Und: Er beginnt sich im Glauben zu Christus hinzuwenden.[41] Die Funktion des Gesetzes ist (nach Gal 3), «Erzieher auf Christus hin (*Paedagogus noster ad Christum*)» zu sein,[42] damit wir «aus dem Glauben gerechtfertigt würden (*ut ex fide iustificaremur*)».[43] Diese Formulierungen überraschen. Wie kann denn das Gesetz zu einer Wendung zu Christus führen, wenn doch im Gesetz von Christus noch gar nicht die Rede ist? Auch darauf wird zurückzukommen sein, nämlich im Kontext von Bullingers Bestimmung des Evangeliums.

Zunächst aber ist zu fragen, worin, angesichts von Sündersein und Sündenerkenntnis, die Pointe der Rechtfertigungslehre besteht.

III. Rechtfertigung

Die Rechtfertigung besteht für die *Confessio*, kurz gesagt, in einem Nichtanrechnen und in einem Anrechnen *durch Gott*. In beiden «Rechnungen» wird der Gerechtigkeit Gottes Genüge getan.

Die *Nichtanrechnung* besteht darin, dass den Menschen, weil Christus alle Sünden auf sich genommen hat, ihre Sünden nicht länger angerechnet werden;[44] die Menschen sind so «von Sünden gesäubert und gereinigt oder heilig (*sancti*)».[45] Es ist durchaus der Aufmerksamkeit wert, wie die *Confessio* an dieser Stelle

---

38 Vgl. CHp, 300; ZHB, Kap. XIII, 60.

39 Vgl. CHp, 300; ZHB, Kap. XIII, 60.

40 Vgl. Emidio Campi, Einleitung zur Confessio Helvetica Posterior: CHp, 243–267, 251: «Gesetz und Evangelium sind zwar unterschiedlich, doch ihr Verhältnis ist nicht als Gegensatz, sondern als Kontinuität bestimmt. [...] Das Entscheidende dabei ist die Anwesenheit bzw. Abwesenheit des Geistes. Das Gesetz ‹ohne den Geist [...] wirkt Zorn und erregt Sünde›; wird es aber durch den Geist ausgelegt, führt es zu Werken, die Gott wohlgefällig sind.»

41 Vgl. CHp, 297; ZHB, Kap. XII, 56.

42 CHp, 298; ZHB, Kap. XII, 56.

43 CHp, 298; ZHB, Kap. XII, 56.

44 Vgl. CHp, 305; ZHB, Kap. XV, 68.

45 CHp, 305; ZHB, Kap. XV, 69.

Gnade und Gerechtigkeit aufeinander bezieht: Sie betont, Christus habe, indem er die Sünden der Menschen stellvertretend auf sich genommen hat, der Gerechtigkeit Gottes Genüge getan; *deshalb* sei Gott unseren Sünden geneigt und gnädig (*propitius*).[46] Gnade ist hier also nicht grundlose Barmherzigkeit, ein mildes Herz, ein grosszügiges Darüberhinwegsehen, sondern ein *begründet* anderer Umgang mit den Sünden. Das Gnädige Gottes besteht offenbar darin, dass Gott Christi stellvertretenden Umgang mit der Sünde für seine eigene Betrachtung des Sünders anerkennt.

Die *Anrechnung* besteht darin, dass den Menschen zusätzlich (*praeterea*) die Gerechtigkeit Christi, die dieser besitzt, weil er das Gebot Gottes umfassend erfüllt hat,[47] angerechnet wird, so dass wir «*dazu* noch die Gerechtigkeit Christi bekommen haben».[48] Nur durch die Zurechnung der Gerechtigkeit Christi sind die Menschen auch «Gerechte (*iusti*) und Erben des ewigen Lebens».[49] Das Ausbleiben der eigentlich verdienten Verdammnis reicht dafür, den Himmel zu erreichen, also noch nicht aus.[50]

Von dieser Rechtfertigung spricht das Evangelium. Das Evangelium im eigentlichen Sinne ist die Botschaft, die von Johannes dem Täufer, Jesus selbst und den Aposteln verkündigt wurde, nämlich «dass Gott nun das ausgeführt habe, was er seit Beginn der Welt verheissen hat, indem er uns seinen einzigen Sohn geschickt, ja sogar geschenkt habe, und in ihm auch die Versöhnung mit dem Vater, die Vergebung der Sünden, alle Fülle und das ewige Leben».[51] Durch die Predigt des Evangeliums wird es «in den Herzen der Gläubigen kraft des Glaubens, der sie durch den Heiligen Geist erleuchtet, wirksam und lebendig».[52]

Nach Bullingers Überzeugung gibt es, wie erwähnt, aber bereits *vor* der historischen Person Jesus von Nazaret das Evangelium. Gegen eine falsche Engfüh-

46 Vgl. CHp, 205; ZHB, Kap. XV, 68f.

47 Vgl. CHp, 298; ZHB, Kap. XII, 57.

48 CHp, 305; ZHB, Kap. XV, 69 (Hervorhebung C. T.).

49 CHp, 305; ZHB, Kap. XV, 69.

50 Rechtfertigung ist «Nichtanrechnung der Sünden aufgrund ihrer Übernahme durch Christus und – darauf liegt stärkeres Gewicht – [...] Anrechnung der Gerechtigkeit Christi, der der göttlichen Gerechtigkeit genüge getan hat. Das Gefälle in der Darstellung verläuft vom juridisch-forensischen Aspekt hin zur effektiven Aneignung der vollzogenen Rechtfertigung in der Gemeinschaft mit Christus, vom paulinischen ‹extra nos› zum johanneischen ‹in nobis› (genauer: nos in Christo).» Rechtfertigung ist «durch den Glauben gewährte Teilhabe an Christus». Das heisst: «Imputation und Aneignung der rechtfertigenden Gerechtigkeit» können nicht voneinander getrennt werden. Campi, Einleitung (Anm. 40), 251.

51 CHp, 300; ZHB, Kap. XIII, 59.

52 CHp, 300; ZHB, Kap. XIII, 60.

rung betont die *Confessio*, auch die Menschen vor Mose und vor Jesus von Nazaret seien nicht ganz ohne Evangelium gewesen, auch sie hätten schon evangelische Verheissungen gehabt,[53] eben die alttestamentlichen Verheissungen, die auf das Kommen Jesu Christi hinweisen würden. Im Alten Testament habe es zwei Arten von Verheissungen gegeben: Verheissungen, die sich auf gegenwärtig-irdische Dinge beziehen (Brot, Land, militärische Siege), und Verheissungen, die sich auf ewig-himmlische Dinge beziehen (Gnade, Vergebung, ewiges Leben) und die eben durch den Glauben erlangt werden.[54] Bullinger schreibt, auch die Juden hätten im Glauben schon das Heil in Christus erreicht.[55] Dieser Glaube war nicht Glaube an Christus, aber er bezog sich auf das Heil, das durch Christus realisiert wird.

Den Zusammenhang des Evangeliums vor Christus und nach Christus stellt die *Confessio* durch den Gedanken her, dass Gott «von Ewigkeit her beschlossen [hat], dass die Welt durch Christus selig werden solle»; durch das eigentliche Evangelium hat er nur diesen ewigen Ratschluss offenbart.[56] Das Kommen Jesu Christi wird also nicht als Notmassnahme verstanden, sondern die *Confessio* vertritt eine alle Zeiten umschliessende Christologie. Bullinger ist dieser Gedanke wichtig, denn er möchte den Vorwurf abwehren, die reformierte Theologie sei eine jüngst entstandene (*nuper exorta*), «neumodische» Lehre und Religion.[57] Nein, indem sie sich auf dieses von Ewigkeit her beschlossene Evangelium bezieht und nur Ausbuchstabieren des ewigen Ratschlusses Gottes ist, sei die reformierte Lehre[58] die «allerälteste (*antiquissima*)» Lehre.[59]

IV. Busse

Das Gesetz, so sahen wir, bewirkt die Sündenerkenntnis und ist Erzieher auf Christus hin. Aber es weckt noch nicht die *Busse*. Busse ist kein religiöser Ritus, sondern Busse ist die *Sinneserneuerung* des sündigen Menschen. Diese Sinneser-

53 Vgl. CHp, 299; ZHB, Kap. XIII, 58.
54 Vgl. CHp, 299; ZHB, Kap. XIII, 58f.
55 Vgl. CHp, 299; ZHB, Kap. XIII, 59.
56 CHp, 300; ZHB, Kap. XIII, 61.
57 CHp, 300; ZHB, Kap. XIII, 61.
58 Wörtlich: evangelische Lehre (Evangelii doctrina).
59 CHp, 300; ZHB, Kap. XIII, 61.

neuerung wird durch das Evangelium und den Heiligen Geist geweckt[60] und *im Glauben angenommen.*[61] Bei der Beschreibung, wie dieses Annehmen im Glauben genauer beschaffen ist, wird noch einmal Bullingers Interesse an den guten Werken der Glaubenden deutlich. Unmittelbar sich anschliessende Folge (*protinus*) dieses Annehmens im Glauben sind nämlich eine ganze Reihe von Aktivitäten, die alle noch zur Busse hinzugehören: die angeborene Verderbtheit und alle eigenen Sünden zu erkennen, von Herzen Schmerz zu empfinden, sie vor Gott zu beweinen, mit Scham aufrichtig zu bekennen und mit Abscheu zu verfluchen,[62] aber auch um ein neues Leben zu kämpfen. Der Büssende ist einer, der «emsig auf Besserung bedacht, fortwährend nach Unschuld und Tugend trachtet» und sich darin übt alle verbleibenden Tage seines Lebens.[63] Zur wahren Busse gehören schliesslich auch die Wiedergutmachung, Barmherzigkeit und Almosengeben.[64]

Zur Busse gehören nach Bullinger also durchaus die Elemente, die auch die vorreformatorische Busslehre kannte; sie sprach von *contritio cordis*, *confessio oris* und *satisfactio operis*, Reue des Herzens, Bekenntnis des Mundes und Genugtuung durch das Werk. Diese Aspekte werden hier zwar auf den ersten Blick aufgenommen, aber sicher nicht zufällig mit *anderen* Begriffen formuliert: *ex corde dolet* (von Herzen Schmerz empfinden); *fatetur ingenue cum pudore* (mit Scham aufrichtig bekennen), *restitutio* (Wiedergutmachung). Die *Confessio* betont nachdrücklich, die Wiedergutmachung (also z. B. durch Entschädigung des Geschädigten) sei keine *satisfactio*, keine Genugtuung gegenüber Gott aus eigenen Sühnewerken.[65] Die *satisfactio* ist bereits durch Christus allein geleistet.[66] Die Abtötung des Fleisches beim Glaubenden ist keine «Sühne für die Sünde», sondern «neue[r] Gehorsam aus Dankbarkeit für die Erlösung und vollkommene Genugtuung, die wir durch den Tod und die Sühnetat des Sohnes Gottes erlangt haben».[67] Busse ist für die *Confessio* also viel umfassender als das mittelalterliche Busssakrament. Und sie stellt, das wird durch den letzten Gedankengang herausgestrichen, die Rechtfertigung durch Christus allein in keiner Weise infrage.

60 Auch wenn das Gesetz *Paedagogus ad Christum* ist, entstehen «Busse und Bekehrung […] nicht durch das Gesetz, sondern durch das Evangelium und den Heiligen Geist». Campi, Einleitung (Anm. 40), 251.

61 Vgl. CHp, 301; ZHB, Kap. XIV, 61.

62 Vgl. CHp, 301; ZHB, Kap. XIV, 62.

63 CHp, 301; ZHB, Kap. XIV, 62.

64 Vgl. CHp, 304; ZHB, Kap. XIV, 66.

65 Vgl. CHp, 304; ZHB, Kap. XIV, 67.

66 Vgl. CHp, 304; ZHB, Kap. XIV, 67.

67 CHp, 304; ZHB, Kap. XIV, 67.

Mit ihrer Betonung der *Taten* des Büssenden will die *Confessio* das Missverständnis abwehren, weil es so leicht sei, Vergebung zu erlangen, schade das Sündigen nicht.[68] Bullinger spricht in diesem Kontext von einem «Missbrauch der evangelischen Predigt», der zum Sündigen geradezu auffordere. Vermutlich hat Bullinger hier Luthers Satz vor Augen: «Sündige tapfer, aber glaube und freue dich in Christo umso tapferer (*pecca fortiter, sed fortius fide et gaude in Christus*)!»[69] Dieser Satz wurde oft so verstanden, als wolle Luther damit einen Freibrief für das Sündigen ausstellen.[70] Dietrich Bonhoeffer, der sich mit diesem Satz Luthers im Kontext des Kirchenkampfes auseinandergesetzt hat, macht aber klar: «Es kommt hier [...] alles darauf an, die Unterscheidung von Resultat und Voraussetzung in Anwendung zu bringen.»[71] Was der Unterschied bedeutet, macht Bonhoeffer an einem Beispiel deutlich: «Wenn Faust am Ende seines Lebens in der Arbeit an der Erkenntnis sagt: ‹Ich sehe, dass wir nichts wissen können›, so ist das Resultat, und etwas durchaus anderes, als wenn dieser Satz von einem Studenten im ersten Semester übernommen wird, um damit seine Faulheit zu rechtfertigen.»[72] «Sündige tapfer und glaube umso tapferer an Christus» steht mithin nicht als Überschrift *vor* allem Handeln des Menschen. Es wird dem Menschen vielmehr gesagt, *nachdem* er versucht hat, in seinem Handeln mutig und verantwortungsvoll zu sein und Sünden zu vermeiden. Dann tröstet der Satz: *Wenn* du dabei sündig geworden bist, dann stehe tapfer dazu und vertraue auf die Vergebung.[73]

Eine weitere Abgrenzung Bullingers sei noch genannt: Zwar müssen Sünden vor Gott bekannt werden, aber nicht in der persönlichen Beichte beim Priester, sondern im stillen Kämmerlein oder innerhalb des allgemeinen Sündenbekenntnisses im Gottesdienst.[74] Nur wenn jemand «von der Last seiner Sünden und von verwirrenden Anfechtungen bedrückt» ist, kann er «Rat, Weisung und Trost» beim Pfarrer suchen.[75] Die persönliche Zusage der Sündenvergebung bei einem solchen Gespräch, wie sie im katholischen Busssakrament üblich ist, wenn der Pfarrer nach dem Sündenbekenntnis sagt: «Ich spreche Dich von der bekannten

---

68 Vgl. CHp, 304; ZHB, Kap. XIV, 66.

69 Martin Luther, Brief an Melanchthon vom 1. August 1521: WA, Briefwechsel 2, 372,84f. Der Satz heisst vollständig: «Esto peccator et pecca fortiter, sed fortius fide et gaude in Christo, qui victor est peccati, mortis et mundi.»

70 Vgl. Dietrich Bonhoeffer, Nachfolge: ders., Werke, Bd. 4, München 1989, 38.

71 Bonhoeffer, Nachfolge (Anm. 70), 39.

72 Bonhoeffer, Nachfolge (Anm. 70), 38.

73 Vgl. Bonhoeffer, Nachfolge (Anm. 70), 39.

74 Vgl. CHp, 302; ZHB, Kap. XIV, 63.

75 CHp, 302; ZHB, Kap. XIV, 63f.

Sünde los (*ego te absolvo*)», wird aber abgewiesen: «Die Diener der Kirche sprechen dann rechtmässig und wirksam von Sünden frei, wenn sie das Evangelium Christi und in ihm die Sündenvergebung predigen, [...] und wenn sie bezeugen, dass sie sich auf jeden einzelnen erstrecke. Wir glauben nicht, dass die Lossprechung wirksamer sei, wenn sie jemandem ins Ohr geflüstert oder über jemandes Haupt einzeln gemurmelt wird.»[76] Die *Confessio* wendet sich damit gegen jede Vorstellung von einer quasi magischen Wirksamkeit der Lossprechungsformel. Vermutlich hat sie auch hier Luthers Theologie im Blick, der auf die persönliche Beichte nicht verzichten wollte.[77] Luther zufolge benötigt nur jemand, der besonders stark im Glauben ist, sie und vor allem den persönlichen Gnadenzuspruch nicht. In der persönlichen Beichte ist das Tröstliche und Stärkende genau die mir persönlich zugesprochene Absolution: «Dir sein deine sünde vergeben, gehe im fride gots, das soltu glauben und frey glauben das sie dir vergeben sein, als wer Cristus selbst dein Beichtvatter gewesen.»[78] Ob Bullinger bei Luther ein *magisches Wortverständnis* vermutet? In jedem Fall ist auch bei ihm der Einzelne im Blick, aber eben so, dass «die einzelnen ermahnt werden sollen, dass die Sündenvergebung sie selbst angehe».[79]

Busse, so wurde deutlich, ist in der *Confessio* keine einmalige Sinnesänderung, sondern bedeutet ein durch und durch verändertes Leben. Also gehört schon das, was unter Busse beschrieben wurde, unter das neue Leben des Glaubenden. Ihm sei abschliessend noch weiter Aufmerksamkeit gewidmet.

V. Das Leben der Wiedergeborenen

Grundlegend für das neue Leben ist der *Glaube*. Denn auf der Seite des Menschen entspricht dem Nichtanrechnen und Anrechnen *durch Gott* der Glaube.[80] Durch

76 CHp, 303; ZHB, Kap. XIV, 65.

77 Vgl. Paul Althaus, Die Theologie Martin Luthers, Gütersloh 1962, 273f.

78 Martin Luther, Predigt am 26. Oktober 1522: WA 10/III, 395,27–29.

79 CHp, 303; ZHB, Kap. XIV, 65. Analog ist für Bullinger die Schlüsselgewalt der Diener der Kirche nicht auf die Lossprechung von den Sünden zu reduzieren, sondern sie wird dort ausgeübt, wo sie «das Evangelium verkündigen, das heisst, das ihrer Treue anvertraute Volk lehren, ermahnen, trösten und strafen, und die Leute in Zucht halten» (ZHB, Kap. XIV, 64, vgl. 64f.). Das Öffnen und das Verschliessen des Himmelreiches wird hier ausdrücklich nicht allein auf den Glauben bezogen, sondern auch auf Gehorsam und Ungehorsam, hat also Bezug auch auf das Leben des Wiedergeborenen.

80 Es ist wichtig, dass Gott hier anrechnet und nicht anrechnet. Es ist nicht der Glaube, der anrechnet und nicht anrechnet. Der Glaube anerkennt nur, etwas salopp formuliert, die Rechenkünste Gottes.

den Glauben lässt der Mensch die Nichtanrechnung seiner Sünden und die Anrechnung der Gerechtigkeit Christi für sich gelten, nimmt sie für sich an.[81] Bullinger bringt als Analogie die Speise und das Essen der Speise.[82] Die Speise ist da, aber sie kommt dem Menschen nur zugute, wenn der Mensch sie auch isst.

Die *Confessio* hält ausdrücklich fest, es sei eine Verfälschung des Evangeliums, wenn man es mit dem Gesetz vermenge und behaupte, Christus könne nicht ohne das Gesetz und seine Befolgung selig machen. Es sei irreführend zu sagen, der von Gott geschenkte Glaube[83] reiche zu Rechtfertigung und Seligkeit nicht aus. In Bezug auf die Rechtfertigung gilt strikt: *solus Christus, per spiritum solum, sola fide.*[84] Rechtfertigung geschieht «rein durch Gottes Gnade (*mera gratia Dei*)»[85] und ist kein Verdienst des Menschen.[86]

Dennoch ist damit über den Glauben noch nicht *alles* gesagt. Der Glaube ist nämlich *fides viva*, lebendiger Glaube.[87] *Deshalb* kann, wie Bullinger nachdrücklich betont, Jakobus mit Paulus verbunden werden.[88] Anders gesagt: Die enge Verbindung von Rechtfertigung und guten Werke, die die *Confessio* vertritt und die eine einseitige Lesart der reformatorischen Rechtfertigungslehre, wie man

81 Vgl. ZHB, Kap. XV, 69f.: «Darum, weil der Glaube Christus als unsere Gerechtigkeit annimmt und der Gnade Gottes in Christus alles zuschreibt, deshalb wird dem Glauben die Rechtfertigung zuteil, nur um Christi willen, und nicht deshalb, weil der Glaube unser Werk wäre.»

82 Vgl. CHp, 306; ZHB, Kap. XV, 70.

83 Vgl. CHp, 307; ZHB, Kap. XV, 71. Schön fasst Walter E. Meyer Bullingers Verständnis des Glaubens, v. a. mit Bezug auf Kap. XI, zusammen: «Glauben heisst: von sich selber absehen und Christus die Ehre geben, sich ganz von ihm bestimmen lassen, nämlich *in ihm ruhen!* Die Aneignung [die im Glauben geschieht] ist also nichts anderes als Geborgensein im [durch das Christusgeschehen] Zugeeigneten.» Ders., Soteriologie, Eschatologie und Christologie in der Confessio Helvetica Posterior: Zwingliana 12/1966, 391–409 (401).

84 Vgl. CHp, 300; ZHB, Kap. XIII, 60; CHp, 305; ZHB, Kap. XV, 69. Der Text changiert an dieser Stelle etwas: Auf der einen Seite beschreibt er im eben beschriebenen Sinn den Glauben nur als Annahme der Gerechtigkeit Christi, auf der anderen Seite formuliert er aber auch, dass «Gottes Gnade [...] den Glauben an Christus uns zur Gerechtigkeit rechnet» (ZHB, Kap. XV, 70), als ob von unserer Seite aus doch zumindest der Glaube vollbracht werden müsste.

85 CHp, 306; ZHB, Kap. XV, 70 (Übersetzung geändert).

86 Vgl. CHp, 306; ZHB, Kap. XV, 70.

87 Vgl. CHp, 306; ZHB, Kap. XV, 70.

88 Campi, Einleitung (Anm. 40), 251: Hier wird «das Problem des Ausgleichs zwischen Paulus und Jakobus angegangen: Der ‹in uns› lebende Christus bewirkt den ‹lebendigen Glauben›, der rechtfertigt und gute Werke hervorbringt, der lebendige Glaube (fides viva) ist lebendig machender Glaube (fides vivificans), er hat Christus lebendig in sich (intra se viventem) und äussert sich in den guten Werken (opera iusta).»

sie in der lutherischen Theologie vermutet, vermeiden möchte, hängt wesentlich an der Beschreibung des Glaubens als lebendiger.

Der lebendige Glaube erfasse Christus, das Leben, aber er erweise «sich [auch] in lebendigen Werken als lebendig».[89] Wenn Jakobus sage, dass die Werke gerecht machen, so sei das kein Widerspruch zu Paulus, sondern weise darauf hin, dass man den «lebendigen, rechtfertigenden Glauben durch Werke bewährt» (*declarare* – wörtlich: deutlich sichtbar machen, zeigen).[90] Der Glaube ist (als «pneumatische Christusgemeinschaft»)[91] durch die Liebe wirksam (*efficacem, et sese exerentem per dilectionem*), ist *fides efficax et operativa*.[92] Der Glaube erzeugt «gute Früchte und gute Werke aller Art».[93]

Dies hängt an der *Veränderung* von Verstand und Willen des Wiedergeborenen. «Bei der Wiedergeburt wird der Verstand erleuchtet durch den Heiligen Geist, so dass er die Geheimisse und den Willen Gottes erkennt. Und der Wille selbst wird durch den Geist nicht bloss verändert, sondern er wird auch mit den Fähigkeiten ausgerüstet, dass er aus innerem Antrieb das Gute will und es ausführen kann (*sponte velit et possit bonum*)».[94]

In diesem inneren Antrieb liegt die «christliche Freiheit».[95] Es ist eben nicht so, dass die Wiedergeborenen in ihrem Tun nur passiv sind: «sie handeln nicht nur als Geschobene, sondern selbsttätig (*non tantum agere passive, sed active*)».[96] «Sie werden nämlich von Gott getrieben, dass sie *selber* tun, was sie tun (*Aguntur enim a Deo, ut agant ipsi, quod agunt*).»[97] Gott ist unser Helfer, aber im Sinne der Hilfe zur Selbsthilfe.[98] Die Rechtfertigung durch den Glauben darf nicht zu Müssiggang führen, sondern auch der Gerechtfertigte, gerade er, solle «unaufhörlich

89 CHp, 306; ZHB, Kap. XV, 70.
90 CHp, 306; ZHB, Kap. XVI, 71.
91 Campi, Einleitung (Anm. 40), 251.
92 CHp, 307; ZHB, Kap. XVI, 72.
93 CHp, 307; ZHB, Kap. XVI, 73.
94 CHp, 288; ZHB, Kap. IX, 41.
95 CHp, 288; ZHB, Kap. IX, 41.
96 CHp, 288; ZHB, Kap. IX, 41.
97 CHp, 288; ZHB, Kap. IX, 41 (Übersetzung geändert).
98 «Nequit autem adiuvari, nisi is, qui aliquid agit (Man kann aber nur einem helfen, der selber etwas tut.» CHp, 288; ZHB, Kap. IX, 41. Vgl. Bühler, Bullinger (Anm. 30), 227f.: «Die Entscheidung zum Guten und das Tun des Guten geschehen beim Menschen nicht nur *passive*, sondern durchaus *active*; sie bekommen die Unterstützung eines Helfers, aber dieser hilft nur dem, der auch selbst etwas tut.» Bühler findet diesen Versuch der Betonung der Willensfreiheit «etwas unbefriedigend» und fragt, ob dahinter der Versuch liege, angesichts der Verurteilung des *servum arbitrium* in Trient «das Reden von der Willensfreiheit in reformatorischer Perspektive wieder ‹schmackhaft› zu machen?».

tu[n], was gut und nützlich ist».[99] Die guten Werke müssen «notwendigerweise aus dem Glauben entstehen (*necessario ex fide progignuntur*)».[100]

Gleichwohl bleibt in den Wiedergeborenen «Schwachheit zurück (*remanere infirmitatis*)».[101] Von einem lutherischen *simul peccator et iustus*, das den Verdacht nähren könnte, in Bezug auf das sündige Tun des Menschen gebe es beim Gerechten keinen Unterschied zum noch nicht Gerechten, ist hier aber keine Rede. Auf jeden Fall wohnt in den Wiedergeborenen nach wie vor die Sünde (*inhabitet in nobis peccatum*),[102] das Fleisch widersteht dem Geist auch in den Wiedergeborenen ihr ganzes Leben lang, so dass sie nicht alles vollbringen können, was sie sich vorgenommen haben.[103] Der freie Wille ist deshalb schwach,[104] er kommt also in der Umsetzung nicht immer zum Ziel.

In diesem Zusammenhang kommt das Gesetz erneut ins Spiel, vielleicht in einer gewissen Spannung zu der beschriebenen Spontaneität der *voluntas*. Das Gesetz Gottes ist zwar in dem Sinne abgetan (*abrogata*), dass es uns nicht mehr verdammt und nicht mehr Gottes Zorn auf uns bringt (*nec iram in nobis operatur*)[105] (*sumus enim sub gratia, et non sub lege*)[106]. Aber der Glaubende soll seine Werke nicht «nach eigenem Gutdünken (*nostro arbitrio*)» tun, sondern Werke tun, «die dem Willen und Gebot Gottes entsprechen (*ex voluntate et mandato Dei*)».[107] Dabei hilft das Gesetz Gottes, indem es den Willen Gottes zeigt und Richtlinien für die guten Werke gibt.

Mit ihrer erneuten Orientierung am Gesetz lehnt die *Confessio* die Meinung Martin Luthers ab, der Glaubende schreibe im Glauben neue Dekaloge: «Christus habend schaffen wir nämlich leicht Gesetze und werden alles richtig beurteilen. Ja vielmehr neue Dekaloge machen wir, wie Paulus es tut in allen Briefen und Petrus, am meisten Christus im Evangelium. Und diese Dekaloge sind klarer als der Dekalog des Mose (*Habito enim Christo facile condemus leges, et omnia recte iudicabimus. Imo novos Decalogos faciemus, sicut Paulus facit per omnes Epistolas, et Petrus, maxime Christus in Euangelio. Et hi Decalogi clariores sunt, quam Mosi*

99 CHp, 308; ZHB, Kap. XVI, 74.

100 CHp, 309; ZHB, Kap. XVI, 75. Insofern wird ihnen das Heil nur «improprie» (uneigentlich) zugeschrieben, im eigentlichsten Sinne wird es der Gnade zugeschrieben. (Übersetzung oben geändert.)

101 CHp, 288; ZHB, Kap. IX, 41.

102 CHp, 288; ZHB, Kap. IX, 41.

103 Vgl. CHp, 288f.; ZHB, Kap. IX, 42.

104 Vgl. CHp, 289; ZHB, Kap. IX, 42.

105 CHp, 298; ZHB, Kap. XII, 57.

106 CHp, 298; ZHB, Kap. XII, 57.

107 CHp, 308; ZHB, Kap. XVI, 73 (Übersetzung geändert).

decalogus).»[108] Die *Confessio* versteigt sich auch nicht zu der Aussage, wenn es möglich sei, im Glauben die Ehe zu brechen, sei Ehebruch keine Sünde.[109] Vielmehr bindet sie den Glauben eng an die gegebenen Gebote, in denen sich der Wille Gottes zeige.[110] Luthers Position würde die *Confessio* vermutlich mit dem Vorwurf begegnen, hier handele es sich um «die Faulheit und Heuchelei all derer, die zwar mit dem Munde das Evangelium rühmen und bekennen, aber durch ein schändliches Leben verunehren».[111]

Immer wieder insistiert die *Confessio* aber darauf, dass die guten Werke nicht die Seligkeit bewirken.[112] Der Mensch soll die guten Werke nicht tun mit dem Ziel, «damit das ewige Leben verdienen zu wollen».[113] Ziel der guten Werke sind «Ehre Gottes, [...] Zierde unserer Berufung, [...] Gott unsere Dankbarkeit [...] beweisen und [...] Nutzen unseres Nächsten».[114] Die *Seligkeit* aber hängt allein an der Gnade und Christi Heilstat.

Die *Confessio* spricht dennoch davon, für die guten Werke gebe es einen Lohn (*merces*), den der Herr gebe.[115] Die *Confessio* verwendet damit bewusst einen anderen Begriff als die mittelalterliche Theologie, die von *meritum* sprach. *Merces* sei nicht *meritum*, weil Christus ihn verheissen habe und gebe, aber niemandem etwas schuldig sei; der Lohn hängt an der «Güte, Freigebigkeit und Wahrhaftigkeit Gottes».[116] Er *hängt* an Gottes Güte und Freigebigkeit, weil in den Werken auch der Glaubenden immer noch vieles ist, was unvollkommen und Gottes nicht würdig ist.[117] Deshalb krönt Gott, wenn er den Glaubenden, der gute Werke getan hat, am Ende mit der Seligkeit belohnt, – Bullinger nimmt eine Formulierung Augustins auf – nur «seine eigenen Gaben (*dona sua*)».[118]

Damit hat Bullinger sein Ziel erreicht: Ihm gelingt es, das Erfordernis der guten Werke zu betonen, aber so, dass es den reformatorischen Gnadengedanken nicht aushöhlt.[119]

108 Martin Luther, Thesen de fide (1535): WA 39/I, 47,25–36.
109 Vgl. Martin Luther, Quaestio, utrum opera faciant ad iustificationem (1520): WA 7, 231,18: «Si in fide fieri posset adulterium, peccatum non esset.»
110 Vgl. CHp, 309; ZHB, Kap. XVI, 75.
111 CHp, 309; ZHB, Kap. XVI, 75f.
112 Vgl. CHp, 309; ZHB, Kap. XVI, 75.
113 CHp, 308; ZHB, Kap. XVI, 73.
114 CHp, 308; ZHB, Kap. XVI, 74.
115 Vgl. CHp, 309; ZHB, Kap. XVI, 76.
116 CHp, 309; ZHB, Kap. XVI, 76.
117 Vgl. CHp, 309; ZHB, Kap. XVI, 76.
118 CHp, 310; ZHB, Kap. XVI, 77.
119 CHp, 310; ZHB, Kap. XVI, 77: «So wenden wir uns gegen diejenigen, die menschliche Verdienste derart verteidigen, dass sie Gottes Gnade entleeren.»

Ariane Albisser, Peter Opitz

Die Ekklesiologie der *Confessio Helvetica posterior* als bleibende Herausforderung für die Kirchen

I. Die Ekklesiologie der *Confessio Helvetica posterior* im zeitgenössischen Diskurskontext

In der Reformationszeit rückte die Frage nach dem Wesen der christlichen Kirche und nach den Kriterien ihrer Existenz und ihrer Erkennbarkeit in ganz neuer Weise in den Brennpunkt. Wurde bis anhin um Kompetenzen und Zuständigkeiten oder um Weisen der Vergegenwärtigung des Heils, Sakramente und Sakramentalien innerhalb des selbstverständlich vorausgesetzten Raums des Christlichen gestritten, stand nun, angesichts alternativer Kirchenkonzepte, auf dem Prüfstand, was christliche Kirche überhaupt zu einer solchen macht. Es entstanden theologische Texte, welche die Kirche explizit zum Thema machten. Gleichzeitig waren die theologischen Dispute in kirchliche und politische Machtinteressen und in die entsprechenden Auseinandersetzungen eingebettet. Religiös-theologische Argumente und politisch-militärische Konstellationen waren nicht selten miteinander verschränkt.

Vor diesem Hintergrund ist auch die Lehre von der Kirche in der *Confessio Helvetica posterior* zu lesen. Nachdem Friedrich III. in der Kurpfalz eine Kirchenordnung eingeführt hatte, die weder römisch noch lutherisch, sondern einfach «christlich» sein wollte (der *Heidelberger Katechismus* war deren Herzstück), geriet er im Vorfeld des Reichstags von Augsburg 1566 politisch unter Druck. Der Augsburger Religionsfriede von 1555 umfasste neben dem traditionellen römischen Glauben nur die Anhänger des *Augsburger Bekenntnisses.* Nichtlutherische Protestanten wie die Vertreter der schweizerisch-oberdeutschen Bekenntnistradition – im Folgenden mit dem sich allmählich einbürgernden Begriff «reformiert» bezeichnet – waren davon explizit ausgeschlossen. In dieser Lage erbat sich Friedrich III. von Heinrich Bullinger eine theologische Schrift, welche die Kurpfälzer Kirchenordnung als legitime, orthodoxe christliche Kirchenordnung rechtfertigen sollte. Damit war die Aufgabe klar, gerade auch im Hinblick auf die Lehre von der Kirche: Das Besondere des reformierten Verständnisses von Kirche musste in einer Weise dargestellt werden, die deutlich macht, dass es sich dabei nicht um Sonderlehren einer neuen Sekte, sondern um das Ernstnehmen des grundlegend Christlichen handelte – genau dies war ja auch die Überzeugung der Reformierten. Der Bekenntnistext, den Bullinger um die Jahreswende 1565/1566 nach Heidelberg schickte und der wenige Wochen später bereits im Druck vorlag, war allerdings nicht erst aus diesem Anlass entworfen worden. Vielmehr konnte Bullinger auf einen bereits bestehenden Bekenntnisentwurf zurückgreifen, den er zu Beginn der 1560er Jahre als sein «geistliches Vermächtnis» im Namen der Zürcher Kirche verfasst hatte. Bereits diese zeitliche und kirchenpolitische Situierung der *Confessio Helvetica posterior* ist aufschlussreich für ihre Lehre von der Kirche: Zunächst ohne konkreten Abfassungsanlass verfasst, formuliert der Text Bullingers ekklesiologische Grundentscheidungen der Zürcher Kirche. Die wenigen, aber entscheidenden Eckpunkte eines reformierten Verständnisses von Kirche sollten in unpolemischer Sprache präsentiert werden, und dies unter konsequenter Berufung auf die Bibel und nicht auf bestimmte «Menschenlehren». Dabei hebt Bullinger bestehende Gemeinsamkeiten mit den anderen «Konfessionen» hervor. Mit der römischen Kirche und Theologie teilt die Ekklesiologie der *Confessio Helvetica posterior* die altkirchlich-theologische Basis, wie sie in Formulierungen der ersten Konzilien ihren Ausdruck gefunden hatte. Die Gemeinsamkeit mit der lutherischen Reformation war ohnehin gerade auf dem Gebiet der Ekklesiologie so stark, dass aus reformierter Sicht nie Anlass zu einem Bruch bestand. Entsprechend konnten in irenischem Geist Gemeinsamkeiten auch immer wieder gesucht und stillschweigend betont werden, wenn auch nicht unter Preisgabe der eigenen theologischen Einsichten und Überzeugungen. Das elementar Christliche aber konnte letztlich nichts anderes sein als eine möglichst konsequente theologische und christologische Begründung und Fundierung aller theologischen Lehren und so auch derjenigen der Kirche.

Die Ekklesiologie der *Confessio Helvetica posterior* im weiten Sinn umfasst die vierzehn letzten der insgesamt dreissig Kapitel des Bekenntnisses. Neben der Lehre von den kirchlichen Ämtern bespricht Bullinger hier auch die Sakramente, den Gottesdienst und gottesdienstliche Zeremonien, das Gebet, den Unterricht, das Begräbnis, den Umgang mit dem Kirchengut, die Ehe und das Verhältnis zur politischen Obrigkeit. Die Lehre vom Wesen der Kirche im engeren Sinn findet sich in Kapitel XVII. Im Folgenden werden wir uns auf dieses Kapitel beschränken und versuchen, die zentralen Punkte von Bullingers Argumentation herauszuarbeiten. Ein Blick auf eine klassische römisch-theologische Gegenposition soll der zusätzlichen Konturierung dienen. Hier bietet sich das seit 1525 immer wieder aufgelegte und erweiterte *Enchiridion* des prominenten römischen Theologen Johannes Eck an.[1] Eck war als Gegner Luthers und Zwinglis auch Wortführer an der Badener Disputation von 1526.[2] Als scharfer und scharfsinniger Kritiker der Schweizer Reformatoren war er zugleich ein guter Kenner ihrer Lehren; und er wagte es, sich auf die Ebene zu begeben, auf der allein sie zu kämpfen bereit waren: die Ebene der Exegese biblischer Texte. Ecks 1537 gedruckte vollständige deutsche Bibelübersetzung war direkt gegen die «reformatorischen» Bibelübersetzungen gerichtet.[3] Hilfreich zum Verständnis der ekklesiologischen Aussagen der *Confessio Helvetica posterior* ist darüber hinaus ein gelegentlicher Blick in Bullingers diesbezüglich sehr viel ausführlichere *Dekaden*.[4] Dass es sich bei der *Confessio Helvetica posterior* um einen klassischen und bezüglich Wirkungsgeschichte schwer zu überschätzenden Text handelt, ist Grund genug, sich ihm anlässlich seines 450-jährigen Bestehens erneut zuzuwenden. Auch wenn damit die Einsichten älterer Studien nicht grundlegend revidiert werden,[5] ergeben sich aus einer veränderten Forschungs- und Diskussionslage fünfzig Jahre später neue Akzente von selber.

Bullingers Lehrweise ist von der Loci-Methode geprägt. Zu Beginn eines Themas wird eine These formuliert, oft eine komplexe, alle wesentlichen Punkte beinhaltende Definition, deren Glieder anschliessend in manchmal ausgreifenden Argumentationskreisen und unter Bezugnahme auf Probleme und Streitfragen nacheinander expliziert werden. Dieses Verfahren bestimmt auch die Lehre von der Kirche in der *Confessio Helvetica posterior*. Die Überschrift über Kapitel XVII

1 Ecks *Enchiridion* erschien erstmals 1525 und erfuhr 46 Auflagen. Wir beziehen uns auf: Johannes Eck, Enchiridion locorum communium adversus Lutherum et alios hostes ecclesiae libellus, Köln 1561: http://gateway-bayern.de/VD16+E+355. Bullinger bezieht sich kontroverstheologisch immer wieder auf Eck, vgl. Emidio Campi/Detlef Roth/Peter Stotz (Hg.), Heinrich Bullinger Schriften, 7 Bde., Zürich 2004–2007, Bd. VII, 85.

2 Vgl. Alfred Schindler/Wolfram Schneider-Lastin (Hg.), Die Badener Disputation von 1526. Kommentierte Edition des Protokolls, Zürich 2015.

3 Alexander I. Weissenhorn/Georg Krapf, Bibel. Alt und new Testament, nach dem Text in der hailigen kirchen gebraucht, durch doctor Johan Ecken, mit fleiss, auf hohteutsch, verdolmetscht, Augsburg/Ingolstadt 1537: http://gateway-bayern.de/VD16+B+2702.

4 Heinrich Bullinger (1552), Sermonum Decades quinque, de potissimis Christianae religionis capitibus, bearb. von Peter Opitz (Heinrich Bullinger Werke. Dritte Abteilung: Theologische Schriften 3/1 und 3/2), Zürich 2008 (= Decades); die deutschen Zitate sind aus: Emidio Campi/Detlef Roth/Peter Stotz (Hg.), Heinrich Bullinger Schriften, Bde. 3–5, Zürich 2006 (= Dekaden).

5 Wichtig sind hier besonders Ernst Koch, Die Theologie der Confessio Helvetica Posterior, Neukirchen-Vluyn 1968; Simon van der Linde, Die Lehre von der Kirche in der Confessio Helvetica Posterior: Joachim Staedtke (Hg.), Glauben und Bekennen. Vierhundert Jahre Confessio Helvetica Posterior. Beiträge zu ihrer Geschichte und Theologie, Zürich 1966, 337–367.

benennt dabei zwei grosse Themenkreise: «Die katholische und heilige Kirche Gottes und das einzige Haupt der Kirche».[6] In einem ersten Themenkreis geht es um die Auslegung der Attribute der Kirche, wie sie die alten Bekenntnisse enthalten: Was meint das christliche Bekenntnis zur *einen* Kirche, was das Bekenntnis zu ihrer *Katholizität* und was dasjenige zu ihrer *Heiligkeit*?[7] Im zweiten Themenkreis geht es um das Bekenntnis zum einzigen *Haupt* der Kirche und der Auseinandersetzung mit der anders lautenden Lehre römischer Theologen.[8] Mit der Formulierung, dass es um die Kirche *Gottes* geht und dass nur von einem *einzigen* Haupt die Rede sein kann, ist die Theozentrizität bzw. Christozentrizität der gesamten Lehre von der Kirche bereits angedeutet und ebenso die gegenseitige sachliche Durchdringung der beiden Themenkreise.

Daraus ergibt sich dann allerdings noch ein dritter Themenkreis, in dem es um die Frage nach dem Verhältnis zwischen dieser theozentrischen bzw. christozentrischen Kirche und den geschichtlichen Gestalten von Kirche geht und somit um eine Verhältnisbestimmung von «unsichtbarer» und «sichtbarer» Kirche.[9]

II. Das Bekenntnis zur *einen, katholischen* Kirche Gottes

Wir wenden uns dem ersten Fragekreis zu. Selbstverständlich orientiert sich die Lehre von der Kirche in der *Confessio Helvetica posterior* zunächst an den altkirchlichen Attributen der Kirche, wie sie im *Apostolikum* und im *Symbolum Constantinopolitanum* festgehalten sind. Hier geht es um das Bekenntnis zur «heiligen, katholischen Kirche» als der «Gemeinschaft der Heiligen» (Apostolikum),[10] die nach dem *Symbolum Constantinopolitanum* auch die «eine» und «apostolische» Kirche ist.[11]

Bullinger stellt eine dicht formulierte Definition von Kirche an den Anfang. In ihr sind die ekklesiologischen Attribute des *Apostolikums* enthalten, aber in

6 «De catholica et sancta Dei Ecclesia et unico capite Ecclesiae». CHp, 310,12.

7 CHp, 310,12–312,2.

8 CHp, 312,3–313,26.

9 CHp, 313,1–26.

10 «Credo sanctam ecclesiam catholicam, sanctorum communionem.» CHp, 310,23f.

11 Vgl. Heinrich Denzinger/Peter Hünermann (Hg.), Enchiridion symbolorum definitionum et declarationum de rebus fidei et morum / Kompendium der Glaubensbekenntnisse und kirchlichen Lehrentscheidungen, Freiburg i. Br. [44]2014, 30 bzw. 150. Bullinger stellt dieses *Symbolum Constantinopolitanum* seinen *Dekaden* voran. Decades (Anm. 4), Bd. 1, 20,16f.

das Handeln des dreieinigen Gottes durch Wort und Geist eingebettet. Bereits damit wird deutlich gemacht: Es geht in der Ekklesiologie der *Confessio Helvetica posterior* nicht um die Beschreibung einer menschlichen Organisation oder religiösen Tradition, sondern um das Bekenntnis zur Kirche *Gottes*. Durch die vorangestellte etymologische Erläuterung des Begriffs «ecclesia» wird die «eine», «heilige» und «katholische» Kirche auf Gottes Erwählungsruf zurückgeführt. Ihre «Heiligkeit» besteht in der wahren Erkenntnis und Anbetung Gottes durch Wort und Geist, und es ist der Glaube, der als Teilhabe an allen Gütern Christi beschrieben wird. Kirche ist

> «eine aus der Welt berufene oder gesammelte Schar der Gläubigen, eine Gemeinschaft der Heiligen, nämlich derer, die den wahren Gott durch das Wort und den Heiligen Geist in Christus, dem Heiland, wahrhaft erkennen und recht anbeten und im Glauben an allen durch Christus umsonst angebotenen Gütern teilhaben».[12]

Der gesamte erste Themenkreis, ja das gesamte Kapitel über die Kirche in der *Confessio Helvetica posterior* lässt sich als Erläuterung und Entfaltung dieser Definition in verschiedene Richtungen hin lesen.

Dass es nur *eine* Kirche geben kann,[13] folgt aus dieser betont *theologischen* Begründung von selbst. Es ist der eine Gott in seinem einen Sein und einheitlichen Handeln, der ihre Einheit garantiert:

> «da es immer nur einen einzigen Gott gibt, nur *einen* Mittler zwischen Gott und den Menschen, den Messias Jesus, *einen* Hirten der ganzen Erde, *ein* Haupt dieses Leibes, schliesslich *einen* Geist, *ein* Heil, *einen* Glauben und *ein* Testament oder *einen* Bund […].»[14]

---

12 «[…] e mundo evocatum vel collectum fidelium, sanctorum inquam omnium communionem, eorum videlicet, qui Deum veum, in Christo servatore, per verbum et spiritum sanctum, vere cognoscunt, et rite colunt, denique omnibus bonis per Christum gratuito oblatis fide participant.» CHp, 310,15–18; ZHB, Kap. XVII, 77. Eck beginnt seine Lehre von der Kirche als erstes Kapitel seines *Enchiridion* mit einer Reihe von biblischen Texten zur Kirche als dem «Leib» und der «Braut» Christi. Dabei nimmt er auch Eph 4 auf. Im deutschen Druck von 1533 heisst es: «[…] seyt sorgfelltig zuo halten die ainigkeyt des gaysts im band des fridens / Ain leyb und ain gayst / wie ir beruofft seyt in ainerlay hoffnung ewrer beruoffung. Ain Her / ain glaub / ain Tauf / ain Gott und vatter unser aller / der ist über uns alle […].» Johannes Eck, Enchiridion. Handbüchlin gemainer stell unnd Artickel der jetzt schwebenden Neuwen leeren (1533), Augsburg/Münster 1980 (Faksimile), 3f.

13 CHp, 310,12–311,22.

14 ZHB, Kap. XVII, 78.

Katholisch wird die Kirche genannt, weil sie sich «über alle Teile der Welt und über alle Zeiten erstreckt».[15] Als frühneuzeitlicher Historiker und immer wieder geschichtlich denkender und argumentierender Reformator[16] rückt Bullinger hier besonders den zeitlichen Aspekt in den Vordergrund: «Die Kirche ist immer gewesen und wird immer sein.»[17] Zugleich gilt es, der Berufung auf die zeitliche Katholizität der römischen Kirche, die diese gegen die «Neuchristen», die Vertreter der «neuen Lehre», ins Feld führt,[18] entgegenzutreten. So war nach Eck die Kirche vor Luther da und auch vor der Bibel, auf die er sich beruft, denn es war die Kirche, die den Kanon gebildet und ihr ihre Autorität verliehen hat.[19] Demgegenüber ist nach Bullinger auch die ununterbrochene zeitliche Erstreckung der Kirche streng *theologisch* zu deuten. Die Kirche hat immer in der Zeit existiert, weil ihre Existenz in Gottes uranfänglichem, freiem Heilsdekret für die Menschen gründet:

> «Weil Gott von Anfang an wollte, dass die Menschen gerettet würden und zur Erkenntnis der Wahrheit kämen [vgl. 1Tim 2,4], muss es immer eine Kirche gegeben haben und muss es jetzt und bis ans Ende der Welt eine Kirche geben.»[20]

Damit ist, nicht anders als das Bekenntnis zur *Einheit* der Kirche, auch dasjenige zu ihrer *Katholizität* Teil und Implikat des Bekenntnisses zum einen christlichen Gott und zu dessen unveränderlichem Heilswillen. Es ruht nicht auf einer institutionengeschichtlich oder ämtergeschichtlich nachweisbaren Traditionskette.

Dass die Ekklesiologie der *Confessio Helvetica posterior,* wie der Titel von Kap. XVII anzeigt, grundsätzlich von der «Kirche *Gottes*», der durch Gottes Reden zu Menschen ins Sein gerufenen und im Sein gehaltenen Kirche, spricht, wird auch deutlich, wenn Bullinger die *katholische* Kirche nicht erst mit den Aposteln, und damit mit dem Petrusamt beginnen lässt wie Eck, sondern bereits mit dem ersten Menschenpaar nach dem Sündenfall. Denn unmittelbar nach dem Fall hat Gott sich Adam und Eva redend zugewandt, ihnen seine Verheissung

---

15 ZHB, Kap. XVII, 78; CHp, 310,29–31.

16 Archilla Aurelio García, Truth in History. The Theology of History and Apologetic Historiography in Heinrich Bullinger, Mikroform, Princeton/NJ 1989; Christian Moser, Die Evidenz der Historie: zur Genese, Funktion und Bedeutung von Heinrich Bullingers Universalgeschichtsschreibung: Emidio Campi/Peter Opitz (Hg.), Heinrich Bullinger, Life – Thought – Influence. Zurich, Aug. 25–29, 2004, International Congress Heinrich Bullinger (1504–1575), Zürich 2007, 459–492.

17 ZHB, Kap. XVII, 78; CHp, 310,12.

18 So Ecks polemische Bezeichnung in deutscher Sprache (in Latein sind es «Ketzer» und «Feinde der Kirche»): Eck, Enchiridion (Anm. 1), 6 und öfter.

19 Eck, Enchiridion (Anm. 1), 16; vgl. 22f. und 26f.

20 ZHB, Kap. XVII, 77; CHp, 310,12f.

gegeben und damit seine Bundestreue zugesagt.[21] Besonders das Alte Testament dient Bullinger zum Zeugnis dafür, dass Gott immer wieder Menschen erwählt und zu seinem Volk gesprochen hat. Er hat damit durch die «Wahrheit seines Wortes» den «katholischen Glauben» und die «wahre Gottesverehrung» ins Leben gerufen und durch alle Zeiten hindurch am Leben erhalten, ungeachtet allen Unglaubens und Ungehorsams seines eigenen, erwählten Volkes – und seiner Führer.[22] Denn es waren keineswegs stets die «Leiter» der Kirche, die für ihren Bestand und ihre Kontinuität garantiert haben, wie etwa die Elia-Geschichte deutlich macht. Gerade die Bibel erzählt keine irdische Triumphgeschichte der Kirche bzw. des Volkes Gottes. Stattdessen berichtet sie wiederholt von Zeiten des Abfalls und des Götzendienstes, in denen nur eine kleine Schar von Menschen auf Gottes Wort gehört und also geglaubt hat. Entsprechendes ergibt ein Blick auf die nachbiblische Geschichte der Kirche. Auch die politischen und religiösen Amtsträger und kirchlichen Repräsentanten sind nicht selten in Gottlosigkeit oder Götzendienst versunken und haben gar wahrhaft gottesfürchtige Menschen, die sich für die Wiederherstellung der Kirche einsetzten, verfolgt und «mit Feuer und Eisen ausgemerzt».[23] Immer wieder aber, so Bullinger, richtet Gott die Kirche auf, «indem er ihr wahre Lehrer schickt, auch wenn sie von denen, die als echte und ordnungsgemässe Leiter der Kirche angesehen werden wollen, nicht als wahrhaftige Diener oder Lehrer der Kirche Gottes anerkannt, sondern als hinterhältige Störenfriede der Kirche und verabscheuenswürdige Ketzer verdammt werden».[24] Die menschliche Entsprechung zum göttlichen Heilswillen und zu seiner Selbsterschliessung ist, gemäss der oben angeführten Definition von «Kirche», nicht ein Amt oder eine Institution, sondern ein menschlicher Lebensvollzug: die «Anerkennung», die «rechte Verehrung» und die im «Glauben» realisierte «uneingeschränkte Teilhabe an allen Gütern», wie sie Christus den Menschen anbietet. Vermittelt wird all dies durch Gottes Wort und Gottes Geist, also einzig durch den handelnden Gott selber, gegenüber dem alle kirchliche Tradition «menschliche» Tradition bleibt.

Auch der Vorwurf, die Einheit der Kirche zerstört zu haben, wird von dieser Sicht der Kirche her angegangen. In den Augen römischer Theologen brachten die innerprotestantischen Spaltungen den Geist der Spaltung, der im Protestantismus steckt, deutlich an den Tag. Ist aber nicht gerade die Einheit ein zentrales

21 Im Blick ist hier das sogenannte Protevangelium Gen 3,15.
22 ZHB, Kap. XVII, 85; CHp, 315,13–20.
23 Dekaden (Anm. 4), Bd. V, 99; vgl. den Zusammenhang: dies., 95–99.
24 Dekaden (Anm. 4), Bd. V, 95; Decades (Anm. 4), Bd. 2, 779,25–28.

Merkmal der christlichen Kirche und von Christus selber gefordert?[25] Demgegenüber weist Bullinger darauf hin, dass diese Einheit kirchengeschichtlich jedenfalls auch bisher nicht bestanden hat. Von allem Anfang an war die Kirche auch durch theologische Dispute und Streitigkeiten geprägt. Längst vor der Reformation konnte es geschehen, dass hervorragende Lehrer der Kirche in wichtigen Punkten «uneins» waren, «und zwar gerade in Glaubenssachen, die nicht nur in Schulen, sondern auch auf den heiligen Kanzeln mitten im Volk ausgetragen wurden». Und doch «hörte deswegen die Kirche nicht auf, das zu sein, was sie war».[26] Dass auch die zerstrittene und lehrmässig gespaltene Kirche nicht von Gott verlassen war, gehört nach Bullinger zum Bekenntnis zur strengen theologischen Fundierung der Kirche. Damit stellt Bullinger, weit davon entfernt, Streitigkeiten in der Kirche theologisch rechtfertigen zu wollen – solche sind vielmehr eine Folge von Schuld und Unwissenheit der Menschen im Raum der «streitenden» Kirche –, auch diese unter Gottes Vorsehungshandeln: Auch die kirchlichen Auseinandersetzungen werden letztlich «zum Ruhme seines Namens dienen»[27] und die Wahrheit wird schliesslich hervortreten. Es ist ein christologisch begründetes Glaubensurteil mit eschatologischem Blick.

Gerade die so verstandene Einheit der Kirche Gottes ermöglicht es, Unterschiede anzuerkennen und Differenzierungen vorzunehmen. Bullinger nennt die traditionelle Unterscheidung zwischen der «streitenden», mit äusseren und inneren Feinden kämpfenden irdischen Kirche, und der «triumphierenden» Kirche, die diese irdischen Kämpfe hinter sich gelassen hat. Er unterscheidet darüber hinaus auch zwischen der Kirche des «alten Volkes», das von Gott erwählte Volk Israel vor Christus – es ist ebenfalls «Kirche» im vollen theologischen Sinn –, und der Kirche des neuen Volkes, bestehend aus allen an Christus glaubenden Menschen, seien sie Juden oder «Heiden». Ausserdem anerkennt er die Tatsache, dass eine Vielzahl von Orts- und Partikularkirchen das Prädikat «Kirche» für sich in Anspruch nehmen. Letztlich aber kann es sich überall stets nur um den einen Glauben und den einen Geist handeln, denn Kirche gründet in dem einen Gotteswillen.

25 Eck, Enchiridion (Anm. 1), 21.

26 ZHB, Kap. XVII, 82. Was Eck gerade im Hinblick auf umstrittene Synoden zugeben muss, aber letztlich mit dem – in seinen Augen biblisch begründeten – Papstamt als Garanten der Wahrheit kompensiert. Vgl. Eck, Enchiridion (Anm. 1), 46–107.

27 ZHB, Kap. XVII, 82.

III. Die *Heiligkeit* der Kirche und das eine Haupt der Kirche

Nicht nur die Einheit und die Katholizität der Kirche sind nach der *Confessio Helvetica posterior* im Reden und Handeln des einen Gottes begründet. Dies gilt ebenso für das dritte zentrale Attribut der Kirche, für ihre *Heiligkeit*.[28] Denn «heilig» bedeutet, so Bullinger unter Berufung auf entsprechende biblische Texte, letztlich die durch Gottes Erwählung ermöglichte Teilhabe an Christus durch Gottes heiligen und heiligenden Geist und damit das Einbezogenwerden in das Handeln des lebendigen dreieinigen Gottes. «Heiligkeit» ist keine immanente Qualität der Kirche, vielmehr kommt sie ihr (nur) insofern zu, als sie mit dem dreieinigen Gott in Verbindung steht.[29] Damit rückt die christologisch-pneumatologische Grundlegung der Kirche in den Vordergrund, und die Charakterisierung der «Heiligkeit» der Kirche in der *Confessio Helvetica posterior* geht fliessend in die Zusammenstellung von grundlegenden biblischen Bildern und Metaphern über, mit welchen das Verhältnis der Kirche zu Christus beschrieben wird.

Johannes Eck beginnt seine Schrift zur Verteidigung der römischen Kirche mit dem Hinweis auf die enge Verbindung zwischen Christus und seiner Kirche, wie sie besonders die Kap. 4 und 5 des Epheserbriefs beschreiben, verbunden mit Stellen aus dem Hohelied. Die Kirche wird dort charakterisiert als «Leib» Christi und als Christi «Braut», die ihm in allem untergeordnet und zugleich aufs Tiefste mit ihm vereint ist wie die Ehefrau mit ihrem Ehemann. Sie ist vollkommen rein, heilig und unbefleckt, «ohne Runzeln und Flecken», weil Christus sie durch seine Hingabe geheiligt hat.[30] Ausserdem identifiziert Eck in alter, auf Augustin zurückgehender theologischer Tradition[31] das «Reich der Himmel», von dem im Matthäusevangelium die Rede ist, mit der «ecclesia militans», der irdisch-geschichtlichen römischen Kirche. Damit reden alle Himmelreichsgleichnisse im Matthäusevangelium von der römischen Kirche, in der Gott selber am Werk ist,

28 ZHB, Kap. XVII, 79; CHp, 311,23f.

29 «[…] credimus sanctam esse ecclesiam, id est sanctificatam per deum patrem in sanguine filii et dono spiritus sancti.» Decades (Anm. 4), Bd. 1, 101,20–25, 102,6–9; vgl. Bd. 2, 740,16–32.

30 Eck, Enchiridion (Anm. 1), 14f. Vgl. dazu Eph 4,1–16; 5,22–24.27; Hld 6,9; 4,12. Die biblischen Belegtexte sowohl bei Eck wie bei Bullinger lehnen sich in der Regel an den Vulgatatext an.

31 Vgl. Aurelius Augustinus, De civitate Dei, Buch 20 (Bernardus Dombart/Alphons Kalb [Hg.], Sancti Aurelii Augustinii de civitate dei, 2 partes, CCSL 47–48, Turmhoti 1955).

die demzufolge nicht irren kann und deshalb auch nicht erst seit dem Auftreten Luthers existiert.[32]

Auf das letztgenannte, biblisch nicht belegbare Bild geht die *Confessio Helvetica posterior* nicht ein. Hingegen nimmt sie die beiden ersten grundlegenden biblischen Metaphern Ecks für die Kirche zustimmend auf und verschiebt dabei den Akzent von der «Braut» auf den «Bräutigam» und vom «Leib» auf das «Haupt»: Die Kirche ist die einzig geliebte «Jungfrau und Braut Christi», und sie ist der «Leib», dessen Haupt Christus ist (Eph 4,15f.).[33] Auch bei weiteren von Eck verwendeten biblischen Belegstellen zur theologischen Bestimmung der Kirche verweist Bullinger auf deren konstitutiven Christusbezug. Wenn Eck unter Verwendung auf 1Tim 3,15 die (römische) Kirche definiert als «Kirche des lebendigen Gottes» und «Säule und Grundfeste der Wahrheit»,[34] formuliert Bullinger ergänzend: «Deshalb» – weil sie nämlich auf Christus als ihrem Grund ruht – «heisst sie auch ‹Säule und Grundfeste der Wahrheit›.»[35] In einer Verbindung der Bilder aus 1Tim 3,15, 1Petr 2,4f. und 1Kor 3,11 umschreibt er die Kirche trinitarisch als das «Haus des lebendigen Gottes, erbaut aus lebendigen und geistlichen Steinen und gegründet auf den unbeweglichen Felsen, auf den Grund, ausser dem kein anderer gelegt werden kann».[36] Bei aller Vielfalt der biblischen Bilder für die Kirche besteht nach Bullinger deren gemeinsame Pointe darin, dass die Kirche vollständig von Christus als ihrem alleinigen Herrn, Seins- und Lebensgrund abhängig bleibt. Damit ist aber der exklusive Christusbezug die Bedingung ihrer Existenz als Kirche. So lebt etwa die Metapher des «Leibes» Christi allein von dem darin implizierten Verhältnis zum «Haupt»:

> «Das Haupt ist des Leibes wichtigster Teil; von ihm schöpft der Leib das Leben, durch seinen Geist wird er in allen Dingen regiert [...]. Der Leib hat nur ein einziges Haupt, und es ist ihm angepasst. Deshalb kann die Kirche kein anderes Haupt haben als Christus. [...] Und sie kann durch keinen anderen Geist regiert werden als durch Christi Geist.»[37]

Damit haben wir den zweiten Themenkreis der Ekklesiologie der *Confessio Helvetica posterior* betreten, der zweifellos deren Herzstück bildet: «Christus ist das alleinige Haupt der Kirche» – so hält es bereits der Titel von Kap. XVII unmiss-

32 Vgl. Eck, Enchiridion (Anm. 1), 14f.17–19.
33 CHp, 311,23–312,30.
34 Eck, Enchiridion (Anm. 1), 19.
35 ZHB, Kap. XVII, 79; CHp, 311,25–28.
36 ZHB, Kap. XVII, 79; CHp, 311,23–26.
37 ZHB, Kap. XVII, 80; CHp, 312,3–8.

verständlich fest.[38] Hier geht es in Bullingers Augen um das Fundament einer christlichen Lehre von der Kirche überhaupt. Entsprechend prägt diese theologische Überzeugung nicht nur das Kap. XVII insgesamt; sie wird nun in dessen Mitte, unter kritischer Bezugnahme auf Aussagen Ecks, ausführlich erläutert und mit biblischen Texten abgestützt. Der exklusive Christusbezug der Kirche ist für diese konstitutiv, denn es ist ihr Bezug zu dem «Haupt», das ihr Leben und Erlösung verschafft.

Entsprechend sind die hohen theologischen Prädikate der Kirche nicht einfach deren Beschreibung. Sie formulieren vielmehr eine göttliche Verheissung und ehrenvolle Berufung, unter der jede «im Namen Christi» versammelte Gemeinde in ihrer Partikularität und Kontingenz steht.[39] Es ist eine Verheissung und Berufung, die eine entsprechende Antwort verlangt und unter eine bestimmte Zielbestimmung stellt. Bullinger macht dies deutlich anhand der römischen Behauptung der *Irrtumslosigkeit* der (geschichtlichen) Kirche.[40] In der Formulierung Ecks: «Die Kirche kann nicht irren, nicht nur, weil sie immer Christus als Bräutigam hat, sondern auch, weil sie vom Heiligen Geist regiert wird, der sie niemals verlässt.» Sie kann deshalb mit Recht «Kirche des lebendigen Gottes» und «Säule und Grundfeste der Wahrheit» genannt werden.[41] Eine «Irrtumslosigkeit» ist demgegenüber nach Bullinger aus der göttlichen Treuezusage keineswegs abzuleiten. Sie ist keine Eigenschaft, die eine bestimmte geschichtliche Kirche als Tradition oder Organisation von sich prädizieren könnte. Denn Gottes Treuezusage ist stets als *Anrede* an sein Volk und seine Kirche gefasst und damit Aufforderung und Einladung an diese, auf Gottes Wort zu hören und sich auf Christus als das alleinige Fundament der Wahrheit zu verlassen, und nicht auf etwas anderes – und sei es sich selber als Tradition.[42] Die *Confessio Helvetica posterior* interpretiert die auch von Eck verwendeten biblischen Metaphern für die Kirche in diesem Licht und ergänzt sie durch weitere, die dieses dialogische Verhältnis zwischen Gott und seinem Volk bzw. seiner Kirche zum Ausdruck bringen. Ecks Berufung auf die biblischen Metaphern für die römische Kirche

38 ZHB, Kap. XVII, 77; CHp, 310,10.

39 «Coetum fidelium», CHp, 310,15.

40 Die «Irrtumslosigkeit» der Kirche, repräsentiert durch die (legitime) Konzilstradition, war bekanntlich bereits an der Leipziger Disputation Ecks mit Luther ein zentraler Streitpunkt. Vgl. Martin Luther, Resolutiones Lutherianae super propositionibus suis Lipsiae disputatis (1519): D. Martin Luthers Werke, Kritische Gesamtausgabe, Bd. 2, Weimar 1884, 388–435 (404).

41 Eck, Enchiridion (Anm. 1), 18–20.

42 «Non errat illa quandiu [!] innititur petrae Christo et fundamento prophetarum et Apostolorum.» CHp, 311,27.

blendet weitgehend aus, dass die ekklesiologischen Würdeprädikate eine paränetische Bedeutungsdimension haben, von der *Berufung* der Kirche sprechen und diese in der Orientierung auf Christus hin sehen. Die Kirche als irdische, menschliche Gemeinschaft und Organisation wird in den biblischen Texten auch aufgerufen, als «Jungfrau» ihrem Bräutigam *treu zu sein*, als «Leib» sich vom «Haupt» *lenken zu lassen*, auf dem «Fundament», auf das sie gestellt ist, auch *wirklich zu bleiben* und als Herde die «Stimme ihres Hirten» auch *wirklich zu hören*.[43] Sie kann auch anders und steht somit in der Verantwortung.

Noch weniger vereinbar mit Bullingers christologischer Begründung der Kirche ist Ecks Behauptung eines zwiefachen Fundaments der Kirche, die als irdische, «streitende» Kirche durch ein Stellvertreteramt, durch einen dazu autorisierten «Statthalter» zusammengehalten und geleitet wird.[44] Einen Stellvertreter Christi kann es nicht geben, ja ein solcher leugnet nach Bullinger das Wesen der Kirche. Denn: All die genannten biblischen Metaphern wollen einen lebendigen Christusbezug aussagen, der durch Christus selber bzw. durch seinen Geist konstituiert und am Leben erhalten wird. Und sie sprechen von einem bestimmten Christus, von dem, der als Menschgewordener, Gekreuzigter und Auferstandener, als wahrer Gottes- und wahrer Menschensohn durch sein Sterben die Kirche der Sünder «gerechtfertigt» und «geheiligt» hat, so dass das Sein der Kirche und damit ihre «Heiligkeit» nur in Christus zu finden ist.[45] Der Geist dieses Christus ist durch alle Zeiten hindurch und also auch in der Gegenwart in seiner Kirche anwesend und am Werk. Dieser Christus bedarf keines Stellvertreters, der damit die Stelle eines Abwesenden einnehmen würde. Christus ist seiner Kirche als «lebendig machendes Haupt» gegenwärtig.[46]

Läuft Bullingers Kritik an der römischen Ekklesiologie auf den Vorwurf eines christologischen Defizits hinaus, so lässt sich derselbe Vorwurf leicht auch im Hinblick auf die Ekklesiologie der Täufer und der «Gnesiolutheraner» erkennen, auch wenn er nicht explizit so formuliert ist: Indem die Täufer sich von anderen Christen absondern und eigene, menschliche und menschlich überprüfbare Kriterien über die wahre Kirche aufstellen, leugnen sie letztlich die Kraft, Gegenwart und Souveränität des lebendigen Christus. Und wenn gnesiolutheranische

43 CHp, 314,7f.

44 «Etsi Christus sit petra principalis et fundamentum primarium, tamen habet vicarios et substitutos, secundarias petras.» Eck, Enchiridion (Anm. 1), 67. Die deutsche Ausgabe von 1533 zieht verdeutlichend die Konsequenz: «Da muoss ye zwayerlay fudament gesetzt werden / also auch zwayerlay felsen.» Eck, Handbüchlin (Anm. 12), 17.

45 Ausführlicher dargelegt in: Decades (Anm. 4), Bd. 2, 792,26–36.

46 CHp, 312,23. Vgl. die breite Darstellung und Auseinandersetzung mit Eck in: Decades (Anm. 4), Bd. 2, 790–793.

Theologen ein bestimmtes Sakramentsverständnis zum Schibboleth wahrer Christlichkeit machen, nehmen sie ebenfalls eine Gewichtsverlagerung vor, die die zentrale Stellung des lebendigen Christus als Haupt der Kirche und die Bedeutung von Verkündigung und Glaube schmälert.

Wie aber kann in einer geschichtlichen, begrenzten menschlichen Versammlung und Gemeinschaft, die sich als «Kirche» versteht, Ordnung, wie Einheit, Kontinuität und Identität, geschaffen und gewahrt werden, wenn eine sie verbindlich repräsentierende irdische Instanz das Wesen dessen, was wahre Kirche Gottes ist und damit auch ihre wahre Einheit, gerade nicht garantiert, sondern im Gegenteil leugnet? Wird «Kirche» ohne eine ihre Einheit in der Zeit repräsentierende Gestalt nicht zu einem blossen Gedankengebilde, zu einer «mathematischen» Kirche, wie sie der Apostel Paulus zweifellos nicht im Blick gehabt hat?[47] Oder aber sie zerfällt unvermeidlich in eine Vielzahl christlicher Sekten und Versammlungen, die alle jeweils für sich behaupten, die christliche Wahrheit zu vertreten oder zu repräsentieren, und dabei das Bekenntnis zur «einen» Kirche Gottes zu einem blossen Gedankengebilde werden lassen.

IV. Die Kennzeichen der Kirche

Bullinger nimmt das damit angesprochene, grundlegende Problem jeder Rede von christlicher «Kirche» sehr ernst und wendet sich in einem dritten grossen Fragekreis dem Problem der «Kennzeichen» der (wahren) Kirche zu.[48] Damit rückt die Grundunterscheidung in den Vordergrund, welche schon die bisherigen Ausführungen der Ekklesiologie der *Confessio Helvetica posterior* im Hintergrund bestimmt hat: die Unterscheidung von «sichtbarer» und «unsichtbarer» Kirche. Johannes Eck als Vertreter der römischen Ekklesiologie hat die Lehre von der untrennbaren Zusammengehörigkeit von göttlich autorisierter geistlicher Kirche und der päpstlichen Amtskirche vertreten. Die reformatorische Behauptung einer dem Auge wesentlich «verborgenen» Kirche kritisierte er als Doketismus und Sektierertum.[49] Die «geistliche», wahre Kirche Gottes ist nach ihm

47 «Dicat Lutherus an illi fuerint occulti, et solum mathematice Ecclesia, quando dixit Paulus: ‹Vos autem estis corpus Christi›.» Eck, Enchiridion (Anm. 1), 35.

48 CHp, 314,1–316,15.

49 «Quia summa authoritas exterius sit apud ecclesiam, quam contemplamur in conciliis et in sede apostolica, convenit ut Romani pontificis et Petri primatum firmemus [...].» Eck, Enchiridion (Anm. 1), 57; «Item die kirch ist der leyb Christi / und die Christen seind dy gelider / nun sag mir Luther oder Rotenacker / ob die auch verborgen seind ge-

an die «sichtbare» Kirche – konkret repräsentiert (einzig) durch die römische Bischofstradition – konstitutiv gebunden. Und so sind die biblischen Texte, in denen das Wort «Kirche» oder «Gemeinde» vorkommt, direkt auf diese römische Bischofsamtstradition zu beziehen. Demgegenüber hatte bereits Luther unterschieden zwischen einer geistlichen, innerlichen Christenheit, die in der Bibel im eigentlichen Sinn mit dem Wort «Kirche» bezeichnet wird, und einer leiblichen, äusserlichen Christenheit, zu der alle, die nach ihrem äusserlichen Wesen für Christen gehalten werden, gehören, einschliesslich aller Päpste, Kardinäle, Bischöfe, Prälaten, Priester, Mönche, Nonnen.[50] Zwingli war hier einen Schritt weiter gegangen und hatte, wohl angeregt durch Augustin, die Unterscheidung zwischen «sichtbarer» und «unsichtbarer» Kirche zur grundlegenden ekklesiologischen Kategorie gemacht.[51] Als «unsichtbare» Kirche bezeichnet er die durch Gottes freie Selbstvergegenwärtigung – den göttlichen Geist – konstituierte Kirche, bestehend aus der Gemeinschaft der durch Gottes Geist erleuchteten und zu Gottes- und Nächstenliebe erweckten Glaubenden. Die «sichtbare» Kirche hingegen besteht nach Zwingli gerade nicht aus den prunkvollen Repräsentanten einer Ämterkirche, sondern schlicht aus allen Menschen, die sich als Christen bezeichnen und sich zu Christus bekennen.[52]

Bullinger nimmt Zwinglis Unterscheidung in der *Confessio Helvetica posterior* auf, auch wenn die Begriffe in Kap. XVII nur einmal begegnen.[53] Er verbindet sie

---

wesen / und allain ain fantaseiische Kirch zuo denen Paulus sagt: Ir seyt der leyb Christi.» Eck, Handbüchlin (Anm. 12), 9.

50 Martin Luther, Vom Papsttum zu Rom wider den hochberühmten Romanisten zu Leipzig (1520): D. Martin Luthers Werke, Kritische Gesamtausgabe, Bd. 6, Weimar 1888, 277–324 (295,12–297,13).

51 «Credimus et unam sanctam esse catholicam, hoc est universalem ecclesiam. Eam autem esse aut visibilem aut invisibilem. Invisibilem est iuxta Pauli verbum, quae coelo descendit hoc est quae spiritu sancto illustrante deum cognoscit et amplectitur. De ista ecclesia sunt, quotquot per universum orbem credunt. Vocatur autem invisibilis, non quas, qui credunt, sint invisibiles, sed quot humanis oculis non patet, quinam credant; sint enim fideles soli deo et sibi perspecti. Visibilis autem ecclesia est non pontifex Romanus cum reliquis cidarum gestantibus, sed quotquot per universum orbem Christo nomen dederunt.» Huldrych Zwingli, Christianae fidei brevis et clara expositio ad regem Christianum (1531): Huldreich Zwinglis sämtliche Werke, Bd. 6.5, Zürich 1991, 50–162 (108,12–110,6).

52 «Breviter: spiritus, ubi vult, spirat, hoc est: sic flat ventus, ut fert ingenium, et vocem eius quidem audis, sed nescis, unde oriatur aut ubi sidat. Sic est omnis, qui nascitur ex spiritu [vgl. Joh 3,8], hoc est: invisibiliter et insensibiliter illustratur ac trahitur [vgl. Joh 6,44].» Huldrych Zwingli, Fidei ratio (1530): Huldreich Zwinglis sämtliche Werke, Bd. 6.2, Zürich 1982, 753–817 (803,22–26).

53 «Unde et ecclesia invisibilis appellari potest, non quod homines sint invisibiles, ex quibus ecclesia colligitur, sed quod oculis nostris absconsa, Deo autem soli nota, iudicium humanum saepe subterfugiat.» CHp, 315,20–23.

mit den «Kennzeichen» (*notae*) der Kirche, wie sie in der *Confessio Augustana* von 1530 benannt sind: Nicht jede beliebige Kirche, die sich so nennt, hat das Recht dazu und Anspruch, als wahre Kirche anerkannt zu werden. Wahre, in Gottes Erwählung gegründete und von Christus als «Haupt» regierte Kirche – dies meint «unsichtbare» Kirche – kann aber an bestimmten minimalen Phänomenen, Kennzeichen oder Merkmalen, erkannt werden: die reine Verkündigung des Evangeliums und die rechte Verwaltung der Sakramente.[54] Bullingers Rezeption dieser beiden Kennzeichen wahrer Kirche aus der (lutherischen, die reformierte Kirche «verwerfenden»!)[55] *Confessio Augustana* lässt sein eigenes «reformiertes» ekklesiologisches Profil leicht erkennen. Er sieht sich in grundlegendem Konsens mit dem dort von Melanchthon formulierten positiven Anliegen der (in seiner Sicht) lutherischen Glaubensgeschwister, interpretiert es aber im Horizont seines eigenen Verständnisses des «Wortes Gottes», wie es in seinen Augen dem Gotteszeugnis der biblischen Texte entspricht. Stellt die *Confessio Augustana* Verkündigung und Sakramente als zwei Kennzeichen unverbunden nebeneinander, werden sie von Bullinger in eine klare Hierarchie gebracht: Das vorrangige Zeichen wahrer Kirche ist die Verkündigung. Bullinger qualifiziert sie sogleich inhaltlich näher als Rede auf einer bestimmten Grundlage und mit einem klaren, vorgegebenen Skopus: Es geht nicht um eine gottesdienstliche Kanzelrede als solche, sondern um «Verkündigung» nach Vorgabe der Propheten und Apostel: um diejenige Verkündigung, die auf Christus hinweist, und dies so, dass sie zum Hören auf Christi eigenes Wort mit der Konsequenz der Christusnachfolge hinführt:

> «[...] vor allem die rechtmässige und reine Verkündigung des Wortes Gottes, wie sie uns in den Büchern der Propheten und Apostel überliefert ist, die alle zu Christus hinführen, der im Evangelium gesagt hat: ‹Meine Schafe hören auf meine Stimme, und ich kenne sie, und sie folgen mir nach, und ich gebe ihnen ewiges Leben ... Einem Fremden aber werden sie nicht nachfolgen, sondern vor ihm fliehen; denn sie kennen die Stimme des Fremden nicht› (Joh 10,4.5.27–30).»[56]

In wahrer christlicher Verkündigung ist nach Bullinger Christus allein der verkündigte Inhalt und Fluchtpunkt der Exegese biblischer Texte. Auch der Ausdruck «Evangelium» – in Bullingers Zeit selbstverständlich auch auf römischer Seite in Anspruch genommen – wird ausdrücklich mit dem Namen Christus in-

54 «Est autem ecclesia congregatio sanctorum, in qua evangelium pure docetur et recte administrantur sacramenta.» Rat der Evangelischen Kirche in Deutschland (Hg.), Die Bekenntnisschriften der evangelisch-lutherischen Kirche, Göttingen [8]1979, 61,2–6.

55 Rat der EKD, Bekenntnisschriften (Anm. 54), 64.

56 ZHB, Kap. XVII, 82f.; CHp, 314,3–9.

haltlich gefüllt. Aber Bullinger geht noch weiter. Ziel aller rechten christlichen Verkündigung ist ein von Menschen, auch von christlichen Amtsträgern, nicht machbarer Subjektwechsel: Christi eigene Stimme soll vernommen werden, der Verkündigte selber soll die hörende Gemeinde anreden. Das oft zitierte Marginale aus Kapitel I der *Confessio Helvetica posterior*: «Praedicatio verbi Dei est verbum Dei»,[57] meint genau dies und ist damit alles andere als eine schlichte Identifizierung kirchlicher und damit menschlicher Kanzelrede mit dem göttlichen Wort. Hier haben wohl überspitzte Aussagen des späten Luther, die dem menschlichen Verkündigungswort in seinen Augen zu viel zuschreiben, Bullingers Kritik auf sich gezogen. Ein «Transportmittel» des Heiligen Geistes ist die Kanzelrede so wenig wie die Sakramentsverwaltung.[58] Die Kongruenz zwischen einer sichtbaren Kirche als einer sich versammelnden, sich selbst lokal organisierenden menschlichen Gemeinschaft und der unsichtbaren, allein durch Gottes Geistwirken ins Leben gerufenen Kirche Gottes ist somit keine Gegebenheit, die einer bestimmten geschichtlichen, kontingenten Christentumstradition einfach «eingestiftet»[59] wäre. Sie steht unter bestimmten Bedingungen. Dabei ist die Unterscheidung von sichtbarer und unsichtbarer Kirche, analog zur Unterscheidung zwischen «Geist» und «Fleisch» auf der menschlich-individuellen Ebene, nicht mit der Unterscheidung von Materialität und Geistigkeit zu verwechseln. Bullinger stellt vielmehr im Anschluss an Zwingli selber klar: «Unsichtbar» heisst die Kirche nicht, weil die Menschen unsichtbar wären,[60] sondern weil das, was ihren wahren Gottesbezug ausmacht, nicht aus der Religion irdisch-geschöpflicher Wesen herauswächst, sondern ihnen nur «vom Himmel herab», durch Gottes eigenen Geist geschenkt werden kann.[61]

Zwar kann Bullinger die von Eck in Anschlag gebrachte Ämtersukzession in ihrer kirchengeschichtlichen Bedeutung in der frühen Kirche durchaus würdigen. Sie garantiert als solche aber keineswegs die ununterbrochene Präsenz der Wahrheit, denn wie es falsche Propheten geben kann und gegeben hat, so auch

57 CHp, 273,28.

58 Zwingli, Fidei ratio (Anm. 52), 803,10f.

59 Vgl. etwa: «Die sichtbare Kirche ist vom Herrn als sakramentales Symbol der Gottesherrschaft der Geschichte eingestiftet worden […]. Daher muss sie vom Menschen als Ja zu dieser Gottesherrschaft anerkannt und die Gliedschaft an der Kirche als Leben unter Gottes Herrschaft und im Lebensbereich seines gnädigen Heilswillens verstanden und vollzogen werden.» Otto Semmelroth, Die Kirche als Sakrament des Heiles: Johannes Feiner/Magnus Löhrer (Hg.), Mysterium Salutis. Grundriss heilsgeschichtlicher Dogmatik, Bd. 4.1, Einsiedeln u. a. 1972, 309–356 (334).

60 CHp, 315,20f.

61 Vgl. Zwingli, Christianae fidei (Anm. 51), 108,11–110,6.

falsche Bischöfe. Ohne das alleinige Kriterium, das Wort Gottes, ist auch die eindrücklichste Tradition nichts anderes als ein Götzenkabinett.[62]

> «Darum verwerfen wir jene Kirchen als der wahren Kirche Christi fremd, die nicht solcher Art sind, wie sie nach dem Gehörten sein sollen, mögen sie sich noch so sehr mit der ununterbrochenen Aufeinanderfolge ihrer Bischöfe, ihrer Einheit und ihrem hohen Alter brüsten.»[63]

Wie aber wird erkennbar, also an einem konkreten Ort in Raum und Zeit «sichtbar», dass die Stimme Christi – und nicht nur diejenige des Pfarrers – in der Kirche auch wirklich gegenwärtig ist und gehört wird? Gerade an diesem Punkt liegt der Nerv von Bullingers Lehre von den Kennzeichen der Kirche. Nicht schon dort, so Bullingers Antwort, wo von Christus – oder gar in seinem Namen – geredet wird oder wo bestimmte christliche Riten und Bräuche vollzogen werden, ist Kirche. Kirche ist dort, wo menschliches Reden und Tun, das aus dem «Hören» auf die Stimme Christi kommt, in erfahrbarer Weise transparent wird auf das hin, worauf es sich beruft. Es entspricht Bullingers Definition der Kirche zu Beginn des Kapitels, wenn er dieses exklusive «Hören» auf die Stimme Christi und dessen erfahrbare Konsequenzen sowohl für die Kirche als Gemeinschaft der Glaubenden entfaltet als auch für den Lebensvollzug der einzelnen Glaubenden konkretisiert. Alles, was überhaupt zur Kirche zu sagen ist, fliesst aus diesem Hören auf die Stimme Christi:

> «Wenn solche Leute in der Kirche sind [die die Stimme des einzigen Hirten, Christus, hören], so haben sie *einen* Glauben, *einen* Geist und beten allein den *einen* Gott an, verehren nur ihn im Geist und in der Wahrheit; ihn allein lieben sie von ganzem Herzen und mit allen ihren Kräften, rufen ihn allein durch Christus, den einzigen Mittler und Fürsprecher, an und suchen ausserhalb Christus und dem Glauben an ihn keine Gerechtigkeit und kein Leben. Weil sie Christus allein als Haupt und Fundament der Kirche anerkennen und auf diesem Grunde stehend sich täglich durch die Busse erneuern, tragen sie das ihnen auferlegte Kreuz mit Geduld, sind aber auch mit allen Gliedern Christi durch ungeheuchelte Liebe verbunden und beweisen dadurch, dass sie Jünger Jesu sind, indem sie im Bande des Friedens und heiliger Einigkeit verharren.»[64]

Die wichtigsten Punkte dieser dichten Stelle seien hervorgehoben: Das Hören auf die Stimme des einzigen Hirten Christus – das Wort «solus» begegnet an dieser Stelle nicht weniger als neun Mal – führt unwillkürlich zur Verehrung

62 Vgl. Decades (Anm. 4), Bd. 2, 755,13–33.
63 ZHB, Kap. XVII, 83; CHp, 314,20–23.
64 ZHB, Kap. XVII, 83; CHp, 314,7–17.

und Liebe des einen, dreieinigen Gottes, was wiederum nur durch die Teilhabe an dessen Leben («im Geist») möglich ist. Das impliziert die Anerkennung Christi als einzigen Mittler des Heils und Vermittler von Gerechtigkeit und Leben. Wo in einer Kirche diese Art von Gottesverehrung als Hören auf die Stimme Christi geschieht, da steht sie auf Christus, dem einzigen Fundament, und da stellen sich alle im Zitat genannten Eigenschaften bzw. Phänomene von Kirche von selbst ein: Aus dem so zu verstehenden *einen* Glauben folgt die Verehrung des *einen* Gottes und daraus ein Leben in Busse,[65] Christusnachfolge, Leidensbereitschaft, Geduld und echter Liebe zu *allen* Mitchristen als Gliedern am selben Leib.[66]

Damit entsteht, so ist zu interpretieren, ungeachtet aller bleibenden Unterschiede und Differenzierungen, die Wirklichkeit und Erfahrung der *einen* Kirche Gottes. Sie wird konstituiert durch Lebensvollzüge der zu einer sichtbaren Gemeinschaft «im Namen Christi» versammelten Gemeinde, die unter Berufung auf die «unsichtbare» Kirche geschehen und so «sichtbar» und «erfahrbar» sind, auf dem Gebiet von Kult und Doxologie ebenso wie auf dem Gebiet von Bekenntnis, Lehre, Ordnung, Organisation und Handeln nach innen und nach aussen. Zweifellos bildet die gottesdienstliche Versammlung den Brennpunkt der «sichtbaren» Kirche. Hier geschieht gemeinsames «Hören» auf das göttliche Wort im Hören auf biblische Texte, Anrufung Gottes im Gebet, Bekenntnis der eigenen Schuld, gemeinschaftliche Sakramentsfeier und Kollekte. Aber das Leben der Kirche beschränkt sich gerade nicht auf gottesdienstliche Feiern, und entsprechend sind auch ihre Kennzeichen nicht auf sie beschränkt. Wo eine christliche Kirche ernsthaft auf die Stimme dessen hört, nach dem sie sich benennt, wird dies, so Bullinger, in Liebe zu den Mitchristen als Gliedern am selben Leib und im Streben nach Frieden und Einigkeit konkret sichtbar werden, ungeachtet aller Pluralität im selben «Leib» Christi.

Die entscheidenden «Kennzeichen» der wahren Kirche in der *Confessio Helvetica posterior* sind dann aber keine als blosse Fakten konstatierbaren Phänomene. Vielmehr setzt Bullinger beim geistgewirkten Christusglauben im Menschen und bei der Prägung menschlicher Verhaltensweisen durch den Christusgeist an:

65 Nicht zufällig steht dabei die Busse an erster Stelle: Sie ist kein religiöses Werk, sondern ist als Lebenshinkehr zu Gott – und somit «Hören» auf ihn – der notwendige allererste Schritt für ein christliches Leben überhaupt. «Glaube» und «Busse» sind für Bullinger letztlich zwei Seiten derselben Sache; vgl. CHp XIV.

66 Im Kern findet sich dieser Gedankengang bereits in Zwinglis «Thesen» vom Januar 1523 und deren «Auslegung und Begründung». Vgl. Huldrych Zwingli, Auslegen und Gründe der Schlussreden (1523): Huldreich Zwinglis sämtliche Werke, Bd. 2, Zürich 1982, 1–457 (52–73).

Kirche ist, wo eine Gemeinschaft von Menschen und Menschen in einer Gemeinschaft im Innersten vom göttlichen Geist bewegt und durch ihn in Bewegung gesetzt werden, so, dass sich dies in Überzeugungen, Haltungen und sichtbaren Taten niederschlägt und manifestiert. Das meint: Gott «im Geist und in Wahrheit» anbeten.[67] Somit sind die Kennzeichen wahrer Kirche nach Bullinger aber nicht einfach auf der Ebene von Liturgie oder Lehre zu finden; sie werden vielmehr nicht zuletzt auf der Ebene zwischenmenschlicher Interaktion und Kommunikation erfahrbar. In der *Confessio Helvetica posterior* ist nur knapp umrissen, was Bullinger an anderer Stelle ausführlicher erläutert. In den *Dekaden* unterscheidet er explizit zwischen «inneren» Kennzeichen der Kirche, den Wirkungen des Geistes Gottes in und durch Menschen, und «äusseren» wie Verkündigung und Sakramenten. Er gibt dabei deutlich zu verstehen, dass letztlich die «inneren» Kennzeichen und nicht die «äusseren» über das Bestehen von wahrer Kirche entscheiden.[68]

Erst vor dem aktuellen Hintergrund der theologischen Konfessionspolemik und der politischen, auch militärische Optionen nicht ausschliessenden Konfessionskonflikte der 1560er Jahre wird die Brisanz dieser Ekklesiologie deutlich. Bullinger hält den zahlreichen streitbaren konfessionellen Theologen seiner Zeit den Spiegel vor. Die Jünger Jesu, so die *Confessio Helvetica posterior,* beweisen, dass sie in Wahrheit solche sind, indem sie «mit allen Gliedern Christi durch ungeheuchelte Liebe verbunden sind» und «im Band des Friedens und heiliger Einigkeit verharren».[69] Es gibt gute Gründe für die Vermutung, dass gerade Bullingers Weigerung, sich im Klima der Konfessionspolemik des angehenden konfessionellen Zeitalters entsprechend zu positionieren und zu verhalten, mit verantwortlich ist dafür, dass seine Impulse in der reformierten Tradition zwar stark weiterwirkten, sein Name aber gegenüber den Hauptakteuren und Berufungsinstanzen dieses Zeitalters verblasste.

Erst jetzt, nach der Behandlung des primären Zeichens wahrer Kirche, der zum «Hören» führenden Verkündigung des Wortes Gottes,[70] und nach der brei-

67 Decades (Anm. 4), Bd. 2, 605,19–33.

68 Decades (Anm. 4), Bd. 2, 751,22–29.

69 ZHB, Kap. XVII, 83. Bereits in der Vorrede zur *Confessio Helvetica posterior* wird der Konfessionsfriede und die gegenseitige Anerkennung als zentrales Anliegen des Bekenntnisses genannt: CHp, 269,30–37.

70 Auf Bullingers Ämterlehre kann hier nicht eingegangen werden. Es liesse sich zeigen, dass der Status, die Würde und die Begrenzung des kirchlichen Amtes dieser Ekklesiologie, auch im Hinblick auf ihre «dreistufige» Notae-Lehre, entsprechen: Das eine Amt ist, dem letztlich einzigen Konstituens von Kirche, dem wahren «Hören» auf das göttliche Wort entsprechend, das «Wortamt», das sorgfältig in seinem Gegenüber zur

ten Explikation des «Hörens» auf dieses Wort als «Leben im Geist», gekennzeichnet durch Glaube, Liebe und innerchristlichen Frieden, nimmt die *Confessio Helvetica posterior* als Drittes auch die Sakramente als Kennzeichen der Kirche in den Blick. Auf dem Hintergrund der skizzierten ekklesiologischen Weichenstellung geschieht dies nicht unter dem Aspekt der «Verwaltung» oder «Austeilung» (*administratio*) als rituelle Vollzüge durch kirchliche Amtsträger, sondern unter dem Aspekt der «Teilnahme» (*participatio*) an den Sakramentsfeiern. Als besondere, göttlich gebotene «sakramentliche Zeichen», die dem göttlichen Wort «beigefügt» (*adiuncta*) sind, gehören die Sakramente zum Bereich der «sichtbaren» Kirche, deren spezifische Aufgabe es ist, in sichtbarer Gemeinschaftshandlung auf die «unsichtbare», allein durch Gottes Geist konstituierte «geistliche» Gemeinschaft mit Christus hinzuführen, die nur im Glauben Wirklichkeit wird.[71]

Wie steht es aber mit dem auf Cyprian von Karthago zurückgeführten und auf dem Florentiner Konzil 1442 lehrmässig festgeschriebenen Wort, dass es «ausserhalb der Kirche kein Heil» gibt?[72] Eck verbindet es mit der Lehre von der untrennbaren Verbindung von «unsichtbarer» und «sichtbarer» Kirche, von «Leib Christi» und römischer Bischofstradition, und kommt so zur Exklusivität der Papstkirche. Aber sind die Grenzen einer geschichtlichen Christentumstradition auch die Grenzen des göttlichen Geistes? Nicht nur «radikale» Reformatoren – oft polemisch als «Spiritualisten» gebrandmarkt –, sondern auch Zwingli hatte dies infrage gestellt und dezidiert dem Geist Gottes – als Geist Christi – einen weiteren, letztlich universalen Wirkungsraum freihalten wollen. Bullinger konnte auch die von Luther angefeindeten Sätze Zwinglis über die «Seligkeit frommer Heiden»[73] verteidigen, er wiederholte sie aber nicht. Die von Zwingli betonte Freiheit des Geistes Gottes auch gegenüber der irdischen Kirche war aber auch für ihn grundlegend, wie das bisher Gesagte deutlich gemacht hat. So kann er dem Satz Cyprians zustimmen, sofern damit nicht die «sichtbare», sondern die «unsichtbare» Kirche gemeint ist. Nicht «extra ecclesiam», als «sichtbare

Gemeinde als Teil der Gemeinde zu bestimmen ist. Vgl. Peter Opitz, Das Amt und die Ämter – eine Erinnerung an die Anfänge der reformierten Ämterlehre: Cla Reto Famos/Ingolf U. Dalferth (Hg.), Das Recht der Kirche. Zur Revision der Zürcher Kirchenordnung, Zürich 2004, 81–108.

71 CHp, 323,14–23, 326,12–14.

72 Vgl. Denzinger/Hünermann, Enchiridion/Kompendium (Anm. 11), 1351. Vgl. dazu Decades (Anm. 4), Bd. 2, 769.

73 Vgl. Zwingli, Christianae fidei (Anm. 51), 131,10–132,9; dazu Rudolf Pfister, Die Seligkeit erwählter Heiden bei Zwingli. Eine Untersuchung zu seiner Theologie, Habil.-Schrift Universität Zürich, Zollikon 1952.

Kirche», wohl aber «extra Christum» gibt es kein Heil.[74] Wenn die Gegenwart des lebendigen Christusgeistes Gottes Kirche ausmacht, dann sind ihre Grenzen nicht durch menschliche Lehren, Ämter oder Riten abgesteckt, sondern durch Gottes freies Wählen und Wirken.[75] So ist zwar nach Bullinger eine willentliche Verachtung der von Gott «eingerichteten» und «geheiligten» Sakramente[76] mit dem christlichen Glauben nicht zu vereinbaren. Zugleich aber ist die Teilnahme an den Sakramenten nicht heilsnotwendig, ist sie doch nicht immer allen Christen möglich. Und mehr noch: Auch solche, bei denen «der Glaube bisweilen abnimmt, sofern er nicht gänzlich ausgelöscht wird oder später aufhört», und solche, «bei denen sich Gebrechen, Mängel oder Irrtümer finden», können sehr wohl zur wahren Kirche gehören. Zudem hat Gott, wie das Alte Testament berichtet, auch «ausserhalb des Volkes Israel manche Freunde in der Welt gehabt». Bullinger erinnert hier an die babylonische Gefangenschaft, an die Petrusverleugnung und an die beklagenswerten Zustände in der Urkirche, wie sie die paulinischen Briefe dokumentieren.

Es ist eine Konsequenz von Bullingers erwählungstheologischer und geistchristologischer Fundierung der Kirche, die ihm solche Gedanken erlauben. Umgekehrt folgt aus ihr, dass das Vorliegen von Phänomenen kein hinreichendes Indiz für die Gegenwart der Sache ist: Es gibt eine äusserliche Teilnahme an Predigt und Sakramenten, es gibt geheucheltes Christenbekenntnis und geheuchelte Liebe. Und die dritte Konsequenz besteht schliesslich darin, dass kein Mensch über den Glauben eines anderen und damit über dessen Zugehörigkeit zur wahren Kirche urteilen kann und darf.[77] Ein Gedanke, den bereits Zwingli hervorgehoben hatte,[78] erhält in der *Confessio Helvetica posterior* Gewicht. Damit sind auch die Grenzen der wahren Kirche Christi dem menschlichen Blick entzogen. Einmal mehr erhält der einfache Hinweis auf eine Bibelstelle, hier das Gleichnis vom Unkraut unter dem Weizen aus dem Matthäusevangelium (Mt 13,24–30) im zeitgenössischen Kontext der konfessionellen Auseinandersetzungen und Verdammungen seine Aktualität, wenn Bullinger im Anschluss an die Behandlung der Kennzeichen der wahren Kirche betont: Wir müssen uns sehr davor hüten, «vor der Zeit zu richten» und «diejenigen auszuschliessen und zu verwerfen o-

74 CHp, 314,26–31.
75 Decades (Anm. 4), Bd. 2, 769,13–18.
76 CHp, 323,17, 327,19, 329,13–22.
77 CHp, 315,24–38.
78 Zwingli, Fidei ratio (Anm. 52), 800,25f.

der auszustossen, die der Herr nicht ausgeschlossen haben will oder die wir ohne Schädigung der Kirche nicht aussondern können».[79]

Der begrenzte Status, den die Kennzeichen der Kirche nach Bullinger haben, indem sie «Zeichen» bleiben, ist unmittelbare Konsequenz der erwählungstheologischen Begründung der Kirche: Da die wahre Kirche letztlich allein Gottes Werk und auch allein Gott bekannt ist und da alle Menschen unvollkommen sind, sowohl im Hinblick auf ihren Glauben wie im Hinblick auf ihre Urteilskraft, gebieten es Glaube und Liebe, beim Vorhandensein sichtbarer Kennzeichen auf das Vorhandensein wahrer Kirche zu schliessen, ohne Letzteres endgültig auf Ersteres zu begrenzen.

Damit gerät ein Thema in den Blick, das die *Confessio Helvetica posterior* erst im anschliessenden Kap. XVIII über die «Diener der Kirche» berührt, nicht zufällig unter Verwendung desselben Bibelwortes aus Mt 13,24–30: die Frage der Exkommunikation im Kontext des evangelisch verstandenen «Schlüsselamtes» und der «Vollmacht» der «Diener am Wort».[80] Bullingers Umgang mit dem Abendmahlsbann liegt vollständig auf dieser ekklesiologischen Gedankenlinie. Nicht nur erinnert er an das Ziel jeglicher kirchlicher Handlung, die Auferbauung der Gemeinde,[81] und warnt vor neuer Tyrannei, ausgeübt im Zeichen des «göttlichen Wortes». Er bestreitet zudem die exegetische Legitimität einer Kombination von Mt 16,18f., Mt 18,15–19 und 1Kor 5, wie sie Calvin zur Begründung des Abendmahlsbanns vorgenommen hatte. Stattdessen weist Bullinger die Kompetenz zur Exkommunikation der ganzen Gemeinde zu.[82]

Entsprechend setzt das evangelische Wortamt nach Bullinger nur insofern das römische «Schlüsselamt» fort, als es im Dienst des «Aufschliessens» des Himmelreichs steht – im Sinn des Hinweisens auf den sich selbst aufschliessen-

79 CHp, 315, 38–316, 2. Bullingers grosse Zurückhaltung bez. Exkommunikation ist die Kehrseite seiner irenisch-ökumenischen Ekklesiologie, die die Kirche primär als vom Christusgeist lebendig gemachten und bewegten «Leib» Christi versteht, in welchem selbstredend die gegenseitige Liebe und Anerkennung trotz Unterschieden zentrales Element des Vom-Haupt-regiert-Seins ist. Das Fundament und die Klammer bilden seine christologische Ekklesiologie.

80 CHp, 322,22–23; vgl. den Zusammenhang CHp, 320–323.

81 «Ubi semper tenenda est regula, omnia fieri debere, ad aedificationem, decenter, honeste, sine tyrannide et seditione.» CHp, 322,27f.

82 «Disciplina ecclesiastica, est increpatio vel castigatio ac correctio, quae ab ecclesia vel membris ecclesiae fit [...].» Bullinger, Tractatus de excommunicatione, zit. nach: J. Wayne Baker, In Defense of magisterial Discipline: Bullinger's «Tractatus de excommunicatione» of 1568: Ulrich Gäbler/Erland Herkenrath (Hg.), Heinrich Bullinger, 1504–1575. Gesammelte Aufsätze zum 400. Todestag, Bd. 1, Zürich 1975, 141–159 (147). Dazu Fritz Büsser, Heinrich Bullinger (1504–1575), Bd. 2, Zürich 2005, 284–288.

den Gott in der Verkündigung. Das eigentliche «Öffnen», vor allem aber das «Zuschliessen» des Himmelreiches geschieht nicht auf der Ebene kirchlicher Ämter oder Vollzüge, es geschieht im einzelnen Hörer der Verkündigung durch Glauben oder Unglauben. Die «Vollmacht» der Verkündigung lebt von ihrem Inhalt, während im Hinblick auf den Prediger die Ausübung des Schlüsselamtes auf das «anempfehlen» (*suaderi*) von Glaube und Busse beschränkt bleibt.[83] Der recht verstandenen theologischen Würde des Wortamtes wird so Rechnung getragen, dass es seine Aufgabe und deren Grenze in den Horizont von Gottes Wort und Geist gestellt sieht.[84] Es besitzt eine besondere Funktion und Würde über das «allgemeine Priestertum» hinaus, aber letztlich keine Kompetenz und Autorität der Gemeinde gegenüber. Im Gegenteil liegt Bullinger alles daran, dass die «Amtsgewalt» der kirchlichen Amtsträger im Dienen besteht, nicht im Herrschen, weshalb die Amtsbezeichnung «Diener» angemessen ist. Diesem Kirchen- und Amtsverständnis entspricht das Modell einer kollegialen Kirchenleitung. Wenn es in der Alten Kirche auch zu einer Überordnung von Ämtern kam, so war dies, so Bullinger unter Berufung auf Cyprian und Hieronymus, eher eine Notmassnahme als eine ideale Entwicklung, denn ursprünglich hatten die Apostel, Petrus eingeschlossen, ihre «Ehre und Vollmacht gewissermassen in Gütergemeinschaft», und die Gemeinden wurden «durch den gemeinschaftlichen Rat der Ältesten geleitet».[85] So soll in der nach Gottes Wort reformierten Kirche «allen Dienern [...] ein und dieselbe gleiche Gewalt oder Amtsbefugnis gegeben» werden.[86] Entsprechend soll es nach Bullinger die Synode sein, die die höchste Kompetenz in der Kirche besitzt. Sie hat die Aufgabe, die Diener im Hinblick auf Lehre und Lebenswandel zu prüfen, sie zu ermahnen und sie auch, falls sie ihrem Hirtenamt nicht nachkommen oder es gar missbrauchen, «abzusetzen» und «zu verjagen wie Wölfe».[87]

Mit klaren Worten, die auf dem zeitgenössischen europäischen Hintergrund der jahrhundertealten Selbstverständlichkeit hierarchischer Ordnungsgefüge in Politik und Kirche zusätzliche Konturen erhalten, und ohne Rücksicht auf die Gefahr, sich des Verdachts einer Nähe zum politisch umstürzlerischen Täufertum auszusetzen, hält Bullinger fest:

---

83 CHp, 302,24–303,9.

84 «Cura ecclesiarum et functio docendi, increpandi, adhortandi et compellandi, adeoque conservandi ecclesiam in ordine recto, adque ducendi eam per viam veritatis in regnum coelorum.» Bullinger, Tractatus (Anm. 82), 152.

85 ZHB, Kap. XVIII, 97.

86 «Certe ab initio, episcopi vel presbyteri ecclesiam communi opera gubernaverunt: nullus alteri se praetulit [...].» CHp, 321,12f.

87 ZHB, Kap. XVIII, 100; CHp, 322,42–323,1.

> «Christus [...] ist in der Kirche gegenwärtig und ihr lebendig machendes Haupt. Er hat seinen Aposteln und ihren Nachfolgern aufs Strengste verboten, Vorrang und Herrschaft in der Kirche aufzurichten.»[88]

Es sind nicht nur die moralische Verderbtheit und der Machtmissbrauch des Klerus, die Bullinger an der römischen Kirche kritisiert; die Antwort darauf wäre die Forderung nach einer Kirchenreform. Bullingers Kritik beschränkt sich aber auch nicht auf die Lehre von der religiösen Werkgerechtigkeit und damit die Verleugnung der Gnade Gottes, wie sie den Kern lutherischer Kritik bildet, mit der Konsequenz, dass das konstitutive – im Grunde einzige – Kennzeichen «wahre Kirche» darin besteht, dass das Rechtfertigungsevangelium in Wort und Sakrament Gestalt gewinnt und alles Übrige letztlich zu den Adiaphora gezählt werden kann. Ist es für Bullinger und die reformierte Theologie Christus selber, der die Gottlosen rechtfertigt, aber auch zum Dienst erwählt und in die Nachfolge ruft, dann ist es nur konsequent, wenn Bullinger einer gesamten kirchlichen Ämterstruktur als solcher vorwirft, Christus (als einzigen Herrn der Kirche) zu verleugnen.[89] Kirchliche Ämter- und Leitungsstrukturen sind in reformierter Perspektive keine Adiaphora.

88 ZHB, Kap. XVII, 81; CHp, 312,24f.

89 Vgl. ZHB, Kap. XVII, 81; CHp, 312,25–30. Es ist rätselhaft, wie sich Lukas Kundert in seinem Plädoyer für ein kirchliches Bischofsamt auf die Väter und die Theologie der Schweizer Reformation berufen kann. Kunderts Behauptung, dass sich die reformierten Orte «nie aus der katholischen Hierarchie gelöst haben» (ders., Die evangelisch-reformierte Kirche. Grundlagen für eine Schweizer Ekklesiologie, Zürich 2014, 41, vgl. 67), steht allem entgegen, was sich an Quellentexten dazu finden lässt. An der ersten Zürcher Disputation vom Januar 1523 setzt der Zürcher Rat schon im Ausschreibungstext die «göttliche Schrift» als einziges Kriterium des wahrhaft Christlichen fest, an dem auch die Lehre des Konstanzer Bischofs gemessen zu werden verlangt und künftig gemessen wird. Und später erläutert etwa Bullinger immer wieder, dass es gerade die «katholische Hierarchie», «götzendienerisch und antichristlich», war, von der sich die Reformierten zu lösen genötigt sahen: «Wir gestehen also offen und verkünden, dass wir uns von der römischen Kirche zurückgezogen haben und sie noch heute verabscheuen.» (Dekaden [Anm. 4], Bd. V, 90) Der Grund ist klar: «[...] die heilige allgemeine Kirche hängt Christus als einzigen Hirten an, sie glaubt an sein Wort und lebt gottgefällig. Gerade das Gegenteil findet man in der römischen Kirche.» (Dekaden [Anm. 4], Bd. V, 91) Bullingers Betonung der Kontinuität der Alten Kirche ist die Kontinuität der Kirche *vor* der Einführung der römischen Bischofshierarchie, als die Kirche noch kollegial geleitet wurde – und in seinem Verständnis noch in der Linie des Neuen Testaments stand. Zwar kann Bullinger auf der Basis seiner Bundestheologie und im Bemühen, sachlich und terminologisch an die Bibel anzuknüpfen, in der bekanntlich unterschiedliche Bezeichnungen für das kirchliche Amt begegnen, auch den Bischofsbegriff positiv verwenden. Er nimmt damit den bislang üblichen kirchlichen Amtstitel auf, um ihn wieder neu bzw. von der ursprünglichen Sache her zu begründen, ähnlich wie vor ihm Zwingli dem «falschen» den «wahren» Hirten

V. Ausblick: Die Herausforderung der *Confessio Helvetica posterior* für die ekklesiologischen Diskussionen der Gegenwart

Die erwählungstheologisch und geistchristologisch begründete Ekklesiologie der *Confessio Helvetica posterior* ist eine bleibende Herausforderung für alle sich «christliche Kirche» nennenden Organisationen und religiösen Gemeinschaften – nicht zuletzt für diejenigen, die sich auf die «reformierte Tradition» berufen.

Entscheidendes Kriterium für das, was in Wahrheit «Kirche» genannt zu werden verdient, ist nach der *Confessio Helvetica posterior* die Ausrichtung des «Leibes» auf das «Haupt», der christlichen Gemeinde auf Christus hin. Als problematische Einengung des Kirchenbegriffs angesichts der vielfältigen kirchlichen und christlich-religiösen Phänomene oder gar als (reformierter) Exklusivanspruch auf das Prädikat der «wahren Kirche» erscheint dieser konstitutive Christusbezug nur, solange er nicht wirklich ernst genommen wird. Denn recht verstanden führt er einerseits – und zuallererst – zu einem kritischen Bedenken der eigenen christlich-konfessionellen religiösen Tradition und somit zu deren Relativierung. Gerade so wird aber ein irenischer Ansatzpunkt für das ökumenische Gespräch ermöglicht, und hier besonders für den Umgang mit mancherlei Gestalten «reformierter» Kirche. Denn wo anerkannt wird, dass die Kirche kein anderes Haupt als Christus haben und sie deswegen allein durch Christi Geist regiert werden kann,[90] wird die bleibende eigene Abhängigkeit von Gottes Heiligem Geist bewusst. Dieser Geist weht, wo er will (Joh 3,8), und fordert deshalb,

gegenübergestellt hat (vgl. Huldrych Zwingli, Der Hirt: Huldreich Zwinglis sämtliche Werke, Bd. 3, Zürich 1982, 5–68). Die inhaltliche Füllung dieses Amtes läuft aber klar auf eine im Auftrag der Gemeinde ausgeübte Funktion hinaus, die letztlich am besten als «Diener am göttlichen Wort» zu bezeichnen ist. Vgl. Bullingers geschichtliche Argumentation in seiner an Heinrich VIII. gerichteten Schrift von 1538: Die Autorität der Heiligen Schrift (Zweites Buch: Die Einsetzung und die Aufgabe der Bischöfe): Emidio Campi/Detlef Roth/Peter Stotz (Hg.), Heinrich Bullinger Schriften, Bd. 2, Zürich 2006, 157–416. Im Gegensatz zu Kundert, der die Ordination zum kirchlichen Amt als «sakramentale Ermächtigung» bezeichnet und sie für konstitutiv für eine Kirche des Wortes hält (vgl. ebd., 60), ist nach Bullinger der Einsetzungsakt eine (nicht notwendige, aber doch grundsätzlich biblisch gebotene) symbolische öffentliche *Beauftragung* zu einem Dienst, dessen Voraussetzung in ernsthafter Frömmigkeit (Glaube und Lebenswandel) und Bildung besteht. Zu ihr gehört die *Fürbitte* der Gemeinde (im Gegensatz zu jedem Akt der Ermächtigung oder gar Geistverleihung). Die Einsetzung soll deshalb nach Bullinger unter Handauflegung durch die Ältesten und dem Gebet der Gemeinde geschehen, nach dem Vorbild der Apostel: «Unnd bedarf hie gar keiner Bischofflichen wyhe, wie die bisshar im bruch gewaesen.» Heinrich Bullinger, Summa Christenlicher Religion, Zürich 1556, ZBZ, VD 16 B 9710, Vischer C 517: http://dx.doi.org/10.3931/e-rara-3989.

90 Vgl. ZHB, Kap. XVIII, 89; CHp, 312,3–8.

jegliche von Menschen entworfene und gestaltete Organisation und Tradition unter Anerkennung der Freiheit des Heiligen Geistes als *relativ* zu verstehen – «relativ» im etymologischen Sinn als eine nicht die Sache selbst beinhaltende und gar tradierende, sondern zu ihr in einem *Verhältnis* stehende Bezogenheit. In der Klammer von göttlicher Berufung und responsorischer menschlicher Verantwortung öffnet sich Raum für gegenseitige Anerkennung und Wertschätzung unterschiedlicher geschichtlicher Gestalten von Kirche, Bekenntnis- und Liturgietraditionen.[91]

Dabei ist im Blick zu behalten, dass Bullinger unter Kirche keine «civitas platonica» versteht,[92] die einem Bereich von menschlichen Institutionen, Ämtern, Lehren, Riten, Begegnungen, Handlungen, Gütern oder Gegenständen, wie sie die irdische Geschöpfwelt notwendig konstituieren, gegenüberstehen würde. Auch eine Entgegensetzung von Institutionenkirche und charismatischer Versammlung[93] verfehlt die Ekklesiologie der *Confessio Helvetica posterior.* «Unsichtbare» Kirche ist vielmehr die sozial und geschichtlich – auch ämter- oder baugeschichtlich – fassbare «sichtbare» Kirche als geordnete Gemeinschaft von Menschen, die den «Namen» Christi «anruft», *insofern* und *soweit* sie durch den trinitarisch zu verstehenden Geist Christi durchdrungen, in Anspruch genommen und so ihrer eschatologischen Bestimmung zugeführt wird. Die «Kirche Gottes» in diesem Sinn ist eine geglaubte kontinuierliche, durch alle Zeiten hindurch existierende Kirche.[94]

Zugleich darf sie als «Leib Christi» weder auf gottesdienstliche Handlungen noch auf eine Organisation beschränkt werden. Im Unterschied zu anderen zeitgenössischen Bekenntnistexten, aber in der Konsequenz einer von der Gemeinde aus gedachten Ekklesiologie, ist in der *Confessio Helvetica posterior* das ganze Leben der christlichen Gemeinschaft als «sichtbare Kirche» im Blick. Und hier gilt ganz grundlegend: Ist die «sichtbare» Kirche wirklich von der «unsichtbaren» Kirche des einen Gottes bestimmt und durchdrungen, dann sind in ihr «ungeheuchelte Liebe», «Frieden» und «Einigkeit» erfahrbar gegenwärtig – gleichsam

91 Die Stossrichtung der Ekklesiologie Bullingers ist treffend weitergeführt in Michael Weinrich, Ökumene am Ende? Plädoyer für einen neuen Realismus, Neukirchen-Vluyn 1995.

92 Vgl. etwa Karlheinz Diez (Hg.), «Ecclesia – non est civitas platonica». Antworten katholischer Kontroverstheologen des 16. Jahrhunderts auf Martin Luthers Anfrage an die «Sichtbarkeit» der Kirche, Frankfurt a. M. 1997.

93 Vgl. Emil Brunner, Das Missverständnis der Kirche, Zürich [3]1988.

94 Vgl. CHp, 310,25.

als reales, wenn auch nicht objektivierbares Merkmal der wahren Kirche –, und dies nicht nur in Zeiten und Räumen gottesdienstlicher Vollzüge.[95]

Die *Confessio Helvetica posterior* setzt somit eine dialektische Dynamik zwischen der «sichtbaren» und der «unsichtbaren» Kirche voraus: Das Bekenntnis zur einen, «unsichtbaren» Kirche führt zu bestimmten «sichtbaren» Formen von Gemeinschaft auf dem Gebiet der Ordnung ebenso wie auf der Ebene der zwischenmenschlichen Interaktion. Diese werden damit durch die «unsichtbare» Kirche begründet, aber auch immer wieder relativiert. Die Pointe von Bullingers Ekklesiologie liegt damit weder in einer theologischen Theorie noch in einer Beschreibung einer «reformierten» Kirchengestalt. Sie liegt in ihrer paränetischen Dimension: Sie ist Aufruf an jede Art von «Kirche», im beständigen «Hören» auf Christus allein, das einzige lebendige Haupt, «wahre Kirche» zu werden.

95 CHp, 314,15–17.

Amy Nelson Burnett

Im Konflikt geschmiedet

Das Sakramentsverständnis der *Confessio Helvetica posterior*[1]

Weithin bekannt ist, dass das Verständnis der beiden einzigen noch als Sakramente anerkannten kirchlichen Handlungen, Taufe und Abendmahl, ab 1525 die frühe reformatorische Bewegung spaltet.[2] In der wissenschaftlichen Auseinandersetzung mit diesen Prozessen lassen sich zwei unterschiedliche Linien beobachten: Theologen und Historiker im landeskirchlichen Kontext, der sich aus der obrigkeitlich geförderten Reformation entwickelt hat, fokussieren auf den vor allem zwischen Martin Luther und Huldrych Zwingli geführten Abendmahlsstreit. Dagegen haben Kolleginnen und Kollegen, die sich auf der Seite der täuferischen und spiritualistischen freikirchlichen Strömungen verorten, die aus der sogenannten «radikalen Reformation» hervorgegangen sind, neue Einsichten über jene Aspekte der reformatorischen Bewegung zutage gefördert. Aber die beiden reformatorischen Kontroversen über das Abendmahl und das Taufverständnis dürfen nicht voneinander getrennt werden: Beide Streitpunkte entwickelten sich seit etwa 1524 aus der Predigttätigkeit Andreas Bodenstein von Karlstadts in Orlamünde und der Arbeit Huldrych Zwinglis in Zürich. Die damit verbundenden Kontroversen wurden zu treibenden Kräften für die Herausbildung der späteren reformierten Kirchen. Beide Problemkomplexe – die Auseinandersetzung mit den Täufern und die Auseinandersetzung mit den Lutheranern – bilden auch den Hintergrund für die Genese des in der *Confessio Helvetica posterior* entfalteten Sakramentsverständnisses von Heinrich Bullinger. In seinen Ausführungen zu Taufe, Abendmahl und allgemeiner Sakramentstheologie spiegeln sich mehr als drei Jahrzehnte innerreformatorischer Kontroversen zu diesen theologischen Topoi wider.

Dabei lassen sich bei allen an diesen Auseinandersetzungen Beteiligten Kontinuitäten und Diskontinuitäten beobachten. Während Bullingers Verständnis

1 Übersetzt von Tobias Jammerthal, Tübingen, und Frank Mathwig, Bern.

2 Abkürzungen: HBTS = Heinrich Bullinger Werke. Dritte Abteilung: Theologische Schriften, Zürich 1983ff.; WA = Martin Luthers Werke, Kritische Gesamtausgabe, Weimar 1883–2009; Z = Huldreich Zwinglis sämtliche Werke, Leipzig/Zürich 1905–2013.

vom einen und ewigen Bund Gottes mit seinem auserwählten Volk das herausragende Kontinuum darstellt, bildet die im *Zweiten Helvetischen Bekenntnis* vorgenommene Vertiefung und Anreicherung seines ursprünglich von Zwingli übernommenen Abendmahlsverständnisses die bedeutendste Diskontinuität. Um beide Gesichtspunkte zu verdeutlichen, wird im Folgenden zunächst an die zentrale Rolle der Föderaltheologe für die frühe Zürcher Reformation erinnert. Danach wird Bullingers theologische Entwicklung, sein wachsender Einfluss auf die theologischen Diskurse und seine immer zentralere Rolle in den Auseinandersetzungen mit den Gegnern in den Jahren vor der Abfassung der *Confessio Helvetica posterior* skizziert. Abschliessend wird nach den Auswirkungen jener Kontroversen auf die Sakramentstheologie und das Tauf- und Abendmahlsverständnis in seinem Bekenntnis gefragt.

I. Die zentrale Rolle der Bundestheologie

Kein Aspekt der Theologie Bullingers hat in der neueren Forschung so viel Beachtung gefunden wie seine Bundestheologie. Entgegen der bis heute weitverbreiteten Annahme vom Bundesgedanken als dem strukturierenden Grundaxiom seiner Theologie, konnte Peter Opitz in seiner Untersuchung zu den *Dekaden* zweierlei zeigen: Einerseits beschränkte der Reformator seine Überlegungen zum Verhältnis zwischen Gott und Mensch nicht nur auf das gesetzmässige Konzept des *foedus*, sondern griff auch auf andere Motive und Vorstellungen wie die klassische Ethymologie des *religio*-Begriffs und die Brautmetaphorik zurück. Andererseits begegnet der *foedus*-Begriff hauptsächlich im Rahmen seiner Behandlung des alttestamentlichen Zeremonialgesetzes in der dritten Dekade und seiner Erörterung der Sakramente in der fünften Dekade.[3] Für die *Confessio Helvetica posterior* ist die zweite Beobachtung entscheidend: Unabhängig von der Frage nach der grundsätzlichen Bedeutung föderaltheologischer Konzepte und Begriffe für Bullingers Theologie insgesamt gilt, dass sie für sein Sakramentsverständnis unverzichtbar sind. Der Bundesgedanke bildet die Grundlage für seine Auffassung von Taufe und Abendmahl. Beide sakramentalen Zeichen des Got-

3 Peter Opitz, Heinrich Bullinger als Theologe. Eine Studie zu den «Dekaden», Zürich, 2004, 336–352; zur historiografischen Debatte vgl. Emidio Campi, Das theologische Profil: Amy Nelson Burnett/ders. (Hg.), Die schweizerische Reformation. Ein Handbuch, deutsche Übersetzung hg. von Martin Ernst Hirzel/Frank Mathwig, Zürich 2017, 449–494 (482–491).

tesvolkes des Neuen Bundes nehmen die Stelle ein, die Beschneidung und Passamahl für das Gottesvolk des Alten Bundes haben.

Die Eigenart der eidgenössischen Bundestheologie wird besonders deutlich in der Gegenüberstellung zu der am Beginn der Reformation entwickelten Sakramentstheologie Luthers. Seine Deutung der Sakramente als zeichenhafte Bekräftigungen der göttlichen Verheissung gründet in der intensiven Auseinandersetzung mit dem Busssakrament und seinen Auswirkungen auf die Lehre vom Ablass, Gnadenverständnis und auf das Verhältnis zwischen Glaube und Werken. Als biblische Belege gelten dem Wittenberger Reformator alttestamentliche Wunder wie der Regenbogen nach der Sintflut, das Fell Gideons oder das Zeichen des zurückweichenden Schattens beim Propheten Hesekiel.[4]

Dagegen gründet Zwinglis Sakramentstheologie in der Taufe. Bereits seine Schrift *Auslegen und Gründe der 67 Schlussreden* vom Sommer 1523 zeigen den Zürcher Reformator in einem Prozess der Neuausrichtung seines Sakramentsverständnisses. Inspiriert von Erasmus' *Enchiridion* definiert Zwingli den Begriff *sacramentum* unter Rückgriff auf die klassisch-antike Etymologie als Fahneneid. Dabei konnte er sich auf Petrus Lombardus berufen, der das Sakrament als Zeichen einer Heiligen Sache auffasste. Weil die Taufe somit eine Verpflichtung gegenüber Gott enthielt, ergab sich die Notwendigkeit, Kinder im Glauben zu unterweisen.[5] Obwohl Zwingli in Gesprächen offenbar eine Verschiebung der Taufe auf einen anderen Zeitpunkt erwogen hatte, verzichtete er auf weitreichende Veränderungen der Taufpraxis, die über eine Vereinfachung der entsprechenden liturgischen Formulare und ihre Übersetzung in die Volkssprache hinausgingen.

Die Veröffentlichung von Karlstadts Abendmahlstraktaten und die Verbreitung von dessen Taufdialog im Jahre 1524 veränderte die Situation radikal: Während die Kollegen ausserhalb Zürichs Zwingli zu einer Klärung seiner sakramentstheologischen Position drängten, forderten einige seiner eifrigsten Anhänger in Zürich eine Kirche der wahren Gläubigen in der Nachfolge, die sich durch einen schriftgemässeren Sakramentsgebrauch auszeichnete. Ihren praktischen

4 Wolfgang Schwarb, Entwicklung und Gestalt der Sakramententheologie bei Martin Luther, Frankfurt a. M. 1977; vgl. Martin Luther, Ein Sermon von dem neuen Testament: WA 6, 353–378; ders., De Captivitate Babylonica: WA 6, 512–535.

5 Huldrych Zwingli, Auslegen und Gründe der 67 Schlussreden: Z 2, 111–157; vgl. Erasmus, Enchiridion militis Christiani: Wener Welzig (Hg.), Erasmus von Rotterdam, Ausgewählte Schriften, Darmstadt 2016, Bd. 1, 62–63. Erasmus hat in der Vorrede zu seiner im Frühjahr 1522 veröffentlichten Übersetzung des Matthäusevangeliums angeregt, Kinder zu unterrichten: Desiderius Erasmus, Collected Works of Erasmus, Bd. 45: Paraphrase on the Gospel of Matthew, Toronto 2008, 19–22.

Ausdruck fanden diese Bestrebungen Anfang 1525 mit den ersten Erwachsenentaufen und Abendmahlsfeiern von kleinen Gruppen in Privathäusern. Diese Entwicklungen nötigten die Schweizer Reformatoren, ihr Sakramentsverständnis sowohl gegenüber den Lutheranern als auch den Täufern zu profilieren.

Grundlegend für Zwinglis Bundestheologie sind seine Überlegungen zur theologischen Bedeutung des Zeichens in *Von dem touff, vom widertouff unnd vom kindertouff*. Ausdrücklich weist der Zürcher Reformator Luthers Bezüge auf alttestamentliche Wunderzeichen zurück und fokussiert stattdessen auf die – dem Gottesvolk gegebenen – verpflichtenden Symbole. Analog zur Beschneidung ist für ihn die Taufe das Initiationszeichen, das die Zugehörigkeit zum Gottesvolk symbolisiert.[6] Wie die Israeliten ihre Kinder beschneiden und anschliessend während ihrer Kindheit und Jugend über den Bund Gottes unterrichten, sollen christliche Kinder in das Gottesvolk getauft und danach unterwiesen werden.[7] Auch Johannes Oekolampad stellt in seiner wenige Monate später erschienenen Schrift *De genuina Verborum domini [...] Expositione* die Kontinuität zwischen den alttestamentlichen und neutestamentlichen Zeremonien heraus, wobei sich der Basler Reformator auf das Abendmahl konzentriert. Ungeachtet der äusserlich-formalen Unterschiede stimmen die Zeremonien des Alten und des Neuen Bundes in ihrem sachlichen Bezogensein auf Christus überein.[8] Oekolampad betont mit besonderm Blick auf die Parallelen zwischen dem Passamahl und der in Lk 22 geschilderten Einsetzung des Abendmahls den übereinstimmenden Verweis auf den Tod Christi in den alten und neuen Zeremonien. Beim letzten Mahl mit seinen Jüngern habe Jesus das Passalamm durch die zu seinem Gedächtnis genossenen Elemente von Brot und Wein ersetzt.[9]

In seinen beiden gegen Ende des Jahres 1525 verfassten kurzen Sakramentstraktaten rückt der noch junge Heinrich Bullinger in Kappel als Erster die beiden Bundeszeichen in den Zusammenhang eines einzigen Bundes.[10] In *Von dem touff* entfaltet Bullinger in historischer Abfolge den Bund Gottes mit Adam, seine Aus-

6 Z 4, 227–237.

7 Z 4, 292–295.

8 Johannes Oekolampad, De genuina Verborum domini, Hoc est corpus meum, iuxta uetutissimos authores expositione liber, Strassburg 1525, C8v–D2v.

9 Oekolampad, De genuina (Anm. 8), H8v–I3r. In seiner Mitte August 1525 gedruckten Schrift *Subsidium sive Coronis de Eucharistia* hat auch Zwingli die Parallelen zwischen der Feier des Passamahls und der Einrichtung des Abendmahls erörtert, jedoch nicht die gleiche Verbindung zwischen Passalamm und Abendmahlselementen gezogen. Oekolampad hat sein Manuskript Ende Juni fertiggestellt. Möglicherweise kannte Zwingli zumindest einzelne Teile bereits vor dem Strassburger Druck im Spätsommer, da er am Ende von *Subsidium sive Coronis* auf die Schrift Oekolampads verweist. Z 4, 226.

10 Siehe zu beiden Schriften Opitz, Dekaden (Anm. 3), 317–335.

weitung mit Abraham und Mose und seine Bekräftigung durch den Tod Christi. Im Anschluss an Zwingli hält er fest, dass mit Johannes dem Täufer die Taufe an die Stelle der Beschneidung als verpflichtendes Initiationszeichen getreten sei. Deshalb solle sie auch – wie die Beschneidung – an den Kindern der Gläubigen vollzogen werden.[11] In *De institutione Eucharistiae* skizziert Bullinger zunächst die Beschneidung als Bürgschaft oder Pfand des Gottesbundes mit Abraham und seinen Nachkommen, um anschliessend auf Christi Ersetzung des Passamahles durch das Abendmahl einzugehen.[12] Er folgt Oekolampad, wenn er auf das Abendmahlsverständnis der Kirchenväter verweist und – wie schon die Böhmischen Brüder – mit dem Hinweis auf die Himmelfahrt Christi und das Sitzen des Sohnes zur Rechten des Vaters die Vorstellung bestreitet, dass Christi Leib im Brot enthalten sein könne. Dabei nimmt er ausdrücklich auf Erasmus, Melanchthon und Bugenhagen Bezug.[13] Das Abendmahlsverständnis Bullingers geht schon Ende 1525 über eine blosse Wiederholung der Lehre seines Vorgängers Zwingli hinaus und bildet eine eklektische Kombination von Denkfiguren unterschiedlicher Herkunft.

II. Bullingers theologische Entwicklung

In den folgenden Jahren setzte Bullinger seine Vorlesungen und Predigten über das Neue Testament fort. 1527 verbrachte er mehrere Monate als Theologiestudent in Zürich. 1529 gab er sein Amt als Schulmeister in Kappel auf und übernahm das Pfarramt in seiner Heimatstadt Bremgarten. Aufmerksam verfolgte er die Disputationen und Kontroversen über sakramentstheologische Fragen mit Täufern und Altgläubigen in der Eidgenossenschaft. An mindestens einer, möglicherweise allen drei der 1525 in Zürich abgehaltenen Täuferdisputationen hat er teilgenommen. Er war Mitglied der Zürcher Abordnung an der Berner Disputation im Januar 1528, die die offizielle Einführung der Reformation in Bern zur

11 Heinrich Bullinger, Von dem touff: HBTS 2, 71–85.

12 Bullinger, touff (Anm. 11), 88–107.

13 Joachim Staedtke, Die Theologie des jungen Bullinger, Zürich, 1962, 234–254, weist auf Unterschiede zu Zwingli und auf Einflüsse von Erasmus und Oekolampad hin; Hans Georg vom Berg, Spätmittelalterliche Einflüsse auf die Abendmahlslehre des jungen Bullinger: KuD 22/1976, 221–233, vermutet aufgrund einer Notitz in Bullingers Tagebuch einen Einfluss der Böhmischen Brüder. Wie Oekolampad hat Bullinger mit an Sicherheit grenzender Wahrscheinlichkeit deren Bekenntnisse in Gestalt des Basler Drucks von 1523 gekannt. Vgl. hierzu Amy Nelson Burnett, Karlstadt and the Origins of the Eucharistic Controversy. A Study in the Circulation of Ideas, New York 2011, 80–83.

Folge hatte. Auch die mit zunehmender Verbitterung geführten polemischen Auseinandersetzungen zwischen Luther und Zwingli über das Abendmahl nahm Bullinger zur Kenntnis. Die vielfältigen Beobachtungen und Erfahrungen fliessen in zwei Schriften Bullingers ein: den Anfang 1528 gedruckten Traktat *De origine erroris in negotio eucharistiae ac missae* und die umfangreichere, 1531 veröffentlichte Schrift *Von dem unverschampten fräfel [...] der selbsgesandten Widertäuffern.*[14]

Der Tod Zwinglis im Oktober 1531 bildete einen tiefen Einschnitt in Bullingers Werdegang. Seit seinem Ruf als Nachfolger Zwinglis an das Grossmünster prägten die Leitung der Zürcher Kirche und insbesondere die Schaffung institutioneller Strukturen, um das Erbe der Reformation Zwinglis zu festigen und zu bewahren, sein ausserordentlich langes Leben.[15] Im Hinblick auf die Entwicklung seiner in der *Confessio Helvetica posterior* ausgeführten Sakramentstheologie lässt sich Bullingers Zürcher Lebensphase in zwei Phasen unterteilen: die Zeit vor und nach dem *Consensus Tigurinus* von 1549, in dem der abendmahlstheologische Streit mit Calvin beigelegt wurde. Die rege Vorlesungs- und Predigttätigkeit des Zürcher Antistes spiegelt sich in den Publikationen wider. Bis Ende der 1540er Jahre erschienen zu allen neutestamentlichen Schriften – mit Ausnahme der Offenbarung des Johannes – Kommentare von Bullinger. Die erste Hälfte der 1530er Jahre führte zu einer Intensivierung seiner Beteiligung an den abendmahlstheologischen Auseinandersetzungen, in denen der Zürcher Reformator die eidgenössische Position in den Verhandlungen mit Martin Bucer vertrat. Die Ereignisse hatten einerseits den Effekt, dass Bullinger die Ausarbeitung und Klärung seiner eigenen Theologie vorantrieb. Andererseits führten sie Bullinger zu der Überzeugung, für eine klare Begrenzung möglicher Ansichten über das Abendmahl einzutreten. Er forderte klare Worte für die einfache Wahrheit: Die Abendmahlsgemeinschaft könne nicht auf einer mehrdeutigen Begrifflichkeit gründen, die die Wahrheit verschleiere.[16] Deshalb lehnte die Zürcher Kirche schliesslich die *Wittenberger Konkordie* von 1536 ab und stellte sich damit ausserhalb des nach den Anpassungen der *Confessio Augustana* an die *Wittenberger*

14 Heinold Fast, Heinrich Bullinger und die Täufer. Ein Beitrag zur Historiographie und Theologie im 16. Jahrhundert, Weierhof 1959, 14–31; W. Peter Stephens, Bullinger and the Anabaptists with reference to his «Von dem unverschämten Frevel» (1531) and to Zwingli's Writings on the Anabaptists: Reformation and Renaissance Review 3/2001, 96–107.

15 Vgl. den Überblick von Emidio Campi, Die Reformation in Zürich: Burnett/Campi, Reformation (Anm. 3), 71–133 (103–127).

16 Martin Friedrich, Heinrich Bullinger und die Wittenberger Konkordie. Ein Ökumeniker im Streit um das Abendmahl: Zwingliana 24/1997, 59–79.

Konkordie möglich gewordenen, abendmahlstheologischen Konsenses der reformatorischen Kirchen im Heiligen Römischen Reich. Angesichts des breiten Konsenses war Bullinger genötigt, die Orthodoxie der Zürcher Kirche auch innerreformatorisch gegen Häresievorwürfe zu verteidigen.

Der erfolgreiche Abschluss der Verhandlungen zwischen Bullinger und Calvin mit der Unterzeichnung des *Consensus Tigurinus* im Jahre 1549 bedeutete einen entscheidenden theologischen und religionspolitischen Wendepunkt.[17] Die Veröffentlichung des *Consensus* liess den Abendmahlsstreit mit den Lutheranern erneut aufflammen. Erschwerend kam hinzu, dass der Augsburger Religionsfriede von 1555, der nur den Augsburger Konfessionsverwandten reichsrechtlichen Schutz gewährte, durch die theologische Definition des rechten Glaubens in der *Confessio Augustana* juristischen Charakter erhielt. Ausserhalb des Reiches bekräftigte die dritte Session des Trienter Konzils von 1562 bis 1563 den Anspruch Roms auf die Definition rechter Lehre, indem sie frühere Entscheidungen zu Schrift und Tradition, Rechtfertigung und Sakramenten ausdrücklich bestätigte.

Diese Jahre der praktischen Erfahrungen, Studien, Debatten und Auseinandersetzungen über den Inhalt des rechten Glaubens prägen Bullingers Sakramentsverständnis in der *Confessio Helvetica posterior.* In dem als persönliches Glaubensbekenntnis verfassten und als Beleg für die Rechtgläubigkeit der eidgenössischen und indirekt auch der kurpfälzischen Kirche publizierten Text äussert sich sein Autor zu einer ganzen Reihe von Themen. Am meisten umstritten ist die Sakramentstheologie, die die schweizerischen Kirchen seit Beginn der Reformation Häresievorwürfen aussetzte. Mit seinen Ausführungen zur Sakramentstheologie, zu Taufe und Abendmahl in den Kapiteln XIX bis XXI bewegt sich Bullinger auf einem schmalen Grat. Einerseits verteidigt er sich gegenüber dem Vorwurf der Häresie seitens der Altgläubigen und Lutheraner. Andererseits grenzt er sich von täuferischen und spiritualistischen Gruppen ab, die er selbst als häretisch zurückweist.

III. Die Sakramentstheologie Bullingers

Die Vorrede der *Confessio Helvetica posterior* verdeutlicht das Anliegen, die Rechtgläubigkeit der reformatorischen Kirchen zu verteidigen, indem ihre Ein-

17 Vgl. die um einige Beiträge ergänzte kritische Ausgabe: Emidio Campi/Ruedi Reich (Hg.), Consensus Tigurinus (1549). Die Einigung zwischen Heinrich Bullinger und Johannes Calvin über das Abendmahl. Werden – Wertung – Bedeutung, Zürich 2009.

mütigkeit sowohl untereinander als auch mit Kirchen «in Deutschland, Frankreich, England und anderen christlichen Nationen» betont wird. Darüber hinaus wird festgestellt, dass die Kirchen keinerlei Gemeinschaft mit Sekten und Häretikern pflegten, deren Lehren in allen Kapiteln zurückgewiesen würden.[18] Bullinger stellt in jedem Kapiel zunächst die rechtgläubige Position dar und weist anschliessend in aller Kürze abweichende Ansichten als Häresien oder Irrtümer zurück. Der insgesamt positive und unpolemische Charakter lässt die *Confessio* als Darstellung einer allgemein anerkannten Lehre erscheinen. Zugleich werden die Grenzen gezogen, an denen sich rechte und falsche Lehre scheiden. Besondere Bedeutung haben die drei sakramentstheologischen Kapitel, in denen Bullinger zwar die altgläubige und lutherische Position kritisiert, aber lediglich die Täufer für ihre Ablehnung der Kindertaufe und «ihre anderen eigentümlichen Lehren, welche sie gegen das Wort Gottes halten», verdammt.[19]

Ein Vergleich der Sakramentskapitel der *Confessio* mit der erheblich längeren Auseinandersetzung in der sechsten bis neunten Predigt der fünften Dekade verdeutlicht die Schwerpunkte von Bullingers Verteidigung der Rechtgläubigkeit der reformierten Kirchen. In beiden Schriften setzt Bullinger mit einer Definition des Sakramentsbegriffs ein. In der *Confessio* behauptet er, dass die Sakramente «mystische Symbole oder heilige Riten oder heilige Handlungen [...], zusammengesetzt aus [Gottes] Wort, Zeichen und Bezeichnetem», seien.[20] Davon weicht der Sakramentsbegriff in der sechsten Predigt der *Dekaden* geringfügig ab: «heilige Handlungen, bestehend aus Worten oder Verheissungen des Evangeliums und festgelegten Riten».[21] In beiden Texten werden Sakramente als äusserliche Handlungen und nicht als physische Gegenstände betrachtet.[22] Die Sakramentalität der Zeichen besteht nicht in den Elementen Wasser, Brot und Wein, sondern in der feierlichen Handlung selbst.

Der göttliche Verheissungscharakter der Sakramente bildet ein weiteres gemeinsames Merkmal. In den *Dekaden* bestimmt Bullinger das Sakrament durch eine Auflistung dialektischer Begriffspaare: Zeichen – Bezeichnetes, Wort –

18 CHp, 269,14f.: «Germaniae, Galliae, Angliae, aliarumque in orbe Christiano nationum».

19 CHp, 329,4–10, 329,8–10: «et in aliis ipsorum dogmatibus, quae contra verbum Dei peculiaria habent».

20 CHp, 323,16–18: «symbola mystica, vel ritus sancti aut sacrae actiones, a Deo ipso institutae, constantes verbo suo, signis, et rebus significatis».

21 HBTS 3/2, 880,1–2: «actiones sacrae verbis sive promissionibus evangelicis et ritibus praescriptis constantes».

22 HBTS 3/2, 890,24–28.

Handlung oder äusserlich – innerlich.[23] In der *Confessio* präzisiert er die Funktion des Wortes im sakramentalen Gesamtgeschehen: Das Wort qualifiziert die Zeichen in ihrem sakramentalen Gebrauch. Der Hinweis auf die Konsekration reagiert auf den verbreiteten Vorwurf, die reformierten Kirchen hätten das Abendmahl auf die bloss äusseren Zeichen von Brot und Wein reduziert. Dagegen betont Bullinger die schöpferische Kraft des Wortes Gottes, das sich der Elemente zu ihrem heiligen Gebrauch bedient.[24] In den *Dekaden* hat er den Funktionswandels mithilfe der Analogien erklärt: Gold und Silber werden erst durch ihre Prägung zu Münzen und gewöhnliches Wachs erhält durch seine Verwendung als königliches Siegel auf einem offiziellen Dokument eine neue Bedeutung.[25]

Gleichzeitig ist die Kraft des Wortes begrenzt. Zwar werden – wie Bullinger in der *Confessio* bemerkt – Zeichen oft nach dem benannt, was sie bezeichnen, so dass die Beziehung zwischen Zeichen und Bezeichnetem als «sakramentale Einheit» bezeichnet werden kann. Aber damit werde ausschliesslich betont, dass es sich bei den Elementen im sakramentalen Gebrauch «nicht um gemeine, sondern heilige Zeichen» handle. Zurückgewiesen wird eine Bindung der Heiligung der Sakramente «an die Kraft der durch den Liturgen in der Absicht, sie zu heiligen, ausgesprochenen Worte».[26] Wie Bullinger in den *Dekaden* ausführt, hat Gott dem Wort im Sakrament nicht die Macht verliehen, die so geheiligte Sache in der Weise zu verändern, dass die Zeichen das Bezeichnete vergegenwärtigten oder dass Zeichen und Bezeichnetes identisch würden.[27] Konsekration meint nach Bullinger die Übergabe einer Sache an Gott oder ihre Absetzung gegenüber einem profanen Gebrauch. Das geschieht durch Gottes Einsetzung und nicht «durch die Ausstossung einiger Worte».[28]

Das führt zurück zu der Frage, wer die Sakramente zu welchem Zweck einsetzt. Sowohl in der *Confessio* als auch in den *Dekaden* betont Bullinger, dass Gott der Urheber der Sakramente sei und nicht der Mensch, der, wie er in der *Confessio* bemerkt, das Sakrament lediglich empfangen und seinen Gebrauch in der von

23 HBTS 3/2, 888,17–20; Heinrich Bullinger, Dekaden: Emidio Campi u. a. (Hg.), Heinrich Bullinger Schriften, Bde. 3–5, Zürich 2006 (= Dekaden), Bd. 5, 287. Die Verbindung von Verheissung und Zeremonie hat Bullinger Calvins *Institutio* entnommen, deren Sakramentsdefinition er ebenfalls zitiert: HBTS 3/2, 879,27–29.

24 CHp, 325,16–20.

25 HBTS 3/2, 903–904.

26 CHp, 325,34; 326,15–18.

27 HBTS 3/2, 893; Dekaden (Anm. 23), Bd. 5, 292.

28 HBTS 3/2, 902–904, 902,22: «non ipse demum verbis recitatis»; Dekaden (Anm. 23), Bd. 5, 305–309.

Gott eingesetzten Art und Weise bewahren könne.[29] Die Apostel und frühen Kirchenväter hätten ausschliesslich Taufe und Abendmahl als Sakramente gekannt. Andere Zeremonien könnten zwar von Nutzen und sogar apostolischen Ursprungs sein, seien aber keine Sakramente.[30] Obwohl der Bundesbegriff in diesem Zusammenhang nicht fällt, liegt er der Argumentation unübersehbar zugrunde. Taufe und Abendmahl ersetzten die alttestamentlichen Sakramente von Beschneidung und Passamahl. Ihre Substanz oder ihr «Hauptziel» ist in beiden Fällen Christus, das Lamm Gottes, der seine Erwählten durch den Heiligen Geist beschneidet, ihnen die Sünden abwäscht und sie durch seinen Leib und sein Blut leben lässt.[31]

Bullinger nennt vier Zwecke für die göttliche Einsetzung der Sakramente. Gemäss der Sakramentsbestimmung in der *Confessio* sind die Sakramente durch Gott eingesetzt, um an seine dem menschlichen Geschlecht erwiesenen Wohltaten zu erinnern, seine Verheissungen zu besiegeln, äusserlich darzustellen, was er innerlich vollbracht hat und schliesslich sein Volk von allen anderen zu unterscheiden und an ihn zu binden.[32] Die ersten beiden Zwecke begegnen in den *Dekaden* in Bullingers Sakramentsverständnis von Zeugnis und Siegel. Sie bekräftigen die Wahrheit der Verheissungen des Evangeliums und stellen eine äusserlich sichtbare Bekräftigung des innerlichen Werks des Heiligen Geistes dar.[33] Davon ist die Darstellung der Zeichen zu unterscheiden, die sie bedeuten. Der Zweck der Repräsentation besteht darin, das Bezeichnete in Erinnerung zu rufen und im Gedächtnis zu halten. So können die Sakramente den Glauben der Heiligen wecken und stärken.[34] Schliesslich fügen die Sakramente Menschen zum Volk Gottes als Glieder des Leibes Christi hinzu und erinnern sie an ihre Verpflichtung, ein gottgefälliges Leben zu führen.[35]

Bullingers Sakramentsverständnis erschöpft sich aber nicht in diesen positiven Funktionsbestimmungen. Ebenso deutlich formuliert er die Grenzen sakramentaler Wirksamkeit. Am Schluss von Kapitel XIX der *Confessio* wird die Lehre

29 CHp, 323,17, 324,5–8; HBTS 3/2, 882,21–24; dort weist Bullinger jede Vorstellung einer auf Menschen oder die Kirche zurückgehenden Einsetzung der Sakramente strikt zurück.

30 CHp, 323,24–324,5; HBTS 3/2, 886–888.

31 CHp, 324,21–325,13; HBTS 3/2, 886,27; dort verweist Bullinger auf seine Erörterung des Bundesgedankens in der sechsten Predigt der dritten Dekade (HBTS 3/1, 344–372, De sacramentis Iudaeorum).

32 CHp, 323,18–23.

33 HBTS 3/2, 934–941.

34 HBTS 3/2, 941–945.

35 HBTS 3/2, 945–950.

zurückgewiesen, dass das Bezeichnete im Sakrament enthalten beziehungsweise daran gebunden sei, und die siebte Predigt der fünften Dekade beginnt mit einer Polemik gegen die Vorstellung, dass Sakramente Gnade bewirken, denn für jemanden, der nicht glaubt, hätten sie keinen Nutzen.[36] Ohne das innerliche Siegel des Heiligen Geistes können die Sakramente nichts versiegeln, eine glaubensstärkende Funktion haben sie nur für die bereits Gläubigen.[37] Bullinger markiert somit deutlich die Unterschiede eines reformierten gegenüber einem altgläubigen und lutherischen Sakramentsverständnis.

Nach einer allgemeinen Erörterung der Sakramentslehre wendet sich Bullinger der Taufe zu. Kapitel XX ist das kürzeste der drei sakramentstheologischen Kapitel der *Confessio* und zeigt deutlich die Kontinuität zu der Theologie Zwinglis und Bullingers Frühschriften auf. Wie Zwingli betont Bullinger, dass die Wassertaufe durch Gott eingesetzt und durch Johannes den Täufer erstmals vollzogen, durch Christus befohlen und von den Aposteln praktiziert wurde.[38] Obwohl er hier nicht explizit auf die Etymologie des Begriffs *sacramentum* eingeht, übernimmt er den von Zwingli – und Erasmus – gezogenen Vergleich zwischen der Taufe und dem militärischen Fahneneid oder religiösen Gelübde: «Im Namen Christi getauft zu sein bedeutet, eingeschrieben eingetreten und aufgenommen worden zu sein in den Bund, die Familie und somit das Erbe der Söhne Gottes und in diesem Leben nach Gottes Namen genannt zu werden.»[39] Wie bei der Beschneidung, steht auch bei der Taufe die sakramentale Funktion im Zentrum, die das Volk Gottes von allen anderen Völkern absondert und den Einzelnen zum Gehorsam gegen Gott verpflichtet. «Wir sind in den heiligen Heerdienst Christi genommen, auf dass wir alle unsere Tage gegen Welt, Satan und unser eigenes Fleisch kämpfen mögen.»[40]

Im Hinblick auf die innerlichen Wirkungen der Taufe formuliert Bullinger sehr vorsichtig. Tatsächlich fokussiert der Abschnitt auf die Taufhandlung und

36 HBTS 3/2, 919–921, 950–951.

37 HBTS 3/2, 940–941, 944.

38 CHp, 327,19–23; vgl. HBTS 3/2, 967–969.

39 CHp, 327,31–34: «Etenim baptisari in nomine Christi, est inscribi, iniciari, et recipi in foedus, atque familiam, adeoque in haereditatem filiorum Dei, imo iam nunc nuncupari nomine Dei, id est, appellari filium Dei, purgari item a sordibus peccatorum, et donari varia Dei gratia, ad vitam novam et innocentem.»

40 CHp, 328,15–18: «Inscribimur in sanctam Christi militiam, ut toto vitae cursu pugnemus contra mundum et satanam, atque carnem propriam.» Bullinger erörterte die Etymologie von *sacramentum* als militärischem Eid oder religiöser Verpflichtung unter ausdrücklicher Berufung auf die Überlegungen des Erasmus, die Taufe als Eingliederung in die Heerschar Christi zu verstehen, in der sechsten Predigt der fünften Dekade: HBTS 3/2, 880–881.

thematisiert nicht explizit ihr Verhältnis zur Taufe mit dem Heiligen Geist. Es besteht lediglich eine Parallele zwischen der äusserlichen Wasser- und innerlichen Geisttaufe.[41] Deshalb kann Bullinger seiner Bestimmung der Taufe im Namen Christi einen zweiten Aspekt hinzufügen: Getauft werden bedeute, «gereinigt zu werden von der Befleckung durch die Sünde und der mannigfachen Gnade Gottes teilhaftig zu werden, um ein neues und unbeflecktes Leben zu führen».[42] Anstelle einer kausalen Verhältnisbestimmung begegnet hier ein Parallelismus, der die Funktion des Sakraments als Verkörperung himmlischer Wahrheiten durch irdische Dinge widerspiegelt: «Denn das Wasser reinigt von Schmutz und kühlt und erfrischt erhitzte und ermattete Leiber. Die Gnade Gottes aber vollbringt solches unsichtbar oder geistlich an der Seele.»[43] Das Missverhältnis zwischen den beiden sakramentalen Funktionen von Identitätsstiftung und Repräsentation und der Funktion der Versiegelung versucht Bullinger mit dem Hinweis auf die Erwählung zu korrigieren: «Taufe nennt man ein Zeichen der Initiation für das Volk Gottes, insofern durch sie die Erwählten Gott geheiligt werden.»[44]

Weil Bullinger argumentiert, dass der Glaube den Sakramenten vorausgehen muss, um ihre Funktion als Besiegelung oder Bekräftigung der göttlichen Gnade und als Repräsentation dieser Gnade entfalten zu können, kommt er nicht umhin, auf die täuferische Überzeugung zu reagieren, dass Kinder, die noch keinen Glauben hätten, nicht getauft werden sollen. Einen erheblichen Teil der achten Predigt des fünften Buches der *Dekaden* verwendet er deshalb auf die Verteidigung der Kindertaufe.[45] In der *Confessio* bestand diese Notwendigkeit nicht, weil sie an diejenigen gerichtet war, die die Kindertaufe ohnehin billigten. Eine genauere Erörterung des Themas hätte ausserdem gezeigt, dass Bullinger die Kindertaufe aus anderen Gründen verteidigte als die Altgläubigen oder Lutheraner.

41 Vgl. zu Bullingers «symbolischem Parallelismus» im Gegensatz zu Zwinglis «symbolischem Memorialismus» und Calvins «symbolischem Instrumentalismus» Brian A. Gerrish, The Lord's Supper in the Reformed Confessions: Theology Today 23/1966, 224–243.

42 CHp, 327,33–34: «purgari item a sordibus peccatorum, et donari varia Dei gratia, ad vitam novam et innocentem».

43 CHp, 328,9–11: «Aqua enim sordes mundat, deficientia et aestuantia recreat, et refrigerat corpora. Gratia vero Dei haec animabus praestat, et quidem invisibiliter vel spiritualiter.»

44 CHp, 327, 26–27: «[...] baptismus nuncupatus est signum initiale populi Dei, utpote quo initiantur Deo electi Dei.»

45 HBTS 3/2, 983–992. Diese Diskussion ist umso notwendiger, als sie auf eine Bemerkung Bullingers folgt, dass ungetauft verstorbene Säuglinge nicht verdammt würden. HBTW 3/2, 977–982.

Deshalb wiederholt die *Confessio* lediglich seine frühere Verurteilung der Täufer. Dabei macht Bullinger einen rhetorisch geschickten Schachzug, indem er die strittige Frage als bereits geklärt ausgibt und die Last der Beweisführung der Gegenseite auflädt: Mit welchem Recht könne man Kindern, da sie Glieder des Bundes mit Gott seien, das Bundeszeichen vorenthalten? «Warum sollten diejenigen, welche zu Gott und seiner Kirche gehören, nicht durch die heilige Taufe initiiert werden?»[46]

Während sich das Kapitel XX über die Taufe eng an die frühe Theologie Zwinglis anlehnt, geht das Kapitel XXI über das Abendmahl am weitesten über Zwingli hinaus. Bullinger beginnt mit einigen von allen Christen geteilten Feststellungen: Das Abendmahl ist von Christus bei dessen letztem Mahl mit seinen Jüngern selbst eingesetzt worden, «in ihm wird den Gläubigen geistlich zu Essen und zu Trinken gegeben». Es erinnert an die Wohltaten, die den Menschen durch die Hingabe von Christi Leib und Blut zuteil werden, wenn sie das Abendmahl gemäss Christi Gebot «Tut dies zu meinem Gedächtnis» feiern.[47] Obwohl Altgläubige und Lutheraner noch viel mehr über das Wesen und den Zweck zu sagen hätten, beschreibt Bullinger eine Art Minimalkonsens.

Eine dezidiert reformierte Perspektive nimmt er dagegen bei seiner Verhältnisbestimmung von Zeichen und Bezeichnetem im Abendmahl ein. Wie bei der Taufe betont er den Parallelismus von äusserlichen und innerlichen Vorgängen. Indem die Gläubigen äusserlich Brot und Wein zu sich nehmen, empfangen sie innerlich Christi Leib und Blut «vermöge des Werks Christi durch den Heiligen Geist».[48] Da Bullinger an dieser Stelle ausschliesslich über bereits Gläubige spricht, kann er deutlicher als im Taufkapitel äusserliche und innerliche Aspekte des Sakraments verbinden.

Besonderen Wert legt Bullinger darauf, dass sich Christi Leib und Blut mit Brot und Wein «nicht anders als auf sakramentale Weise» verbinden. Christi Leib ist nur im Himmel, sitzend zur Rechten des Vaters, zu finden.[49] Der Zürcher Reformator greift hier auf ein Argument aus Kapitel XI zur Christologie zurück: Zwar könne Christus kraft seiner göttlichen Natur an allen Orten sein, aber sein menschlicher Leib könne seine Natur nach seiner Verherrlichung nicht ändern. In dem Körper, in dem er in den Himmel aufgestiegen ist, bleibt er dort bis zu seiner Rückkehr im Gericht. Das sei das rechte, aus der Schrift gewonnene und

46 CHp, 329,3–10, 329,7f.: «Cur non per sanctum baptisma iniciarentur, qui sunt peculium et in ecclesia Dei?»

47 CHp, 329,13–29, 329,15f.: «in ipsa spiritualiter cibentur et potentur fideles».

48 CHp, 330,3–13, 330, 9: «intus interim opera Christi per spiritum sanctum».

49 CHp, 332,19–31, 332,21: «nisi ratione sacramentali».

«vom gesamten Altertum» bestätigte Verständnis der *communicatio idiomatum*, mit dem scheinbar widersprüchliche Bibelstellen erklärt werden könnten.[50] Die Zurückweisung der beiden frühchristlichen Häresien – des Nestorianismus, den die Lutheraner den Reformierten vorwarfen, und des Eutychianismus, den die Reformierten den Lutheranern unterstellten – nutzte Bullinger als weiteren Beleg für die Rechtgläubigkeit der Unterzeichner der *Confessio*.

Trotz der Betonung von Christi Sitzen zur Rechten des Vaters konnte Bullinger mithilfe der Unterscheidung zwischen einem leiblichen, geistlichen und sakramentalen Essen behaupten, dass die Gläubigen im Abendmahl tatsächlich Christi Leib und Blut genössen. Bei seiner Unterscheidung konnte er an die scholastische Tradition anschliessen, die auf Petrus Lombardus zurückging. Die leibliche Aufnahme der konsekrierten Elemente, ohne den Leib Christi zu essen und sein Blut zu trinken, war ein rein physischer Vorgang, so als hätte sie eine Maus oder ein Ungläubiger gegessen. Geistlicher Genuss meinte dagegen die mystische Einheit mit Christus und seiner Kirche, die sich jederzeit, auch ausserhalb der Kommunion, ereignen kann, wie Christus in Joh 6 beschreibt. Die sakramentale Aufnahme war der Empfang von Christi Leib und Blut in den Elementen durch Unwürdige und ohne die begleitende spirituelle Gemeinschaft. Das Ideal für scholastische Theologen war die Verbindung von sakramentaler und spiritueller Kommunion im Empfang des Sakraments.[51]

Weil Bullinger die leibliche Gegenwart Christi in den Elementen ablehnte, bestimmte er die traditionellen Begriffe neu. Jede Form eines physischen Essens des Leibs Christi lehnt er ab, da «das Fleisch Christi leiblich nicht ohne Schande und Barbarei gegessen werden kann». Darin hatten die Kapernaiten in Joh 6 geirrt.[52] Geistliches Essen und Trinken ereigne sich dagegen, wenn der Heilige Geist «uns diejenigen Güter, die für uns durch das Opfer von Leib und Blut des Herren bereitet wurden, [...] anvertraut und schenkt». Beides sei für die Erlösung notwendig und geschehe jenseits des Sakraments allein aus dem Christusglauben.[53] Sakramentales Essen ist für Bullinger keine besondere Form der Nahrungsaufnahme, sondern ein geistliches Essen, das die Teilnahme am Sakrament begleitet. Wer Brot und Wein im wahren Glauben geniesst, empfängt nicht nur

50 CHp, 293,3–294,29, 294,7f.: «ab universa vetustate».

51 Amy Nelson Burnett, The Social History of Communion and the Reformation of the Eucharist: Past and Present 211/2011, 77–119.

52 CHp, 330,16–21, 330,20f.: «caro Christi corporaliter manducari non potest citra flagitium aut truculentiam».

53 CHp, 330,25–331,23, 330,28–31: «ea, quae per carnem et sanguinem Domini tradita, parata sunt [...] applicat et confert nobis».

die Zeichen, vielmehr die durch sie bezeichnete Sündenvergebung und Gemeinschaft mit Christus.[54]

Bullingers positive Verbindung von geistlichem Essen und Empfang des Sakraments stellt einen Vorstoss gegenüber Zwinglis Verständnis dar und wirft ein Licht auf die vielfältigen Wurzeln eines reformierten Abendmahlsverständnisses. In seinen frühesten Werken von 1525 hatte Zwingli die geistige Gemeinschaft mit dem Glauben an Christus gleichgesetzt und dem Genuss von Christi Leib und Blut im Sakrament gegenübergestellt. Den einzigen Berührungspunkt bildete der Vers aus Joh 6,63, «das Fleisch ist nutzlos», mit dem Zwingli die leibliche Gegenwart Christi zurückwies. Mit Blick auf die mittelalterliche Auslegungstradition betonten die Strassburger im Abendmahlsstreit von Beginn an die Verbindung zwischen der geistlichen Gemeinschaft und dem physischen Empfang des Sakraments.[55] Auch Calvin verwies in der ersten Auflage seiner *Institutio* auf die Versiegelung des Abendmahls durch Christi Verheissung in Joh 6, dass sein Fleisch wahrhafte Nahrung sei.[56] Bullinger hatte in der neunten Predigt der fünften Dekade zwar zunächst erklärt, dass in Joh 6 nicht von dem im Abendmahl verwendeten Brot die Rede sei. Aber nach eingehender Diskussion erkannte er an, dass die Worte Christi tatsächlich zur Erklärung des Abendmahls herangezogen werden könnten, sofern geistliches und sakramentales Essen verbunden würden.[57] So konnte Bullinger Zwingli treu bleiben und zugleich über seinen Mentor hinausgehen, indem er die innerliche, geistliche Wirkung des Sakraments für die Gläubigen hevorhob.

Wer dagegen das Sakrament ohne Glauben empfange, richte sich selbst. Bullinger streift in der *Confessio Helvetica posterior* das Problem des unwürdigen Empfangs nur am Rande. Wer ohne den rechten Glauben zum Tisch des Herrn komme, entehre dessen Tod und würde «zur eigenen Verdammung essen und trinken».[58] In seiner ausführlichen Behandlung des Themas in den *Dekaden* versucht Bullinger am Beispiel des Judas zu verdeutlichen, dass die Ungläubigen nicht Christi Leib und Blut empfangen würden. Er vergleicht den Missbrauch der Zeichen von Leib und Blut Christi mit einem Rebellen, der «das Siegel oder die Briefe des Fürsten oder Richters» mit Füssen tritt. Eine solche Person wird des Vergehens der *laesa maiestatis* nicht darum beschuldigt, weil sie die Objekte phy-

54 CHp, 331,24–332,11.

55 Amy Nelson Burnett, Hermeneutics and Exegesis in the Early Eucharistic Controversy: Bruce Gordon/Matthew McLean (Hg.), Shaping the Bible in the Reformation. Books, Scholars and Readers in the Sixteenth Century, Leiden 2012, 85–105.

56 Joannis Calvini opera quae supersunt omnia, Braunschweig 1863–1900, Bd. 1, 120

57 HBTS 3/2, 1028–1033.

58 CHp, 332,12–18, 332,18: «damnationem sibi ipsis edunt et bibunt».

sisch beschädigte, sondern weil sie dem Herrscher selbst schadet.[59] Deshalb betont Bullinger in der *Confessio*, dass, wer das Abendmahl empfangen wolle, sich zunächst selbst prüfen solle, ob er glaube, dass Christus gekommen sei, die Sünder und ihn als einen solchen zu retten, und ob er ernstlich entschlossen sei, im Einklang mit seinen Brüdern im Glauben ein heiliges Leben zu führen. Lediglich an dieser Stelle spielt Bullinger auf den für Zwinglis Abendmahlsverständnis so zentralen Aspekt an: das öffentliche Bekenntnis des Glaubens und der Einheit mit den anderen Christen.[60] Dieser Punkt wird häufig mit der täuferischen Abgrenzungshaltung verbunden, weshalb ihn Bullinger vielleicht erst am Ende des Abendmahlskapitels erwähnt.

Entgegen den vorherigen, mit der Verwerfung von täuferischen und sektiererischen Irrtümern schliessenden Kapiteln der *Confessio* schliesst Bullinger sein Abendmahlskapitel mit einer bemerkenswert milden Kritik an den Altgläubigen. Er behauptet, dass der schlichteste Ritus noch immer der beste gewesen sei, und wirft ihnen vor, dass sie den Kelch den Laien vorenthielten. Statt die Messe anzugreifen, stellt er betont sachlich fest, dass sie «in unseren Kirchen aus vielen und sehr guten Gründen abgeschafft wurde, die wir um der Kürze willen nicht im Einzelnen aufzählen wollen».[61] Weil Lutheraner von der Haltlosigkeit der Messopferlehre nicht überzeugt zu werden brauchten und eine übermässige Polemik gegen die Altgläubigen nur eine unnötige Ablenkung bedeutet hätte, schliessen die Ausführungen über die Sakramente in der *Confessio* auffallend irenisch.

Trotz der Kürze der Kapitel über die Sakramente in der *Confessio Helvetica posterior* gelingt es Bullinger, auf die wesentlichen, seit Beginn der Reformation umstrittenen, Fragen zur Taufe, zum Abendmahl und zu den Sakramenten allgemein einzugehen. Aufgrund seiner eigenen langjährigen Beteiligung an den Kontroversen hatte Bullinger ein Gespür für die wichtigen Fragen entwickelt und dafür, wie er seine eigene Position möglichst wirksam einbringen konnte. An die *Confessio Augustana* machte er keine Zugeständnisse, weder im Hinblick auf ihren Anspruch als Norm rechter Lehre noch hinsichtlich der sachlichen Ausgestaltung seiner eigenen Sakramentstheologie.

Eine Antwort auf die umstrittene Frage nach Zwinglis und Calvins Einfluss auf Bullingers Sakramentstheologie trägt für ein Verständnis der Bedeutung der

---

59 HBTS 3/2, 1033–1035.

60 CHp, 333,1–11.

61 CHp, 333,11–334,2, 333,23–25: «plurimas et iustissimas quidem ob causas, in ecclesiis nostris esse abrogatam, quas sigillatim ob brevitatem nunc non commemoramus».

Confessio Helvetica posterior wenig aus. Das vorgestellte Sakramentsverständnis ist weder zwinglianisch noch calvinisch, sondern repräsentiert eine reformierte Theologie, wie sie in Zürich gelehrt wurde. Durch die Unterstützung von Kirchen innerhalb und ausserhalb der Eidgenossenschaft wurde das Bekenntnis zu einer weltweit verbreiteten Bezugsgrösse für das Verständnis rechter kirchlicher Lehre, die sich von den lutherischen Bekenntnissen deutlich unterschied. Zwar beendete die *Confessio Helvetica posterior* nicht die sakramentstheologischen Auseinandersetzungen, aber sie stellte einen neuen Massstab bereit, auf den andere bei ihrer Verteidigung der reformierten Position zurückgreifen konnten.

Emidio Campi

Heinrich Bullingers Lehre von der Obrigkeit und die Frage nach dem Verhältnis von Kirche und Gemeinwesen

Am Vorabend der Reformation übte der Stadtstaat Zürich die Landeshoheit über ein Territorium aus, das im Wesentlichen dem heutigen Kantonsgebiet entsprach. In der Stadt lebten etwa 5000 Menschen, auf der zugehörigen Landschaft etwa zehnmal so viele.[1] Im Alltag war die Kirche allgegenwärtig mit Gottesdiensten, Messen, Prozessionen und Bittgängen sowie Wallfahrten im In- und Ausland. Allein in der Stadt Zürich wohnten in jener Zeit rund 200 Geistliche, die gut 15 % der erwerbstätigen Bevölkerung ausmachten. Die herkömmlichen Formen der Frömmigkeit wie Ablässe, Reliquien- und Wunderglauben, Heiligen- und Marienverehrung fanden regen Zuspruch in der Bevölkerung.[2]

Die altgläubige Kirchlichkeit brach innerhalb weniger Jahre zusammen. Die Zürcher Disputation im Januar 1523 führte zur offiziellen Anerkennung der Lehre Zwinglis durch den Rat und verpflichtete die Pfarrer zur schriftgemässen Predigt. Kurz danach folgte in atemberaubendem Tempo eine Reihe von Ratsmandaten, die eine tiefgehende Umgestaltung der Kirche und des Gemeinwesens

---

1 Abkürzungen: HBBibl = Heinrich Bullinger Bibliographie, bearb. von Joachim Staedtke u. a., Zürich 1972ff.; HBBW = Heinrich Bullinger, Briefwechsel, bearb. von Ulrich Gäbler u. a., Zürich 1973ff.; HBD = Heinrich Bullinger, Diarium (Annales vitae) der Jahre 1504–1574, hg. von Emil Egli, Basel 1940 (Nachdruck Zürich 1985); HBRG = Heinrich Bullingers Reformationsgeschichte, nach dem Autographon hg. von J[ohann]. J[akob] Hottinger und H[ans] H[einrich] Vögeli, 3 Bde., Frauenfeld 1838–1840; HBTS = Heinrich Bullinger Werke. Dritte Abteilung: Theologische Schriften, bearb. von Hans-Georg vom Berg u. a., Zürich 1983ff.; HBS = Heinrich Bullinger Schriften, hg. von Emidio Campi u. a., 7 Bde., Zürich 2004–2007; RBS = Reformierte Bekenntnisschriften, hg. von Heiner Faulenbach u. a., Neukirchen-Vluyn 2002ff.; Z = Huldreich Zwinglis sämtliche Werke, hg. von Emil Egli u. a., Berlin/Leipzig/Zürich 1905–2013; ZS = Huldrych Zwingli Schriften, hg. von Thomas Brunnschweiler/Samuel Lutz, 4 Bde., Zürich 1995.

2 Gerald Dörner, Kirche, Klerus und kirchliches Leben in Zürich von der Brunschen Revolution (1336) bis zur Reformation (1523), Würzburg 1996; Barbara Helbling u. a. (Hg.), Bettelorden, Bruderschaften und Beginen in Zürich. Stadtkultur und Seelenheil im Mittelalter, Zürich 2002; Werner Gysel, Das Chorherrenstift am Grossmünster. Von den Anfängen im 9. Jahrhundert bis zur Zürcher Reformation unter Huldrych Zwingli: Christine Christ von Wedel/Urs B. Leu (Hg.), Erasmus in Zürich. Eine verschwiegene Autorität, Zürich 2007, 39–52; Peter Jezler, Der spätgotische Kirchenbau in der Zürcher Landschaft. Die Geschichte eines «Baubooms» am Ende des Mittelalters. FS zum Jubiläum «500 Jahre Kirche Pfäffikon», Wetzikon 1988.

in reformatorischem Sinn bewirkten: Abschaffung der Messe, Entfernung der Bilder, Aufhebung der Klöster und der Sonderrechte des Klerus, Neuorganisation der Armenfürsorge und des Schulwesens sowie Errichtung eines von der bischöflichen Jurisdiktion unabhängigen Ehegerichts, das bald auch die Aufgabe der Einhaltung der Sittenmandate und kirchenrechtlichen Verordnungen übernahm. Zudem wurde ein exegetisches Seminar – die «Prophezei» – als Ausbildungsstätte für die reformierte Pfarrerschaft eröffnet, aus der die Schola Tigurina, die Vorläuferin der heutigen Universität, hervorging.

Dass sich der neue Glaube so rasch durchsetzen konnte, hing wesentlich von der tätigen Mitwirkung der Obrigkeit ab. Wie lässt sich diese enge Verknüpfung von Staat, Gesellschaft und Kirche im Vergleich zu den Reformationen in Wittenberg, Basel, Genf und anderswo beschreiben? Gibt es Eigenarten der Zürcher Reformation, die es im Hinblick auf das *Zweite Helvetische Bekenntnis* in Erinnerung zu rufen gilt? Ich versuche, mich in drei Schritten einer Antwort anzunähern. Zunächst soll Zwinglis Zuordnung der geistlichen und der weltlichen Gewalt im historischen Kontext skizzenhaft aufgezeigt werden. Danach wird Bullingers Verhältnisbestimmung von Kirche und politischem Gemeinwesen anhand einschlägiger Belege aus dem *Zweiten Helvetischen Bekenntnis* und unter Heranziehung weiterer Texte in den Hauptlinien dargestellt. Schliesslich gehe ich der Frage nach, ob und inwiefern die Charakteristika seiner Konzeption heute noch zur Orientierung in gesellschafts- und kirchenpolitischen Fragen beitragen können.

I. Zwinglis Zuordnung der geistlichen und der weltlichen Gewalt

Das spannungsvolle Verhältnis zwischen «Reich Gottes» und «Weltreich» ist eine zentrale, konfliktbeladene Frage, die die Kirche seit ihren Anfängen begleitet hat. Sie gehört auch zu den wichtigsten und zugleich umstrittensten Lehrstücken reformatorischer Theologie. Luther fand mit der sogenannten Zwei-Reiche-Lehre einen Ariadnefaden, der aus diesem Labyrinth herausführen sollte. Für den deutschen Reformator handelt es sich um zwei komplementäre Herrschaftsweisen Gottes (das geistliche und weltliche Regiment), die auf zwei verschiedene, aber von Gott eingesetzte Bereiche des menschlichen Zusammenlebens (das Reich Gottes und das Reich der Welt) bezogen sind. Das geistliche Regiment vollzieht sich im Reich der Gnade durch das Predigtamt, das weltliche Regiment in Staat und Gesellschaft durch die Obrigkeit. So ist Gott in beiden Reichen wirksam, allerdings müssen – darauf kommt es Luther an – die beiden Reiche auseinandergehalten und dürfen keinesfalls vermischt werden. Die Kirche dürfe nicht mit obrigkeitlichen Mitteln geistliche Ziele verfolgen, sondern sei dazu berufen, das Evangelium zu verkündigen und die Sakramente zu verwalten. Die Obrigkeit dürfe sich umgekehrt nicht in die geistlichen Belange der Kirche einmischen, sondern solle ihre Aufgabe auf die Fürsorge für die äussere Ordnung der Kirche beschränken.[3] Gleichwohl blieb diese Verhältnisbestimmung der zwei Reiche und zwei Regimente trotz der theologisch sauberen Argumentation in der Praxis unklar und verschob sich von Anfang an fortlaufend zugunsten der weltlichen Gewalten. Dass die neu entstehenden protestantischen Kirchen im Reich durch das «landesherrliche Kirchenregiment» in starke Abhängigkeit der damaligen Territorialstaaten gerieten und ein extremes Staatskirchentum entwickelten, das sich erst im 19. Jahrhundert allmählich auflöste, ist ein offensichtliches Paradox, das im Widerspruch zu Luthers Gedanken steht und im Folgenden nicht behandelt werden soll.[4]

Sowohl bei Zwingli als auch bei Bullinger findet sich das lutherische Zwei-Regimente-Modell nicht. In seiner Abhandlung *Von göttlicher und menschlicher Gerechtigkeit*, die für unser Thema von besonderer Bedeutung ist, unterscheidet Zwingli zwischen beiden Gerechtigkeiten. Die erste führt zum Heil, weil sie die ganze Strenge des göttlichen Gebots im Sinn der Bergpredigt lehrt, Reue und Busse bewirkt und die Rechtfertigung aus Gnaden durch Glauben an das Erlösungswerk Christi wirksam werden lässt. Die zweite, die menschliche Gerechtigkeit, ist die von der Obrigkeit durchzusetzende Rechtsordnung, die wegen der Sündhaftigkeit der Menschen zum Schutz ihrer gemeinschaftlichen Existenz von Gott eingesetzt worden ist. Trotz der auf den ersten Blick grossen Übereinstimmungen mit Luther unterscheiden sich die Auffassungen beider Reformatoren in einem entscheidenden Punkt. Zwingli ist nicht wie Luther an einer Grenzziehung zwischen Reich Gottes und Reich der Welt, zwischen *ecclesia* und *respublica,* interessiert. Entsprechend entwirft Zwingli, alternativ zu Luthers Zwei-Regimente-Konstruktion, ein eigenständiges Einheitsmodell, in dem sich kirchliche und politische Ordnung nicht als eigengesetzliche Bereiche gegen-

3 Eilert Herms, Leben in der Welt: Albrecht Beutel (Hg.), Luther Handbuch, Tübingen 2005, 423–435; Wolf-Friedrich Schäufele, Luther als Urheber der Freiheit. Die Zwei-Reiche-Lehre und die politischen Freiheitsideen der europäischen Moderne: Christine Axt-Piscalar (Hg.), Dimensionen christlicher Freiheit. Beiträge zur Gegenwartsbedeutung der Theologie Luthers, Leipzig 2015, 175–217.

4 Eike Wolgast, Die Wittenberger Theologie und die Politik der evangelischen Stände. Studien zu Luthers Gutachten in politischen Fragen, Gütersloh 1977, bes. 40–75; Peter Unruh, Reformation – Staat – Religion. Zur Grundlegung und Aktualität der reformatorischen Unterscheidung von Geistlichem und Weltlichem, Tübingen 2017, bes. 7–85.

überstehen, sondern – auch wenn sie sich voneinander unterscheiden – in wechselseitiger Zuordnung auf das göttliche Gebot bezogen sind. Gerade weil menschliche Gerechtigkeit relativ ist, muss sie – so Zwingli – «in der Regelung dieser [menschlichen] Dinge der göttlichen Gerechtigkeit so nahe kommen, wie es ihr möglich ist».[5] In einem an Ambrosius Blarer adressierten, aber wohl in direkter Auseinandersetzung mit Luther entstandenen Brief formuliert Zwingli einprägsam: «Christi Regnum etiam esse externum», das Reich Christi muss auch äusserlich zur Darstellung kommen.[6] In seinem Jeremiakommentar macht er in nochmaliger Zuspitzung geltend, dass «der Christ nichts anderes als ein treuer und guter Bürger ist und die christliche Stadt nichts anderes als die christliche Kirche».[7] Zwingli versteht freilich unter dem «Bürger» nicht den modernen Staatsbürger, sondern das Glied einer damaligen Stadtgemeinschaft, die anders als der moderne Staat eine religiös begründete, sittliche und rechtliche Lebensgemeinschaft darstellte. Diese Verhältnisbestimmung von göttlicher und menschlicher Gerechtigkeit, die Arthur Rich zutreffend als «dynamische Spannung zwischen dem Absoluten und dem Relativen»[8] bezeichnet hat, bildet das theologische Kernstück von Zwinglis Verständnis des Verhältnisses von Kirche und Gemeinwesen.

Was diese Auffassung konkret bedeutete und welche Folgerungen sich daraus ergaben, lässt sich am besten durch einen kurzen Blick auf die Zusammensetzung und Aufgaben der Zürcher Synode veranschaulichen.[9] Mitglieder jener Institution, die unter Zwingli in den 1520er Jahren ins Leben gerufen und von

5 Huldrych Zwingli, Von göttlicher und menschlicher Gerechtigkeit (1523): Z 2, 458–525 (ZS 1, 155–213). Vgl. bes. Z 2, 520,11–13 (ZS 1, 208), und die Erklärungen von Peter Blickle, Gemeindereformation. Die Menschen des 16. Jahrhunderts auf dem Weg zum Heil, München 1985, 154–158; Berndt Hamm, Reformation der Freiheit, Neukirchen-Vluyn 1988, 100–122; Arthur Rich, Die Anfänge der Theologie Huldrych Zwinglis, Zürich 1949; ders., Zwingli als sozialpolitischer Denker: Zwingliana 13/1969–1973, 67–89.

6 Zwingli an Ambrosius Blarer, 4. Mai 1528, Nr. 720: Z 9, 451–467, 454,14: «Christi Regnum etiam esse externum.»

7 Huldrych Zwingli, Complanationis Jeremiae (1531): Z 14, 424,19–22: «ut iam dixisse olim non poeniteat, Christianum hominem nihil aliud esse quam fidelem ac bonum civem, urbem Christianam nihil quam ecclesiam Christianam esse».

8 Rich, Zwingli (Anm. 5), 87.

9 Zwinglis Entwurf: Z 6/1, 525–536; Text in: Emidio Campi/Philipp Wälchli (Hg.), Zürcher Kirchenordnungen, Bd. 1, Zürich 2011, Nr. 30, 54–55; Emil Egli, Zwingli und die Synoden, besonders in der Ostschweiz: Analecta Reformatoria I. Dokumente und Abhandlungen zur Geschichte Zwinglis und seiner Zeit, Zürich 1899, 80–98; Emidio Campi, Die Schweiz. Ein Nebenkrater der Reformation?: Günter Frank/Volker Leppin/Herman J. Selderhuis (Hg.), Wem gehört die Reformation? Nationale und konfessionelle Dispositionen der Reformationsdeutung, Freiburg i. Br., Basel/Wien 2013, 121–153 (143–151).

Bullinger 1532 in ihrer endgültigen Form gestaltet wurde, waren die Pfarrer und Theologieprofessoren im gesamten Herrschaftsgebiet Zürichs. Zu der Versammlung gehörte darüber hinaus eine Vertretung des Kleinen und des Grossen Rats, darunter der Bürgermeister und der Stadtschreiber. Die Teilnehmer befassten sich hauptsächlich mit Fragen der Reinerhaltung der Lehre und des Lebenswandels der Geistlichkeit. Dabei spannten sie immer wieder den Bogen zu sach- oder auch tagespolitisch aktuellen Themen. Damit bot sich der Geistlichkeit die Gelegenheit, ihre Anliegen gegenüber den Ratsherren vorzutragen, die ihrerseits Anregungen über sonstige kirchliche oder gesellschaftliche Fragen vorbringen konnten. Organisatorische Massnahmen durfte die Synode jedoch nicht ergreifen. Entscheidungen über rechtliche, administrative, personelle und disziplinarische Belange blieben dem Rat vorbehalten.[10] Fragen nach der kirchlichen Gesetzgebungsgewalt und Kirchenzucht als rein kirchliche Handlungsfelder standen wohl nicht zur Diskussion. Denn Kirche und Gemeinwesen waren weitgehend deckungsgleich, so dass die Ratsherren als legitime Vertreter der christlichen Gemeinde galten und für sie handeln konnten. Es ist fast ein Gemeinplatz, dass die Zürcher Reformation im Gegensatz zu derjenigen in Basel und Genf sehr zögerlich war, ihre eigene Kirchenzucht zu entwickeln. Diese wurde vollständig – oder zumindest in einem weiten Umfang – den Magistraten überlassen, mit der Begründung, die Kirchenzucht sei Teil der allgemeinen Sittenzucht, deren Ausübung der weltlichen Obrigkeit obliege.

Die Verquickung von kirchlicher und weltlicher Gewalt war in Zürich keineswegs neu, sondern bestand, wie in vielen anderen Reichsstädten, schon vor der Reformation.[11] Die Magistraten versuchten einerseits, kirchliche Missstände zu bekämpfen und möglichst viele bischöfliche Privilegien abzubauen, und andererseits, durch eigenständig eingeleitete Reformen Einfluss auf die inneren Belange der Kirche zu nehmen. Dies geschah teils aus Machtinteressen, teils mit ausdrücklicher Berufung auf die obrigkeitliche Pflicht zur Sorge für das Seelenheil der Untertanen. So griff der Kleine Rat in die bischöfliche Gewalt ein, indem er die kirchliche Gerichtsbarkeit in Bezug auf den Zehnten und vor allem in Ehesachen einschränkte, über das sittliche Betragen der Geistlichen wachte, Einfluss

10 Roger Ley, Kirchenzucht bei Zwingli, Zürich 1948; Wolfgang Dobras, Ratsregiment, Sittenpolizei und Kirchenzucht in der Reichsstadt Konstanz 1531–1548. Ein Beitrag zur Geschichte der oberdeutsch-schweizerischen Reformation, Gütersloh 1993, 295–324; Robert M. Kingdon, La discipline ecclésiastique vue de Zurich et Genève au temps de la réformation. L'usage de Matthieu 18, 15–17 par les réformateurs: Revue de théologie et de philosophie 51/2001, 343–355.

11 Hans Morf, Obrigkeit und Kirche in Zürich bis zu Beginn der Reformation: Zwingliana 13/1970, 164–205; Blickle, Gemeindereformation (Anm. 5), 96–101.

auf die Besetzungen der kirchlichen Pfründen nahm, die wirtschaftliche Aufsicht über die Klöster ausübte und sogar Fragen des Gottesdiensts regelte. Viele der theologischen Grundüberzeugungen Zwinglis kamen den Wünschen des Zürcher Rats entgegen und boten weitere Argumente zur Ausdehnung seines Einfluss- und Kompetenzbereichs.

Weil der Rat der Reformation in Zürich zum Durchbruch verhalf, hatte der Ausbau der Kirchenorganisation von Anfang an einen dezidiert staatskirchlichen Charakter. Dennoch war Zwinglis Haltung in Bezug auf diese zentrale ekklesiologische Frage in seinen frühen Jahren eher schwankend. In seinen *Schlussreden* trat der Reformator für eine unabhängig von der Obrigkeit auszuübende Kirchenzucht ein.[12] Erst seit 1524 lässt sich, vor dem Hintergrund der Bauern- und Täuferunruhen, die immer deutlicher werdende Tendenz beobachten, der Obrigkeit Befugnisse auf kirchlichem Gebiet zuzusprechen, die eine vielstimmige Opposition auch innerhalb der eigenen Reihen provozierte. Unter den städtischen Gegnern befanden sich altgläubige Geistliche am Gross- und Fraumünsterstift und einige ehemalige Anhänger des Reformators, die späteren Täufer, die dezidiert für eine von der Obrigkeit unabhängige, allein auf dem Glauben beruhende, christliche Kirche nach neutestamentlichem Vorbild eintraten. Sogar sein Freund und Mitstreiter Johannes Oekolampad dachte in diesem Punkt anders und gab Zwingli zu bedenken: «Wir bessern die gefallenen Brüder nicht, die wir dem Magistrat anzeigen, sondern verraten sie. Christus hat nicht gesagt: ‹wenn er nicht hört, so sage es dem Magistrat›, sondern der ‹Kirche›.»[13] Konsequent forderte Oekolampad in seiner bedeutenden Rede über die Wiedereinführung der Exkommunikation vor dem Stadtrat im Mai 1530 eine kircheneigene Disziplin, die ein detailliertes Disziplinarverfahren unter der Leitung eines Gremiums von zwölf «Bannherren» – inklusive vier Mitgliedern aus dem Stadtrat – vorsah.[14] Allerdings konnte sein wegweisendes Konzept die Entwicklung nicht aufhalten, so dass auch in Basel die Kirchenzucht den Charakter der obrigkeitlichen Sitten-

12 Huldrych Zwingli, Auslegen und Gründe der Schlussreden (1523): Z 2, 280,8–281,5, 281,4–5: «Also stat styff, das nieman bannen mag denn die kilch, das ist: die gmeind, darinn der verergrend sitzt. Die ist sin richter und der wächter.» (ZS 2, 329).

13 Oekolampad an Zwingli, 7. September 1530, Nr. 1096: Z 11, 129,12–130,1.6–8: «Ad haec non emendabimus, sed prodemus fratres, quos magistratui deferemus. Non dixit Christus [Mt 18,17]: ‹si non audierit, dic magistratui›, sed: ‹ecclesiae›. [...] Unde, mi frater, multa subinde me movent ut videatur plane officii nostri esse, ecclesias nostras hortari, ut claves recipiendi excludendique a Christo sibi traditas non negligant.»

14 Oekolampad, Oratio de reducenda excommunicatione; Text in: Ernst Staehelin, Briefe und Akten zum Leben Oekolampads. Zum vierhundertjährigen Jubiläum der Basler Reformation, 2 Bde., Leipzig 1927–1934, Bd. 2: 1527–1593, Nr. 750, 448–461,

zucht annahm. Die Berner Kirche setzte ebenfalls das Zürcher Modell durch. Die Frage der *discipline ecclésiastique* führte zu heftigen Konflikten zwischen dem Genfer Rat und Calvin, der an das Basler Modell anknüpfte. Allerdings gelang es ihm an dieser Stelle, das Staatskirchentum zu durchbrechen, indem er eine kircheninterne Disziplin durchsetzte, der alle Genfer – einschliesslich der Obrigkeit – unterlagen und die Laien an der Leitung der Kirche beteiligte.[15]

Insgesamt bilden die kirchliche und die bürgerliche Gemeinde für Zwingli eine Einheit. Eine differenzierte kirchliche Organisation und eine eigenständige Kirchenzucht werden damit überflüssig. Die Frage nach dem Verhältnis von Kirche und weltlicher Obrigkeit, Religion und Politik, stehen in dieser Konzeption weder übereinander noch nebeneinander, sondern in einem Wechselverhältnis.

II. Bullingers Verhältnisbestimmung von Kirche und politischem Gemeinwesen

Bullingers Verhältnisbestimmung von Kirche und politischem Gemeinwesen gehört nach wie vor zu den Desiderata der Reformationsforschung.[16] Weitgehend ungeklärt sind die Fragen, ob sein Konzept dem von Zwingli vorgezeichneten

15 Christian Grosse, L'excommunication de Philibert Berthelier. Histoire d'un conflit d'identité aux premiers temps de la Réforme genevoise (1547–1555), Genf 1995; Scott Manetsch, Holy Terror or Pastoral Care? Church Discipline in Calvin's Geneva, 1542–1596: Herman J. Selderhuis (Hg.), Calvin – Saint or Sinner?, Tübingen 2010, 283–306.

16 Bis heute fehlt eine neuere Gesamtdarstellung. Immerhin liegen drei materialreiche Studien über Teilbereiche vor: Elsa Dollfus-Zodel, Bullingers Einfluss auf das zürcherische Staatswesen von 1531–1575, Zürich 1931; Hans Ulrich Bächtold, Heinrich Bullinger vor dem Rat. Zur Gestaltung und Verwaltung des Zürcher Staatwesens in den Jahren 1531 bis 1575, Bern 1982; Bruce Gordon, Clerical Discipline and the Church Synods in Zurich, 1532–1580, Bern 1992; vgl. auch die folgenden Beiträge: J. Wayne Baker, Christian Discipline, Church and State, and Toleration: Bullinger, Calvin, and Basel 1530–1555: Das reformierte Erbe. FS Gottfried W. Locher, Zwingliana 19/1992, Bd. 1, 35–48; Andreas Mühling, Bullinger als Kirchenpolitiker: Emidio Campi (Hg.), Heinrich Bullinger und seine Zeit. Eine Vorlesungsreihe, Zürich 2004, 237–249; Emidio Campi, Bullingers Rechts- und Staatsdenken: EvTh 64/2004, 116–126; André Holenstein, Reformatorischer Auftrag und Tagespolitik bei Heinrich Bullinger: Emidio Campi/Peter Opitz (Hg.), Heinrich Bullinger, Life – Thought – Influence. Zurich, Aug. 25–29, 2004, International Congress Heinrich Bullinger (1504–1575), 2 Bde., Zürich 2007, Bd. 1, 177–232; Torrance Kirby, The Civil Magistrate and the «cura religionis». Heinrich Bullinger's Prophetical Office and the English Reformation: Campi/Opitz, Bullinger (Anm. 16), Bd. 2, 935–950; Esther Chung-Kim, Advocating for Poor Relief in Zurich. Heinrich Bullinger's Contributions to Religious Ideals and Policy Reforms: Church History 86/2017, 311–338.

Weg folgte oder ob der Nachfolger an der einen oder anderen Stelle eigene Akzente zu setzen vermochte.

Ein geeigneter Ausgangspunkt für unsere Überlegungen bildet Bullingers Auseinandersetzung mit dem Rat beim Amtsantritt im Dezember 1531 über die Stellung und Aufgabe der Pfarrerschaft im öffentlichen Leben sowie die im März 1532 ausgebrochene Kontroverse zwischen dem neu gewählten Antistes und Zwinglis engem Mitarbeiter Leo Jud über das Verhältnis von Kirche und politischen Institutionen. In seiner Grundsatzrede vor dem Rat versprach Bullinger auch im Namen der anderen Geistlichen, dass sie sich nicht mehr wie Zwingli direkt in die Staatsgeschäfte einmischen würden. Zugleich beanspruchte er aber – durchaus im Sinne seines Vorgängers – das aus der Bibel abgeleitete Recht der Prädikanten auf Ausübung des Prophetenamts, denn: «Gotswort will und soll nitt gebunden sein. Sundern waz man darinn findt es sey waz es welle, oder wen es ioch anträffe, soll fry geredt werden.»[17] Bürgermeister und Räte erklärten sich mit dieser programmatischen Linie einverstanden, die durch die Einrichtung der «Fürträge» und die Neuregelung der Synode institutionalisiert wurde.

Theologische Bedenken gegen die Tragweite der Entente meldete hingegen Meister Leu an, wie der bekannte Pfarrer Leo Jud von St. Peter im Volksmund genannt wurde.[18] Er argumentierte im Wesentlichen gegen die Einmischung der Obrigkeit in Glaubensfragen, verfocht eine Kirchenzucht, an der die Gemeinde beteiligt war, und plädierte grundsätzlich für die kirchliche Eigenständigkeit gegenüber dem Staat. In der durchaus sachlich geführten Kontroverse äusserte Bullinger die Befürchtung, dass eine strikte Unterscheidung oder gar Trennung von geistlicher und weltlicher Gewalt die öffentliche Wirkung der Kirche schmälern würde. Er hielt fest, dass eine enge Zusammenarbeit zwischen Kirche und Obrigkeit dem Geist des Neuen Testaments nicht widerspreche und dass auch eine an den Staat angelehnte Kirche die Freiheit des Evangeliums wahren könne. Bullingers Überzeugungsversuche waren erfolgreich, denn Jud bot an, ihn beim Entwurf der Prediger- und Synodalordnung von 1532 zu unterstützen, und später näherte er sich Bullingers Haltung so weit an, dass der epochale Text von ihm mitverfasst und mitverantwortet wurde.[19] In diesem am 22. Oktober 1532 mit

17 HBRG 3, 295. Bullinger untermauerte seine Haltung in der am Karlstag (28. Januar 1532) gehaltenen und viel beachteten Gedenkrede auf Zwingli, die er unter den Titel «De prophetae officio» stellte: HBBibl 1, Nr. 33 (HBS 1, 1–48).

18 Leo Jud an Bullinger, Anfang März 1532: HBBW 2, Nr. 70, 57–64; Bullinger an Leo Jud, 15. März 1532: HBBW 2, Nr. 74, 70–75; Leo Jud an Bullinger, bald nach dem 15. März 1532: HBBW 2, Nr. 75, 76–78; Leo Jud an Bullinger, Spätsommer oder Herbst 1532: HBBW 2, Nr. 139, 245.

19 Text in Campi/Wälchli, Zürcher Kirchenordnungen (Anm. 9), Nr. 59, 129–150.

«Bewilligung und Confirmation eines Burgermeisters und Ersammen kleinen und grossen Radts der Statt Zürich» erlassenen Dokument werden die Grundlagen für das Zusammenwirken von Kirche und Gemeinwesen neu definiert: Beide Gewalten stützten und legitimierten sich gegenseitig und bildeten dabei eine einheitliche, konfessionell-politisch organisierte Gemeinschaft. Einerseits ging die gesamte Gesetzgebungsgewalt in kirchlichen Fragen, wenn auch unter Anhörung und in Zusammenarbeit mit den Geistlichen, auf die Obrigkeit über. Die prophetische Weisung der Kirche, namentlich das Recht der Zürcher Geistlichkeit, bei Bürgermeister und Rat «Fürträge» anzubringen, erfüllte andererseits die Funktion einer Normenkontrolle im politischen System. Faktisch erstreckte sich die Zuständigkeit des Rats nicht nur auf die Organisation und Ordnung der Kirche, sondern letztinstanzlich auch auf ihre Lehre: Er bestimmte über das Bekenntnis der Kirche und liess die Bibel und die Katechismen drucken. Die Pfarrer – vor allem auf der Landschaft – waren neben dem Landvogt die Repräsentanten der Obrigkeit und, als solche, wichtige Glieder der staatlichen Verwaltung in den Bereichen Schul-, Armen- und Zivilstandswesen. Allerdings hatte ihr Amt ein Janusgesicht, denn durch die erfolgreiche Institutionalisierung des Prophetenamts traten sie auch als kritische Beobachter der Gesellschaft auf. Auf diese Weise gelang es Bullinger, ein Staatskirchentum in Zürich zu etablieren, das von 1532 bis 1831 nahezu unverändert bestehen blieb.[20]

Bemerkenswerterweise zieht sich die theologische Untermauerung dieses Bündnisses zwischen Staat und Kirche wie ein roter Faden durch das umfangreiche Schrifttum des Reformators. Das Thema klingt bereits in Bullingers Frühschriften aus den Jahren 1525–1528 an.[21] Es begegnet dann in aller wünschens-

20 Cla Reto Famos, Die Zürcher Kirchenordnungen von 1905 und 1967 und ihre Bedeutung für die Praktische Theologie: Schweizerisches Jahrbuch für Kirchenrecht 11/2006, 49–69 (52–53).

21 Heinrich Bullinger, De propheta libri duo (1525): ZBZ, Ms. A82. Vgl. dazu Joachim Staedtke, Die Theologie des jungen Bullinger, Zürich 1962, 275–276; Pamela Biel, Doorkeepers at the House of Righteousness. Heinrich Bullinger and the Zurich Clergy 1535–1575, Bern/Frankfurt a. M. 1991, 200–203; Heinrich Bullinger, Früntliche Ermanung zur Grechtigheit: HBBibl 1, Nr. 2. Vgl. dazu Staedtke, Theologie (Anm. 21), 281; Heinrich Bullinger, Anklag und ernstliches ermanen Gottes: HBBibl 1, Nr. 3; moderne deutsche Ausgabe: HBS 6, 33–78. Vgl. dazu Fritz Büsser, Bullinger als Prophet. Zu seiner Frühschrift «Anklag und Ermahnen»: ders., Wurzeln der Reformation in Zürich. Zum 500. Geburtstag des Reformators Huldrych Zwingli, Leiden 1985, 106–124; Hans Ulrich Bächtold, History, Ideology and Propaganda in the Reformation: the Early Writing «Anklag und ernstliches ermanen Gottes» (1525) of Heinrich Bullinger: Bruce Gordon (Hg.), Protestant History and Identity in Sixteenth-Century Europe, 2 Bde., Aldershot 1996, Bd. 1, 46–59.

werten Klarheit in seinem Hauptwerk, den *Dekaden* aus den Jahren 1549–1552,[22] sowie in seinen anderen Gesamtdarstellungen des christlichen Glaubens wie der *Summa Christenlicher Religion* von 1556[23] und der *Catechesis pro adultioribus* von 1559.[24] Ferner findet es sich in den aufgrund ihrer zeitlichen Nähe zum *Zweiten Helvetischen Bekenntnis* wichtigen Streitschriften *Der Widertôufferen vrsprung* von 1560,[25] *Vester Grund* von 1563[26] und natürlich in der *Confessio Helvetica posterior* selbst. Das Thema wird auch in etlichen «Fürträgen» angesprochen, die während seines langen Theologenlebens in schriftlicher Form an den Rat gingen,[27] und in den sogenannten *Sermones synodales,* einer Sammlung persönlicher, oft fragmentarischer Notizen, die er für die Eröffnungsansprachen, Gebete und Ermahnungen der Synodensitzungen zwischen 1535 und 1575 vorbereitete.[28] Schliesslich ist noch auf Bullingers Widmungsschrift an den englischen König Heinrich VIII. hinzuweisen, die emblematisch für die vielen Briefe und Widmungsvorreden steht, in denen Bullinger die regierenden Häupter fast ganz Europas aufforderte, die *cura religionis* zu beherzigen.[29]

Um aus den eher knappen Ausführungen des Bekenntnisses einerseits und den ausführlicheren früheren und späteren Äusserungen zum Thema andererseits ein stimmiges Gesamtbild zu entwerfen, liegt es aus inhaltlichen Gründen nahe, sich zunächst der Obrigkeitslehre und dann der Frage nach dem Verhältnis von Kirche und politischer Obrigkeit zuzuwenden.

1. Obrigkeitslehre

Den Ausgangspunkt von Bullingers Obrigkeitsverständnis bildet die biblische Einsicht (Röm 13,1–7 und 1Petr 2,13–17), dass der Obrigkeit ein Amt übertragen ist, das ebenso auf Gottes Einsetzung zurückgeht wie das geistliche Amt. Die

22 Bullinger, Dekaden 2,6 (HBTS 3/1, 180,32–188,24; HBS 3, 329–343); 2,7 (HBTS 3/1, 188,25–200,32; HBS 3, 343–365); 2,8 (HBTS 3/1, 201,1–214,15; HBS 3, 365–390), 2,9 (HBTS 3/1, 214,16–227,36; HBS 3, 390–415).

23 Bullinger, Summa Christlicher Religion: HBBibl 1, Nr. 283, 62v, 111r.

24 Bullinger, Catechesis pro adultioribus: HBBibl 1, Nr. 377, 22v–23r.

25 Bullinger, Der Widertôufferen vrsprung: HBBibl 1, Nr. 394.

26 Bullinger, Vester Grund: HBBibl 1, Nr. 426, 40v–41v.

27 HBS 6, bes. 183–196.211–220.247–261.263–272.273–283.343–355.483–501 u. ö.

28 Bullinger, Sermones synodales: ZBZ, Handschriftenabteilung, D 220. Vgl. John Wood, Heinrich Bullinger's «Sermones synodales». New Light on the Transformation of Reformation Zürich, Ann Arbor MI 2008.

29 Bullinger, Epistola ad Heinrychum VIII: De scripturae sanctae authoritate (HBTS 4, 3–6; HBS 2, 13–19).

CHp hält fest, dass sie als gottgewollte regulative und normierende Institution in der Welt «die oberste Stellung (*primum in mundo locum*) inne hat».[30] Die Betonung ihrer Vorrangstellung impliziert eine doppelte Frontstellung. Das *Zweite Helvetische Bekenntnis* grenzt sich sowohl gegenüber der altgläubigen Lehre von der Kirche als einer der Obrigkeit übergeordneten Machtinstanz ab als auch gegenüber einer radikalen Abwertung oder sogar Ablehnung des obrigkeitlichen Amts (durch Täufer, Spiritualisten und weitere Dissidenten). Die göttliche Einsetzung der weltlichen Gewalt macht dieses einerseits unabhängig von einer Legitimation durch die geistliche Gewalt. Andererseits wird damit der weltlichen Obrigkeit eine geistliche Aufgabe für die christliche Kirche unterstellt, insofern Gott seine Herrschaft auch durch die weltliche Obrigkeit indirekt ausübt. Entsprechend verwirft Bullinger ausdrücklich die Lehre der «Wiedertäufer, die behaupten, ein Christ dürfe kein obrigkeitliches Amt bekleiden»,[31] und betont stattdessen in Anlehnung an Röm 13, dass auch die Magistraten Diener Gottes seien.[32] Der Titel «Elohim»,[33] der zwar nicht im Bekenntnis, wohl aber in der *Anklag* den Magistraten in einem weiteren metaphorischen Vergleich zugestanden wird, weist auf ihre besondere Verpflichtung gegenüber Gott hin und auf ihre Aufgabe, nicht ihrem eigenen Willen, sondern dem göttlichen Rechtswillen zu entsprechen. Noch anschaulicher wird die Würde des Magistraten in dem bereits in der Antike geläufigen Vergleich des obrigkeitlichen Amtes mit dem des Hausvaters, der das Leben der Hausgemeinschaft schützt und für sie sorgt.[34]

Die drei Metaphern markieren für Bullinger die Grundlage für ein tragfähiges christliches Gemeinwesen, unabhängig von der konkreten Regierungsform. In der Lehre von Staatsformen folgt er wesentlich der aristotelischen Taxonomie

30 CHp, 344,13; ZHB, Kap. XXX, 136.

31 CHp, 345,9: «Damnamus Anabaptistas, qui ut Christianum negant fungi posse officio magistratus»; ZHB, Kap. XXX, 137.

32 CHp, 345,16; ZHB, Kap. XXX, 137.

33 Bullinger, Anklag (Anm. 21), B4v: «Jr soltend Elohim (das ist Gôtter) sin, mine statthalter in gricht vnnd gerechtigkeyt, in sorg, ernst, gûte, vnnd straaff [...].» (HBS 6, 58).

34 Bullinger, Anklag (Anm. 21), B4v: «Jr im regiment, soltend üch nit alles gwalts vnderwinden als Landsfürsten, üwer lannd ist nit ein Oligarchia, sunder ein Democratia, ein Commun. Darumb sôltennd jr üwers armen volcks Patres (das ist vâtter) sind: üwer volck soltend jr halten wie mittburger, ja sy lieben wie kind, vor schaden vergoumen [= bewahren], versehen das weder sy nochjr annâmind, von dannen mitt der zyt ein schad entston môchte.» (HBS 6, 58); CHp, 345,17; ZHB, Kap. XXX, 137–138; Bullinger, Dekaden 2,5 (HBTS 3/1, 160,26–29; HBS 3, 291). Zur Bedeutung der Begriffe «Democratia», «Commun» vgl. Eduard Kobelt, Die Bedeutung der Eidgenossenschaft für Huldrych Zwingli, Zürich 1970, 51–65.

von Monarchie, Aristokratie, Oligarchie und Demokratie.[35] Die Monarchie sei die ungünstigste der drei ersten Staatsformen, aber auch die direkte Volksherrschaft hält Bullinger nicht für erstrebenswert. Stattdessen plädiert er für die Aufteilung der Regierungsgewalt auf verschiedene Personen. Allerdings lehnt er eine Oligarchie der Reichen ab, die nach dem Zensus gewählt wird. Die Staatsämter sollten vielmehr denjenigen übertragen werden, die sich durch Tugend und politische Einsicht auszeichnen.

Der platonische Grundsatz von der Gerechtigkeit als Grundlage für ein vollkommenes Gemeinwesen hat in die *Confessio* und die *Dekaden* Eingang gefunden. Diese für alle Glieder der Gemeinschaft gültige Erkenntnis richte sich in besonderer Weise an die Obrigkeit, deren vornehmste Aufgabe – wie Bullinger in der CHp bemerkt – darin bestehe, für «den Frieden und die öffentliche Ruhe zu sorgen und sie zu erhalten».[36] Die Pflicht zur Friedenssicherung reicht von Rechtswahrung und Garantie des friedlichen Zusammenlebens bis hin zur Notmassnahme der Kriegsführung zur Verteidigung des Gemeinwohls und der Bürgerinnen und Bürger.[37] Zur Friedenssicherung gehöre ebenfalls der Schutz von Leben und Vermögen vor Betrug oder Gewalt. Die Obrigkeit müsse darüber hinaus für soziale Gerechtigkeit eintreten, indem sie einerseits die Schwachen, Unbemittelten und Bedrängten beschützt und wirtschaftliche Ungleichheiten abbaut und andererseits das Wirtschaftsleben reguliert und fördert. Neben der Herstellung und Sicherung von Frieden und sozialer Gerechtigkeit obliege der Obrigkeit auch die Sorge für die Wahrung von Sittlichkeit und Anstand. Dabei habe sie der göttlichen Weisung zu folgen und dafür zu sorgen, dass die staatlichen Gesetze in Übereinstimmung mit dem Wort Gottes stehen.[38] In diesem Sinn verweist Bullinger in seiner Widmungsvorrede an Heinrich VIII. auf die biblischen Vorbilder des Volksführers Josua, des Richters Gideon sowie der Könige

35 Bullinger, Dekaden 2,6 (HBTS 3/1, 180,35–182,3; HBS 3, 329–332).

36 CHp, 344,18–19: «Eius officium praecipuum est, pacem et tranquillitatem publicam procurare et conservare.» (ZHB, Kap. XXX, 136); Bullinger, Dekaden 2,7 (HBTS 3/1, 196,31–200,32; HBS 3, 357–365).

37 CHp, 344,19–20, 344,25–345,9; ZHB, Kap. XXX, 136–137. Vgl. Bullinger, Dekaden 2,9 (HBTS 3/1, 214–227; HBS 3, 390–415).

38 CHp, 334,26: «bonis item legibus ad verbum Dei compositis, moderetur populum sibi a Deo creditum» (ZHB, Kap. XXX, 136). Die Formulierung ist eine bewusste Aufnahme von Zwinglis Lehre, nach welcher menschliche Gerechtigkeit relativ ist und in der Regelung menschlicher Dinge der göttlichen Gerechtigkeit so nahekommen muss, wie es ihr möglich ist.

David, Salomo und Josaphat, um den König von der Notwendigkeit der Reformation von Kirche und Gesellschaft zu überzeugen.[39]

Eine weitere für die Verhältnisbestimmung von Staat und Kirche grundlegende Aufgabe der Obrigkeit bestehe in ihrer «Sorge für die Religion»: «docemus religionis cura, imprimis pertinere ad magistratum sanctum».[40] Die Inanspruchnahme der politischen Gewalt ziele einerseits auf die Förderung der richtigen Anbetung und Verehrung Gottes (*cultus Dei*), allem voran die Verkündigung des Evangeliums, und andererseits auf die Abwehr von Religionsvergehen (*mendacia, superstitio, impietas* und *idolatria*).[41] Schlimmer als das Unrecht gegen die Mitmenschen sei das Unrecht der Gemeinschaft gegen die Ehre Gottes. Damit würde die Entscheidungsfähigkeit sowohl der Christengemeinde als auch der genossenschaftlichen Bürgergemeinde lahmgelegt und beide in ihrer Existenz gefährdet.

Aus dieser Sicht sind die Täufer als Inbegriff der «Verächter der Obrigkeit» nicht nur ein kirchliches, sondern auch ein staatliches Problem. Es handelt sich um eine gegen die Gemeinschaft gerichtete Gruppierung, die deshalb mit der nötigen Härte verfolgt und bestraft werden muss. Folgerichtig behandelt die CHp im Rahmen der Zwangsmittel der obrigkeitlichen Ausübung der *cura religionis* auch die Frage der Abwehr von Ketzern.[42] Als der Zürcher Antistes den Satz «Coërceat et hereticos (qui vere haeretici sunt) incorrigibiles» niederschrieb, lagen bereits zahlreiche von ihm abgefasste Briefe, Stellungnahmen und Gutachten über Vertreter des evangelischen Radikalismus (Täufer, Kaspar Schwenkfeld, Sebastian Frank, Bernardino Ochino, Sebastian Castellio, Michel Servet u. v. a.) sowie sein berühmt-berüchtigtes Buch *Der Widertôufferen vrsprung* vor, die von seiner Haltung gegen Dissidenten zeugen.[43] Eine kritische Sichtung des vorhandenen Quellenmaterials und der einschlägigen Literatur ergibt das folgende Bild:

39 Bullinger, Epistola ad Heinrychum VIII: De scripturae sanctae authoritate (HBTS 4, 8–25; HBS 2, 14–15).

40 CHp, 344,23–24; ZHB, Kap. XXX, 136.

41 CHp, 280,16–29 / ZHB, Kap. V, 27–28; CHp, 344,19–23 / ZHB, Kap. XXX, 136.

42 CHp, 345,3–5; ZHB, Kap. XXX, 137.

43 Hier einige Beipiele: HBS 6, 183–196.295–307.357–374; Bullinger, Von dem unverschampten fråfel: HBBibl 1, Nr. 238; ders., Brief an Bechtold Haller, nach dem 4. Juni 1532: HBBW 2, Nr. 102, 129–134; weiteres Quellenmaterial in Heinold Fast, Heinrich Bullinger und die Täufer. Ein Beitrag zur Historiographie und Theologie des 16. Jahrhunderts, Weierhof (Pfalz) 1959; Mark Taplin, The Italian Reformers and the Zürich Church, c. 1540–1620, Aldershot 2003, 111–169; Urs B. Leu/Christian Scheidegger (Hg.), Die Zürcher Täufer, 1525–1700, Zürich 2007, 85–116; Christian Moser, Die Dignität des Ereignisses. Studien zu Heinrich Bullingers Reformationsgeschichtsschreibung, 2 Bde., Leiden 2012, Bd. 1, 252–264.

Obwohl Bullinger niemals die Überzeugung aufgegeben hat, dass der Glaube als Gabe Gottes, die sich nur in Freiheit entfalten kann, nicht aufgezwungen werden darf, war er mit den meisten seiner Zeitgenossen der Auffassung, dass die Christenheit vor öffentlichen, das Seelenheil gefährdenden Irrlehren mit religionspolizeilichen Massnahmen geschützt werden müsse. Im äussersten Fall, wenn keine Reue und Besserung mehr zu erwarten waren, solle die Todesstrafe verhängt werden.[44] Bullinger legte damit die bereits von Zwingli eingeleiteten Massnahmen gegen die Täufer auf Dauer fest, weitete sie auf andere Dissidentengruppen aus und stellte sie mit der CHp sogar auf eine lehrmässige Grundlage. Folgt aus diesen Kompetenzerweiterungen des Rates in kirchlichen Angelegenheiten eine Vermischung der Zuständigkeiten beider Gewalten? Wir werden gleich darauf zurückkommen. Hier genügt der Hinweis, dass die Akzentuierung der «geistlichen» obrigkeitlichen Aufgaben der in der Vormoderne weitverbreiteten Überzeugung vom *corpus christianum* mit der engen Verknüpfung von kirchlicher und politischer Gemeinde geschuldet ist.

Weil die Obrigkeit von Gott eingesetzt ist, damit Menschen sicher und in geordneten Verhältnissen leben können, ist das ihr anvertraute Volk zum Gehorsam verpflichtet. Wer sich dem Magistrat widersetzt, der fordert Gottes schweren Zorn gegen sich heraus.[45] Der Gehorsam der Untertanen folgt aus Röm 13 und zugleich aus der Verheissung des fünften Gebots, wie Bullinger in den *Dekaden* darlegt.[46] Er fordert nicht blinde Untertänigkeit, sondern bereitwillige Unterwerfung, in dem Wissen, dass die Obrigkeit nicht bloss die Schwertgewalt im Auftrag Gottes ausübt, sondern auch «Gottes Dienerin dir zu gut» (*Dei minister tibi in bonum*) ist. Diese Pflichten gelten auch gegenüber einer ungläubigen Obrigkeit, sofern sie nur ihren Auftrag erfüllt. Der aus Dankbarkeit gegenüber Gott motivierte Gehorsam zeigt sich darin, dass Christen der Obrigkeit die geschuldeten Abgaben «treu und willig» leisten, all ihren «gerechten und billigen» Befehlen gehorchen und im Falle eines Kriegs das Leben einsetzen – noch eine polemische Pointe gegen die Irrtümer der Täufer und alle «Verächter der Obrigkeit».

Wie alle Reformatoren lehrte auch Bullinger den letzten, unbedingten Gehorsam der Christen allein gegenüber Gott (Apg 5,29). Sie dürfen, ja müssen den Gehorsam verweigern, wenn etwa die Obrigkeit Forderungen stellt, die dem Gewissen der Gläubigen widersprechen oder die Gebote der «ersten Tafel» des De-

44 Bullinger, Dekaden 2,8 (HBTS 3/1, 208,12–214,15; HBS 3, 378–390). Leu/Scheidegger, Täufer (Anm. 43), 97–98; Moser, Dignität (Anm. 43), 264.

45 CHp, 345,13–25; ZHB, Kap. XXX, 137–138; Bullinger, Dekaden 2,9 (HBTS 4, 225,14–227,7; HBS 3, 410–413).

46 Bullinger, Dekaden 2,5 (HBTS 3/1, 160,5–161,26; HBS 3, 290–292).

kalogs, d. h. das Gottesverhältnis tangieren. Angesichts solcher Übergriffe empfahl Bullinger Formen «frommen Ungehorsams» (*sancta inobedientia*) und, wo das nicht möglich war, Verfolgung und Flucht zu ertragen.[47] Darüber hinaus findet sich bei Bullinger noch ein weiterer Gedankengang, der aus naheliegenden Gründen keinen Eingang in das Bekenntnis fand, wohl aber in vielen anderen seiner Schriften begegnet. Beachtlich sind die kühnen, in biblischer Sprache verschlüsselten Äusserungen der *Anklag* über den aktiven Widerstand der Bürgerschaft gegen die tyrannische Obrigkeit, ja sogar über den Tyrannenmord.[48] Bemerkenswert ist auch das 1533 in Basel und Aarau und dann im Kriegsjahr 1939 in Basel und Zürich aufgeführte Lucretia-Spiel, das einzige erhaltene Theaterstück des Reformators.[49] Das Lehrdrama, dessen Stoff auf den römischen Historiker Titus Livius zurückgeht, handelt von Lucretias Schändung und Selbstmord. Als *exemplum virtutis* enthält es eine Anklage gegen die Tyrannis der Tarquinier. Brutus, der die Königsfamilie aus Rom vertreibt und die Republik gründet, wird als Exempel im Kampf gegen «alle Tyranny und Oligarchi» präsentiert. Die gleiche Funktion übernehmen in der Streitschrift «Entgegnung auf Johannes Fabri» die Hussiten, die «einiges von unserem Glauben gehabt» hätten.[50] Bullinger betont aber den Grenzcharakter einer solchen Tat, die weder missbraucht werden noch die grundsätzliche Regel aufheben dürfe, dass die Christen nicht durch Gewalt, sondern durch die öffentliche Verkündigung des Wortes Gottes zu wirken haben. Neigte Bullinger zu Beginn seiner Theologenlaufbahn manchmal zu radi-

47 Bullinger, De scripturae sanctae authoritate: HBTS 4, 74,13–19; HBS 2, 107; ders., Bericht, Wie die, so von wågen vnser Herren Jesu Christi: HBBibl 1, Nr. 386, 201–208, bes. 205–206; ders., In Apocalypsim [...] Conciones centum: HBBibl 1. Nr. 327. Das weitverbreitete Buch ist allen gewidmet, «die um Christi willen vertrieben sind», um sie zum Ausharren im Glauben und Ausschauhalten nach Gottes Heilstaten zu ermutigen.

48 Bullinger, Anklag (Anm. 21), Cvij^{v}: «Nun wüssend jr wol, was sy [die Pensionenherren] mit jrem kramen vnd bluotuergiessen beschuldt habend. Barmhertzigkeyt moecht man vilicht jnen mitteylen, wo sy sich des bluot vergiessens vnd lütmaerckt abthaetind, Almuosen gaebind, vnd das bluotig guot recht vssteyltind. Wo sy aber nitt abstond, rüw vnd leyd habend, wie koennend jr anders mit jnen handlen dann Salomon mit Joab handlet, jnn nåbend den kopff leyt? Dann es ist besser wenig verrůchter blůthunden hindan gethon mit recht, dann ein gantz land verderbt mit vffrůr, jamer, hunger, krieg vnd ellend.» (HBS 6, 75) Vgl. 1Kön 2,5–6.29–34.

49 Bullinger, Ein schŏn spil von der geschicht der Edlen Römerin Lucretiae: HBBibl 1, Nr. 39; vgl. Emidio Campi, Brutus Tigurinus. Aspekte des politischen und theologischen Denkens des jungen Bullinger: Therese Fuhrer u. a. (Hg.), Geschichten und ihre Geschichte, Basel 2004, 145–174; Anja Buckenberger, Heinrich Bullingers Rezeption des Lucretia-Stoffes: Zwingliana 33/2006, 77–91.

50 Bullinger, Vff Johannsen Wyenischen Bischoffs trostbůchlin: HBBibl 1, Nr. 36 (HBS 6, 122).

kalen Ansichten, bemühte er sich in reiferen Jahren um ausgewogene Formulierungen. In den *Dekaden* ruft er wiederholt zur Mässigung auf, weist überstürzte oder unüberlegte Handlungen konsequent zurück und erklärt das Vorgehen gegen eine tyrannische Obrigkeit zur Sache Gottes. Allerdings weiss der Antistes auch, dass Gott in der Geschichte «manchmal auch Helden und tapfere Männer [wählt], die einen Tyrannen beseitigen und das Volk Gottes befreien».[51] In einem Brief an John Knox von März 1554 scheint Bullinger nicht nur die *sancta inobedientia,* sondern auch den gewaltsamen Widerstand gegen eine tyrannische Obrigkeit zu billigen. Er betont allerdings, dass nur Magistraten ein solches Recht auf Gegenwehr zugestanden werden dürfe.[52] Ob Bullingers Votum unmittelbare politische Wirkungen zeigte, lässt sich schwer abschätzen, weil er eine eher geringe Rolle in der Gestaltung und Ordnung der schottischen Kirche spielte. Jedenfalls ging die *Confessio Scotica* von 1560 einen Schritt weiter, wenn sie das Widerstandsrecht gegen die Tyrannei geradezu zur Pflicht erklärte.[53]

2. Verhältnisbestimmung von Kirche und Staat

In den bisherigen Ausführungen hat sich gezeigt, dass Bullingers Lehre *De Magistratu* von der Vorstellung einer einheitlichen kultisch und politisch organisierten Gemeinschaft geprägt ist, wie sie in Zürich bereits vor seinem Amtsantritt Realität war. Seine etwas anders akzentuierte Auffassung vom Verhältnis zwischen Kirche und Gemeinwesen ist allerdings nicht nur der stadtreformatorischen Idee vom *corpus christianum* geschuldet. Eine weitere entscheidende Weichenstellung erfolgt im Rahmen des Problemkreises Bund - Schrift - Gesetz. Dort finden sich die konstruktiven Elemente zu Bullingers Rechts- und Staatdenken.

Für den Antistes ist die Schrift nicht nur die Richtschnur des Glaubens, sondern auch des Lebens. Sie ist – wie er in der *Confessio* formuliert – «eine vollständige Darstellung dessen, was immer zur rechten Belehrung über den seligmachenden Glauben und ein Gott wohlgefälliges Leben gehört». Gewonnen werden kann aus ihr «wahre Weisheit und Frömmigkeit, die Verbesserung (*reformatio*) und Leitung (*gubernatio*) der Kirchen, die Unterweisung in allen Pflichten der Frömmigkeit und endlich de[r] Beweis der Lehren und de[r] Gegenbe-

51 Bullinger, Dekaden 2,6 (HBTS 3/1, 185,28–186, 6; HBS 3, 339).

52 Andreas Pečar, Macht der Schrift. Politischer Biblizismus in Schottland und England zwischen Reformation und Bürgerkrieg (1534–1642), München 2011, 149–150.

53 Ian Hazlett (Hg.), Confessio Scotica: RBS 2/1, 240–299 (263,8).

weis oder die Widerlegung aller Irrtümer».[54] Dabei wird die hermeneutische und soteriologische Einheit und Kontinuität beider Testamente als Entfaltung des einen Bundes Gottes hervorgehoben. Eine Entgegensetzung oder Trennung von Altem und Neuen Testament ist für Bullinger ausgeschlossen, denn beide bezeugen denselben *foedus evangelii,* und Christus ist die Besiegelung des mit Adam, Abraham und Mose begonnenen Bundes.[55] Dieser föderaltheologische Ansatz bestimmt im Kern das Verhältnis von Gesetz und Evangelium. Beide müssen zwar unterschieden werden, aber nicht im Sinn eines Gegensatzes, sondern als Kontinuitätsverhältnis. Einerseits enthält auch die Zeit unter dem Gesetz «evangelische Verheissungen», andererseits ist das Evangelium die Erfüllung der von Anbeginn der Welt an erfolgten Verheissung des Gnadenbundes Gottes. So sind die Zeremonien und die Gesetze der Juden als historisch-kontingente Sachverhalte und Äusserungen zu verstehen, die hinter der soteriologischen Substanz des Bundes deutlich zurücktreten.[56] Auf die kontroverse Frage nach der rechten Unterscheidung von Gesetz und Evangelium und ihrer Reihenfolge liefert Bullinger stets die entschiedene Antwort, die ihn und den reformierten Protestantismus von Luther und vom Luthertum unterscheidet. In den zwei Wirkweisen des Wortes Gottes steht das Evangelium an erster Stelle, dem gleichsam als Ausführungsbestimmung das Gesetz, als Ausdruck desselben unwandelbaren Willen Gottes, beigegeben ist:

54 ZHB, Kap. I, 17; CHp, 273,11–13.15–18: «Et in hac scriptura sancta habet universalis Christi ecclesia plenissime exposita, quaecunque pertinent cum ad salvificam fidem, tum ad vitam Deo placentem, recte informandam. [...] Sentimus ergo ex hisce scripturis petendam esse veram sapientiam et pietatem, ecclesiarum quoque reformationem et gubernationem, omniumque officiorum pietatis institutionem, probationem denique dogmatum, reprobationemque, aut errorum confutationem omnium.» Ähnlich auch Bullinger, Dekaden 1,1, HBTS 3/1, 29,5–8: «Omnia dogmata fidei christianę, omnis item recte, bene beateque vivendi ratio, omnis denique sapientia vera divinaque semper petita est ex verbi dei testimoniis seu iudicatis.» (HBS 3, 57); Bullinger, Summa: HBBibl 1, Nr. 283, 12: «Die herrliche gnad für alle bůcher uss / vff aller dieser erden / hat ouch die heilig Biblisch gschrifft / & das sy heiter vnd vollkomen alles das begryfft vnd leert / das zů einem gottsåligen låben / wüssen / glouben / thůn vnnd lassen wol dienet.» Vgl. Ernst Koch, Die Theologie der Confessio Helvetica Posterior, Neukirchen-Vluyn 1968, 168–178; Peter Opitz, Heinrich Bullinger als Theologe. Eine Studie zu den «Dekaden», Zürich 2004, 353–384; Fritz Büsser, Heinrich Bullinger (1504–1575). Leben, Werk und Wirkung, 2 Bde., Zürich 2004/2005, Bd. 1, 272–279.

55 Bullinger, De testamento: HBBibl 1, Nr. 54, 21r: «Christus obsignatio et viva confirmatio foederis» (HBS 1, 74); Opitz, Dekaden (Anm. 54), 317–352.

56 CHp, 299,3–25; ZHB, Kap. XIII, 58; des Gesetzes (HBTS 3/1, 383–418; HBS 4, 72–134); Opitz, Dekaden (Anm. 54), 353–416.

«Wir lehren, dass uns durch das Gesetz Gottes der Wille Gottes dargelegt werde, nämlich, was wir tun oder lassen sollen, was gut und gerecht, oder was böse und ungerecht sei. Deshalb bekennen wir, dass das Gesetz gut und heilig sei. Dieses Gesetz ist einerseits durch den Finger Gottes in die Herzen der Menschen geschrieben (Röm 2,15) und wird Gesetz der Natur genannt, anderseits aber ist es durch den Finger Gottes in die beiden Gesetzestafeln des Moses eingegraben worden und in den Büchern Mose ausführlicher erklärt (2. Mose 20,1ff.; 5. Mose 5,6ff.). Dieses teilen wir um der Klarheit willen ein in das Sittengesetz, das enthalten ist in den zehn Geboten oder in den beiden Tafeln und in den Büchern Mose erklärt wird, das Zeremonialgesetz, das die Zeremonien und den Gottesdienst festsetzt, und das Rechtsgesetz, das sich mit den staatlichen und wirtschaftlichen Ordnungen befasst.»[57]

Bullinger macht Ernst mit der alttestamentlichen Freude am Gesetz Gottes und bindet die christliche Glaubenspraxis untrennbar an das Ethos des Dekalogs. Grundlegend ist die erste Tafel des Gesetzes mit den Bestimmungen der rechten Weise, Gott zu dienen. Deshalb versucht Bullinger, die reformierte Glaubenslehre und Kultusordnung aus der von Gott in seinem Gesetz geforderten Ordnung abzuleiten. Geradezu emphatisch betont er dabei die enge Verbindung zwischen dem im engeren kultischen Sinn *cultus Dei* und der ethischen und staatspolitischen Dimension der *pietas*.[58] So wie falsche Gottesverehrung nicht nur den Zugang zum ewigen Heil verschliesst, sondern auch die sittliche Grundlage der Gemeinschaft zerstört, so erwächst aus der wahren Anbetung die *pietas*, die vertrauensvolle und ehrfürchtige Bindung an Gott und damit das Hören auf die Schrift, das Wissen um die Erfordernisse der Gegenwart, die Pflicht gegenüber den Mitmenschen und der Gemeinschaft, ohne die keine Lebensgemeinschaft Bestand haben kann. Beispielhaft lässt sich dieser Zusammenhang am dritten Gebot «Du sollst den Namen des Herrn, deines Gottes, nicht missbrauchen» verdeutlichen. Den alttestamentlichen Eidbegriff entdeckte Bullinger bereits recht früh für sein Kirchen- und Gesellschaftsverständnis. In seinem Täuferbuch *Von dem unverschampten fråfel* begegnet der Eid als eine Rechtinstitution göttlichen Ursprungs (Gott schwört «bei sich selbst», Gen 22,16; Ex 32,16; Jes 45,23 u. ö.), der die notwendige und unverzichtbare Funktion des gesellschaftlichen Zusammenhalts erfüllt.[59] Deshalb forderte der Zürcher Antistes einerseits harte

57 ZHB, Kap. XII, 55f.; CHp, 297,13–27.

58 Siehe die punktuellen Beobachtungen zur Stellung des Lehrstückes *De cultu Dei* in der *Confessio Helvetica posterior* bei Koch, Theologie (Anm. 54), 378–382.

59 Bullinger, fråfel (Anm. 43), 119r.121v–122r: «Durch den eyd wir[d]t die gmeynd vnder die oberhand gethon: dann man schweert jro ye ghorsamme. Durch den eyd wir[d]t der Radt gesamlet. Durch den eyd wirdt das waar gůtt vnd grecht herfür gebracht. Durch den eyd werdend alle gwårb / gar nach / kouffen vnd verkouffen / lyhen /gůter /schulden

Bestrafungen bei Meineid oder Eidesverweigerung. Andererseits versuchte er wiederholt, das wiederkehrende politische Ritual der Erneuerung der Bundesschwüre enger an das reformierte Bekenntnis zu binden. Da die reformierten Orte – im Gegensatz zu den katholischen Gebieten – die traditionelle Eidesformel «bei Gott und den Heiligen» ablehnten, äusserte er sich dazu während der 1540er Jahre mehrfach brieflich und verwahrte sich 1551 vor dem Kleinen Rat gegen ein Nachgeben bei dieser bedeutsamen Frage. Er machte geltend, dass «die Bünde weltlich sind und Leib und Gut betreffen [...]. Der Eid aber ist eine Sache der Religion und betrifft den Glauben; das Wort Gottes beschreibt ihn sehr genau und gibt an, wie man ihn ablegen und annehmen solle und wie nicht.» Bullinger vertrat ganz selbstverständlich die Ansicht, dass sich der Zürcher Rat um den wahren Glauben seiner eigenen Untertanen zu kümmern und die wahre Form der Religion auch ausserhalb des eigenen Herrschaftsbereichs zu fördern und zu schützen habe. In Übereinstimmung der zur Zeit seines Amtseintritts vereinbarten Regeln für das Zusammenwirken von weltlicher und geistlicher Obrigkeit erinnerte er die «Gnädigen Herren» daran, dass «ihr Gott und seinem Wort untersteht und keine Befugnis habt, in Glaubensdingen irgendetwas gegen dieses Wort oder unsere Reformation zu beschliessen, zu tun oder zuzulassen».[60]
Als 1555 erneut eine Debatte über das Bundschwören aufflammte, hielt der Antistes konsequent am religiös bindenden Charakter des Eids fest und verweigerte sich jeglichem politischem Kompromiss aus Gründen der Staatsräson.[61]

Die enge Verbindung zwischen dem *cultus Dei legitimus* und dem Bundesethos als Lebensform christlicher Frömmigkeit wird noch deutlicher in Bullingers Ausführungen zur zweiten Dekalogtafel. Exemplarisch sei auf das sechste und siebte Gebot hingewiesen. Beide waren für Zürich von zentraler Bedeutung: das sechste Gebot wegen seiner umfassenden Konsequenzen für das Gemeinwesen, das siebte Gebot wegen seines grossen Einflusses auf das Alltagsleben. Bullinger hat sich zu keinem Gebot so umfangreich geäussert wie zum sechsten Ge-

vnnd contract / gefertiget vnd versicheret. Durch den eyd wirdt der vnwillig genôtet zur straaff / zur billigkeyt / vnd was da notwenndig ist zů gemeynen růwenn. Durch den eyd werdend die Râchte vnd pündtnussen vsgericht vnnd behalten. So werdennd ouch durch jnn die frieden gemacht.» Vgl. auch Bullinger, Dekaden 2,3 (HBTS 3/1, 147,11–152,12; HBS 3, 267–275); CHp, 281,34–38; ZHB, Kap. V, 30.

60 HBS 6, 279, 278; vgl. Holenstein, Auftrag (Anm. 15), 215–217; Hans Ulrich Bächtold, «Das uns gott helff und die heiligen». Zürich im Streit um die eidgenössische Schwurformel: Christan Moser et. al. (Hg.), Aspekte des reformierten Protestantismus, 1520–1650. FS Emidio Campi, Leiden 2009, 295–346. Text des Fürtrags in HBS 6, 273–283 (279.282).

61 Holenstein, Auftrag (Anm. 16), 216; Leu/Scheidegger, Täufer (Anm. 43), 102.

bot «Du sollst nicht töten». Das im 16. Jahrhundert als besonders brennend empfundene Thema griff er in vier umfangreichen Predigten in den *Dekaden* auf (Dekade 2,6: «‹Du sollst nicht töten› und über die Obrigkeit»; Dekade 2,7: «Die Aufgabe der Obrigkeit, welche Anwendung sie treffen kann, ob sie für die Aufsicht über den Glauben zuständig ist, ob sie entscheidet, welcher Glaube gelten solle, und die Gesetze, die sie erlässt»; Dekade 2,8; «Die Rechtsprechung und die Aufgabe des Richters; den Christen ist es nicht verboten zu richten; die Ahndung und die Strafe; ob die Obrigkeit Schuldige mit dem Tode bestrafen darf; warum, wann, wie und was bestraft wird; ob sie jemanden um des Glaubens willen bestrafen kann»; Dekade 2,9: «Der Krieg; ob der Obrigkeit erlaubt ist, Krieg zu führen; wie die Heilige Schrift über den Krieg lehrt; ob ein Christ ein obrigkeitliches Amt ausüben darf; die Pflichten der Untertanen»).[62] Ohne auf Einzelheiten eingehen zu können, zeigt sich an dieser Stelle, wie Bullinger seine Theologie mit konkreten Einzelfragen der politischen Ordnung verbindet. Seine Überlegungen zum Themenkomplex des Krieges lesen sich fast wie ein Gutachten zuhanden der Magistrate, um einen an Konfliktlösungen gerichteten Wandel im Rechtsdenken zu bewirken. Krieg versteht Bullinger zunächst als eine verdiente «Geissel Gottes» (vgl. Jes 10,26) und als «etwas sehr Gefährliches, da er meist eine unsägliche Kette von Leid und Übel nach sich zieht».[63] So massiv Kriegshandlungen die Glaubwürdigkeit der christlichen Botschaft gefährden würden, gebe es doch Fälle, in denen «die Obrigkeit wie ein Löwe aufspringen und ihre Untertanen gegen die offene Gewalt und die rücksichtlosen Räuber verteidigen» müsse.[64] Der Obrigkeit sei daher erlaubt, aus gerechten und zwingenden Gründen Kriege zu führen. Aber es bedürfe «grosser Gottesfurcht wenn sie einen Krieg beginnen oder beenden möchte, damit sie nicht, um einem kleineren Unglück auszuweichen, in ein grösseres gerät».[65] Bullinger behauptet eine grundsätzliche Untertanenpflicht zum Kriegsdienst. Im Fall eines unrechtmässigen Krieges müsse aber der Gehorsam verweigert werden: «Wenn die Obrigkeit jedoch weiterginge und Unschuldige töten wollte, dann – das habe ich in früheren Predigten [Dekade 2,6] gezeigt – ist ihren gottlosen Anweisungen nicht zu gehorchen. Die Obrigkeit achte also darauf, das Recht nicht zu missbrauchen.»[66] Anders als die Täufer, die mit Berufung auf die Bergpredigt ein friedliches und

62 Bullinger, Dekaden 2,6 (HBTS 3/1, 176–188; HBS 3, 321–343); 2,7 (HBTS 3/1, 188–200; HBS 3, 343–365); 2,8 (HBTS 3/1, 201–214; HBS 3, 365–390); 2,9 (HBTS 3/1, 214–227; HBS 3, 390–415).

63 Bullinger, Dekaden 2,9 (HBTS 3/1, 216,23, 216,7–9; HBS 3, 393–394).

64 Bullinger, Dekaden 2,9 (HBTS 3/1, 216,7–23, 219,13–14; HBS 3, 394, 399–400).

65 Bullinger, Dekaden 2,9 (HBTS 3/1, 216,7–9, 217,27–29; HBS 3, 393, 396–397).

66 Bullinger, Dekaden 2,9 (HBTS 3/1, 216,3–7; HBS 3, 393).

wehrloses Leben in der Nachfolge Jesu forderten, beruft sich Bullinger auf die Schrift und übernimmt die traditionelle Unterscheidung von Augustinus und Thomas zwischen ungerechten und gerechten Kriegen. Im Zentrum seiner Argumentation steht das in der Lehre vom gerechten Krieg ausgeführte *ius in bello*. Im Rückgriff darauf bestreitet der Antistes einerseits das Fundament eines täuferischen Pazifismus und fordert andererseits die Einhaltung bestimmter Regeln der Kriegsführung.[67] Unübersehbar kollidieren an dieser Stelle Bullingers Vorstellungen vom prophetischen Auftrag der Kirche mit den Interessen realer Machtpolitik. Er sieht sich zu Kompromissen genötigt, um das institutionelle Gefüge der Zusammenarbeit zwischen Kirche und Obrigkeit nicht zu schwächen und zu gefährden. Unbeirrt von den täuferischen Einwänden hält er an seinem Standpunkt fest und verteidigt seine Auffassung, indem er auf biblische Belege, historische und praktische Beispiele hinweist. Seine Überlegungen münden in die ironische Schlussfolgerung, dass «nicht von Gott, sondern vom Teufel der verbreitete Spruch [stammt]: ‹Schweigen sollen zwischen den Waffen die Gesetze.›»[68]

In seiner Behandlung des siebten Gebots «Du sollst nicht ehebrechen» stellt Bullinger die «göttliche Verbindung und Vereinigung» der ehelichen Gemeinschaft als Bild des Bundes Gottes mit den Menschen dar. Gott selbst hat den Ehebund eingesetzt, «und zwar im Paradies, als der Mensch noch keinen Leiden ausgesetzt war».[69] Die drei Ehezwecke *conservatio generis humani* (Beförderung des physischen und moralischen Wohlergehens des menschlichen Geschlechts, einschliesslich der wechselseitigen Hilfeleistung), *procreatio et educatio sobolis* (Zeugung und Erziehung der Nachkommenschaft), *evitatio fornicationis* (Verhinderung der Unzucht) bestimmen, was Mann und Frau einander sein sollen und schulden. Das Verständnis bleibt ganz der spätmittelalterlichen Lehrtradition verpflichtet, aber stellt ebenfalls einen reformatorischen Grundkonsens dar. Die Ehe, einen von Gott gewirkten Bund, kann Bullinger in höchsten Tönen loben: Sie sei ein «heiliges Band», das «unauflöslich und ewig ist». Die theologische Qualifizierung der Ehe löst freilich noch nicht die damit zusammenhängenden

67 Bullinger, Dekaden 2,9 (HBTS 3/1, 220,7–22; HBS 3, 401–402).

68 Bullinger, Dekaden 2,9 (HBTS 3/1, 220,22–28; HBS 3, 402).

69 Bullinger hat sich schon früh und ausführlich in verschiedenen Schriften zur Ehe geäussert, insbesondere in: ders., Der Christlich Eestand (HBTS 5, 79–190; HBS 1, 417–575); ders., Dekaden 2,10 (HBTS 3/1, 228–250; HBS 3, 415–455). Grundlegend dazu Detlef Roth, Heinrich Bullingers Eheschriften: Campi, Bullinger (Anm. 16), 251–309; Carrie Euler, Practical piety. Bullinger's Marriage Theology as a Skillful Blending of Theory and Praxis: Campi/Opitz, Bullinger (Anm. 16), Bd. 2, 661–670; Bullinger, Dekaden 2,10 (HBTS 3/1, 228,5–26; HBS 3, 416).

praktischen Probleme. Der wegen seiner seelsorgerlichen Fähigkeiten von den Zeitgenossen gerühmte Antistes behandelt deshalb auch konkrete eherechtliche Fragen: die rechtmässige Zusammenfügung der Eheleute, Zwangsheirat von Minderjährigen oder Verheiratung gegen den Willen einer der Beteiligten, verbotene Verwandtschaftsgrade, Prostitution, Monogamie, das Inzest- und Polygamieverbot, den Ehebruch, die Nichtigkeitserklärung von Ehen und Ehescheidung. Auch praktische Probleme des ehelichen Zusammenlebens, etwa sexuelle Probleme, wirtschaftliche Nöte, Persönlichkeitskonflikte oder chronische Krankheiten der Eheleute, werden eingehend thematisiert. Ausführlich befasst sich der Zürcher Antistes auch mit Fragen der Partnerwahl, der Haushaltsführung und Kindererziehung sowie der sozialen Funktion der Hochzeit.

Bullingers Überlegungen zur Ehe haben bisher nur wenig Beachtung in der Reformationsforschung gefunden. Dabei behandeln seine Ausführungen «durchwegs eherechtlich und ordnungspolitisch relevante Fragen, wie sie auch in den Satzungen des Zürcher Ehegerichts in knapper Form festgehalten und erörtert werden».[70] Bullinger erwähnt zwar das Ehegericht nicht explizit, aber ein kurzer Blick in die Zürcher Kirchenordnungen zeigt, dass er genau die Probleme aufgreift, die auch Gegenstand der äusserst zahlreichen obrigkeitlichen Eheerlasse sind. Seine Ausführungen erlauben einen tieferen Einblick in die Realität der Ehen jener Zeit, mehr noch, sie vermitteln einen differenzierten Eindruck von den Auswirkungen des reformatorischen Eheverständnisses auf die politische Kultur des Gemeinwesens.

In allen diskutierten Beispielen geht es Bullinger darum, das Verhältnis zwischen Kirche und den politischen Institutionen im Rückgriff auf die Toragesetzgebung und prophetische Tradition zu bestimmen. Besonders deutlich wird dieser Zusammenhang in zwei Abschnitten aus den *Dekaden* und der *Summa*, in denen das Predigeramt (*ministerium verbi divini*) und das Obrigkeitsamt (*magistratus munus*) im gleichen Atemzug genannt und deren Zusammenarbeit als unentbehrlich für den Bestand der Gemeinschaft erklärt werden. In der siebten Predigt der zweiten Dekade über die Aufgaben der Obrigkeit verweist Bullinger auf die göttliche Bestrafung Usias (oder Ussijahu), des Königs von Juda, weil dieser gegen alle Warnungen das Amt des Priesters für sich beansprucht hatte (2Chr 26,16–21). Der Antistes folgert daraus:

70 Roth, Eheschriften (Anm. 69), 283. Roths Urteil ist uneingeschränkt beizupflichten und wird untermauert durch den Vergleich von Bullingers Ausführungen mit den Ratsmandaten zu Eheangelegenheiten. Vgl. die Texte in: Campi/Wälchli, Zürcher Kirchenordnungen (Anm. 9), 1, Nr. 18, 27, 45, 54, 62, 66, 75, 94, 115, 140, 142, 153, 157, 159, 178 u. ö.

> «Nun verfolge ich jedoch mit dem, was ich sage, nicht die Absicht, die Ämter und Aufgaben der Obrigkeit mit denjenigen der Diener der Kirche zu vermischen, so dass der König predige, taufe und das Abendmahl austeile, der Priester aber zu Gericht sitze, einen Mörder verurteile und Streitende durch einen Schiedsspruch trenne. Die Kirche Christi hat und behält gesonderte Ämter (*officia distincta*), denn Gott ist ein Gott der Ordnung, nicht der Unordnung [vgl. 1Kor 14,33]. Unser Beweisgang läuft drauf hinaus, allen zu zeigen, dass der Obrigkeit von Amts wegen die Aufsicht über die Gottesverehrung (*cura religionis*) zukommt – sei es, dass sie sie wiederherstellt, wenn sie daniederliegt, oder sie bewahrt, wenn sie unversehrt geblieben ist – und dass sie dabei nach der Regel des Wortes Gottes vorgehen soll. [...] Dem Politiker wird befohlen, den Geistlichen anzuhören, und dieser wiederum soll dem Politiker in allem gehorchen, was gesetzliche Vorschriften sind. Deshalb hat Gott die Obrigkeit nicht den Priestern als Herren unterstellt, sondern als Dienern Gottes, des Herrn, und deswegen sind sie vielmehr Gott selbst und seinem Gesetz unterstellt, dem auch die Priester in gleicher Weise wie die Fürsten unterworfen sind.»[71]

Einige Jahre später taucht dieser Gedanke erneut im zentralen Kapitel XVI des vierten Artikels der *Summa* auf. Dort wird er aber umgekehrt gegen die täuferische Forderung nach Trennung von obrigkeitlicher Gewalt und Kirche gerichtet:

> «Hie sol ouch ein Christenliche oberkeit jre trüwe dienst dem Herren Christo vnd siner Christlichen kilchen trüwlich bewysen. Jch weiss aber hie wol wie etliche von der Oberkeit redend / sy sölle jres radthuses / wåltlichen schwårts / vnd zytlichen gerichts gewaren vnd warten / vnd sich der kilchen håndlen vnd dienern gar nüt beladen / sunder sy selbs schalten vnd walten lassen / one alles ynreden. Darwider lut aber gar klar der befelch Gottes / welcher heisst den oberkeiten das gsatztbůch gåben: vnnd nit allein das / sunder der oberkeit gebüt zeuerschaffen mit jrem dienst / das die ding im gsatzt gebotten in gang kummind vnd in wåsen beston mögind.
>
> Es warend zwaren vnderscheidne åmpter des priesters vnd des richters. Dann als der künig Ozias oder Azarias röuchen wolt / ward es jm nit gstattet. Herwiderumb satztend sich die propheten nit vff den künigstůl / sunder lartend der oberkeit gehorsam syn / vnd warend sy selbs jren ouch nach dem wort Gottes gehorsam. Da so verschieltend sy von der kilchen håndlen die künig vnd richter nit. Dann låse man in dem bůch Josue / wie vil sich Josue der kilchen håndlen vnd gloubens sachen angenommen habe: dessglych im ersten bůch der Chronica wie vnnd was David gehandlet. Solomon satzt vnd entsatzt den obristen priester: handlet ouch der kilchen håndel mit grossem lob. Låse man in den Künigbüchern was die heiligen künig Asa / Josaphat / Ezechias / Josias gethon habind in der kilchen mit reformieren. Vnd wie die fürsten vnd die priester mit einandern einhållig den gottsdienst gefürderet habind. Welches alles Gott in jnen tråfflich růmpt. [...]

71 Bullinger, Dekaden 2,7 (HBTS 3/1, 192,10–20; HBS 3, 349–350).

Darumb nach vsswysung Gôttlicher warheit sôllend Christenliche oberer sich der kilchen håndlen beladen: doch die allein hålffen nach dem wort Gottes richten / leiten vnd erhalten / vnnd nit nach jrem gůtduncken oder gefallen / damit jnen nit widerfare wie dem künig Hieroboam / Achab / Saul / vnd andern jrs gelychen. Gott gebüt der oberkeit zehandlen nach sinem wort. Da sôllend sy trüwlich anhalten das gsunde leer vnd die råchten kilchenbrüch ein fürgang habind / falsche oder ergerliche leer vnd leerer / vngehorsame / vnzucht / schand vnnd laster abgestellt vnd gestrafft / ouch der kilchen gůter zůr leer vnnd trost der armen råcht verwalten / ouch Christlicher frid vnnd wolstand alle zyt gefürderet werde.»[72]

Kirche und politische Institutionen müssen für Bullinger zwar unterschieden werden, aber bilden keine unverbundenen Ordnungen mit unabhängigen Prinzipien, sondern die beiden Glieder des gleichen Organismus. Sie haben verschiedene Aufgaben, sind aber nicht voneinander zu trennen. Die Kirche soll die Menschen in die Gemeinschaft mit Christus führen und sie erhalten durch Wort, Sakrament und Sittlichkeit. Die Obrigkeit hat das gemeinschaftliche Miteinander zu fördern und die Folgen der Sünde notfalls auch durch Anwendung von Gewalt einzudämmen. Bezeichnend für Bullinger ist, dass er die Schwertgewalt der Obrigkeit nicht so sehr als herrschaftspolitische Zwangsordnung, sondern in erster Linie als sittliche Gestaltungsaufgabe versteht. Sie soll es allen Gliedern der Gemeinschaft ermöglichen, sich der – über die menschliche Gerechtigkeit hinausgehenden – göttlichen Gerechtigkeit anzugleichen. Als «Gottes Dienerin dir zugut» (Röm 13,4) hat die Kirche die Obrigkeit nicht für sich selbst, sondern für die Allgemeinheit in Anspruch zu nehmen. Deshalb ist der Magistrat nicht nur für die Sicherung von Frieden und Recht, sondern auch für die *cura religionis* verantwortlich.[73]

In der Bestimmung der obrigkeitlichen Pflichten gegenüber der Religion schliesst das *Zweite Helvetische Bekenntnis* an die entsprechenden Passagen in Melanchthons Schrift *Über das Amt der Fürsten* von 1539 und die verschiedenen

72 Bullinger, Summa: HBBibl 1, 283, Art. 6, Kap. 16, 109v, trägt den bezeichnenden Titel «Was man von den Dienern der kilchen ouch von der Oberkeit halten sôlle»; 111r–112v. Vgl. Kirby, Magistrate (Anm. 16), 935–950.

73 CHp, 344,18–24: «Eius officium praecipuum est, pacem et tranquillitatem publicam procurare et conservare. Quod sane nunquam fecerit felicius, quam cum fuerit vere timens Dei ac religiosus, qui videlicet ad exemplum sanctissimorum regum principumque populi domini, veritatis praedicationem, et fidem synceram promoverit, mendacia et superstitionem omnem cum omni impietate et idololatria exciderit, ecclesiamque Dei defenderit. Equidem docemus religionis curam, imprimis pertinere ad magistratum sanctum.» (ZHB, Kap. XXX, 136).

Ausgaben der *Loci communes* an.[74] Der *Praeceptor Germaniae* setzte zwar bei Luthers Obrigkeits- und Zweiregimentenlehre ein, ging aber in diesem Punkt über seinen wichtigen Weggefährten hinaus. Die christliche Obrigkeit hat als *pius magistratus* das Schutzamt über beide Gesetzestafeln (*custodia utriusque tabulae*) inne. Sie ist deshalb berechtigt und verpflichtet, nicht nur die Kirche und ihren Auftrag zu schützen und zu garantieren, sondern auch die reine Lehre durchzusetzen und öffentliche lästerliche Irrlehren abzuwehren. Für Melanchthon und Bullinger sind die politischen Machtträger Wächter der zweiten Gesetzestafel, in der die wechselseitigen menschlichen Pflichten formuliert sind. Als «nützlichen, hervorragenden Kirchengliedern» – so die CHp – obliegt ihnen darüber hinaus die Einhaltung der ersten Gesetzestafel über die rechtmässige Gottesverehrung und – daraus abgeleitet – des *cultus Dei legitimus* im weiteren Sinn: Ausbreitung der «Predigt der Wahrheit» und des «reinen Glaubens», Bewahrung vor Irrlehren, Bestrafung von Götzendienst, Blasphemie und religiös motiviertem Aufruhr. Der Auftrag der Obrigkeit als Hüterin der ersten Tafel umfasst weiter die Sorge für die Berufung und den Unterhalt der Kirchendiener, die Einberufung und Abhaltung von Synoden sowie für die korrekte Verwaltung der Kirchengüter, damit sie «der Lehre, den Armen und den allgemeinen Bedürfnissen dienen».[75] Zur *cura religionis* im weiteren Sinn gehört schliesslich das *ius reformandi,* das Recht der weltlichen Obrigkeit, die Religionsübung in ihrem Machtbereich zu regeln, die Untertanen notfalls mit Zwangsmitteln zu ihrer Einhaltung zu verpflichten und Häretiker zu verfolgen. Im Vordergrund stand dabei weniger die Betreuung der Ortsgemeinde als die gemeindeübergreifende Kirchenleitung. Folgerichtig fiel den politischen Amtsträgern als vornehmsten Mitgliedern der Kirche die treuhänderische Wahrnehmung des bischöflichen Amts zu, während die innerkirchliche Leitungsfunktion Geistlichen anvertraut wurde (wie in Zürich dem Grossmünsterpfarrer als Antistes).

Obwohl Zwingli und Bullinger die Kirchenzucht der weltlichen Obrigkeit übertrugen, behandelt die CHp bemerkenswerterweise die Kontroversen um diese Aufgabenzuschreibung nicht im Rahmen des 30. Lehrstücks *De Magistratu,*

74 Vgl. Martin Honecker, Theologie unter der obrigkeitlichen Cura Religionis Christianae: Ulrich Köpf (Hg.), Wissenschaftliche Theologie und Kirchenleitung. Beiträge zur Geschichte einer spannungsreichen Beziehung. FS Rolf Schäfer, Tübingen 2001, 85–120; Bernd Christian Schneider, Ius reformandi. Die Entwicklung eines Staatskirchenrechts von seinen Anfängen bis zum Ende des Alten Reiches, Tübingen 2001, 77–84; Peter Unruh, Reformation – Staat – Religion. Zur Grundlegung und Aktualität der reformatorischen Unterscheidung von Geistlichem und Weltlichem, Tübingen 2017, 86–99.

75 Heinrich Bullinger, Gegensatz und kurzer Begriff der evangelischen und der päpstlichen Lehre: HBBibl 1, 234, 4. Kapitel, Thesen 13–15 (HBS 1, 594).

sondern in Kapitel XIV *De poenitentia et conversione Hominis.* Ist diese Verortung der kirchenpolitischen Absicht einer Annährung der Zürcher an die Basler bzw. Genfer Kirche geschuldet oder folgt sie einem theologischen Anliegen? Bullingers Autograf enthält zahlreiche Textkorrekturen, die sein Ringen um die Platzierung des Lehrstücks verdeutlichen, aber keine eindeutige Schlussfolgerung zulassen. Die Ausübung der Schlüsselgewalt verbindet Bullinger mit der Ermahnung zum «gläubigen Gehorsam» (*fidelis obedientia*) ohne Zwang und mit dem seelsorgerlichen Ziel, den christlichen Stand zu bessern. Diese Auffassung ist durchaus vereinbar mit der von Calvin betonten Aufgabe der kirchlichen Selbstprüfung und -zucht.[76] Tatsächlich bewirkte diese vermittelnde Sicht keine Annäherung zwischen der Zürcher und der Genfer Kirchenordnung, wie der ab 1586 aufbrechende Streit über die Kirchenzucht zwischen Zwinglianern und Calvinisten in der Kurzpfalz zeigt.[77] Vielmehr wurde das in der CHp skizzierte Verständnis der Kirchenzucht schon während Bullingers Amtszeit und dann bis zum Ende des Ancien Régime zugunsten einer obrigkeitlichen Sozialkontrolle und Sozialdisziplinierung teilweise oder gegenüber den Täufern vollständig aufgegeben.

Die Delegierung von Religionsangelegenheiten an die Obrigkeit hatte entscheidende Auswirkungen auf das Verhältnis von Kirche und Gemeinwesen. Neben der Wortverkündigung hatte die Kirche über die weltlichen Dinge zu wachen und im Konfliktfall die Obrigkeit respektvoll an ihre Aufgaben als Gottes Dienerin zum Wohl des Menschen zu erinnern. Ihrem prophetischen Wächteramt entsprechend verpflichtete die Kirche die Obrigkeit aus dem gemeinsem Glauben heraus, «eine dem Menschen zugute kommende Wohltat Gottes zu sein».[78]

Im Rückblick auf Bullingers gesamtes Wirken war sein ebenso faszinierendes wie ambivalentes Programm durchaus erfolgreich. Sein unbestrittenes χάρισμα κυβερνήσεως stand für ein Reformationswerk, das Extreme vermied und die kirchliche und gesellschaftliche Erneuerung als die beiden untrennbaren Seiten einer Medaille verstand. Von 1531 bis 1575 bewegte sich der Antistes in einem vielfältigen Geflecht kirchlicher, sozialer, politischer und persönlicher Beziehungen auf lokaler und internationaler Ebene. In seiner beruflichen Stellung als Pfar-

76 CHp, 302,24–303,9; ZHB, Kap. XIV, 64.

77 Andreas Mühling, Heinrich Bullingers europäische Kirchenpolitik, Bern 2001, 106–125.

78 Zitiert ist hier zwar der Theologe Eberhard Jüngel, Indikative der Gnade – Imperative der Freiheit, Tübingen 2000, 307, ich kann mir aber keine präzisere und einprägsamere Formulierung ausdenken, um Bullingers Auffassung wiederzugeben.

rer am Grossmünster war Bullinger für Predigt und Seelsorge verantwortlich, zugleich als erster Pfarrer des Standes Zürich Leiter der Synode und Vorgesetzter von ca. 130 Pfarrern in mehr als 100 Gemeinden im etwa 70 000 Einwohner zählenden Stadtstaat. Als Schulherr war der Antistes für das städtische Unterrichtswesen mitverantwortlich und als Mitglied des Examinatorenkonvents, des damaligen Kirchenrats, spielte er mit seinen Kandidatenvorschlägen bei der Besetzung der Pfarrstellen durch den Rat eine entscheidende Rolle. Bedeutend war Bullingers Einsatz für die bedrängten Religionsverwandten. Die Zürcher Hilfsaktionen für Glaubensflüchtlinge aus Italien, Frankreich, Deutschland, England, Ungarn und Polen im 16. Jahrhundert entsprangen grösstenteils dem echten Empfinden und der pointierten Parteinahme Bullingers für das Schicksal der Verfolgten, deren grosszügige Aufnahme sich langfristig häufig segensreich auf die Stadt auswirkte. In all diesen Funktionen hatte der Antistes eine Brückenstellung zwischen Rat und Geistlichkeit sowie zwischen weltlicher und kirchlicher Gemeinschaft inne. In keinem andern literarischen Genus wird dieser Sachverhalt so greifbar wie in den «Fürträgen», den Vorträgen und Gutachen, die Bullinger während vierundvierzig Jahren vor dem Rat zu aktuellen Themen hielt: die Einrichtung von Schulen, Verwendung von Kirchengütern, der Zinskauf und Wucher, die eidgenössische Bündnistreue, Armutsbekämpfung, Aufnahme von Glaubensflüchtlingen, die kritischen Kommentare zur städtischen Finanzpolitik usw.[79] Sie dokumentieren nicht nur konkrete Problemstellungen und Lösungsmöglichkeiten, sondern sind auch Beleg für das leidenschaftliche Ringen des Antistes um Einflussnahme auf politische Entscheidungsprozesse. Sein Abschieds- und Mahnbrief an Bürgermeister und Räte der Stadt Zürich, den er 1572 entworfen und am 2. August 1575 ergänzt und neu datiert hat, liest sich wie ein politisches Vermächtnis an die Adresse der Bürgermeister und Räte von Zürich:

> «Ruft Gott aufrichtig an, dass er euch die Gnade und die Kraft verleihe, gut und nach seinem Wille zu regieren. [...] Haltet gegenüber jedem Gerechtigkeit und Recht ein, helft den Armen, den Fremden, den Witwen und Waisen, bestraft die Übeltäter, wie es sich gebührt, schützt das Eigentum und die rechtschaffenen, ehrlichen Leute, handelt ohne Ansehen der Person [...]. Nehmt euch auch aller treuen Pfarrer gnädig an. [...] Versorgt das Spital und die Krankenhäuser angemessen und überfüllt sie nicht. [...] [U]nterstütz[t] [...] das Unterrichtswesen, die Schulen [...] das Grossmünster- und das Fraumünsterstift und die beiden Schulen dort [...]. Hütet euch vor Bündnissen mit fremden Fürsten und Herren, und verkauft nicht das Blut eurer rechtschaf-

79 Grundlegend dazu Bächtold, Bullinger (Anm. 16).

fenen Leute! Strebt nach Ruhe und Frieden unter euch und ausserhalb, mit den Eidgenossen und anderen Herrschern.»[80]

Unter Bullingers Einfluss wuchsen die Zürcher Kirche und das Gemeinwesen zunehmend zusammen, wobei er stets an der Würde seines kirchlichen Amts festhielt und gleichzeitig den Politikern – nicht der Politik – freundschaftlich verbunden blieb. Im Gegensatz zu Zwingli verband Bullinger erfolgreich das Amt des Antistes mit den Herausforderungen für den Realpolitiker.

III. Zur Leistungsfähigkeit von Bullingers Verhältnisbestimmung von Kirche und politischem Gemeinwesen damals und heute

In den vorangegangenen Abschnitten wurde die Entwicklung des Verhältnisses von Kirche und Gemeinwesen in der Zürcher Reformation von den ersten greifbaren Spuren in den frühen 1520er Jahren bis zum Ende der langjährigen Amtszeit Bullingers nachgezeichnet. Im Zentrum standen nicht nur die dogmatischen Ausführungen der CHp zum Thema Obrigkeit, sondern auch ihre Entwicklungslinien und theologischen Begründungen. Dazu wurden neben Zwinglis einschlägigen Aussagen auch die sonst eher vernachlässigten Frühschriften Bullingers, seine Gesamtdarstellungen des christlichen Glaubens, insbesondere die *Dekaden* und die *Summa Christenlicher Religion,* seine wichtigen Streitschriften und Widmungsvorreden, sein Briefwechsel, die tief in die Alltagspolitik eingreifenden «Fürträge» sowie Selbstzeugnisse, in denen er die Regierenden aufforderte, ihre Religionsaufgaben wahrzunehmen, berücksichtigt. Schliesslich kamen offizielle Dokumente wie Eherechtsordnungen und Sittenmandate des Rats zur Sprache, mit denen Bullinger sich zurückhaltend oder zustimmend auseinandergesetzt hatte.

Von Zwingli übernahm Bullinger die Verhältnisbestimmung von Kirche und Gemeinwesen als einer einheitlichen, kultisch und politisch organisierten Gemeinschaft, um sie in der Folge zu modifizieren und weiterzuentwickeln. Die direkte Einflussnahme der Pfarrer auf Fragen der gesellschaftlichen Ordnung erschien ihm überholt. Zugleich machte er die vollständige Unabhängigkeit des Verkündigungsamts vom politischen Amt geltend und wies der Pfarrerschaft mit ihren eingeschränkten Kompetenzen eine dienende Funktion gegenüber dem Rat bei seiner politischen Entscheidungsfindung zu. Im Anschluss an die verheerende Kappeler Niederlage, die zwar das politische Gefüge des Stadtstaats nicht

80 HBS 6, 541–559 (548–559).

gefährdete, aber die junge reformierte Kirche in ihre bis dahin schwerste Krise stürzte, gelang es dem Antistes, das spannungsvolle Verhältnis von Verkündigungsauftrag und Tagespolitik neu festzulegen. Daran anschliessend baute er ein Staatskirchensystem auf, in dem sich Obrigkeit und Kirche gegenseitig stützten und mit dem beide Seiten gut gefahren sind. Als der Zürcher Antistes Johann Jakob Breitinger (1575–1645) 1619 von der Synode von Dordrecht zurückkam, überreichte ihm der Stadtrat zum Dank für seine Verteidigung von Bullingers Lehre und für seinen Beitrag zum Gelingen der epochalen Versammlung zwei silberne Becher, von denen einer die Inschrift trug: «Duplex robur inest cathedrae, cui curia nexa est, / curiae inest duplex, proxima cui cathedra est» – Doppelte Kraft hat die Kanzel, die mit dem Rathaus verbunden, / Doppelte Kraft hat der Rat, mit der Kanzel vereint.[81] Die Inschrift bringt das Zusammenwirken von Kirche und Gemeinwesen im Zürich der Frühen Neuzeit auf den Punkt: Beide gehören zusammen, ohne sich wechselseitig zu vermischen.

Das Zusammenwirken hatte allerdings für die Kirche einen hohen Preis. Einerseits förderte es die obrigkeitliche Mentalität von Teilen der Pfarrerschaft, andererseits war es politisch sehr missbrauchsanfällig. Kritisch ist ferner festzuhalten, dass die konfessionelle Geschlossenheit des Gemeinwesens durch eine strikte Normierung des Lebensalltags und unter Ausschluss von Andersdenkenden und Andersgläubigen durchgesetzt worden war. Die Geschichte der Zürcher Kirche während und nach der Zeit Bullingers zeigt, wie mühsam immer wieder um diese Fragen gerungen werden musste. Angesichts der rasanten Umbrüche zwischen der Zeit Bullingers und der Moderne lässt sich sein Modell nicht einfach auf die Gegenwart übertragen. Die Entwicklung der europäischen Gesellschaft nach der Aufklärung und die Erfahrungen der christlichen Kirchen auf dem nordamerikanischen Kontinent, in Asien, Afrika und Lateinamerika haben gezeigt, dass die gesellschaftliche Präsenz der Kirche mit einer weitgehenden Trennung von Staat und Kirche durchaus vereinbar ist.[82]

Zur bleibenden Aktualität seines Denkens – nicht nur innerhalb der Zürcher Kirche, sondern der gesamten Kirche Jesu Christi – gehört: 1. Die sachliche Unterscheidung zwischen Theologischem und Politischem ermöglicht und schützt den kirchlichen Auftrag: die freie Verkündigung des Evangeliums und ihre Reinerhaltung. 2. Menschliches Recht darf nicht mit Absolutheitsansprüchen auftreten. Es ist und bleibt wandelbar und stets neu reformbedürftig. 3. Das

81 Robert C. Walton, The Institutionalization of the Reformation at Zurich: Zwingliana 13/1972, 497–515 (511).

82 Honecker, Theologie (Anm. 74), 118–119; Wolfgang Huber, Gerechtigkeit und Recht. Grundlinien christlicher Rechtsethik, Gütersloh ^{3}2006, 531–542.

«Wächteramt» der Kirche markiert eine immer wieder neu einzulösende gesellschaftspolitische Aufgabe. Die modernen westeuropäischen Gesellschaften verstehen sich nicht mehr als von Gott geschaffene Ordnungen, denen die Menschen in ihrem moralischen Handeln zu entsprechen haben. Legalität wird einzig zur Sache staatlich-positiven Rechts. Das menschliche Zusammenleben braucht aber einen Wertekanon, der den Einseitigkeiten der Machtverteilung, dem Machtmissbrauch und den menschlichen Allmachtversuchungen widersteht. Gerade in einer pluralistischen Gesellschaft, in der Entscheidungen diskursiv und arithmetisch zustande kommen, hat das «Wächteramt» die heuristische Funktion, die kritische Selbstreflexion zu fördern und moralische Kohärenzen und Kontingenzen sichtbar zu machen. Der kirchliche Blick kann so zu einer wichtigen Orientierungsressource bei der Gestaltung einer menschengerechten und lebensdienlichen Gesellschaft werden.

Jan-Andrea Bernhard

Geschichte, Rezeption, Funktion und Wirkung der *Confessio Helvetica posterior* im Reich der Stephanskrone zur Zeit des Ancien Régime

I. Einleitung

Als die Zürcher Kirche 1966 das 400-Jahr-Jubiläum der *Confessio Helvetica posterior* feierte, erschien die bis heute massgebende und auch bahnbrechende Aufsatzsammlung *Glauben und Bekennen*, in der wichtige und grundlegende Beiträge zur Geschichte und Theologie der *Confessio Helvetica posterior* vereint waren.[1] Darin hat Barnabás Nagy einen wegweisenden hundertseitigen Beitrag über Geschichte und Bedeutung der *Confessio Helvetica posterior* in den osteuropäischen Ländern, sprich in Ungarn (inkl. Siebenbürgen), Polen und der «Tschechoslowakei» sowie anderen Gebieten Ostmitteleuropas, verfasst.[2] Es wäre vermessen, nach dieser bahnbrechenden Studie des wohl grössten und gelehrtesten ungarischen Reformationshistorikers, die die ungeheure Wirkungsgeschichte der *Confessio Helvetica posterior* in minutiöser Weise nachweist, eine neue Studie zu verfassen. Dennoch haben dies verschiedene Systematiker und Historiker gewagt, da sie – mit Recht – verschiedene Aspekte der Wirkungsgeschichte der *Confessio Helvetica posterior* im Reich der Stephanskrone noch spezifischer untersuchen wollten und konnten. Wir denken dabei unter anderem an die Studien

---

Abkürzungen: Blarer BW = Briefwechsel der Brüder Ambrosius und Thomas Blaurer, 1509–1567, bearb. von Traugott Schiess, 3 Bde., Freiburg i. Br. 1908–1912; HBBW = Heinrich Bullinger, Briefwechsel, bearb. von Ulrich Gäbler u. a., Zürich 1973ff.; StABE = Staatsarchiv Bern; ZBZ = Zentralbibliothek Zürich; StAZ = Staatsarchiv Zürich; SzUTLvt = Székelyudvarhelyi Tanítóképzo Levéltára [Archiv der pädagogischen Hochschule von Odorhellen], Odorhellen; FőkonzLvt = Erdélyi Református Főkonzisztórium Levéltára [Archiv des reformierten Hauptkonsistoriums Siebenbürgens], Klausenburg; PTILvt = Protestáns Teológiai Intézet Levéltára (Archiv des Protestantisch-theologischen Institutes), Klausenburg.

1 Vgl. Joachim Staedtke (Hg.), Glauben und Bekennen. Vierhundert Jahre Confessio Helvetica Posterior. Beiträge zu ihrer Geschichte und Theologie, Zürich 1966.

2 Vgl. Barnabás Nagy, Geschichte und Bedeutung des Zweiten Helvetischen Bekenntnisses in den osteuropäischen Ländern: Staedtke, Glauben (Anm. 1), 109–202.

von Endre Tóth,[3] Endre Zsindely,[4] István Juhász,[5] Tamás Juhász[6] oder István Tőkés[7]. Auch der Verfasser dieses Beitrages hat sich im Rahmen seiner Habilitationsschrift intensiv mit der Bedeutung und Wirkung der *Confessio Helvetica posterior* im Reich der Stephanskrone beschäftigt.[8] Die wichtigsten Erkenntnisse zu dieser bemerkenswerten und einzigartigen Wirkung, die in verstreuten Studien schwer greifbar sind, sollen hier einem breiteren Publikum zugänglich gemacht werden.[9]

3 Vgl. Endre Tóth, A második helvét hitvallás története Magyarországon: Tibor Bartha (Hg.), Studia et acta ecclesiastica editio ecclesiae reformatae ad anniversarium quadringentesimum reformationis confessioni Helveticae in Hungaria addictae, Bd. 2, Budapest 1967, 13–53.

4 Vgl. Endre Zsindely, Bullinger und Ungarn: Ulrich Gäbler/Erland Herkenrath (Hg.), Heinrich Bullinger 1504–1575. Gesammelte Aufsätze zum 400. Todestag, Bd. 2, Zürich 1975, 361–382.

5 Vgl. István Juhász, Glaubensbekenntnis und Kirchengeschichte. Die «Confessio Helvetica Posterior» in der Geschichte der siebenbürgisch-reformierten Kirche: Ulrich Gäbler/Endre Zsindely (Hg.), Bullinger-Tagung 1975. Vorträge, gehalten aus Anlass von Heinrich Bullingers 400. Todestag, Zürich 1977, 99–112; ders., A II. Helvét Hitvallás az erdélyi református egyház történetében: ders., Hitvallás és türelem. Tanulmányok az erdélyi református egyház és teológia 1542–1792 közötti történetéből, Kolozsvár 1996, 92–101.

6 Vgl. Tamás Juhász, Mirabilis est cursus verbi Dei! Die Entwicklung des Helvetischen Bekenntnisses in Ungarn und Siebenbürgen: Márta Fata/Anton Schindling (Hg.), Calvin und Reformiertentum in Ungarn und Siebenbürgen. Helvetisches Bekenntnis, Ethnie und Politik vom 16. Jahrhundert bis 1918, Münster 2010, 63–78.

7 Vgl. István Tőkés, Bullinger Henrik hatása a magyar nyelvű Református Egyházban: RefSz 97/2004, 289–314.

8 Vgl. Jan-Andrea Bernhard, Konsolidierung des reformierten Bekenntnisses im Reich der Stephanskrone. Ein Beitrag zur Kommunikationsgeschichte zwischen Ungarn und der Schweiz in der frühen Neuzeit (1500–1700), Göttingen ^{2}2017; ders., Ungarische Studenten disputieren über die *Confessio Helvetica posterior* (1566) im Vorfeld der *Formula consensus* (1675). Ein theologie- und kommunikationsgeschichtlicher Beitrag: Reimund B. Sdzuj u. a. (Hg.), Dichtung – Gelehrsamkeit – Disputationskultur. FS für Hanspeter Marti zum 65. Geburtstag, Weimar 2012, 511–539; ders., Die apologetische Funktion des Zweiten Helvetischen Bekenntnisses im Siebenbürgen des 18. Jahrhunderts: Emidio Campi/Peter Opitz (Hg.), Heinrich Bullinger, Life – Thought – Influence. Zurich, Aug. 25–29, 2004, International Congress Heinrich Bullinger (1504–1575), Zürich 2007, 821–837.

9 Natürlich kann im Rahmen dieses Beitrages die unterdessen unglaublich reichhaltige Forschungsliteratur zur ungarländischen Reformation in Deutsch, Ungarisch, Slowakisch, Rumänisch, aber auch Englisch, Französisch und Italienisch nicht en détail erwähnt werden; es sei auf die Literaturangaben in den entsprechenden massgebenden Studien verwiesen.

II. Die ungarische Reformation als Antimodell der Konfessionalisierung[10] im 16. Jahrhundert

Die Anfänge der Reform- und Reformationsbemühungen in Ungarn gründen in der Ausbreitung des bibelhumanistischen Bildungsprogramms, das an Höfen und in Städten Ungarns und Siebenbürgens seit den 1520er Jahren gepflegt wurde. Trotz der Niederlage bei Mohács (1526), in der das Königreich Ungarn die Hoheit über Süd- und Mittelungarn sowie Siebenbürgen an das Osmanische Reich verloren hatte, konnte sich eine humanistische Reformation dezentral im Reich der Stephanskrone ausbreiten.[11] Eindrückliches Zeugnis dieser Entwicklung bilden Drucke wie die *Antwort dem hochgelerten doctor Johann Bugenhage auss Pomern, Hyrt zu Wittemberg [...] das Sacrament betreffend [...] Durch Conradt Reyssen zu Ofen gemacht* (Augsburg 1525),[12] die *Epistolae Pavli lingva Hvngarica donatae. Az zenth Paal leueley magyar nyeluen* (Krakau 1533), herausgegeben von Benedek Komjáthi unter Benutzung der erasmischen *Paraphrases*,[13] oder die erste ungarische Grammatik *Orthographia Vngarica* (Krakau 1535?), die mit einem katechetischen Anhang und einer freien ungarischen Übertragung der Morgen- und Abendgebete aus Luthers *Kleinem Catechismus* (1529) endet.[14]

Seit Anfang der 1540er Jahre pflegte Heinrich Bullinger, einer der bestinformierten Männer seiner Zeit, persönliche Kontakte mit ungarischen Pfarrern und Studenten und interessierte sich lebhaft für den Gang der Reformation in Ungarn und Siebenbürgen.[15] Wie uns verschiedene Quellen melden, nahm nach der endgültigen Einnahme Ofens (1541) die Türkenbedrohung nicht ab; in Briefen wurden immer neue Nachrichten über Kämpfe, über Vorstösse und Rückzüge weitergegeben. So meldete Martin Frecht aus Ulm, dass Martin Fuchs, ehemals Pfarrer in Bennwil (BL), vom Fürsten zum Feldprediger erwählt worden sei. Er werde, als Teilnehmer am Türkenfeldzug, «in Ungarn und, so Gott will, in Thracien das Evangelium verkünden».[16] Schliesslich starb Fuchs bei der Rückkehr aus

10 Vgl. Hanspeter Marti, Konfessionalität und Toleranz. Zur historiographischen Topik in der Frühneuzeitforschung: Herbert Jaumann (Hg.), Diskurse der Gelehrtenkultur in der frühen Neuzeit. Ein Handbuch, Berlin/New York 2010, 409–440 (433); Bernhard, Konsolidierung (Anm. 8), 27f.

11 Vgl. Bernhard, Konsolidierung (Anm. 8), 84–88.

12 Vgl. Bernhard, Konsolidierung (Anm. 8), 66–68.

13 Vgl. Bernhard, Konsolidierung (Anm. 8), 157.

14 Vgl. Bernhard, Konsolidierung (Anm. 8), 188f.

15 Vgl. Erich Bryner, Die Ausstrahlungen Bullingers auf die Reformation in Ungarn und Polen: Zwingliana 31/2004, 179–188.

16 Martin Frecht an Ambrosius Blarer, 30. Mai 1542: Blarer BW 2, Nr. 946.

dem Türkenfeldzug.[17] In den ersten Monaten des Jahres 1543 fielen die Türken erneut in Ungarn ein.[18] Anfang August 1543 wurde Fünfkirchen (Pécs, H) eingenommen,[19] im September fiel Gran (Eszergom, H) in die Hände der Türken,[20] bald darauf die Stadt Stuhlweissenburg (Székesfehérvár, H),[21] im folgenden März wurde Plintenburg (Visegrád, H) belagert,[22] schliesslich fielen die Türken über ein Jahr später in die Steiermark ein und töteten 2000 kroatische Reiter.[23] Diese Umstände bewegten Martin Bucer, an Bullinger zu schreiben, dass «der Türk» zu einem gefährlichen Feind werden könnte, wenn Ungarn im Stich gelassen würde; umso mehr gelte sein ganzes Bemühen dem Einsatz für die Predigt des Evangeliums.[24]

Verschiedene Ungarn berichteten also in Briefen an Vertreter des schweizerischen Protestantismus über die Situation der reformatorischen Kirche unter der Türkenherrschaft. Aus diesem aktuellen Anlass gab Wolfgang Musculus die Flugschrift *Vom uffgang dess Wort Gottes by den Christen in Ungern* (Bern 1550) heraus,[25] und Bullinger verfasste sein berühmtes Sendschreiben – eine Trostschrift – an die ungarischen Kirchen und Pfarrer (1551; gedruckt 1559 in Klausenburg/Cluj, RO, und Magyaróvár).[26] Freilich ist in diesem Zusammenhang auch auf Philipp Melanchthon zu verweisen, der nicht nur mit Basel, Zürich und Genf in regelmässigem Austausch stand, sondern zeitlebens ein überzeugter Humanist blieb und in Streitfragen der reformatorischen Theologie – insbesondere

17 Vgl. Martin Frecht an Heinrich Bullinger, 9. Dezember 1542: HBBW 12, Nr. 1700.

18 Vgl. Nachrichten über den Einfall der Türken in Ungarn, 26. Januar bis 21. Februar 1543: StABE, A V 1434 (U. P. 67), Nr. 125.

19 Vgl. Martin Frecht an Heinrich Bullinger, 2. August 1543: HBBW 13, Nr. 1766.

20 Vgl. Gründliche und warhafftige Anzeygung, wie das küniglich Schlosz Gran inn Hungern von den Türcken belegert, beschossen und eingenommen ist, 1543: ZBZ, S 53, Nr. 66a; Heinrich Bullinger an Ambrosius Blarer, 25. September 1543: HBBW 13, Nr. 1788.

21 Vgl. Philipp Melanchthon an Joachim Camerarius, 14. Dezember 1543: Melanchthons Briefwechsel. Kritische und kommentierte Gesamtausgabe, hg. von Heinz Scheible, Bd. 3: Regesten 2336–3420 (1540–1543), Stuttgart-Bad Cannstatt 1979, Nr. 3398; Oswald Pergener an Christoph Froschauer, 3. März 1544: HBBW 14, Nr. 1857.

22 Vgl. Ambrosius Blarer an Heinrich Bullinger, 18. März 1544: HBBW 14, Nr. 1875.

23 Vgl. Georg von Amsdorf an Nikolaus von Amsdorf (Bischof von Naumburg), 15. Juni 1545: Melanchthons Briefwechsel. Kritische und kommentierte Gesamtausgabe, hg. von Heinz Scheible, Bd. 4: Regesten 3421–4529 (1544–1546), Stuttgart-Bad Cannstatt 1983, Nr. 3917.

24 Vgl. Marin Bucer an Heinrich Bullinger, 18. April 1544: HBBW 14, Nr. 1895.

25 Zu Musculus' Schrift: Endre Zsindely, Wolfgang Musculus magyar kapcsolatainak dokumentumai: Tibor Bartha u. a. (Hg.), Studia et acta ecclesiastica, Bd. 3, Budapest 1973, 969–1001.

26 Zu Bullingers Sendschreiben: Barnabás Nagy (Hg.), Heinrich Bullinger: Epistola ad ecclesias hungaricas earumque pastores scripta MDLI, Budapest 1968, 9–28.

in der Abendmahlslehre – einen vermittelnden Standpunkt einnahm. Es verwundert nicht, dass viele ungarische Studenten in Wittenberg von einer Einheit der «vermittelnden Richtung», wie sie Melanchthon, Calvin und Bullinger vertraten, überzeugt waren. Dass in Wittenberg bei Melanchthon, besonders auch im *Coetus ungaricus*, Schriften Calvins, de Bèze', aber auch Bullingers regelmässig gelesen wurden, bestärkte die ungarischen Studenten darin, dass Melanchthon mit der schweizerischen Reformation in zentralen Fragen eins sei.[27]

Es ist darum nicht erstaunlich, dass, als nach längeren Verhandlungen und Gesprächen zwischen Calvin und Bullinger die *Consensio mutua in re sacramentaria*, d. h. der *Consensus Tigurinus* (1549), verabschiedet wurde, nicht nur Melanchthon seine Zustimmung gab,[28] sondern Bullinger an Vadian berichten konnte: «Mitto tuae Pietati Consensionem nostram et D. Calvini, fratris charissimi, nec dubito, quin summum gaudium ea tibi sit allatura. Viderunt eam, priusquam ederetur, Angli, Prussi, Galli, Itali, Ungari aliquot praecellentes viri nec improbarunt.»[29]

Im Laufe der 1550er Jahre wurden tatsächlich mehrere Bekenntnisse in Siebenbürgen und Ungarn angenommen, die auf eine starke Orientierung an der schweizerischen Richtung der Reformation hinweisen.[30] Die heutigen massgebenden Quellen belegen ohne Zweifel, dass die ungarische Reformation in ihren Anfängen – und dies kommt einer Entmythologisierung der ungarischen Kirchengeschichtsschreibung gleich – nicht eine lutherische gewesen und erst in den 50er Jahren ein Vordringen des helvetischen Bekenntnisses feststellbar ist.[31] Vielmehr ist die ungarländische Reformation dem erasmischen Reformhumanismus entsprungen und seit ihren reformatorischen Anfängen stark von einer *via media* geprägt, in der Extrempositionen bis in die 1560er Jahre eine Randerscheinung waren. Im Rahmen dieser *via media* finden sich Einflüsse Melanchthons gleichermassen wie Calvins und Bullingers.[32] Der Einfluss der schweizerischen

27 Vgl. Bernhard, Konsolidierung (Anm. 8), 401–403. Dies belegen auch die jüngsten Studien von Marta Quatrale (Berlin), die diese am Kongress «Nel laboratorio dei moderni. La Svizzera nell'età della Riforma: teologia, ontologia e psicologia fra Germania e Italia» (Menaggio, 10.–14. 7. 2019) vorgestellt hat.

28 Vgl. Bernhard, Konsolidierung (Anm. 8), 250f.

29 Heinrich Bullinger an Joachim Vadian, 8. März 1551: Vadianische Briefsammlung, hg. von Emil Arbenz u. a., Bd. VI/2, St. Gallen 1908, Nr. 1732.

30 Weiteres dazu: Bernhard, Konsolidierung (Anm. 8), 413–423.

31 Diese Ansicht basiert auf den Ausführungen der ersten ungarischen und siebenbürgischen Kirchenhistoriker. Vgl. Bernhard, Konsolidierung (Anm. 8), 635f.

32 Gerade die in den 1540er Jahren feststellbare synodale Orientierung an der *Confessio Augustana Variata* illustriert dies in eindrücklicher Weise. Vgl. Bernhard, Konsolidierung (Anm. 8), 177–193.

Reformation bzw. des helvetischen Bekenntnisses auf die ungarische Reformation ist also nicht eine sekundäre Erscheinung. Vielmehr kann man pointiert sagen, dass, von einem theologiegeschichtlichen Standpunkt aus betrachtet, bei der Spaltung zwischen «Lutheranern» und «Reformierten» eigentlich die lutherische Richtung sich von der vermittelnden Richtung abgespalten hat.[33]

III. Annahme und Rezeption der *Confessio Helvetica posterior* (1566)

Die Ausführungen illustrieren aber auch, dass es einseitig wäre, die Herausbildung des reformierten Protestantismus Ungarns und Siebenbürgens hauptsächlich von Bullinger[34] her zu erklären. Zwar hat er als einziger Reformator eine Trostschrift wie den *Libellus* (1551) verfasst, und kein anderes Reformatorenbekenntnis zeigte in Ungarn und Siebenbürgen eine so bedeutende Wirkungsgeschichte wie seine *Confessio Helvetica posterior* (1566) – mauserte sie sich doch im Zeitalter des Absolutismus und der Aufklärung zur Identifikationsmatrix der reformierten Kirchen Ungarns und Siebenbürgens[35] –, doch ist auch der Einfluss der Genfer Reformatoren Calvin und de Bèze nicht zu unterschätzen. Dies erstaunt freilich nicht, wenn wir bedenken, dass die Synoden in Tarcal (1562) und in Gönc (1566) de Bèze' *Confession de foy chrestienne* (1559) bzw. dessen lateinische Übersetzung *Confessio christianae fidei* (1560) angenommen haben. Gleichfalls verfügte die Synode in Tarcal, Calvins Katechismus (1545) zu gebrauchen.[36]

Diese Entwicklung ist freilich verständlich, da der ungarische Protestantismus, wie Bullinger bezeugt, die Einigung zwischen Genf und Zürich begrüsste und ernst nahm. Gerade die *Confessio Catholica* (Debrecen 1562) belegt in der Betonung des Zusammenwirkens des Heiligen Geistes und des Glaubens für die Wirksamkeit der Sakramente die Bedeutung des *Consensus Tigurinus* (1549) für die ungarische Reformationsgeschichte. Daneben ist ohne Zweifel auch auf andere Lehr- und Bekenntnisschriften wie den *Libellus epistolaris* (1559), den *Catekismvs. Az egesz keresztieni tvdomannac fondamentoma es sommaia* (Debrecen

33 Vgl. Bernhard, Konsolidierung (Anm. 8), 636.

34 Dazu tendieren u. a. Jenő Zoványi, Imre Révész oder Tamás Juhász. Vgl. Juhász, Entwicklung (Anm. 6), 65ff.; Imre Révész, Szempontok a magyar «kálvinizmus» eredetének vizsgálatához: «Tegnap és ma és örökké ...». Révész Imre: összegyűjtött tanulmányai az egyház múltjából és jelenéből, Debrecen 1944, 145–161; Jenő Zoványi, A reformáció Magyarországon 1565-ig, Budapest [1921], 384–401.

35 Siehe unten.

36 Vgl. Bernhard, Konsolidierung (Anm. 8), 423f.

1562) oder das *Compendium doctrinae christianae* (Klausenburg 1563) zu verweisen, die die Rezeption der *Confessio Helvetica posterior* (1566) auf der Synode zu Debrecen (24. bis 26. Februar 1567) massgeblich vorbereitet haben.[37] Die Annahme der *Confessio Helvetica posterior* stellt also nicht einen bekenntnisgeschichtlichen Neuanfang dar, sondern den Endpunkt der theologiegschichtlichen Entwicklung des ungarischen Protestantismus seit den 1530er Jahren. Dies wird dadurch bestätigt, dass auf der Synode nicht die *Confessio Helvetica posterior*, sondern sieben *Propositiones* gegen die antitrinitarische Lehre – der Antitrinitarismus stellte in diesen Jahren aus Sicht der Kirchendistrikte «jenseits der Theiss» und «diesseits der Theiss» eine zunehmende Gefahr dar –[38] diskutiert wurden, die in ein Bekenntnis mündeten, das zu verfassen Péter Melius Juhász beauftragt wurde.[39] Erst in einer nach der Synode verfassten Schrift, den *Articuli ex verbo Dei et lege naturae compositi [...]* (Debrecen 1567), in denen sich Melius Juhász stets auf die Heilige Schrift als Quelle der von ihm ausgearbeiteten Vorschriften berief, wird schliesslich auch auf den wohl wirkungsgeschichtlich bedeutendsamsten Akt der Debreciner Synode von 1567 hingewiesen:

> «[...] recipimus et subscripsimus Helveticae confessioni anno D. 1566 editae, cui et ecclesiae Genevensis ministri subscripserunt. Et quicunque confessionem nostram in synodis confirmatam et hanc confessionem Helveticam Tiguri editam aut articulos

37 Vgl. Bernhard, Konsolidierung (Anm. 8), 430–432.

38 Tatsächlich erstarkte der Antitrinitarismus in den 1560er Jahren in Siebenbürgen massgeblich: Ferenc Dávid wurde bereits kurz nach seiner Wahl zum ersten reformierten Bischof (1564) Antitrinitarier, und Giorgio Biandrata war der Hofarzt von Fürst János Zsigmond II. – schliesslich wurde der Fürst selbst ein Förderer der antitrinitarischen Richtung, was darin gipfelte, dass auf dem Landtag zu Thorenburg (Turda, RO) 1568 volle Freiheit auf den Kanzeln Siebenbürgens für jede Art Evangeliumsverkündigung verfügt wurde. Bereits am 13. Februar 1567 hatte die Synode in Thorenburg offen für den Antitrinitarismus Stellung bezogen und verweigerte damit die Gemeinschaft mit der Reformation in Zürich und Genf. Ein Jahr später erschien die erste bemerkenswerte Darstellung der antitrinitarischen Lehre, das Werk *De falsa et vera unius Dei patris, filii et spiritus sancti cognitione libri duo* (Alba Iulia 1568). Eine Folge war, dass bereits im Februar 1568 Péter Károly und seine Schüler die seit 1566 in Klausenburg bestehende reformierte Schule verlassen mussten und nach Grosswardein (Oradea, RO), ausserhalb Siebenbürgens, übersiedelten. Die reformierte Kirche von Klausenburg wurde von da an von den Antitrinitariern benutzt. Seither waren die antitrinitarische und die reformierte Kirche in Siebenbürgen endgültig gespalten. Vgl. Bernhard, Konsolidierung (Anm. 8), 302f.

39 Péter Melius Juhász verfasste dieses Bekenntnis einmal in Lateinisch für theologisch Gebildete (*Brevis confessio pastorum*) und einmal in Ungarisch für das breite Publikum (*Igaz es szent irás szerint valo vallásoc*). Vgl. Bernhard, Konsolidierung (Anm. 8), 433f.

hos ex verbo Dei temere reiecerit, solverit et contrariam docuerit, iurisdictione ecclesiastica puniendum statuimus.»[40]

Die Teilnehmer der Debreciner Synode betonten damit, dass sie sich kraft der beiden eigenen angenommenen Bekenntnisse der schweizerischen Reformation theologisch verbunden fühlten und darum auch die *Confessio Helvetica posterior* (1566) auf der Synode angenommen hätten. Der Entscheid zur Rezeption der *Confessio Helvetica posterior* unterstützte die Autorität der Synode und manifestierte die Zugehörigkeit zu den reformierten Kirchen im Ausland. Bemerkenswerterweise wurde in den *Articuli* nachdrücklich betont, dass auch die Genfer Kirche dieses Bekenntnis unterschrieben habe. Dies ist nicht nur Zeugnis dafür, dass die Zürcher und Genfer Kirche, d. h. die Zentren der schweizerischen Reformation, in den 1560er Jahren in Ostmitteleuropa grundsätzlich als Einheit verstanden wurden, sondern auch, dass es den Teilnehmern der Debreciner Synode ein besonderes Anliegen war, die verschiedenen reformierten Kirchen im Reich der Stephanskrone zu einen, da sowohl die Synoden des Kirchendistriktes «diesseits der Theiss» als auch diejenigen Siebenbürgens sich auf Genf und de Bèze beriefen.[41] Bei der Annahme der *Confessio Helvetica posterior* sollte also nicht Heinrich Bullinger, mit dem Vertreter des Partium[42] in intensiverem Kontakt standen, von durchschlagender Bedeutung sein, sondern die Einheit der Genfer und der Zürcher Kirche, die sich eben gerade auch in der *Confessio Helvetica posterior* gezeigt hat.[43]

Heinrich Bullinger hat davon bald erfahren, wie Barnabás Nagy bereits 1964 nachweisen konnte. Er hat eigenhändig Zitate aus dem Werk *Articuli ex verbo Dei et lege naturae* und aus dem Vorwort der *Brevis confessio* (Debrecen 1567) festgehalten; da aber diese Werke in Zürich nicht erhalten sind und Bullinger weder in der Orthografie noch in den Abkürzungen dem Text des Originals folgte, ist zu vermuten, dass er diese Zitate nach einer Mitteilung aus zweiter

40 [Péter Melius Juhász], Articuli ex verbo Dei et lege naturae compositi ad conservandam politiam coelestem et iurisdictionem ecclesiasticam in Ungaria natione [...], Debrecen 1567, H4v (Art. 74).

41 Vgl. Bernhard, Konsolidierung (Anm. 8), 436f.

42 Nach dem Vertrag von Speyer (1570) fiel das Grenzgebiet zwischen Siebenbürgen und dem türkisch besetzten Mittelteil Ungarns – ursprünglich königlich – dem siebenbürgischen Fürsten zu, welcher seither den Titel «Transilvaniae et partium regni Hungariae princeps» trug; das Zentrum des Partium bildete durch Jahrhunderte das «ungarische Genf», d. h. die Stadt Debrecen.

43 Vgl. Márta Fata, Ungarn, das Reich der Stephanskrone, im Zeitalter der Reformation und Konfessionalisierung. Multiethnizität, Land und Konfession 1500 bis 1700, hg. von Franz Brendle/Anton Schindling, Münster 2000, 93; Nagy, Geschichte (Anm. 2), 113.

Hand aufgezeichnet hat.[44] Gegenüber Théodore de Bèze haben die *Seniores* Oberungarns festgehalten, dass sie die *Confessio Helvetica posterior* unterschrieben hätten, und zwar weil sie «sit omnium purissima, et cum sacris literis Prophetarum et Apostolorum quam maxime consentiens».[45]

Während die anderen von Melius Juhász verfassten Bekenntnisse ihre Bedeutung mit der Zeit immer mehr eingebüssten und zu historischen Denkmälern wurden, rückte das *Zweite Helvetische Bekenntnis* stärker in den Vordergrund.[46] Dazu gesellte sich später auch der *Heidelberger Katechismus*.[47] Dennoch muss darauf hingewiesen werden, dass die *Confessio Helvetica posterior* vorerst nur in den siebzehn Senioraten der beiden Kirchendistrikte «diesseits der Theiss» und «jenseits der Theiss» angenommen, also noch nicht zum allgemeinen oder gar zum ausschliesslichen Bekenntnis des ganzen ungarischen Reformiertentums wurde. Zudem blieben nach der Synode von Debrecen die Auseinandersetzungen mit dem ins östliche Europa vorgedrungenen Antitrinitarismus und – in geringerem Masse – dem in Oberungarn vorherrschenden Luthertum sowie mit dem sich von Westungarn her ausbreitenden Katholizismus noch längere Zeit bestehen. Die Hauptgefahr dieser Jahre sollte letztlich aber doch die Ausbreitung des Antitrinitarismus darstellen. Dass die reformierten Kirchen jedoch bereit waren, sich diesen Angriffen mit Vehemenz entgegenzustellen, wird an den auf den Synoden in Kaschau (1568), Grosswardein (1569) und Csenger (1570) verabschiedeten *confessiones* deutlich.[48]

Erst in den folgenden Jahrzehnten hat sich allmählich der «Siegeszug» der *Confessio Helvetica posterior* auch für die anderen Gebiete Ungarns herauskristallisiert. So haben die Pfarrer der südlichen Seniorate der Donaugegend, damals

44 Vgl. Notizen Bullingers aus Schriften der Synode zu Debrecen (1567), o. D. [1567–1568]: StAZ, E II 371 [Korrespondenzen 1550–1572], 1093. Vgl. Nagy, Geschichte (Anm. 2), 113.

45 Vgl. Seniores Ecclesiarum in superiori parte Ungariae (Gáspár Károlyi, Mihály Hevessi und Gergely Szikszai) an Théodore de Bèze, 1. Mai 1568: Correspondance de Théodore de Bèze, recueillie par Hippolyte Aubert, publiée par Henri Meylan et al., Tome IX (1568), Genève 1978, 235–239 (Annèxe IV b).

46 Vgl. Nagy, Geschichte (Anm. 2), 114; Barnabás Nagy, Bullingers Bedeutung für das östliche Europa. Ein Forschungsbericht: Ernst Kähler (Hg.), Reformation 1517–1967. Wittenberger Vorträge, Berlin 1968, 84–119 (102).

47 Obwohl die erste ungarische, nicht entstellte Übersetzung erst 1577 in Pápa für den Kirchendistrikt Transdanubien («jenseits der Donau»), besorgt von Dávid Huszár, dem Sohn von Gál Huszár, dem Buchdrucker aus Debrecen, erschien, war der originale Text des *Heidelberger Katechismus* bereits seit Ende 1564 in den östlichen Teilen des Reiches der Stephanskrone bekannt. Vgl. Bernhard, Konsolidierung (Anm. 8), 438f.

48 Vgl. Bernhard, Konsolidierung (Anm. 8), 440f.

türkisch besetzt, in der Synode von Weingärten (Kneževi Vinogradi, HR) im Jahre 1576 festgehalten, dass die *Confessio Helvetica posterior* Anklang finde, ja dass «ita et Tigurinam Ecclesiam facere legimus».[49] An dieser Synode nahmen 40 reformatorische Prediger teil, darunter auch Máté Skaricza, der ehemalige Schüler István Szegedi Kis'.[50] Skaricza war es auch, der die Artikel der Synode zu Weingärten mit der Absicht eines Drucks an Dávid Huszár gesandt hatte.[51] Natürlich trug der Druck zu einer weiteren Konsolidierung des helvetischen Bekenntnisses in Mittelungarn bei. Als die «Gesandten und Pfarrer der ungarischen Gemeinden» schliesslich im Jahre 1606 in einer *Apologia et Protestatio* (Bartfeld 1606) – eine Abwehr gegen die jesuitischen Verleumdungen, dass der auf dem Reformatorendenkmal in Genf dargestellte Fürst István Bocskay ein «Arianer» sei – betonten, dass sie alle in jenem vor 39 Jahren von den ungarischen Kirchen unterschriebenen Bekenntnis, welches aufgrund der Heiligen Schrift als wahr und rechtgläubig erkannt worden sei, geboren und erzogen worden seien,[52] war dies nicht nur eine leere Floskel, sondern ein ernsthaftes Bekenntnis. Im Landtagsbeschluss von Klausenburg vom September 1608 wurde, nachdem seit den 70er Jahren des 16. Jahrhunderts die Kämpfe zwischen den Antitrinitariern und den Jesuiten die klausenburgische Konfessionsgeschichte beherrscht hatten, festgehalten, «dass in Klausenburg wieder die wahre Orthodoxa Confessio über die Dreieinigkeit, die Helvetica Confessio genannt wird, eingeführt werden soll».[53] Dieser Landtagsbeschluss belegt, dass die *Confessio Helvetica posterior* auch in Siebenbürgen als ein geeignetes Mittel betrachtet wurde, das «orthodoxe Bekenntnis» gegenüber dem antitrinitarischen sowie gegenüber dem, nach der

49 39. Artikel der Synode von Weingärten (1576): Gyula Mokos, A herczegszöllősi kánonok. Más egyházi kánonokkal egybevetė, Budapest 1901, 77.

50 Máté Skaricza pflegte, nachdem er in Basel studiert hatte, zeitlebens Kontakt mit Basel und liess daselbst auch verschiedene Werke István Szegedi Kis', des bedeutendsten ungarischen Systematikers der Reformationszeit (u. a. *Assertio vera de Trinitate, Theologiae sincerae Loci communes*), drucken, ja wurde gar zum Biografen von Szegedi Kis. Vgl. Bernhard, Konsolidierung (Anm. 8), 109f.317.

51 Vgl. Doctissimo [...] Matthaeo Scarizaeo Keuino evangelii Jesu Christi praeconi [...] David Huszar Pannonius, pastor ecclesiae Papeus: Articuli consensus Christianarum Ecclesiarum, quibus Universitas fratrum subscripsit Herszeg-Szölösini in Boronia anno Domini MDLXXVI die 16. et 17. Augusti, Pápa 1577, C^{r-v}.

52 Vgl. [Péter Alvinczi u. a.] (Hg.), Apologia et Protestatio legatorum et ecclesiarum Hungaricarum [...], Bartfeld 1606, 6; Nagy, Geschichte (Anm. 2), 115.

53 «[...] hogy Kolosvárra az szentháromságról való igaz orthodoxa confessio, melyet helvétiai confessiónak hínak, bévetettessék, [...].» Beschluss des siebenbürgischen Landtags in Klausenburg, 21.–27. September 1608: Sándor Szilágyi (Hg.), Erdélyi országgyűlési emlékek, Bd. 4, Budapest 1880, 228.

erneuten Etablierung der kaiserlichen Macht in Siebenbürgen, katholischen Glauben zu verteidigen.[54]

Am Ende dieser Entwicklung steht schliesslich die erste ungarische Übersetzung der *Confessio Helvetica posterior.* Zu Beginn des 17. Jahrhunderts war das Bekenntnis auch im königlichen Ungarn, wie zwei Synoden von Köveskút von 1612 und 1616 belegen, bekannt. In der zweiten Synode von 1616 wurde schliesslich eine zweisprachige Übersetzung der *Confessio* verlangt.[55] Der erste Übersetzer sollte Péter Szenci Csene (1575–1622) sein, der seit 1615 als Superintendent in Transdanubien wirkte. Noch im gleichen Jahr erschien zuerst zweisprachig eine Ausgabe in Debrecen (lateinisch-ungarisch) und dann einsprachig in Oppenheim. Aus dem Titelblatt beider Ausgaben geht hervor, dass das Bekenntnis «nach dem Jahre 1567 in Ungarn gutgeheissen, eingeführt und bis auf die heutige Zeit in vielen Kirchen eingehalten worden ist».[56] Tatsächlich hatten die konfessionspolitischen Entscheide zwischen 1567 und 1608 weitreichende Bedeutung, da das *Zweite Helvetische Bekenntnis* in der Folgezeit jahrhundertelang sowohl theologisch als auch politisch-staatsrechtlich Grundlage und Garantie für das Bestehen der reformierten Kirche Ungarns geblieben ist. Die Gesamtzahl der ungarischen Auflagen, nämlich deren 24 – davon erschienen sechs Ausgaben zweisprachig (lateinisch-ungarisch) – bis zum 400-Jahr-Jubiläum im Jahre 1966 ist der glänzendste Beleg dafür.[57]

IV. Selbstvergewisserung auf die *Confessio Helvetica posterior* im Rahmen von Absolutismus und Aufklärung

Seit auf dem ungarischen Landtag zu Pressburg (1608) die im Wiener Frieden ausgesprochene Religionsfreiheit zum Landesgesetz erhoben[58] und im Landtagsbeschluss von Klausenburg (1608) die wahre *Orthodoxa Confessio* eingeführt

54 Vgl. Bernhard, Funktion (Anm. 8), 823f.; Juhász, Glaubensbekenntnis (Anm. 5), 102.

55 Vgl. Nagy, Geschichte (Anm. 2), 115f.

56 «[...] annak utána 1567. esztendöben Magyar orzságban is jovallottanak, be vöttenek, es mind ez ideig soc ecclesiakban megh tartottanak.» Heinrich Bullinger, Confessio Helvetica, az az az keresztyeni igaz hitröl valo vallás-tétel, [...], Debrecen 1616, A^{r}. Vgl. Nagy, Geschichte (Anm. 2), 116f.

57 Vgl. Tőkés, Hatása (Anm. 7), 304; Nagy, Bedeutung (Anm. 46), 106; Barnabás Nagy, Quellenforschungen zur ungarischen Reformationsliteratur, unter besonderer Berücksichtigung der Beziehungen zu Bullinger: Zwingliana 12/3 (1965), 191–206 (199).

58 Vgl. Mihály Zsilinszky, A magyar országgyűlések vallásügyi tárgyalásai a reformatiotól kezdve, Bd. 1: A reformatiotól a bécsi békéig (1523–1608), Budapest 1880, 358f.

worden war, war das reformierte Bekenntnis eine feste Rechtsgrundlage, die sogar die habsburgischen Könige anerkennen mussten. Dies schlug sich in einer Reihe von Friedensverträgen nieder.[59] In der Folge galt die *Confessio Helvetica posterior* sowohl theologisch wie auch politisch-staatsrechtlich als Grundlage und Garantie für das Bestehen der reformierten Kirche Siebenbürgens. Mit Recht schreibt darum der siebenbürgische Universalgelehrte Péter Bod (1712–1769) um die Mitte des 18. Jahrhunderts: «Celebris haec confessio semper apud Hungaros fuit, ita de ea Reformati nominarentur *Helveticae Confessionis* in articulis Diaetalibus.»[60]

Vor diesem Hintergrund ist es nicht erstaunlich, dass die *Confessio Helvetica posterior* die theologische Arbeit und Entwicklung im Partium und in Siebenbürgen im 17. und 18. Jahrhundert wesentlich prägte. Dies betraf nicht nur den Kampf gegen den Antitrinitarismus und gegen die Jesuiten, sondern auch die innerkirchliche Abgrenzung gegen neuere Strömungen der Theologie.[61] Gerade die ungarische Kirchengeschichte illustriert dies in einzigartiger Weise: So wurden 1673 auf der Synode zu Radnót (Iernut, RO) Márton Dézsi, Pál Hunyadi, István Pataki und Pál Csernátoni – sie wirkten an den Kollegien in Klausenburg (Cluj, RO) und Strassburg a. M. (Aiud, RO) – gleichzeitig wegen ihrer Lehren verurteilt. Die ersten drei wurden des Coccejanismus beschuldigt, Csernátoni des Cartesianismus. Gemäss heutigem Wissensstand bedienten sich alle vier – sicher auch als Folge ihrer Studien in Holland – der cartesianischen Methode und vertraten eine Föderaltheologie im Sinne von Johannes Coccejus (1603–1669).[62] Coccejus' Lehren und Descartes' Philosophie wurden also auch in Siebenbürgen und Ungarn diskutiert. So wissen wir von einem schwelenden Konflikt zwischen Márton Szilágyi Tönkő (1642–1700), der nach seinen Studien in Holland als Philosophieprofessor am Kollegium in Debrecen die cartesianische Methode anwandte, und seinem ehemaligen Lehrer György Martonfalvi Tóth (1635–1681), einem entschiedenen Ramisten und Puritaner.[63]

59 Vgl. Juhász, Hitvallás (Anm. 5), 93f.; Mihály Bucsay, Der Protestantismus in Ungarn 1521–1978. Ungarns Reformationskirchen in Geschichte und Gegenwart, Bd. 1, Wien u. a. 1977, 167ff.; Nagy, Quellenforschungen (Anm. 57), 199.

60 Péter Bod, Historia Hungarorum Ecclesiastica. Inde ab exordio Novi Testamenti ad nostra usque tempora ex monumentis partim editis, partim ineditis, hg. von Lodewijk Willem Ernst Rauwenhoff, Bd. 1, Leiden 1888, 355.

61 Vgl. Bernhard, Funktion (Anm. 8), 823–830.

62 Vgl. Bernhard, Konsolidierung (Anm. 8), 572.

63 Vgl. Réka Bozzay, Der Einfluss ehemaliger Studenten der Leidener Universität im 17. und 18. Jahrhundert auf Kultur und Bildung in Ungarn und Siebenbürgen: Fata/Schindling, Calvin (Anm. 6), 215–238 (224–226); Bernhard, Konsolidierung (Anm. 8), 572f.

Die massgeblichen Repräsentanten der reformierten Kirche Ungarns und Siebenbürgens beobachteten diese theologische Entwicklung mit Sorge. Mit der Absicht, Coccejaner und Cartesianer zu verurteilen, wurde 1673 schliesslich die bereits erwähnte Generalsynode in Radnót abgehalten. Doch der Beschluss der Synode konnte den Streit um den Coccejanismus in Siebenbürgen und im Partium nicht beenden. Márton Dézsi beispielsweise lehrte auch nach der Verurteilung am Kollegium in Strassburg a. M. weiterhin im coccejanischen Sinn. Bezeichnendes Exempel ist die theologische Disputation von István Enyedi im Jahre 1681 über Kapitel VIII der *Confessio Helvetica posterior* bei Márton Dézsi, in der er wie Coccejus den infralapsarischen Standpunkt vertrat.[64]

Die knappen Ausführungen zu den theologischen Auseinandersetzungen an den reformierten Kollegien in Siebenbürgen und im Partium sollen aufzeigen, wie sehr die geistesgeschichtlichen und politischen Umstände im Gebiet östlich des türkisch besetzten Mittelteils Ungarns zur Zeit des Absolutismus zu einer Selbstvergewisserung des eigenen «wahren orthodoxen» Bekenntnisses führten, einerseits in Abwehr der katholischen Theologie, andererseits in Abgrenzung gegenüber neueren theologischen Strömungen.

1. Disputationen zur Zeit der Trauerdekade (1671–1681)

Am 8. Februar 1673 verliessen Tamás Veresegyházi, Ferenc Pápai Páriz und János Horváti Békés Marburg und zogen über Giessen, Frankfurt a. M., Darmstadt, Heidelberg und Strassburg nach Basel, wo sie am 24. Februar eintrafen.[65] Veresegyházi muss nach wenigen Tagen weitergezogen sein, da er am 5. März in Zürich ankam und sich sogleich brieflich an Johann Heinrich Heidegger, einen der Verfasser der *Formula Consensus* (1675),[66] wandte. In dem Brief stellt er sich selber vor, berichtet von seinen Studien und bittet, mit einem Hinweis auf die Verfolgungen in Ungarn, um Aufnahme am Carolinum.[67] In den kommenden Monaten absolvierte Veresegyházi bei Heidegger weitere Studien, welche er im Oktober 1673 mit einer Disputation über Kapitel X «De Praedestinatione Dei et

64 Vgl. István Enyedi, Disputatio theologica. De Lapsu […], Klausenburg 1681.

65 Vgl. Bernhard, Konsolidierung (Anm. 8), 584f.

66 Zur *Formula Consensus* (1675): Rudolf Pfister, Kirchengeschichte der Schweiz, Bd. 2, Zürich 1974, 486–498; Emidio Campi, Helvetische Konsensformel, 1675: Andreas Mühling u. a. (Hg.), Reformierte Bekenntnisschriften, Bd. 3/2, Neukirchen-Vluyn 2016, 437–464.

67 Vgl. Tamás Veresegyházi an Johann Heinrich Heidegger, 7. März 1673 (= 25. Februar 1673): ZBZ, B 9, 63.

electione sanctorum» der *Confessio Helvetica posterior* abschloss.[68] Darin berief sich Veresegyházi auf bedeutende gemässigte Theologen wie William Ames, den Lehrer von Johannes Coccejus, oder Frans Burman.[69] Letzterer hatte die föderaltheologische Interpretation der Schrift mit den Grundlagen der cartesianischen Philosophie zu verbinden gelehrt.[70] Wie Burman lässt auch Veresegyházi die *praedestinatio aeterna* durch den *foedus operum (naturae)*, d. h. den Bund vor dem Sündenfall, und den *foedus gratiae*, d. h. den Bund nach dem Sündenfall, geschichtlich realisiert sein. Veresegyházi favorisierte den Infralapsarismus mit der Begründung, dass dieser der Schrift entsprechender sei, weil nämlich Gott bei seiner Erwählung nicht den Menschen schlechthin, sondern den Sünder in Gnaden angenommen habe.[71] Im Anschluss an den Druck der *disputatio* brach in Zürich ein Streit über die theologische Richtung von Veresegyházi aus,[72] in deren Folge Veresegyházi Zürich verliess und wieder nach Basel zurückkehrte, wo er am 1. Mai 1674 seine Studien mit der Doktorarbeit *De providentia Dei* (Basel 1674) bei Johannes Zwinger abschloss.[73]

Veresegyházis Landsmann János Horváti Békés disputierte zu eben dieser Zeit in Basel bei Lucas Gernler über Kapitel II der *Confessio Helvetica posterior*, und zwar zum Thema «De usu sanctorum patrum & Conciliorum in Theologia».[74] Seine Disputation fand allerdings im Rahmen der «ordentlichen» Disputationen über die *Confessio Helvetica posterior* statt. Es ist bekannt, dass Gernler als streitbarer Vertreter der reformierten Orthodoxie vor allem um die Abwehr der heilsuniversalistischen Lehren aus der Schule von Saumur bemüht war. Um die Studenten in ihrem orthodoxen Denken zu festigen, liess er diese in den Jahren vor der Abfassung der *Formula Consensus* (1675) immer häufiger über ein-

68 Vgl. Tamás Veresegyházi, De Praedestinatione Dei et electione sanctorum, 2 Teile, Zürich 1673.

69 Vgl. Veresegyházi, Praedestinatione 1 (Anm. 68), Cr.C3r.C4r.

70 Auf sein Hauptwerk *Synopsis theologiae et speciatim foederum Dei* (Utrecht 1671), das zu den wichtigeren Leistungen der cartesianischen Schule im Coccejanismus gehörte, beruft sich Veresegyházi explizit. Vgl. Veresegyházi, Praedestinatione 1 (Anm. 68), D4r.

71 Vgl. Veresegyházi, Praedestinatione 1 (Anm. 68), C2r–v.Dr–v, und Praedestinatione 2 (Anm. 68), A3r–v.

72 Vgl. Urs B. Leu, Häresie und Staatsgewalt. Die theologischen Zürcher Dissertationen des 17. Jahrhunderts zwischen Orthodoxie und Frühaufklärung: Hanspeter Marti/Karin Marti-Weissenbach (Hg.), Reformierte Orthodoxie und Aufklärung. Die Zürcher Hohe Schule im 17. und 18. Jahrhundert, Wien u. a. 2012, 105–145 (131–133).

73 Vgl. Bernhard, Konsolidierung (Anm. 8), 599.

74 Vgl. János Horváti Békés, Disputationum exegeticarum in Confessionem Helveticam decima, ad Cap. II, § 2.3.4. De usu sanctorum patrum & Conciliorum in Theologia [...], Basel 1674.

zelne Abschnitte der *Confessio Helvetica posterior* disputieren.[75] Horváti Békés widerlegte in seiner *disputatio* die «päpstliche» Ansicht, dass Kirchenväter und Konzilien der Schrift gleichzusetzen seien; vielmehr würden sie nur gelten, wenn sie mit der Schrift übereinstimmten. Auch lehnte er die Ansicht des jesuitischen Theologen Jacob Masen (1606–1681) ab, wonach die Väter und Konzilien die verdorbenen Stellen der Bibel erklären könnten – er berief sich dabei unter anderem auf Calvin.[76]

Schliesslich ist auf János Kállai Kopis aus dem Kollegium in Debrecen zu verweisen: Auch er studierte in Basel, u. a. beim oben genannten Gernler. Am 16. Mai 1674 hielt er eine theologische Disputation *De haereditate ecclesiae*, wobei er seine zehn Thesen, aufgeteilt in fünfzehn Paragrafen, als «Apodixes orthodoxae» bezeichnete. Dies ist ohne Zweifel ein Hinweis darauf, dass Kállai Kopis die «rechte Lehre» am Herzen lag. Tatsächlich verteidigte er in der Disputation die «rechte Lehre» im Verständnis der reformierten Orthodoxie, so in der zweiten These die Trinitätslehre[77] oder in der fünften These die Bundeslehre.[78] Im Herbst 1674 disputierte Kállai Kopis erneut bei Gernler, im Rahmen der «ordentlichen» Disputationen über die *Confessio Helvetica posterior*, und zwar über *De judice controversiarum* aus Kapitel II der *Confessio Helvetica posterior* (§ 5.6). Kállai Kopis' Disputation richtete sich vor allem gegen die römische Auffassung von der Notwendigkeit eines «irdischen» Richters, also gegen die Notwendigkeit des Papstes, und er betonte darum mit Nachdruck, «Scripturam Judicem esse in causa fidei».[79]

Wenn auch die kurz vorgestellten *disputationes* nur einen fragmentarischen Blick auf die Hungarica aus der Zeit der Trauerdekade zu werfen vermögen, wird doch deren apologetische Funktion deutlich: In den im Zusammenhang mit der *Confessio Helvetica posterior* verfassten *disputationes* verteidigten alle Disputanden einerseits die coccejanische Lesart des *Zweiten Helvetischen Bekenntnisses*, andererseits widerlegten sie die Verleumdungen der *Confessio* im leopoldinischen Absolutismus.[80] Die Verteidigung der «Orthodoxie» und «Schriftgemäss-

75 Es ist neben derjenigen von Horváti Békés u. a. auf folgende *disputationes* zu verweisen: Daniel Wegelin, De canonis integritate [...], Basel 1672; Johann Jakob Hottinger, De vera et legitima ratione [...], Basel 1673; Conrad Ziegler, De sanctorum patrum usu [...], Basel 1674; János Kállai Kopis, De judice controversiarum [...], Basel 1674.

76 Vgl. Horváti Békés, De usu sanctorum (Anm. 74), B2v.

77 Vgl. János Kállai Kopis, [...] Apodixes X. orthodoxae. De haereditate ecclesiae [...], Basel 1674, A2v–A3r.

78 Vgl. Kállai Kopis, De haereditate (Anm. 77), A4v–A5v.

79 Vgl. Kállai Kopis, De judice (Anm. 75), Bv.

80 Vgl. Bernhard, Konsolidierung (Anm. 8), 612f.

heit» des eigenen reformierten Bekenntnisses wurde offenbar gerade in den Jahren der Trauerdekade zu einem Proprium des ungarländischen Reformiertentums. So hielt ja auch György Komáromi Csipkés in seiner anonym erschienenen Verteidigung der *Confessio*, dem *Molimen Sisyphium* (1672), fest, dass «in disputationibus academicis, Confessionem Helveticam defendam suscipimus».[81]

2. Predigten im Jahrhundert der Aufklärung

Die Studien ungarländischer Studenten der 1670er Jahre in Holland und der Schweiz sollten für die Theologiegeschichte Ungarns und Siebenbürgens nicht ohne Folgen sein: Wie bereits geschildert, wurden viele dieser Studenten in Holland mit der Föderaltheologie, in Verbindung mit der cartesianischen Methode, konfrontiert. Gleichzeitig haben sie in der Schweiz ihre Studien vor allem bei wichtigen Vertretern der *Formula Consensus* absolviert, welche zwar eine antisaumurische Theologie vertraten, Neuerungen wie Coccejanismus und Cartesjanismus aber grundsätzlich offen gegenüberstanden. Dies gilt insbesondere auch für die bereits erwähnten Theologen Heidegger und Gernler, bei denen die Ungarn über die *Confessio Helvetica posterior* disputierten, aber nicht weniger für Johann Jakob Buxtorf, Johann Jakob Hofmann, Johannes Zwinger, Johannes Lavater oder Johann Jakob Hottinger d. Ä.

Spätestens zu Beginn des 18. Jahrhunderts wurde die *Confessio Helvetica posterior* in ganz Ungarn und Siebenbürgen in einem föderaltheologischen Sinne verstanden. Bemerkenswert ist aber in diesem Zusammenhang, dass sich mit dem Eintritt ins Jahrhundert der Aufklärung die apologetische Funktion der *Confessio Helvetica posterior* noch verstärkte. Im Jahre 1679 erschien die erste siebenbürgische Ausgabe der *Confessio*, die nach dem Muster der Sárospataker Ausgabe von 1654 gedruckt worden ist. Auf dem Titelblatt wird festgehalten, dass das Bekenntnis «jetzt neu für die siebenbürgischen orthodoxen Kirchen» herausgegeben worden sei.[82] Das Bekenntnis übernahm also gewissermassen die Funktion, die in der Schweiz die *Formula Consensus* übernommen hatte. Beide Bekenntnisse sollten ein wirksames Mittel gegen die theologischen «Neuerungen» im aufkommenden Zeitalter der Aufklärung sein. Eindrücklicher Beleg da-

81 Vgl. [György Komáromi Csipkés], Molimen sisyphium. Hoc est frustraneitas comatûs istius [...], Klausenburg 1672, A4v.

82 «Most újjoban az Erdélyi Orthodoxa Ecclésiáknak». [Heinrich Bullinger], Confessio et Expositio Fidei Christianae, Az az: Az Keresztyeni Igaz Hitről való Vallás-tétel [...], Klausenburg 1679, A^r.

für ist die Tatsache, dass 1742 in Klausenburg eine weitere ungarische Ausgabe der *Confessio Helvetica posterior*, ergänzt durch den lateinischen Text der *Formula Consensus*, erschien. Nur drei Jahre später gab der Enyeder Professor Zsigmond Borosnyai Nagy, Mitglied des Hauptkonsistoriums,[83] eine *Dissertatio historico-ecclesiastica de libris reformatae Ecclesiae symbolicis* (Klausenburg 1745) heraus, in der er sich entschieden gegen eine arminianische Interpretation der *Confessio* wandte.[84] Im 18. Abschnitt seiner Schrift weist Borosnyai darauf hin, dass der siebenbürgische Bischof József Deáki Filep (1681–1748) der Klausenburger Ausgabe von 1742 mit Recht die *Formula Consensus* (1675) beigefügt habe, da die älteren Bekenntnisse «inlustrari ac augeri possunt». Dasselbe sei ja auch mit dem *Symbolum apostolicum* geschehen.[85] Schliesslich hielt Borosnyai Nagy in der zehnten der *Theses defendentium* fest: «Libros Ecclesiae Refor. Symbolicos, v. l. Augustanam variatam, Helveticam Confessiones, Catechismum Palatinum, Judicium Synodi Dordracensis, atque Formula Consensus Eccl. Ref. Helveticarum *recipimus, retinemus et defendimus; Scientes nihil in iis contineri, quod sit conforme Verbo Dei*»[86] – und dies, obwohl die *Formula consensus* in Ungarn und Siebenbürgen kirchlich nie offiziell rezipiert wurde. Diese bemerkenswerte These Borosnyais offenbart, wie die *Confessio Helvetica posterior* von dem Hauptkonsistorium, der Generalsynode und von Lehrern am Kollegium in Strassburg a. M. verstanden wurde: Die *Formula consensus* war seit den 1740er Jahren, also in einer Zeit, als sie in der Schweiz – ausser in Zürich[87] – bereits wieder abgeschafft war, *die* Interpretationsmatrix der *Confessio Helvetica posterior*. Schliesslich erschien die *Formula Consensus* in der Klausenburger Ausgabe des Bekenntnisses von 1755 in einem Anhang gar zweisprachig. In Siebenbürgen sollte die *Formula Consensus*, ursprünglich eigentlich gegen den Heilsuniversalismus der Saumurer Schule gerichtet, dem mancherorts auftauchenden Arminianismus gegenüber

83 Das Hauptkonsistorium (Főkonsisztórium) Siebenbürgens, bestehend aus Adligen, Geistlichen und Laien, wurde 1713 eingerichtet, um Widerstand gegen die habsburgische Rekatholisierung zu leisten; faktisch führte das Hauptkonsistorium in weltlichen und kirchlichen Fragen die Jurisdiktion der Fürsten des 17. Jahrhunderts weiter. Vgl. Gábor Sipos, Die oberste Kirchenleitung der reformierten Kirche in Siebenbürgen (1690–1713): Zsolt K. Lengyel/Ulrich A. Wien (Hg.), Siebenbürgen in der Habsburgermonarchie. Vom Leopoldinum bis zum Ausgleich (1690–1867), Köln u. a. 1999, 119–133 (129–132).

84 Vgl. Bernhard, Funktion (Anm. 8), 828f.

85 Vgl. Zsigmond Borosnyai Nagy, Dissertatio historico-ecclesiastica de libris reformatae Ecclesiae symbolicis […], Klausenburg 1745, 36.

86 Borosnyai Nagy, Dissertatio (Anm. 85), 40 (Hervorhebung im Original).

87 Vgl. Jan-Andrea Bernhard, Das Zürich Breitingers, Hagenbuchs und Zimmermanns als Anziehungspunkt für ungarische Studenten: Marti/Marti-Weissenbach, Orthodoxie (Anm. 72), 209–261 (226f.).

das orthodoxe Verständnis des *Zweiten Helvetischen Bekenntnisses* verteidigen. Es ist daher nicht verwunderlich, dass seit Mitte der 1760er Jahre sowohl im Hauptkonsistorium als auch in der Generalsynode Siebenbürgens die Einrichtung, über einzelne Abschnitte der *Confessio Helvetica posterior* zu predigen, institutionalisiert wurde.[88]

Diese Einrichtung geht u. a. auf die Tätigkeit von László Málnási (1722–1798) zurück: Seit 1759 war Málnási administrativer Verwalter des Hauptkonsistoriums, seit 1761 zudem Pfarrer der ungarischen Gemeinde in Hermannstadt (Sibiu, RO).[89] Infolge seiner langen Amtszeit prägte Málnási massgeblich die theologische Ausrichtung des Hauptkonsistoriums.[90]

Im Juni 1768 begann Málnási über das *Zweite Helvetische Bekenntnis* zu predigen und hielt bis im Januar 1773 78 Predigten über fast alle Kapitel des Bekenntnisses.[91] In der Auslegung der einzelnen Kapitel geht es ihm vor allem um die Verteidigung der wahren Lehre und der reinen Sitten. Diese Predigttätigkeit ist ein Hinweis darauf, dass das *Zweite Helvetische Bekenntnis* für Málnási nicht einfach ein geschichtliches Dokument bzw. Bekenntnis, also menschliche Tradition ist, sondern direkt auf der Heiligen Schrift aufgebaut ist, ja der Schrift nahezu gleichgesetzt wird.[92] Sein Verständnis des Bekenntnisses entfernt sich damit zunehmend mehr von der noch von Bullinger in seinem Vorwort festgehaltenen Überzeugung der Vorläufigkeit seines Bekenntnisses.[93]

88 Vgl. Bernhard, Funktion (Anm. 8), 830ff.; Juhász, Hitvallás (Anm. 5), 96ff.; Bod, Historia (Anm. 60), 353.

89 Zu László Málnási: Bernhard, Funktion (Anm. 8), 830–832.

90 Glücklicherweise sind wir über seine theologische Denkart relativ genau informiert, da seine Predigten, die er in Hermannstadt vor den Mitgliedern des Hauptkonsistoriums sowie vor der in den Häusern des Hauptkonsistoriums versammelten Gemeinde hielt, erhalten geblieben sind. Die weit über tausend Predigten, die noch einer umfassenden wissenschaftlichen Untersuchung harren, werden in der Handschriftenabteilung des reformierten Kollegiums in Odorhellen/Székelyudvarhely (Odorheiu Secuiesc, RO) aufbewahrt.

91 Vgl. Predigtbände von László Málnási: SzUTLvt, E. 9. IV, O 8934 und O 8935. Interessanterweise hielt Málnási keine Predigt über Kapitel 21, *De sacra coena Domini.* Nicht als eigentliche Auslegung des Bekenntnisses sind die beiden Predigtreihen zu den zehn Geboten (Predigten 32–39) und zum Unservater (Predigten 57–67) zu beurteilen.

92 Vgl. Praedicatio de interpratione Sacrae Scripturae: SzUTLvt, E. IV. 9, O 8934, 426.

93 Bullinger hält darum am Ende des Vorworts fest, immer bereit sein zu müssen, «unsere Darlegungen im allgemeinen und im besonderen auf Verlangen ausführlicher zu erläutern, und endlich denen, die uns aus dem Worte Gottes eines Besseren belehren, nicht ohne Danksagung nachzugeben [...].» Heinrich Bullinger, Das Zweite Helvetische Bekenntnis, Zürich [4]1967, 12.

In den einzelnen Predigten über das Bekenntnis geht Málnási von einem biblischen Text aus, der im behandelten Kapitel des Bekenntnisses meist von Bullinger selbst beigezogen wurde. Auf dieser Textgrundlage legt er dann das Kapitel aus. Auffallend ist, dass für Málnasi die Gotteslehre einen besonderen Schwerpunkt bildet.[94] Hinweise auf eine Ablehnung aufklärerischer Strömungen finden sich in zahlreichen Predigten. So legt er z. B. Kapitel III des Bekenntnisses (*De Deo, unitate eius ac trinitate*) in fünf Predigten aus, wobei vier Predigten trinitarische Fragen behandeln, also zweifellos den neuen antitrinitarischen Strömungen der Aufklärung entgegenstehen.[95] Bemerkenswert ist auch die Auslegung von Kapitel X (*De praedestinatione Dei, et electionis sanctorum*), weil Málnási die letzte der fünf Predigten mit «De praeteritione et reprobatione» überschreibt und sich damit, obwohl Bullinger in seinem Bekenntnis auf die *Reprobatio* nicht explizit zu sprechen kommt, hinter die *Canones synodi Dordracenae* und die *Formula Consensus* stellt, also die *gemina praedestinatio* vertritt und das Bekenntnis, wie das Hauptkonsistorium bereits in den 1740er Jahren, davon ausgehend versteht. In dieser Predigt distanziert sich Málnási deutlich von einer arminianischen Interpretation des Bekenntnisses bzw. verteidigt die Lehre der reformierten Orthodoxie.[96] Es liessen sich weitere Beispiele, die eine ähnliche Stossrichtung haben, anführen.

Als sich im Jahre 1772 Bischof György Dézsi Lázár wegen der Ordination zweier Kandidaten – allerdings nicht, weil sie auf ihren Auslandsstudien aufklärerisches Gedankengut rezipiert, sondern weil sie ein «einfältiges Gemüt» hätten – an das Hauptkonsistorium wandte,[97] beschloss dieses – dem auch Málnási angehörte –, dass die genaueste Kenntnis der *Confessio Helvetica posterior* und des *Heidelberger Katechismus* weiterhin vorausgesetzt werde, auch dann, wenn ein Kandidat mit einem einfältigen Gemüt antrete. Interessant ist in diesem Zusammanhang eine kleine Nebenbemerkung, nämlich dass bereits zu jener Zeit in der Generalsynode jeweils über je zwei Kapitel des *Zweiten Helvetischen Be-*

94 Insgesamt sind es 25 Predigten aus der Gotteslehre, hingegen nur deren 9 aus der Soteriologie bzw. Christologie.

95 Es ist dabei an die zunehmende Bedeutung sozinianischer Gedanken in der Aufklärung zu erinnern. So übernahm Hermann Samuel Reimarus in seiner *Apologie oder Schutzschrift für die vernünftigen Verehrer Gottes* («Wolfenbütteler Fragmente») den Rationalismus der Sozinianer.

96 Vgl. Praedicatio de praeteritione et reprobatione: SzUTLvt, E. 9. IV, O 8935, 623–626.

97 Vgl. Bischof György Dézsi Lázár an das Hauptkonsistorium, 20. August 1772: FőkonzLvt, 45/1772. Im Brief machte Dézsi Lázár darauf aufmerksam, dass auch Bullinger in seinem Bekenntnis Hirten mit einer frommen Einfalt nicht verworfen habe (CHp XVIII).

kenntnisses gepredigt wurde.[98] Schliesslich lesen wir in einem Schreiben des Hauptkonsistoriums von 1779, dass die Generalsynode aufgefordert wurde, die bisher bereits gehaltenen Predigten über das *Zweite Helvetische Bekenntnis* für den Druck zu sammeln.[99]

Málnási war also nicht der Erste und Einzige, der über das *Zweite Helvetische Bekenntnis* predigte, sondern diese «Gewohnheit»[100] bestand offenbar auch bereits in der Generalsynode. In diesem Zusammenhang ist natürlich zu fragen, warum überhaupt in der reformierten Kirche Siebenbürgens über das *Zweite Helvetische Bekenntnis* gepredigt wurde. Juhász schreibt, dass «die Zweite Helvetische Konfession [...] im letzten Drittel des 18. Jahrhunderts [...] durch die Predigt zum lebendigen Schatz der Kirche geworden» ist.[101] Diese Feststellung mag wohl ein wichtiger Hinweis auf die Bedeutung des *Zweiten Helvetischen Bekenntnisses* in Siebenbürgen sein, sagt aber nichts über die eigentliche Funktion des Predigens über das Bekenntnis aus. Glücklicherweise ist im Synodalprotokoll von 1791 ein Hinweis hierzu zu finden: Die Generalsynode wurde darüber in Kenntnis gesetzt, dass Lehrer der Schulen von Strassburg a. M. und Odorhellen «eine solche Theologie lehren würden, die der Helvetischen Konfession und dem Heidelberger Katechismus entgegenstehe, nämlich den Sozinianismus, den Arminianismus, den Pelagianismus und anderes».[102] Die Klage betraf unter anderem die Lehre von János Bodola (1754–1836), Professor in Strassburg a. M., der einerseits die vernünftige Orthodoxie der Schweiz, andererseits die Theologie Samuel Endemanns aus Marburg, eines gemässigten Aufklärers, vertrat. Bereits als Vertreter dieser sehr gemässigten Aufklärung war Bodola verdächtig, ja wurde des So-

98 Vgl. Hauptkonsistorium an Bischof György Dézsi Lázár, 2. September 1772: FőkonzLvt, Prot. VI. 1405–1408.

99 Vgl. Schreiben vom 12. Oktober 1779: FőkonzLvt, 120/1779. Wahrscheinlich kam die angestrebte Sammlung von gehaltenen Predigten über das *Zweite Helvetische Bekenntnis* nie in Druck; so sind uns auch die Predigten leider nicht erhalten geblieben.

100 Im ungarischen Brief steht das Wort *szokás*, was so viel bedeutet wie Gewohnheit, Brauch, Sitte. Vgl. Hauptkonsistorium an Bischof György Dézsi Lázár, 2. September 1772: FőkonzLvt, Prot. VI. 1405–1408.

101 Juhász, Glaubensbekenntnis (Anm. 5), 106.

102 «[...] olly theologia taníttatik [...], mellyynek tudománya ellenkezik Helvetziai Confessionkkal és Heydelbergai Catechesisünkkel, tanítván socinianismust, armenianizmust, pelagianizmust satöbbi, [...].» (Synodalprotokoll 1791: FőkonzLvt, 130/1791) Mit den Begriffen Pelagianismus, Sozinianismus und Arminianismus werden die aufklärerischen Strömungen bezeichnet. So hat z. B. Johann Friedrich Wilhelm Jerusalem eine vollständige Beseitigung des Erbsündendogmas gefordert (Pelagianismus), Gotthold Ephraim Lessing die Christologie des Sozinianismus in den Grundzügen übernommen oder das helvetische Triumvirat die Lehre von der doppelten Prädestination wie die Arminianer abgelehnt.

zinianismus, Arminianismus und Pelagianismus bezichtigt und musste um seine Lehrbefugnis bangen. Aus Sicht der Generalsynode und des Hauptkonsistoriums widersprachen also diese Strömungen der wahren Lehre der *Confessio Helvetica posterior*, welche mit der Heiligen Schrift gleichgesetzt wurde. Die Synode verordnete darum, dass in allen Kollegien künftighin nur noch das *Zweite Helvetische Bekenntnis* gelehrt werden dürfe. Schliesslich verbot 1792 das Hauptkonsistorium den Gebrauch der Lehrbücher Endemanns, insbesondere der *Institutiones theologiae dogmaticae* (Hanau 1777) und des *Compendium theologiae dogmaticae* (Freiburg i. Br. 1782).[103]

Bis Ende des 18. Jahrhunderts hatte also das *Zweite Helvetische Bekenntnis* in Siebenbürgen eine vorwiegend apologetische Funktion gegenüber dem Eindringen der aufklärerischen Theologie. Die Predigt über das Bekenntnis sollte diese Funktion im Sinne einer Selbstvergewisserung wirksam unterstützen. Die Predigten hatten, wie das Protokoll der Synode von 1794 in Dés festhält, «mit unserem Glauben und unserer Religion, begründet im Evangelium, übereinzustimmen» – damit war natürlich die *Confessio Helvetica posterior* gemeint.[104]

V. Ertrag

Als Wolfgang Musculus im November 1550 an Heinrich Bullinger die Schrift *Vom uffgang dess wort Gottes by den Christen in Ungern* (Bern 1550) übersandte, schrieb er dazu: «Mirabilis est cursus verbi Dei.»[105] Der Blick auf Geschichte, Rezeption, Funktion und Wirkung der *Confessio Helvetica posterior* im Reich der Stephanskrone lässt uns bekennen: «Mirabilis est cursus confessionis helveticae posterioris.»

103 Allerdings versuchte Bodola, auch nach diesem Urteil in seiner Lehre eine gemässigte Aufklärung zu vertreten. So hielt er am Reformierten Kollegium in Strassburg a. M.1794 eine Vorlesung in Moraltheologie «secundum Doctum Danielis Wittenbach», Professor in Bern und später in Marburg (vgl. Vorlesung in Moraltheologie: PTILvt, Ms. 43). Wittenbach (1706–1779) stand wesentlich unter dem theologischen Einfluss Christian Wolffs und Jean-Frédéric Ostervalds.

104 «Kinek szent hittünkkel s vallásunkkal megedgyező és az evangéliumban fundáltatott [...]» (Synodalprotokoll 1794: FőkonzLvt, 101/1795). Schliesslich wurde dieser «synodale Brauch» noch weit bis ins 19. Jahrhundert hinein beibehalten. Nachdem das Bekenntnis «durchgepredigt» war, begann man einfach wieder von vorn, so z. B. in den Jahren 1785, 1799, 1813 und 1824. Vgl. Dezső László, A II. Helvét Hitvallás szerepe a XVIII. és XIX. századi zsinati igehirdetésben: RefSz 65/1972, 270–273.

105 Wolfgang Musculus an Heinrich Bullinger, 28. November 1550: StAZ, E II 360, 147f.

«Mirabilis» ist es, dass bereits im Februar 1567 die reformierten Kirchen Ungarns und Siebenbürgens die *Confessio Helvetica posterior* rezipiert haben und diese bis zum heutigen Tag massgebend zur Identität der reformierten Ungarn beiträgt.

«Mirabilis» ist es, dass die *Confessio Helvetica posterior* durch alle Jahrhunderte, in allen Anfechtungen und Verfolgungen, in allen Auseinandersetzungen und Verteidigungen in unterschiedlicher Art und Weise zur Selbstvergewisserung im ungarischen Reformiertentum beigetragen hat.

«Mirabilis» ist es, dass die *Confessio Helvetica posterior* in der Abwehr und Abgrenzung gegenüber neueren theologischen Strömungen einen Status erhielt, der Bullingers Bekenntnis und der reformierten Theologie fremd gewesen ist: Die *Confessio* als revidierbares *verbum humanum* trat immer mehr gleichwertig neben das *verbum divinum*, über das man regelmässig predigte.

«Mirabilis» ist es, dass trotz dieser wechselvollen Geschichte die *Confessio Helvetica posterior* noch heute «zum lebendigen Schatz der Kirche»[106] in Ungarn und Siebenbürgen gehört.

106 Juhász, Glaubensbekenntnis (Anm. 5), 106.

Eva-Maria Faber

Die *Confessio Helvetica posterior* aus römisch-katholischer Sicht

In heutigen Konfessionskunden und ökumenischen Studien aus römisch-katholischer Feder findet die *Confessio Helvetica posterior* allenfalls kurze Erwähnung, ohne weiter inhaltlich erschlossen zu werden. Vielmehr wird die Bedeutung durch den Hinweis relativiert, dass reformierte Bekenntnisschriften generell «nie wie in der lutherischen Tradition den Rang verpflichtender Bekenntnisse» erlangten.[1] Darum bleibt eine weiter gehende Auseinandersetzung, soweit ich sehe, aus.

Der folgende Beitrag soll zunächst in römisch-katholische Reaktionen vergangener Jahrhunderte zurückblenden, bevor der zweite Teil eine (thematisch orientierte) römisch-katholische Lektüre im Zeitalter der Ökumene vornimmt.

I. Die römisch-katholische Wahrnehmung der *Confessio Helvetica posterior* vom 16. bis 19. Jahrhundert

Die folgenden Beispiele für katholische Bezugnahmen auf die CHp erheben keinen Anspruch auf Vollständigkeit. Naheliegend ist die Berücksichtigung der Kontroverse, die Johann Pistorius um die Jahrhundertwende vom 16. zum 17. Jahrhundert in direkter Weise mit der CHp und deren Vertretern anstrebte. Als nicht ergiebig erwies sich die Recherche bei einem der bekanntesten katholischen Kontroverstheologen, Robert Bellarmin (1542–1621), der in seinen Kont-

---

Abkürzungen: HBS = Heinrich Bullinger Schriften, hg. von Emidio Campi u. a., 7 Bde., Zürich 2004–2007; HBTS = Heinrich Bullinger Werke. Dritte Abteilung: Theologische Schriften, bearb. von Hans-Georg vom Berg u. a., Zürich 1983ff.

1 Jörg Ernesti, Konfessionskunde kompakt. Die christlichen Kirchen in Geschichte und Gegenwart (Grundlagen Theologie), Freiburg i. Br. 2009, 140. Vgl. Harald Wagner, Die lutherischen und die reformierten Kirchen: Kleine Konfessionskunde, hg. vom Johann-Adam-Möhler-Institut (Konfessionskundliche Schriften des Johann-Adam-Möhler-Instituts 19), Paderborn 1996, 171–243 (193); Peter Neuner/Birgitta Kleinschwärzer-Meister, Kleines Handbuch der Ökumene, Düsseldorf 2002, 47. Siehe auch Harding Meyer, Art. Bekenntnisschriften, III. Kirchen der Reformation: LThK^3, Bd. 2, 1994, 180–183, mit kurzer Erwähnung der CHp, ohne weitere Erläuterung.

roversen Bullinger zwar gelegentlich erwähnt,[2] jedoch – soweit es Stichproben ergaben – nicht auf die CHp eingeht. Dafür steht im 17. Jahrhundert Jacques-Bénigne Bossuet für eine explizite und scharfe Auseinandersetzung. Im 19. Jahrhundert bahnt sich mit Johann Adam Möhler eine sachgerechtere Wahrnehmung an.

1. Johann Pistorius Niddanus d. J. (1546–1608)

Darstellungen zur Entstehungsgeschichte und Theologie der CHp weisen darauf hin, dass diese auch im Gegenüber zum Konzil von Trient zu verstehen ist. So bemerkt Rudolf Pfister: «Durch den Abschluss des Konzils von Trient 1563 erhielt der Gedanke eines neuen gemeinsamen schweizerischen Glaubensbekenntnisses erneut Auftrieb.»[3]

Möglicherweise ist dieselbe zeitliche Nähe zum Abschluss des Tridentinums ein Grund, warum es auf Seiten der römischen Kirche nur vereinzelt Anhaltspunkte für eine Kenntnisnahme der *Confessio Helvetica posterior* gibt. Zu fortgeschritten war die Trennung, zu dominant auf katholischer Seite die Herausforderung durch das Konzil von Trient unter dem Aspekt seiner Reformdekrete und -forderungen.

Eine Ausnahme ist die Kontroverse zwischen der Zürcher Kirche und Johann Pistorius Niddanus d. J. (1546–1608).[4] Dieser war als Sohn des gleichnamigen Reformators Johann Pistorius d. Ä. (1502–1583) 1588 zum Katholizismus konver-

2 Robert W. Richgels, Robert Bellarmin's Use of Calvin in the Controversies. A Quantitative Analysis, Wisconsin 1973, 151, listet 21 Bezugnahmen auf Bullinger auf.

3 Rudolf Pfister, Das Zweite Helvetische Bekenntnis in der Schweiz: Joachim Staedtke (Hg.), Glauben und Bekennen. Vierhundert Jahre Confessio Helvetica Posterior. Beiträge zu ihrer Geschichte und Theologie, Zürich 1966, 54–80 (56). Nach Walter Hildebrandt war die CHp «vielleicht auch als Gegenstück gedacht zu den Beschlüssen des Konzils der römischen Kirche in Trient [...]. Jedenfalls behandeln die Aussagen unserer Schrift auch Gegenstände, welche das Konzil beschäftigten, wie die Offenbarungsquellen, die Erbsünde, die Rechtfertigung, die Sakramente und etwa das Fasten.» Ders., Entstehung und Geltung des Zweiten Helvetischen Bekenntnisses: Heinrich Bullinger, Das Zweite Helvetische Bekenntnis. Ins Deutsche übertragen von Walter Hildebrandt und Rudolf Zimmermann mit einer Darstellung von Entstehung und Geltung sowie einem Namen-Verzeichnis, Zürich ^{5}1998, 139–166 (146f.).

4 Für biografische Informationen vgl. Rudolf Reinhardt, Art. Pistorius, Johannes: BBKL, Bd. 7, 1994, 649–651. Hans-Jürgen Günther, Die Reformation und ihre Kinder dargestellt an Vater und Sohn Johannes Pistorius Niddanus. Eine Doppelbiographie. J. Pistorius d. Ä. (1502–1583) + J. Pistorius d. J. (1546–1608) (Niddaer Geschichtsblätter 2), Nidda 1994, 161, erwähnt die Auseinandersetzung nur kurz.

tiert und seitdem in der Widerlegung reformatorischer Auffassungen engagiert. Als Generalvikar des Bistums Konstanz unter Kardinal Andreas von Österreich (1591–1594) wandte er sein Interesse insbesondere der Eidgenossenschaft zu und strebte 1597 ein Religionsgespräch mit Zürich an, um die in der Vorrede der *Confessio* deklarierte Bereitschaft, sich aus dem Wort Gottes eines Besseren belehren zu lassen, ernst zu nehmen. Wegen unterschiedlicher Auffassungen über die Anlage des Religionsgespräches, insbesondere was den Stellenwert der Heiligen Schrift angeht, kam dieses jedoch nicht zustande.[5]

Stattdessen verfasste Pistorius mehrere polemische Schriften,[6] die auf den Nachweis zielen, «dass die Protestanten nicht die wahre Kirche haben, sondern dass letztere einzig die katholische Kirche sei. Daraus zog er die Folgerung, dass die protestantische Lehre, weil im Widerspruche mit der katholischen Kirche, falsch sein müsse».[7] Die Schrift *Handtgreiffliche … beweissung* deckt 35 Irrtümer auf, die nach Pistorius' Auffassung aufweisen, dass die Schrift ausdrücklich gegen die CHp steht oder jedenfalls nicht für sie spricht. So könne der Stadt Zürich «sonnenklar» vor Augen und Ohren gestellt werden, dass der katholische Glaube nicht gegen das Wort Gottes stehe, während die *Confessio* nicht der Schrift gemäss sei.[8] Wenig später publizierte Pistorius eine weitere Schrift, in der er den Katalog der Irrtümer auf 39 erweiterte.[9]

---

5 Vgl. Johann Georg Mayer, Das Konzil von Trient und die Gegenreformation in der Schweiz, Bd. 2, Stans 1903, 285–293; Rudolf Pfister, Kirchengeschichte der Schweiz. Bd. 2, Zürich 1974, 407–409; Otto Scheib, Das Religionsgespräch als Instrument der gegenreformatorischen Wirksamkeit des Konstanzer Generalvikars Johannes Pistorius (1546–1608): Freiburger Diözesan-Archiv 100/1980, 277–288 (281–284).

6 Johann Pistorius, Acten der zu Zurich zwischen weilandt Herrn Cardinalen zu Oesterreich, Bischoffen zu Constantz etc, und eynem Ehrsamen Wolweisen Rath der Statt Zürich wegen der Religion angestellten Disputation, Freiburg i. Br. 1603; ders., Handtgreiffliche, Unwidersprechliche, auss eyniger H. Schrifft genom[m]ene beweissung, dass die Calvinische und eben so wohl die Lutherische, Schwenckfeldische, Widerteufferische und dergleichen Kirch keyn rechte Kirchen Christi unnd ihr Glaub keyn Glaub Christi, sondern beyde ihr Kirchen und Glauben falsche Kirchen und Glauben seien unnd nothwendigklich sein müssen: innsonderheyt wider die Zürichische Calvinische Confession unnd dero Scribenten gestelt, Freiburg i. Br. 1604; ders., Spiegel der zwinglischen calvinischen Religion, Freiburg i. Br. 1604.

7 Mayer, Konzil (Anm. 5), 292.

8 Pistorius, Handtgreiffliche beweissung (Anm. 6), 352r (zu beachten ist, dass die Seitenzahlen 351 und 352 versehentlich doppelt vergeben wurden).

9 Pistorius, Spiegel (Anm. 6).

2. Jacques-Bénigne Bossuet (1627–1704)

Eine eingehendere Beschäftigung mit der CHp findet sich bei Jacques-Bénigne Bossuet, der sich neben innerkatholischen Kontroversen auch der Auseinandersetzung mit den Protestanten widmete. Obwohl sein Ruf als eher einseitiger und traditionsbewusster Kontroverstheologe heute aufgrund von kontextbewussteren Studien korrigiert wird,[10] lässt sich der polemische Ton seiner diesbezüglichen Darlegungen nicht verleugnen.

Bossuets Schrift *Histoire des variations des Églises protestantes* von 1688 legt es darauf an, die Widersprüche in den Positionen der Reformatoren hervorzuheben.[11] Hinsichtlich der CHp belegt sie es mit Spott, dass nach einer Vielzahl reformierter Bekenntnisse 1566 noch ein weiteres notwendig war, und führt dies auf die «natürliche Instabilität» von neuen Sekten zurück.[12] Gefestigte Glaubensüberzeugungen benötigen nach Ansicht Bossuets diese Pluralität von Lehrformeln nicht. Was er übersah oder verschwieg: Auch das katholische Lehramt wurde in der Neuzeit nicht wenig produktiv. Interessanterweise trug gerade Bossuet selbst dazu bei, auch in der katholischen Lehrtradition eine intensivere Reflexion über den eigentlich dogmatischen Lehrbestand zu fördern, indem er (wie vor ihm Franz Veronius, 1575–1649) in kontroverstheologischen Debatten für die katholische Position allein kirchenoffizielle Lehraussagen als relevant deklarierte.[13] Der kontroverstheologische Streit führte alle Seiten zu lehrhaften Positionierungen. Hier wurzelt die von Jörg Lauster diagnostizierte «Überdoktrinalisierung» des Christentums.[14]

Inhaltlich registriert Bossuet von seiner konfessionellen Warte aus eine «Verschlechterung» gegenüber früheren Bekenntnissen: Erst die CHp habe die imputative Gerechtigkeit in die reformierte Bekenntnistradition eingeführt und das Verdienst durch gute Werke zurückgewiesen, wovon in den vorausgehenden

10 Vgl. Jacques Le Brun, Art. Bossuet, Jacques-Bénigne (1627–1704): TRE, Bd. 7, 1981, 88–93; ders., Art. Bossuet, Jacques-Bénigne: LThK^3, Bd. 2, 1994, 612f.

11 Vgl. Le Brun, Bossuet, TRE (Anm. 10), 91.

12 Jacques-Bénigne Bossuet, Histoire des variations des Églises protestantes, Bd. 2, Lyon/Paris 1827, 314; zum Ganzen 314–325.

13 Vgl. Jacques-Bénigne Bossuet, Bossuets Darstellung der Lehre der katholischen Kirche, in Hinsicht auf die von den Reformirten angestrittenen Lehrsätze, Luzern 1823, 6; siehe dazu Josef Rupert Geiselmann, Johann Adam Möhler. Die Einheit der Kirche und die Wiedervereinigung der Konfessionen. Ein Beitrag zum Gespräch zwischen den Konfessionen, Wien 1940, 110–119.

14 Jörg Lauster, Verzauberung der Welt. Eine Kulturgeschichte des Christentums, München 2014, 329.

Bekenntnissen nicht die Rede gewesen sei.[15] Entgangen zu sein scheint Bossuet, wie stark auch die CHp den Akzent auf die Erneuerung des Menschen in einem «lebendigen und Leben schaffenden Glauben»[16] legt und das Fruchtbarwerden des Glaubens in guten Werken betont (vgl. CHp XVI) – bis dahin, dass in der Überschrift zu CHp XVI sogar der Begriff des Verdienstes auftaucht.[17] Immerhin vermerkt Bossuet eine Differenzierung und eine darauf basierende Verständigungsmöglichkeit, indem er den Schlusssatz von CHp XVI hervorhebt: «So wenden wir uns gegen diejenigen, die menschliche Verdienste derart verteidigen, dass sie Gottes Gnade entleeren.»[18] Verurteilt würden damit nur die Pelagianer, da Bossuet für seine eigene Tradition reklamiert, das darin verteidigte Verdienst stehe «so wenig der Gnade entgegen, dass es vielmehr deren Gabe und Frucht ist».[19] Wenngleich diese Feststellung bei Bossuet apologetisch motiviert ist und einseitig bleibt, könnte man darin einen Aspekt der Methodik der im 20. Jahrhundert durchgeführten Überprüfung der Lehrverurteilungen vorgezeichnet sehen.

Gegen den Vertrauensglauben von CHp X wendet Bossuet in fast schon psychologischer Manier den durchwachsenen Charakter unserer Einstellungen ein.[20] Besonderes Interesse zieht CHp IX zur Willensfreiheit auf sich. Hier anerkennt Bossuet die Unterscheidung dreier Stände (Urstand, Stand des gefallenen Menschen und Stand der Wiedergeborenen), um dann aber die Beschreibung der Situation der Wiedergeborenen geradezu ironisch zu kritisieren. Der Formulierung, dass die Wiedergeborenen nicht passiv, sondern als Selbsttätige handeln («agissant néanmoins non point passivement» / «active agunt non passive tan-

15 Vgl. Bossuet, Histoire (Anm. 12), 316f., insbesondere die bissige Formulierung «On avoit été réformé près de quarante ans; sans connoître ce fondement de la Réforme» (316).

16 CHp XV, 306,25; ZHB, Kap. XV, 70; siehe auch CHp XX.

17 Vgl. dazu Pierre Bühler, Heinrich Bullinger als Systematiker – am Beispiel der Confessio Helvetica Posterior: Zwingliana 31/2004, 215–235, 229f.: «Deshalb kommt die Vermutung auf, dass Bullinger hier vielleicht auch wieder – wie beim Freiheitskapitel – versucht, nach der tridentinischen Verurteilung den Lohn- und den Verdienstgedanken in reformatorischer Perspektive aufzunehmen.»

18 CHp, 310,8f.; ZHB, XVI, 77.

19 Bossuet, Histoire (Anm. 12), 317: «A vrai dire, ce n'est donc ici que les Pélagiens dont on condamne l'erreur: et le mérite que nous admettons est si contraire à la grâce, qu'il en est le don et le fruit.»

20 Bossuet, Histoire (Anm. 12), 318: «Mais en cela ils n'entendent pas la séduction de notre amour-propre, ni le mélange de nos passions si étrangement compliquées que nos propres dispositions, et les motifs véritables qui nos font agir, sont souvent la chose du monde que nous connoissons avec le moins de certitude.»

tum»[21]), fügt er eine süffisante Entschuldigung zuhanden seiner Leser bei: Er müsse zugeben, dass dies seltsame Formulierungen seien (denn was könne «passiv handeln» überhaupt meinen?), doch die Zwinglianer hätten nun einmal so sprechen wollen.[22] Es ist bedauerlich, wie wenig Verständnis der an Spiritualität und existenziellen Fragen interessierte Bossuet hier für das paradoxe Verhältnis von Aktivität und Passivität aufbringt. Hätte der sprachbewusste Rhetoriker Bossuet intensiver über die jegliche Theologie herausfordernden Grenzen der Sprache nachgedacht, hätte dies sein Urteil vorsichtiger machen können.

Für Bullingers subtile Beschreibungen der Willensfreiheit in äusseren Dingen hat Bossuet nur eine rhetorische Akklamation übrig: «O Mensch, wohin bist du gekommen, wenn du deinen freien Willen in so niedriger Weise erklärst.»[23] Bossuet registriert zwar die Abgrenzung zum lutherischen Vergleich mit einem Stock oder einem Stein, doch die Beispiele der CHp für die Willensfreiheit in den äusseren Dingen («So kann er reden oder schweigen, von zu Hause weggehen oder daheim bleiben»[24]) hält er für nicht ausreichend.

Schliesslich geht Bossuet auf die Ausführungen in CHp XXI über das Abendmahl ein. Auch diesbezüglich sieht er gegenüber vorausgehenden Bekenntnissen eine Verschärfung, da er den Substanzbegriff, den Bossuet bei Calvin gefunden hat und schätzt, vermisst, und er kritisiert eine starke Spiritualisierung. Insbesondere an der Formulierung «non nihil accipit»[25] beisst Bossuet sich fest und sieht darin sarkastisch in «begrüssenswerter» Klarheit die Quintessenz letztlich aller reformierten Aussagen über das Abendmahl.[26] In diesem Sinne endet Bossuet einigermassen polemisch damit, dass er die CHp als die ehrlichste unter den protestantischen Konfessionen würdigt, weil sie am deutlichsten sei, d. h. für ihn: am deutlichsten die Defizienzen des protestantischen Glaubens erkennen lasse.[27]

Dass Bossuet derart die Deutlichkeit der CHp rühmt, um damit eine ebenso deutliche Zurückweisung verbinden zu können, steht in Spannung zur vorher

21 CHp, 288,15–17; ZHB, Kap. IX, 41.

22 Vgl. Bossuet, Histoire (Anm. 12), 319.

23 Bossuet, Histoire (Anm. 12), 321: «O homme, où t'es-tu laissé toi-même, quand tu explique si bassement ton libre arbitre.»

24 CHp IX, 289,6f.; ZHB, Kap. IX, 42.

25 CHp, 332,1; ZHB, Kap. XXI, 115.

26 Vgl. Bossuet, Histoire (Anm. 12), 322–325. Vgl. zu dieser Formulierung der CHp die Einschätzung von Joseph C. McLelland: «Als Höhepunkt der Sakramentslehre in der Bekenntnisschrift ist dieser Absatz enttäuschend.» Ders., Die Sakramentslehre der Confessio Helvetica Posterior: Staedtke, Glauben (Anm. 3), 368–391 (383).

27 Vgl. Bossuet, Histoire (Anm. 12), 325.

geäusserten Kritik an der vagen Sprache des Bekenntnisses. Eine gerechte Würdigung jedenfalls liegt hier nicht vor.

3. Johann Adam Möhler (1796–1838)

Milder wird der Ton in der wohl wichtigsten kontroverstheologischen und gleichzeitig bereits in erwachendem ökumenischem Geist verfassten Schrift des 19. Jahrhunderts, der *Symbolik* von Johann Adam Möhler.[28] Möhler war bereits als Student in Tübingen, wohin die vormalige Ellwanger Katholisch-Theologische Fakultät verlegt worden war, mit der konfessionellen Problematik in Berührung gekommen. Er eignete sich Kenntnisse der reformatorischen Quellenschriften an.[29] Daraufhin wählte er im Vergleich zu den meisten vorausgehenden Kontroverstheologen, wie Josef Rupert Geiselmann herausarbeitet, einen veränderten Ansatz: Der Tübinger Theologe fordert «eine gleichzeitige Darlegung der Unterscheidungslehren beider Konfessionen nach ihren öffentlichen Bekenntnisschriften. Das heisst: Er will Symbolik im Gegensatz zur Apologie.»[30]

Die *Symbolik* setzt sich differenziert einerseits mit der lutherischen, andererseits mit der reformierten Tradition auseinander. Auf reformierter Seite sind die Schriften Johannes Calvins hauptsächlicher Bezugspunkt, doch rekurriert Möhler auch auf Huldrych Zwingli und Theodor Beza sowie auf die reformierten Bekenntnisschriften.[31] Möhler registriert dabei, dass die reformierten Gemeinden

28 Johann Adam Möhler, Symbolik oder Darstellung der dogmatischen Gegensätze der Katholiken und Protestanten nach ihren öffentlichen Bekenntnisschriften, hg., eingeleitet und kommentiert von Josef Rupert Geiselmann, Köln 1958 (EA 1832, ^{5}1838).

29 Vgl. Josef Rupert Geiselmann, Zur Einführung: Möhler, Symbolik (Anm. 28), 15–148 (19–21).

30 Geiselmann, Einführung (Anm. 29), 129: «Möhler lehnt aber ebenso die bisher im Bereich des Katholizismus übliche Form der Auseinandersetzung ab, die darin zu bestehen pflegt, dass die katholischen Lehren und die kirchlichen Gebräuche den Entstellungen gegenüber richtiggestellt, die protestantischen Lehren dabei aber nicht dargestellt werden. Das heisst: Ihm kann die Form der blossen Apologie nicht mehr genügen.»

31 Bei deren Aufzählung fungieren die drei helvetischen Konfessionen an zweiter Stelle nach der *Confessio Tetrapolitana.* Dabei nennt er die *Confessio Helvetica posterior* als erste; sie sei «im Jahre 1536 von Heinrich Bullinger und Leo Judä, Myconius und Simon Grynäus verfasst, im Jahre 1566 aber umgearbeitet, und im Namen aller helvetischen Kirchen, mit Ausnahme der von Basel und Neuchâtel, herausgegeben» worden. Möhler, Symbolik (Anm. 28), 40. Als zweite Confessio Helvetica gilt ihm die Fassung von 1536, die er als ursprüngliche Fassung derjenigen von 1566 ansieht; als dritte Confessio Helvetica zählt er die «Mühlhäuser, von Oswald Myconius im Jahre 1532 herausgegebe; sie wird auch die Basler genannt». Möhler, Symbolik (Anm. 28), 40. Benutzt hat Möhler die Edition

«keine allenthalben mit gleicher Verehrung anerkannten Bekenntnisschriften» besitzen.[32]

In der Abhandlung verweist Möhler (zumeist in den Fussnoten) über zehnmal auf die CHp. Dabei entfallen mehrere Belegstellen auf die Urstandslehre, die Frage der Willensfreiheit sowie die Auffassung vom Sündenfall und von der Sünde. In den Bahnen der traditionellen Kontroverstheologie liegt der Fokus auf der Anerkennung der Willensfreiheit im Urstand, die Möhler als Gewähr dafür versteht, dass Gott nicht als Urheber des Bösen gelten darf. Er sieht die römisch-katholische Position hier in einer grösseren Übereinstimmung mit der reformierten als mit der lutherischen Tradition, wiewohl er in der reformierten Perspektive Spannungen zur Prädestinationslehre konstatiert.[33] In CHp IX ist ihm die Unterscheidung wichtig, dass der Mensch nicht von Gott oder dem Teufel zum Bösen gezwungen wurde, sondern es aus eigenem Antrieb tat.[34] Hinsichtlich der Verdorbenheit nach dem Sündenfall bevorzugt er die älteren helvetischen Konfessionen in ihrer Besonnenheit und Umsicht,[35] während die CHp ganz Calvins Lehre von der Verdorbenheit des gefallenen Menschen ausdrücke.[36] Mit Befriedigung registriert Möhler andererseits die Weise, wie die CHp sich von der Auffassung vom Sünder als Stock und Stein distanziert: «Merkwürdig ist es übrigens, dass das erste helvetische Symbolum die lutherische Ansicht, dass der gefallene Mensch nicht einmal mehr das Willens- und Erkenntnisvermögen für das Reich Gottes besitze, geradezu für manichäisch erklärt.»[37] Unter Vorausset-

von Johann Christian Wilhelm Augusti, Corpus librorum symbolicorum, qui in ecclesia reformatorum autoritatem publicam obtinuerunt, Elberfeld 1827; vgl. Möhler, Symbolik (Anm. 28), 70, Anm. 2.

32 Möhler, Symbolik (Anm. 28), 39. Den Grund dafür sucht er in dogmatischen Inhalten, die es im 16. Jahrhundert schwer hatten, sich ungeteilter Zustimmung zu erfreuen, nämlich Zwinglis Abendmahlslehre und Calvins Prädestinationslehre. Zudem sei in England gegen die übrigen Anhänger Zwinglis und Calvins an der göttlichen Einsetzung des Episkopates festgehalten worden (vgl. ebd., 40).

33 Vgl. Möhler, Symbolik (Anm. 28), 70 mit Anm. 2 und Bezug auf CHp VII. Übereinstimmung stellt Möhler auch dahingehend fest, dass der Tod als Frucht der Sünde Adams gilt (vgl. ebd. mit Anm. 3 und Bezug auf CHp VIII).

34 Die reformierten Symbole sagen alle, «Gott sei der Urheber des Bösen nicht; in demselben Sinne nämlich, wie auch Zwingli, Calvin und Beza Gott noch zu reinigen versuchen, nachdem sie die Freiheit des Menschen geleugnet haben». Möhler, Symbolik (Anm. 28), 85 mit Anm. 17 und Bezug auf Kap. IX (CHp, 287,15–17; ZHB, Kap. IX, 39) und Kap. VIII (CHp, 285,27f.; ZHB, Kap. VIII, 37).

35 «So könnte sich sogar der Katholik vollkommen zufrieden erklären.» Möhler, Symbolik (Anm. 28), 130.

36 Vgl. Möhler, Symbolik (Anm. 28), 130f. mit Anm. 19 und Bezug auf CHp VIII und IX.

37 Möhler, Symbolik (Anm. 28), 131 mit Anm. 20 und Bezug auf Kap. IX (CHp, 287,10f., 288,19f.; ZHB, Kap. IX, 39.41).

zung der Verantwortlichkeit für das Böse lehnt Möhler die Meinung ab, alle Sünden seien gleich, und stellt in diesem Punkt wiederum eine Konvergenz zur CHp fest: Sie «verwahrt sich nun gegen diese und dergleichen Folgerungen, und verdammt die Jovinianer, Pelagianer und Stoiker, welche die Gleichheit aller Sünden lehrten!».[38] Die «ökumenische» Bereitschaft, Gemeinsamkeiten anzuerkennen, hat allerdings ihre Grenze darin, dass Möhler diese Position zwar wahrnimmt, ihr aber Inkonsequenz unterstellt und diese dann als Symptom eines reformatorischen «Grundlagenirrtums» identifiziert: «Sie selbst aber kann wohl keine andere Verschiedenheit der Sünden feststellen wollen, als die der äusseren Erscheinung, nach welcher freilich nicht eine Sünde der andern gleich ist. Jedoch verehren wir in dieser Verwahrung ein gesundes Gefühl, eine erfreuliche Ahnung der tiefen, mit keinem Worte hinlänglich zu bezeichnenden Verirrung, von welcher die Reformation ausging.»[39]

Infolge der beschriebenen anthropologischen und harmatologischen Auffassungen nimmt Möhler gleichwohl weiter gehende Verständigungsmöglichkeiten mit den Reformierten als mit den Lutheranern in Sachen Rechtfertigungslehre wahr: «Vermöge der milderen und gesunderen Betrachtungsweise der Erbsünde sind nun aber auch überdies die Reformierten instand gesetzt, eine tätige Mitwirkung des Menschen mit Gott festzuhalten; worin sie abermals mit den Katholiken eins, den Lutheranern aber entgegengesetzt sind.»[40]

Ein weiteres Themenfeld, in dem Möhler Bezug auf die CHp nimmt, ist die Lehre von den Sakramenten. Entgegen dem üblichen Verdacht der Geringschätzung der Sakramente anerkennt Möhler, dass die reformierte Tradition den Gebrauch der Sakramente empfiehlt.[41] Kritik erfährt erwartungsgemäss die Reduktion der Zahl der Sakramente auf Taufe und Abendmahl.[42] Dennoch findet Möhler positive Züge der reformierten Sakramententheologie: «Die reformierten Symbole heben das mit der Taufe beginnende neue Leben sehr schön hervor und noch mehr als die lutherischen.»[43] Die Abendmahlslehre der «späteren re-

---

38 Möhler, Symbolik (Anm. 28), 132 mit Anm. 22 und Bezug auf CHp VIII. Die Auffassung von der Gleichheit aller Sünden ist für Möhler die zwangsläufige Konsequenz aus der Auffassung, dass alle Sünden nur das Heraustreten der Ursünde sind.

39 Möhler, Symbolik (Anm. 28), 132.

40 Möhler, Symbolik (Anm. 28), 156 mit Anm. 1 und Hinweis auf Calvin sowie Kap. IX (CHp, 288,15–19; ZHB, Kap. IX, 41).

41 Vgl. Möhler, Symbolik (Anm. 28), 324 mit Anm. 3 und Hinweis auf Calvin sowie Kap. XIX (CHp, 323,14–23; ZHB, Kap. XIX, 100f.).

42 Vgl. Möhler, Symbolik (Anm. 28), 326 mit Anm. 6 und Bezug auf CHp XIX.

43 Möhler, Symbolik (Anm. 28), 327 mit Anm. 2 und Bezug auf Kap. XX (CHp, 327,35–328,5; ZHB, Kap. XX, 109).

formierten Symbole» interpretiert Möhler auf der Linie des *Consensus Tigurinus*, bezieht sich jedoch nicht ausdrücklich auf die CHp.[44]

In der Ekklesiologie der Reformierten, eingeschlossen die CHp, sieht Möhler zunächst pauschal die Auffassung von Martin Luther aufgenommen.[45] Bei Calvin findet er indessen spezifische Akzentsetzungen, die er aber nicht an anderen reformierten Schriften überprüft. Schliesslich referiert Möhler die heftige Ablehnung des Purgatoriums durch die Reformierten, so auch die CHp.[46] Obwohl auch Möhler sehr scharfe Urteile über die «Verirrung» der Reformation fällt und – von heute aus gesehen – immer noch viel Apologetik betreibt, ist doch zu würdigen, dass er sich mit den reformierten Überzeugungen vertraut gemacht hat und sich, jedenfalls in einigen Hinsichten, auch mit der CHp detailliert auseinandersetzt.

Nach diesen historischen Stichproben soll im Folgenden eine heutige römisch-katholische Auseinandersetzung mit der CHp erfolgen. Dafür ist zunächst nach dem geeigneten Ansatzpunkt zu fragen.

II. Eine heutige römisch-katholische Auseinandersetzung mit dem Verhältnis von Schrift, Tradition und kirchlicher Lehre in der CHp

1. Vorbemerkung

Für eine heutige römisch-katholische Lektüre der CHp ist es methodisch nicht sinnvoll, sie Kapitel für Kapitel durchzugehen und auf Differenzen zu oder Übereinstimmungen mit entweder damaliger oder heutiger römisch-katholischer Theologie zu befragen. Ein kontroverstheologischer Vergleich mit Blick auf den Konflikt im 16. Jahrhundert müsste feststellen, dass man sich auf beiden Seiten in polemischer Gesprächslage nicht mehr gerecht wurde. Ein blosser Vergleich zwischen der reformierten Bekenntnisschrift des 16. Jahrhunderts und der heutigen römisch-katholischen Theologie würde überdies die reformierten Gesprächspartner von heute ausblenden und an ihnen vorbeitheologisieren. Die folgenden Ausführungen beabsichtigen deswegen, das in der CHp vorgelegte Bekenntnis auf Anliegen und neuralgische Punkte zu befragen, die uns letztlich

44 Vgl. Möhler, Symbolik (Anm. 28), 379.

45 Vgl. Möhler, Symbolik (Anm. 28), 496 mit Anm. 1 und Bezug auf CHp XVII.

46 Vgl. Möhler, Symbolik (Anm. 28), 515 mit Anm. 2 und Bezug auf Kap. XXVI (CHp, 340,11–13; ZHB, Kap. XXVI, 129).

heute – ob reformiert oder römisch-katholisch – gemeinsam herausfordern, selbst wenn wir bis heute unterschiedliche und durchaus immer noch kontroverse Lösungen dafür suchen. Ich wähle dazu die Thematik des Schriftprinzips verbunden mit der Frage nach dem Verhältnis von Schrift, Tradition und kirchlicher Lehre beziehungsweise Lehrautorität.

Es wären andere Themen bedenkenswert gewesen. Wie sich bereits im Hinblick auf Johann Adam Möhler zeigte, verdient die Rechtfertigungstheologie der CHp besonderes Interesse. Sie könnte ein hilfreicher Baustein für das Bemühen sein, in dem die Weltgemeinschaft Reformierter Kirchen steht, sich der Gemeinsamen Erklärung zur Rechtfertigungslehre zwischen dem Lutherischen Weltbund und der römisch-katholischen Kirche anzuschliessen und zu ihr beizutragen, wie dies 2006 bereits der Weltrat methodistischer Kirchen tat. Wenn eines der wichtigsten Punkte der Gemeinsamen Erklärung war, neben einem Konsens in den Grundwahrheiten, die Vereinbarkeit unterschiedlicher Entfaltungen hinsichtlich der völligen Angewiesenheit auf die Gnade einerseits und des personalen Beteiligtseins und der Verantwortlichkeit des Menschen andererseits festzuhalten,[47] so darf die *Confessio Helvetica posterior* als ein Dokument angesehen werden, das diese Spannung auf gelungene Weise integriert.[48] Die bisher zitierten Schriften der kontroverstheologischen Auseinandersetzung erkennen dies zu widerwillig an, als dass sie der differenzierten Anthropologie und Rechtfertigungstheologie der CHp (VII–IX; XIV–XVI) wirklich hätten gerecht werden können.

Ein ökumenischer Dauerbrenner ist die Sakramententheologie, für die eine Auseinandersetzung anhand der CHp lohnend wäre. Allerdings scheint mir, dass in diesem Punkt erst Engführungen der abendländischen Theologie generell auf den Prüfstand müssten, um daraufhin gemeinsame Überzeugungen besser konturieren zu können.

---

47 Vgl. Gemeinsame Erklärung zur Rechtfertigungslehre des Lutherischen Weltbundes und der Katholischen Kirche, Nr. 19–21, 37–39: www.vatican.va/roman_curia/pontifical_councils/chrstuni/documents/rc_pc_chrstuni_doc_31101999_cath-luth-joint-declaration_ge.html (24.9.2019).

48 Im Hintergrund steht die diesbezügliche Theologie Heinrich Bullingers, dessen anthropologische Überzeugung Peter Opitz am paradigmatischen Vollzug des Abendmahls so charakterisiert: «Indem es [das Abendmahl] den Menschen als Täter in die Gemeinschaft mit Gott einbezieht, bezieht es ihn als Ganzen und in seinem Wesen ein, denn Menschsein heisst immer Täter sein. [...] als Humanist, der sich von der antiken Ethik beeinflussen liess, war Bullinger zutiefst davon überzeugt, dass gerade ein ethischer Lebensvollzug den Menschen zum Menschen macht.» Ders., Eine Theologie der Gemeinschaft im Zeitalter der Glaubensspaltung: Zwingliana 31/2004, 199–214 (206).

Die Auseinandersetzung mit dem Schriftprinzip scheint mir sinnvoll, weil damit einerseits ein charakteristisches Merkmal der CHp, andererseits eine ökumenische Grundsatzfrage in den Blick kommt. Zugleich scheint es mir ein Thema zu sein, bei dem auf beiden Seiten wunde Punkte nicht zu verbergen sind. Wie Heinrich Bullinger es sagt: Eine jede Kirche leidet wieder an einer anderen Krankheit.[49]

2. Die Aktualität von Gottes Anrede

Der Anfang der CHp identifiziert die Schrift als Anrede Gottes «auch jetzt noch zu uns» und die Predigt des Wortes Gottes als Wort Gottes.[50] Die ersten beiden Kapitel der *Confessio Helvetica posterior* implizieren aber auch Weichenstellungen zur Kanonfrage und zur Suffizienz und Selbstauslegung der Schrift mit Konsequenzen für den Stellenwert der Kirchenväter, der Konzilien und der Tradition.

Der erstgenannte Aspekt betrifft ein Thema, das als Beispiel für eine bereits gelungene ökumenische Annäherung gelten kann. Die Bibelbewegung seit dem 19. Jahrhundert, in der die römisch-katholische Kirche schon vor formellen ökumenischen Dialogen von reformatorischen Einflüssen geprägt wurde (siehe das Dekret über den Ökumenismus *Unitatis Redintegratio* [UR] 6), bereitete nicht nur wichtige Akzente der Offenbarungskonstitution *Dei* Verbum (DV) des II. Vatikanischen Konzils vor, sondern auch die Aussage der Liturgiekonstitution *Sacrosanctum Concilium* (SC): «Gegenwärtig ist er [Jesus Christus] in seinem Wort, da er selbst spricht, wenn die heiligen Schriften in der Kirche gelesen werden.» (SC 7) Dies ist zwar anders als in der CHp nicht für die Predigt ausgesagt, die aber in SC 35 und 52 als Teil der liturgischen Handlung hervorgehoben und aufgewertet wird. Ein Vorschlag, in SC 7 nicht nur das Verlesen, sondern auch die auslegende Verkündigung der Heiligen Schrift zu erwähnen, konnte sich in den ersten Konzilsphasen noch nicht durchsetzen. Im Dekret über die Missionstätigkeit *Ad Gentes* (AG), das 1965 verabschiedet wurde, stehen Predigt und Feier der Sakramente als Weisen der Präsenz Jesu Christi dann nebeneinander (vgl. AG 9 sowie DV 25).[51] Anders als die CHp heben die Konzilstexte nicht auf die Identität

49 Vgl. Heinrich Bullinger, Dekaden, Epistola Dedicatoria (α2): HBTS 3/1, 8; HBS 3, 22.

50 CHp I, 273,10f., 273,28–274,1; ZHB, Kap. I, 17, 18.

51 «Man wird mit der Behauptung nicht fehlgehen, dass die Väter einschliesslich mancher Mitglieder der Liturgiekommission am Beginn des Konzils noch nicht zu dem Konsens bereit waren, zu dem sie am Ende ohne Schwierigkeiten fanden, wo sie im Missionsdekret sagen, die missionarische Tätigkeit der Kirche lasse ‹durch das Wort der Pre-

zwischen Verkündigung und Wort Gottes, sondern auf die aktuelle Präsenz Jesu Christi ab, was dem personalen Offenbarungsverständnis des Konzils (vgl. DV 2) besser entspricht und gleichwohl dem Anliegen der CHp gerecht werden dürfte. Damit ist in der römisch-katholischen Kirche ein Durchbruch zu einer angemesseneren Wertschätzung des Wortes Gottes und seiner Verkündigung erreicht.[52] Zwar hatte bereits das Konzil von Trient in Reaktion auf berechtigte Kritik der Reformatoren den kirchlichen Amtsträgern die Aufgabe der Verkündigung neu eingeschärft.[53] In der Zeit kontroverstheologischer Abgrenzungen blieb dennoch das Thema Bibel gewissermassen «reformatorisch belastet» und ein Verständnis der Wortverkündigung als Heilsgeschehen unterbelichtet.

3. Die Autorität der Schrift in der Kirche

Trotz dieser Aufwertung der Bibel in den liturgischen, pastoralen und spirituellen Lebensvollzügen der römisch-katholischen Kirche ist die Frage nach der Suffizienz und Selbstauslegung der Schrift und ihr Verhältnis zu Tradition und Lehramt bis heute ein neuralgischer Punkt kontroverstheologischer bzw. ökumenischer Auseinandersetzung. Statt unüberbrückbare Gegensätze zu behaupten, soll hier im Gespräch mit der CHp versucht werden, die strittige Frage auf ihre einzelnen Aspekte zurückzuführen und dadurch einzugrenzen.

3.1 Kanon und Normativität der Schrift

Die CHp insistiert zu Beginn des ersten Kapitels darauf, dass die kanonischen Schriften das wahre Wort Gottes sind und aus sich selbst heraus Kraft und Grund

digt und die Feier der Sakramente (per verbum praedicationis et per celebrationem sacramentorum)› Christus gegenwärtig werden (AG 9).» Reiner Kaczynski, Theologischer Kommentar zur Konstitution über die heiligen Liturgie *Sacrosanctum Concilium*: HThKVatII, Bd. 2, 2004, 1–227 (66f.). Siehe dazu in der nachkonziliaren Rezeption auch Papst Benedikt XVI., Nachsynodales Apostolisches Schreiben *Verbum Domini*, 2010, Nr. 56: «Die Verkündigung des Wortes Gottes in der liturgischen Feier geschieht in der Einsicht, dass Christus selbst in ihr gegenwärtig ist und sich uns zuwendet, um aufgenommen zu werden.»: http://w2.vatican.va/content/benedict-xvi/de/apost_exhortations/documents/hf_ben-xvi _exh_20100930_verbum-domini.html (24.9.2019).

52 Erwähnenswert ist die Trias der den Amtsträgern durchwegs zugeschriebenen Aufgaben: Verkündigung, Heiligung und Leitung (in dieser Reihenfolge, vgl. die Konstitution über die Kirche *Lumen gentium* [LG] 21 u. ö.).

53 Vgl. Josef Freitag, Sacramentum ordinis auf dem Konzil von Trient. Ausgeblendeter Dissens und erreichter Konsens (ITS 32), Innsbruck 1991, 353.

genug haben, ohne der Bestätigung durch Menschen zu bedürfen.[54] Trotz bleibender Differenzen hinsichtlich des Umfangs müssen Autorität und Selbstdurchsetzung des Kanons aus heutiger Sicht nicht mehr Gegenstand der Kontroverse sein. Die Gemeinsame Erklärung des Ökumenischen Arbeitskreises evangelischer und katholischer Theologen von 1992 ist hier meines Erachtens zu tragfähigen Aussagen gekommen.[55] Auch der Internationale Reformiert/Römisch-katholische Dialog stellt in dieser Hinsicht weitreichenden Konsens fest.[56]

Damit ist letztlich auch die besondere Autorität der Schrift als solche zwischen den Kirchen nicht strittig. Bereits in der von Pistorius angestachelten Kontroverse zwischen dem Bischof von Konstanz und dem Zürcher Rat insistierte Kardinal Andreas von Österreich, es sei «weder seine noch irgend eines verständigen Christen Meinung, das Geringste gegen die hl. Schrift zu glauben».[57]

Grundsätzlich formuliert die Offenbarungskonstitution des II. Vatikanischen Konzils: «Das Lehramt ist nicht über dem Wort Gottes, sondern dient ihm.» (DV 10)[58] Joseph Ratzinger kommentierte diesen Text 1967: «Erstmals betont hier ein lehramtlicher Text ausdrücklich die Unterordnung des Lehramtes unter das Wort, seinen Dienstcharakter.»[59] Rituell symbolisiert ist dieses Selbstverständnis seit alter Zeit einerseits durch die Inthronisation des Evangeliums bei

54 Vgl. CHp I, 273,7–9; ZHB, Kap. I, 17.

55 Vgl. Ökumenischer Arbeitskreis evangelischer und katholischer Theologen, Kanon – Heilige Schrift – Tradition. Gemeinsame Erklärung: Wolfhart Pannenberg/Theodor Schneider (Hg.), Verbindliches Zeugnis, Bd. 1: Kanon – Schrift – Tradition (Dialog der Kirchen 7), Freiburg i. Br./Göttingen 1992, 371–397 (388–390); siehe hier auch 374–385 zum Umfang des Kanons. Katholischerseits relativiert das I. Vatikanum den kirchlichen Kanonentscheid und formuliert die kirchliche Rezeption des Kanons mithilfe eines *passivum divinum*: «Die Kirche hält sie [die im Kanon enthaltenen Bücher] aber nicht deshalb für heilig und kanonisch, weil sie allein durch menschlichen Fleiss zusammengestellt und dann durch ihre Autorität gutgeheissen worden wären; genaugenommen auch nicht deshalb, weil sie die Offenbarung ohne Irrtum enthielten; sondern deswegen, weil sie, auf Eingebung des Heiligen Geistes geschrieben, Gott zum Urheber haben und als solche der Kirche selbst übergeben worden sind.» I. Vatikanisches Konzil, Dei Filius, 1870, DH 3006.

56 Vgl. Die Gegenwart Christi in Kirche und Welt. Schlussbericht des Dialogs zwischen Reformiertem Weltbund und dem Sekretariat für die Einheit der Christen 1977: DwÜ, Bd. 1, 1983, 487–517 (Nr. 31–33, 494f.).

57 Mayer, Konzil (Anm. 5), 287.

58 Vgl. Harding Meyer, Autorität und Synodalität nach evangelischem Verständnis: Christoph Böttigheimer/Johannes Hofmann (Hg.), Autorität und Synodalität. Eine interdisziplinäre und interkonfessionelle Umschau nach ökumenischen Chancen und ekklesiologischen Desideraten, Frankfurt a. M. 2008, 349–360 (353, Anm. 10).

59 Joseph Ratzinger, Kommentar zum Prooemium, I. und II. Kapitel [DV]: LThK², Bd. 13, 1967, 504–528 (527).

Konzilien,[60] andererseits im Ritus der Bischofsweihe durch die Auflegung des Evangeliars.[61] Auch die römisch-katholische Perspektive hebt die Schrift als *norma normans* von anderen normativ geltenden Lehraussagen im Sinne der *norma normata* ab. Nicht dieses Prinzip ist umstritten, sondern seine Implikationen.

3.2 Schriftsuffizienz

Die Differenzen sind präziser dort zu greifen, wo die CHp die Schrift als «vollständige Darstellung dessen, was immer zur rechten Belehrung über den seligmachenden Glauben und ein Gott wohlgefälliges Leben gehört», auffasst.[62] Eng damit verbunden ist die Auffassung, dass die Auslegung der Schrift hinreichend Anhaltspunkte in der Schrift selbst hat und haben muss: «Vielmehr erkennen wir nur das als rechtgläubige und ursprüngliche Auslegung der Schriften, was aus ihnen selbst gewonnen ist.»[63] In strittigen Punkten muss man sich darum auf Urteile beschränken, die «aus dem Worte Gottes gewonnen sind».[64] Insbesondere anerkennt die CHp «in Sachen des Glaubens keinen anderen Richter als Gott selbst, der durch die heiligen Schriften verkündigt, was wahr und falsch sei, was man befolgen und was man fliehen müsse».[65]

Zu diesem Thema hielt die schon erwähnte Gemeinsame Erklärung des Ökumenischen Arbeitskreises evangelischer und katholischer Theologen als Konsens fest: «Die These der materialen Suffizienz der Schrift hat sich in der katholischen Theologie der Gegenwart inzwischen weithin durchgesetzt und als sachlich überzeugend erwiesen. Katholische und evangelische Theologen können sonach gemeinsam bezeugen: Die Hl. Schrift enthält alle heilsnotwendige Wahrheit des Glaubens und lässt sie als solche verstehen. Weil sie im materialen Sinne suffizient ist, kann sie als Kriterium für die Evangeliumsgemässheit aller kirchlichen Verkündigung und allen kirchlichen Lebens fungieren. Das Verhältnis von Schrift und Tradition ist daher nicht als das zweier sich ergänzender Of-

60 Vgl. Theresia Hainthaler, Autorität und Autoritäten in der Alten Kirche. Patristische Anmerkungen zum Ravenna-Dokument: Böttigheimer/Hofmann, Autorität (Anm. 58), 49–77 (56–58).

61 Vgl. zu diesem freilich nicht eindeutigen Ritus Klaus Schreiner, Das Buch im Nacken. Bücher und Buchstaben als zeichenhafte Kommunikationsmedien in rituellen Handlungen der mittelalterlichen Kirche: ders., Rituale, Zeichen, Bilder. Formen und Funktionen symbolischer Kommunikation im Mittelalter (Norm und Struktur 40), Köln 2011, 283–322.

62 CHp I, 273,11–13; ZHB, Kap. I, 17.

63 CHp II, 275,16f.; ZHB, Kap. II, 20.

64 CHp II, 276,12; ZHB, Kap. II, 21.

65 CHp II, 276,9–11; ZHB, Kap. II, 21.

fenbarungsquellen vorzustellen. Vielmehr gibt es nur eine Quelle des Heils, nämlich die im Geist manifeste Offenbarung Gottes in Jesus Christus, dem auferstandenen Gekreuzigten, wie sie in der apostolischen Verkündigung als Evangelium bezeugt und in der Hl. Schrift suffizient beurkundet ist.»[66]

Dieses Votum ist in Bezug auf die katholische Seite sehr optimistisch formuliert. Zwar lässt das II. Vatikanum in der Tat die Auffassung von einer materialen Suffizienz der Schrift zu. Nicht zu übersehen ist indes, wie erbittert das Konzil um die Frage nach dem Verhältnis von Schrift und Tradition ringen musste. Nicht zuletzt deswegen ist die Offenbarungskonstitution das einzige Konzilsdokument, das bereits in der ersten Konzilssession 1962 diskutiert und doch erst in der letzten Session 1965 verabschiedet wurde. Die Sache wird im Konzilstext eher offengehalten, insofern Festlegungen hinsichtlich der Ergänzungsbedürftigkeit der Schrift durch die Tradition verhindert werden konnten.[67] In der nachkonziliaren Zeit nahm die Theologie das Thema zwar auf. Das Dokument der Päpstlichen Bibelkommission «Die Interpretation der Bibel in der Kirche» von 1993 empfiehlt als «eine der sichersten und fruchtbarsten Methoden der Aktualisierung» der Schrift explizit «die Auslegung der Heiligen Schrift durch die Heilige Schrift selbst».[68] Doch eine weiter gehende kirchenamtliche Selbstreflexion über die Bindung an die Schrift, ein präzises Verständnis von Tradition sowie konkrete Schritte zur Überprüfung kirchlicher Traditionen bleiben aus.[69] Es liegt die Vermutung bzw. Befürchtung nahe, dass aus berechtigter Sorge um die Tradition die zugleich notwendige kritische Auseinandersetzung versäumt wird. Ist hier immer noch ein gegenreformatorischer Affekt wirksam? Demgegenüber kann es

66 Ökumenischer Arbeitskreis, Kanon (Anm. 55), 386; siehe auch ders., Schriftverständnis und Schriftgebrauch. Abschliessender Bericht: Theodor Schneider/Wolfhart Pannenberg (Hg.), Verbindliches Zeugnis, Bd. 3: Schriftverständnis und Schriftgebrauch (Dialog der Kirchen 10), Freiburg i. Br./Göttingen 1998, 288–389 (360–370).

67 Die Diskussion um die Frage, ob die Tradition weiter reicht (*latius patet*) als die Schrift, hielt sich hartnäckig. Vgl. Hanjo Sauer, Erfahrung und Glaube. Die Begründung des pastoralen Prinzips durch die Offenbarungskonstitution des II. Vatikanischen Konzils (Würzburger Studien zur Fundamentaltheologie 12), Frankfurt a. M. 1993, 221–250; Hans-Joachim Schulz, Bekenntnis statt Dogma. Kriterien der Verbindlichkeit kirchlicher Lehre (QD 163), Freiburg i. Br. 1996, 44–70; Walter Kasper, Evangelium und Dogma. Grundlegung der Dogmatik, WKGS 7, Freiburg i. Br. 2015, 230–258.432–474.

68 Päpstliche Bibelkommission, Die Interpretation der Bibel in der Kirche, 1993, Abschnitt IV.A.2: www.vatican.va/roman_curia/congregations/cfaith/pcb_documents/rc_con_cfaith_doc_19930415_interpretazione_ge.html (24.9.2019).

69 «Es ist [...] bis heute nicht gelungen, sich zwischen den Konfessionen über die Regeln authentischer, verbindlicher Schriftinterpretation sowie die kritische Funktion der Schrift gegenüber Tradition und Kirche zu verständigen.» Helmut Hoping, Theologischer Kommentar zur Dogmatischen Konstitution Dei Verbum: HThKVatII, Bd. 3, 2005, 695–831 (711).

heilsam sein, an dieser Stelle daran zu erinnern, wie sehr die CHp das Schriftprinzip mit einer Würdigung der Tradition verbindet. Dabei wird hervorzuheben sein, wie die CHp verschiedene Aspekte der Tradition voneinander unterscheidet.

3.3 Wertschätzung der Tradition und insbesondere der *regula fidei*

Mit dem Schriftprinzip ist in der CHp nicht jeglicher Rückgriff auf Tradition desavouiert. So deutlich die CHp das Schriftprinzip einfordert, so auffällig ist das Bemühen, sich zugleich in die kirchliche Tradition einzubinden. Mit dem Bekenntnis wollen die Signatarkirchen bezeugen, «dass sie in der Einheit der wahren und alten Kirche Christi stehen».[70] Die Vorrede sucht die diachrone Übereinstimmung mit der «alten apostolischen Kirche» ebenso wie die synchrone Übereinstimmung mit den zeitgenössischen Kirchen Christi.[71]

Tatsächlich bezeugt – wie es Edward Dowey formulierte – die CHp auf Schritt und Tritt ein Gefühl «für historische Identität und Kontinuität in der Kirche und deren Bekenntnis».[72] In diesem Sinne trifft auch Wilhelm Niesels atmosphärischer Hinweis, im Umgang mit der CHp könne der Eindruck entstehen, die Orthodoxen zu hören.[73] Peter Opitz hält für die Theologie Bullingers fest: «Ein formales Schriftprinzip vertritt Bullinger aber gerade nicht. Vielmehr besitzt für ihn die ‹Tradition› ein derart grosses Gewicht, dass man sich eher umgekehrt die Frage stellen kann, aufgrund welcher Kriterien Bullinger die biblischen ‹kanonischen› Schriften überhaupt noch von der Tradition ihrer Auslegung abzugrenzen vermag.»[74] Diese Aussagen gelten insbesondere für jene Tradition, welche Bullinger in der CHp und in anderen Schriften als *regula fidei* identifiziert.[75]

70 CHp, 268,7; ZHB, Bekenntnis, 9.

71 CHp, 269,26–33; ZHB, Vorrede, 12.

72 Edward A. Dowey, Der theologische Aufbau des Zweiten Helvetischen Bekenntnisses: Staedtke, Glauben (Anm. 3), 205–234 (208).

73 Vgl. Wilhelm Niesel, Die ökumenische Bedeutung der Confessio Helvetica Posterior: Robert Kurtz/Fritz Blanke/Wilhelm Niesel, 400 Jahre Zweites Helvetisches Bekenntnis. Geschichte und ökumenische Bedeutung. Ansprachen anlässlich der Feier vom 8. Juni 1966 im Grossmünster Zürich, Zürich/Stuttgart 1967, 27–49 (30).

74 Peter Opitz, Von der Wahrheit zur «Existenzform». Zur Lehre von den «notae ecclesiae» nach der *Confessio Helvetica Posterior*: Magdalene L. Frettlöh/Hans P. Lichtenberger (Hg.), Gott wahr nehmen. FS für Christian Link, Neukirchen-Vluyn 2003, 27–40 (32).

75 Vgl. CHp II, 275,20; ZHB, Kap. II, 21; siehe dazu Peter Opitz, Heinrich Bullinger als Theologe. Eine Studie zu den «Dekaden», Zürich 2004, 131–147.

Der Gehalt der altkirchlichen Formel der *regula fidei*[76] ist umstritten. Die Auffassung, dass der Begriff in der Alten Kirche das Taufbekenntnis meint, wird heute eher abgelehnt. Er dürfte eher ohne Bezug auf definierte Bekenntnis- oder Lehrformeln für den apostolischen Glauben stehen, wie er dem Schriftzeugnis zu entnehmen ist. Insofern bedeutet die *regula fidei* keinen der Schrift äusserlichen Massstab. Somit beruft sich die CHp auf die *regula fidei* zu Recht gerade dann, wenn es um das Schriftprinzip und die Auslegung der Schrift anhand der Schrift selbst geht. Zugleich ist die *regula fidei* nicht mit der Schrift identisch. Sie bezeichnet den von der kirchlichen Gemeinschaft geteilten Glauben in seinen Grundzügen und nimmt dadurch eine regulative Funktion bei der Rezeption und Auslegung der Schrift wahr. Dabei liegt der Fokus auf einem inhaltlich bestimmten Grundgerüst des Glaubens, doch ohne auf eine bestimmte Bekenntnisformulierung abzuheben. Deswegen sieht Wolfgang Beinert im Rekurs auf die *regula fidei* ökumenisches Potenzial, «da sie als Prinzip der Glaubenseinheit ohne verbale Glaubenseinheitlichkeit versöhnende Kraft freisetzen kann».[77]

Für Heinrich Bullinger ist festzustellen, dass er die Heilige Schrift als «Quelle, Richtschnur, Regel und Richterin» bzw. als «einziges Richtmass [*unicum canonem*]» ansieht,[78] dass er aber die frühen Bekenntnisse (insbesondere das Apostolische Glaubensbekenntnis), weil er sie in Übereinstimmung mit der Schrift sieht, als *regula fidei* bzw. *analogia* bzw. *proportio fidei* versteht.[79] Kapitel XVII nennt das Apostolische Glaubensbekenntnis die Zusammenfassung (*compendium*) der Schrift;[80] es ist gemäss Kapitel XVI Bezugspunkt des Glaubens als «ganz gewisses Erfassen der Wahrheit Gottes».[81] Dies ist der Hintergrund dafür,

76 Vgl. Adolf Martin Ritter, Art. Glaubensbekenntnis(se), V. Alte Kirche: TRE, Bd. 13, 1984, 399–412 (402–405); Wolfgang Beinert, Art. Regula fidei: LThK^3, Bd. 8, 1999, 976f.

77 Beinert, Regula (Anm. 76), 977.

78 Heinrich Bullinger, Dekaden, De quatuor universalibus synodis (βr): HBTS 3/1, 18; HBS 3, 38.

79 Vgl. Heinrich Bullinger, Dekaden 1,3 (10r): HBTS 3/1, 52; HBS 3, 98. Dort rücken die Bekenntnisse in den Rang des Kriteriums für authentische Schriftauslegung: «Deshalb soll es uns eine allgemeine Richtlinie sein, in unseren Auslegungen nichts anzuführen und nichts zu übernehmen, was andere beigefügt haben und was den allgemein angenommenen Glaubensartikeln zuwider ist, die im Apostolischen Glaubensbekenntnis und in anderen uralten Bekenntnissen enthalten ist.» Siehe auch am Ende von Dekade 1,3 (10v): HBTS 3/1, 55; HBS 3, 102f., am Beginn und Ende der Dekade 1,4 (11r bzw. 14r): HBTS 3/1, 55.64; HBS 3, 103.119, sowie schliesslich die Auslegung des *Apostolikums* in Dekade 1,7–9 (20r–33r): HBTS 3/1, 79–112; HBS 3, 146–206.

80 Vgl. CHp, 316,7; ZHB, Kap. XVII, 87.

81 CHp, 307,7f.; ZHB, Kap. XVI, 71. Vgl. zur Wertschätzung des *Apostolikums* Ernst Koch, Die Theologie der Confessio Helvetica Posterior (Beiträge zur Geschichte und Lehre

dass die *regula fidei* in Kapitel II zusammen mit der Schrift als Regulativ für die Schriftauslegung gilt. Denn im entsprechenden Satz – so unterstreicht Roland Diethelm – verhalten sich die Satzglieder «ex ipsis est petita scripturis» und «cum regula fidei et charitatis congruit» zueinander gleichberechtigt.[82]

Die Wertschätzung weiterer früher Bekenntnisse manifestiert sich in der CHp durch die Voranstellung des Drei-Kaiser-Ediktes *Cunctos Populos* Gratians, Valentinians II. und Theodosius' I. sowie eines Papst Damasus zugeschriebenen Bekenntnisses.[83] Der Rekurs auf diese Dokumente hat zwar in der CHp auch politische Bedeutung.[84] Die Wertschätzung Bullingers für die altkirchlichen Bekenntnisse ist aber z. B. in der Sammlung der die *Dekaden* einleitenden elf Bekenntnisse[85] ebenfalls unübersehbar. Desgleichen rekurriert die CHp im Zusammenhang mit der Christologie auf Konzilien und Bekenntnisse.[86]

Ein Pendant findet die Hochschätzung der Bekenntnisse im Begriff des Glaubens. Wenngleich die CHp keinen Zweifel daran lässt, dass der Glaube gottgewirkt und weder ein menschliches Werk noch eine intellektuelle Leistung ist, sondern ein felsenfestes Vertrauen, das sich als *fides qua* personal an Gott festmacht, so rekurriert sie doch, sogar auffällig stark, auf die Inhaltlichkeit des Glaubens (*fides quae*).[87] Denn die CHp nennt den Glauben «ein ganz gewisses Erfassen der Wahrheit Gottes, die in der Heiligen Schrift und im Apostolischen Glaubensbekenntnis dargelegt ist».[88] Gottfried W. Locher sieht in dieser Auffas-

---

der Reformierten Kirche 27), Neukirchen-Vluyn 1968, 139, mit Texten aus anderen Schriften Bullingers.

82 CHp, 275,16–21. Vgl. Roland Diethelm, «[...] und verjehe den glouben!». Das Bekenntnis des Glaubens zwischen Kirchenpolitik und Lehramt in seiner geistlichen Dimension bei Heinrich Bullinger (1504–1575): CV 44/2002, 104–127 (113f.); siehe auch 119f. zur *regula fidei.*

83 Vgl. CHp, 270,9–272,21; ZHB, Vorrede, 13–16.

84 «Das bedeutete im 16. Jahrhundert die Selbst-Erklärung der Protestanten als orthodox im staatsrechtlichen Sinn und den Appell an die Pflicht des Kaisers, sie als solche zu schützen.» Gottfried W. Locher, Die theologische Bedeutung der Confessio Helvetica Posterior: Vierhundert Jahre Confessio Helvetica Posterior. Akademische Feier (Berner Universitätsschriften 16), Bern 1967, 19–33 (20).

85 Vgl. Bullinger, Dekaden, De quatuor universalibus synodis (βr–β6r): HBTS 3/1, 19–28; HBS 3, 40–56. Siehe zum Drei-Kaiser-Edikt auch Dekade 2,7 (63r): HBTS 3/1, 191; HBS 3, 351.

86 Vgl. CHp XI, 297,1–10; ZHB, Kap. XI, 54f.

87 Koch, Theologie (Anm. 81), 137f., sieht beide Aspekte «noch ganz miteinander verbunden, aber doch so, dass sie sich klar voneinander abheben als fiducia und assensus [...]. Eine exakte Scheidung der Bedeutungsinhalte nach fides quae creditur und fides qua creditur wird nicht immer möglich sein, da die beiden Aspekte noch nicht begrifflich scharf getrennt sind.» Siehe auch Opitz, Bullinger (Anm. 75), 89–99.

88 CHp XVI, 307,7f.; ZHB, Kap. XVI, 71.

sung vom Glauben einerseits einen Akzent auf der Gründung und Bewahrung des Glaubens in Gott selbst, andererseits einen Zug zur Konkretion: «Doch nun wird wie in einer Spirale stufenweise zu stets steigender Konkretion fortgeschritten. Fiducia und assensus sind darum keine flüchtigen Stimmungen, weil sie bezogen sind auf einen konkreten Inhalt. Sie erfassen [...] die Wahrheit Gottes, veritas Dei. Fast ernüchternd im gleichen Atemzug die Nennung der Heiligen Schrift und gar der alten, uns heute historisch-kritisch gewordenen, Formeln des Apostolicums.»[89] Der solchermassen umfassend verstandene Glaube hat nach Bullinger einende Kraft für die Kirche, wie er es in den *Dekaden* ausdrücklich benennt: «Obwohl uns Glaube im eigentlichen Sinne mit Christus, dem Haupt, verbindet, so verbindet er uns doch auch mit allen Gliedern Christi auf Erden. Denn weil dieser Glaube allen gemeinsam ist und deshalb auch der Geist derselbe ist, kann es nicht sein, dass nicht alle den gleichen Mund, denselben Geist und dieselbe Meinung haben, obschon jetzt der Ausdruck ‹Glaube› nicht nur für das Vertrauen in die Barmherzigkeit Gottes durch Jesus Christus gebraucht wird, sondern auch für das äussere Bekenntnis des Glaubens.»[90]

Auf die hier wahrzunehmende Hochachtung der kirchlichen Bekenntnistradition ist zurückzukommen. An dieser Stelle genügt die Einsicht, dass die Traditionskritik der CHp einer pauschalen Distanzierung von der Tradition entgeht. Damit lässt sich genauer eingrenzen, welche Art von Traditionskritik aus dem Schriftprinzip folgt.

3.4 Traditionskritik

Mit grosser Entschiedenheit wendet sich die CHp gegen die menschlichen Überlieferungen, die von den Schriften abweichen und dazu im Widerspruch stehen.[91] Dies macht für die CHp evident, dass es sich nicht um apostolische Überlieferungen handeln kann.[92] Entsprechend fallen die Urteile im letzten Teil ab Kapitel XVII aus, wenn es um Fragen der Kirchenordnung geht. Zwar ist für Bullinger klar, dass Gebräuche und Gewohnheiten sinnvoll sind, um kirchliches Leben zu gestalten, doch gilt ein klares Kriterium: «Es genügen [...] den Frommen die wenigen bescheidenen, einfachen und dem Worte Gottes nicht widersprechenden Gebräuche.»[93] In diesem Bereich muss die Freiheit hochgehalten werden und

89 Locher, Bedeutung (Anm. 84), 24.

90 Bullinger, Dekaden 5,1 (276r): HBTS 3/2, 752; HBS 5, 48.

91 Vgl. CHp II, 276,16–29; ZHB, Kap. II, 22.

92 Siehe dazu Bullinger, Dekaden 5, Vorrede (268r–268v): HBTS 3/2, 730–732; HBS 5, 7–11.

93 CHp XXVII, 341,17f.; ZHB, Kap. XXVII, 131.

sind Verschiedenheiten legitim. Dies kommt keineswegs einer Geringschätzung gleich. Wie hoch Bullinger von kirchlichen Ordnungsformen denkt und wie verantwortet sie deswegen zu gestalten sind, wird in den *Dekaden* deutlich, wo er die kirchlichen Gesetze von bloss menschlichen Satzungen abhebt, «weil sie nicht von menschlichem Verstand ersonnen und erlassen wurden, sondern von der Heiligen Schrift hergeleitet sind, und weil sie von der Kirche angewendet werden, die auf die Stimme des einzigen Hirten hört».[94]

Eine zweite Abgrenzung erfolgt gegenüber den Kirchenvätern. Für sie bringt Bullinger ebenso hohen Respekt auf,[95] wie er sie «in aller Bescheidenheit» ablehnt, wenn sie den Schriften fremde oder ihnen widersprechende Gedanken vortragen.[96] Im Hinblick auf das Gesamtwerk Bullingers (wie auch anderer Reformatoren) ist der geäusserte Respekt keineswegs nur ein Lippenbekenntnis.

Denselben Vorbehalt wie gegenüber den Kirchenvätern wendet die CHp gegen die «Erklärungen und Richtlinien der Kirchenversammlungen» und «Konzilsbeschlüsse».[97] Die kontroverse Thematik eines Lehramtes werde ich in Abschnitt 3.6 aufgreifen. CHp II spricht sehr allgemein von Kirchenversammlungen und Konzilien und dürfte sich sowohl auf Lehraussagen wie auf jurisdiktionelle Entscheide beziehen.

Die Relativierungen, die die CHp vornimmt, lassen sich auch als Relationierungen formulieren: Traditionen (im Sinne von kirchlichen Gewohnheiten), Kirchenväter (theologische Traditionen) und kirchliche Lehre und Gesetzgebung (lehramtliche und jurisdiktionelle Traditionen) können nur dann angenommen werden, wenn sie mit den kanonischen biblischen Schriften übereinstimmen.

Resümiert man diese Formen von Traditionskritik, so legt sich auch aus römisch-katholischer Perspektive ein irenisches Urteil nahe: Einerseits weiss diese Traditionskritik zu differenzieren und bleibt massvoll; andererseits formuliert sie keine Kritik, die nicht *prinzipiell* auch auf römisch-katholischer Seite nachvollziehbar wäre. Dies gilt insbesondere für die Haltung zu den Kirchenvätern, die

94 Bullinger, Dekaden 2,1 (38v): HBTS 3/1, 127; HBS 3, 232.

95 «Sein beständiges Gespräch mit den ‹Vätern› belegt sein Bewusstsein, in einer diachronen communio der Schriftauslegung zu stehen.» Opitz, Theologie (Anm. 48), 213.

96 CHp II, 275,25; ZHB, Kap. II, 21. Siehe dazu auch Silke-Petra Bergjan, Bullinger und die griechischen Kirchenväter in der konfessionellen Auseinandersetzung: Zwingliana 31/2004, 133–160. Sie zeigt auf, dass Bullinger die Kirchenväter in der «Spannung zwischen Wertschätzung und Schriftbindung» (135) auch als Zeugen der Kontinuität (*perpetuitas*) einer allgemeinen bzw. orthodoxen Schriftauslegung (136) identifizieren kann. Bergjan fasst in ihren Ausführungen auch Konzilstexte als patristische Texte. Ihre Beobachtungen, die sich auf herausragende patristische Texte und Konzilstexte beziehen, werde ich weiter unten aufnehmen.

97 CHp II, 276,4f.; ZHB, Kap. II, 21.

der Hervorhebung der kanonischen Schriften bei Augustinus entspricht,[98] wie sie auch in der scholastischen Theologie aufgenommen worden ist. So sieht Thomas von Aquin (1225–1274) die kirchliche Lehre den kanonischen Schriften verpflichtet, während die Ansichten anderer Lehrer der Kirche nur die Wahrscheinlichkeit einer Lehre stützen können. «Denn unser Glaube beruht auf der Offenbarung, die den Aposteln und Propheten zuteil geworden ist.»[99] Hier dürfte bis heute keine entscheidende Differenz bestehen.

Mehr Schwierigkeiten bereitet der Umgang mit den kirchlichen Traditionen, doch auch dies nicht auf prinzipieller Ebene, sondern in praktischer Hinsicht. Im Ringen um ein angemessenes Traditionsverständnis war sich das Konzil von Trient bewusst, die apostolische Tradition von den kirchlichen Traditionen abheben zu müssen (vgl. DH 1501). Aus der eigenen Schwierigkeit, apostolische Traditionen überhaupt benennen zu können, wurden allerdings keine Konsequenzen gezogen. Überdies wurde die präzisere Unterscheidung der apostolischen von kirchlichen Traditionen im Trienter Glaubensbekenntnis (1564) nicht durchgehalten (vgl. DH 1863). Die reformatorische Herausforderung wurde nicht angenommen.[100] Das II. Vatikanum näherte sich zwar einem anders gearteten Traditionsverständnis, welches mehr auf den Prozess des Tradierens als auf einzelne Traditionen abhebt. Dem Desiderat notwendiger Traditionskritik stellte sich das Konzil jedoch ebenfalls nicht.[101] Theoretisch ist zwar unbestritten, dass

98 «Ich habe gelernt, einzig und allein den jetzt als ‹kanonisch› bezeichneten Büchern der Bibel eine solche Ehrfurcht und Wertschätzung entgegenzubringen, dass ich felsenfest davon überzeugt bin, dass keinem ihrer Autoren bei der Abfassung ein Irrtum unterlaufen ist. [...] Andere Schriftsteller aber lese ich so, dass ich bei all ihrer überragenden Heiligkeit und Gelehrsamkeit nicht etwas deswegen schon für wahr halte, weil sie es gesagt haben, sondern weil sie mich entweder mit einem Hinweis auf jene kanonischen Autoren oder mit Hilfe einer akzeptablen Begründung davon zu überzeugen vermochten, dass ihre Ansicht nicht von der Wahrheit abweicht.» Augustinus, Epistulae 82,3: CCSL 31A, 98f. (Übersetzung nach FC 41/2, 267). Dieser Text befindet sich auch in der mittelalterlichen Gesetzessammlung des *Decretum Gratiani.*

99 Thomas von Aquin, Summa Theologiae I, 1,8 ad 2.

100 «Die eigentliche Kernfrage der Reformation, die kritische Differenzierung der traditio fidei durch die Abgrenzung der Schrift gegenüber der späteren kirchlichen Überlieferung, wird in ihrer Tragweite nicht wahrgenommen.» Peter Hünermann, Sprache des Glaubens – Sprache des Lehramts – Sprache der Theologie. Eine geschichtliche Orientierung (QD 274), Freiburg i. Br. 2016, 103. Vgl. Henri Holstein, Der Begriff der Tradition auf dem Trienter Konzil: Remigius Bäumer (Hg.), Concilium Tridentinum (Wege der Forschung 313), Darmstadt 1979, 251–277.

101 «Das Vaticanum II hat in diesem Punkt bedauerlicherweise keinen Fortschritt gebracht, sondern das traditionskritische Moment so gut wie völlig übergangen. Es hat sich damit einer wichtigen Chance des ökumenischen Gesprächs begeben.» Ratzinger, Kommentar (Anm. 59), 520.

kirchliche Traditionen «beibehalten, abgeändert oder auch aufgegeben werden» können.[102] Auch nachgeordnete kirchliche Lehraussagen und jurisdiktionelle Entscheide, wenn solche in CHp II gemeint sind, sind in römisch-katholischer Lesart nicht sakrosankt. Im konkreten Umgang damit stossen wir aber wiederum auf die oben bereits angesprochene Blockade.

Deswegen möchte ich vertiefen, wie es der CHp möglich ist, zum einen der Tradition der altkirchlichen Bekenntnisse als der *regula fidei* eine weitgehende orientierende Funktion zuzuschreiben, während andere Formen von Tradition beherzt kritisiert werden.

3.5 Unterscheidung zwischen definitiven und revisionsbedürftigen Lehraussagen

«Mit den Kirchenvätern in eine Reihe stellen wir die Erklärungen und Richtlinien der Kirchenversammlungen [*conciliorum definitiones vel canones*].»[103] Diese vorhin schon erwähnte Formulierung macht die kirchlichen Konzilien und ihre Beschlüsse prinzipiell kritisierbar. Allerdings scheint in Bullingers Auffassung von kirchlicher und konziliarer Lehre implizit eine Unterscheidung einzutreten. Während er keinen Zweifel daran lässt, dass er in der Gegenwart jegliche kirchliche und konziliare Lehre (auch das eigene Bekenntnis) der Schrift unterstellt, ist nicht zu erkennen, dass er jene altkirchlichen Bekenntnisse und Lehrzeugnisse, die er im Vorspann der CHp bzw. im Vorspann der *Dekaden* aufführt, noch einer Prüfung unterziehen will. Im christologischen Kontext äussert Kapitel XI die Zuversicht, zu «wissen, dass in den genannten Bekenntnissen nichts enthalten ist, was dem Worte Gottes nicht entspräche oder nicht zur reinen Darlegung des Glaubens genügte».[104] Jedenfalls lassen die entsprechenden Stellen mehr erkennen als «ehrerbietige Beachtung» (Simon van der Linde).[105] Silke-Petra Bergjan konstatiert einen «normative[n] Bezug» auf diese Texte «im Sinne einer Vergewisserung der eigenen Rechtgläubigkeit».[106] Gibt es in diesem Sinne für

102 Katechismus der Katholischen Kirche, Nr. 83: www.vatican.va/archive/DEU0035/_PR.HTM (17.9.2016).

103 CHp II, 276,4f.; ZHB, Kap. II, 21.

104 CHp, 297,9f.; ZHB, Kap. XI, 55.

105 «Die Konzilien der Alten Kirche und ihre Väter sind Bullinger ehrerbietiger Beachtung würdig.» Simon van der Linde, Die Lehre von der Kirche in der Confessio Helvetica Posterior: Staedtke, Glauben (Anm. 3), 337–367 (348).

106 Bergjan, Bullinger (Anm. 96), 137. Sie identifiziert in Bullingers Umgang mit patristischen Texten (unter die sie die Konzilsbekenntnisse fasst, siehe oben Anm. 96) zwei Grundlinien, insofern diese Texte an der Schrift gemessen werden, zugleich aber als Berufungsinstanz für rechtgläubige Schriftauslegung fungieren. Bergjan spricht vom *Con-*

Bullinger bzw. die CHp kirchliche Lehre bzw. kirchliche Bekenntnisformulierungen, deren Übereinstimmung mit der Schrift nicht mehr infrage steht? Wären das «dogmatische Entscheidungen»? Wie kommt es dann aber zur Grenzziehung zwischen solchen Aussagen, die «definitiv» als schriftkonform gelten können, und jenen, die (stets neu) der Überprüfung bedürfen?

In den *Dekaden* nimmt Bullinger eine zwar gewiss auch sachlich gemeinte, aber zeitlich formulierte Abgrenzung vor, wenn er konkret Papst Innozenz III. (1198–1216) vorwirft, der erste gewesen zu sein, der den alten Bekenntnissen weitere angefügt habe.[107] Allerdings bedürfte es einer Begründung, warum Bekenntnistexte bis zum 7. Jahrhundert eine andere Qualität haben können als die später folgenden. Warum kann der Verbindlichkeitsvorbehalt für die frühen Bekenntnistexte ausgeräumt werden, während er für spätere Texte (inkl. der CHp) gewissermassen als unaufhebbar gilt? Aus römisch-katholischer Perspektive bin ich hier deswegen skeptisch, weil wir für eine solche «Demarkationslinie» ein neueres unliebsames Beispiel kennen: die willkürliche Grenzziehung, derzufolge es für Marcel Lefebvre und seine Nachfolger bis zum 19. Jahrhundert ein lebendiges und zur Lehre befugtes Lehramt gibt, während danach nur noch die «traditionalistische» Bewahrung des vorhandenen Lehrbestandes legitim sein soll.[108]

Bergjan sieht den Unterschied zur römischen bzw. tridentinischen Berufung auf normative Grundlagen darin, dass Bullinger den Zusammenhang von Kirche und Tradition löst und der historischen Arbeit eine entscheidende Rolle zuweist.[109] Es dürfte jedoch problematisch sein, aus historischer Arbeit normative Entscheidungen ableiten zu wollen.[110] Nicht von ungefähr weist Bergjan zugleich auf die staatliche Autorität hin, die Bullinger durch den Bezug auf das Drei-Kaiser-Dekret ins Spiel bringt: «Orthodoxie wird sichtbar in dem Rückbezug auf einen festen Bestand von in der Alten Kirche formulierten Glaubensin-

---

sensus Patrum als Reproduktion der Orthodoxie, die als «stabil, daher statisch und immer schon vorfindlich» definiert ist (159).

107 Vgl. Bullinger, Dekaden, Epistola dedicatoria (α4v): HBTS 3/1, 16; HBS 3, 35.

108 Vgl. Barbara Schoppelreich, Zeichen und Zeugnis. Zum sakramentalen Verständnis kirchlicher Tradition (Studien zur Traditionstheorie 3), Münster 2001, 133f.

109 Vgl. Bergjan, Bullinger (Anm. 96), 139.

110 Vgl. die aus den Auseinandersetzungen Bullingers mit Brenz herausgearbeiteten Problematisierungen bei Bergjan, Bullinger (Anm. 96), 155f.: «Wenn der anerkannte Bestand von normativen Texten nicht identisch ist mit den überlieferten Texten aus der Alten Kirche und nicht jeder Text als Argument dienen kann, verliert die Auflistung von Testimonien an Überzeugungskraft. [... Es] ist die Frage nach Kriterien dafür gestellt, wer Zeugnis gibt vom Consensus patrum.»

halten. Ihre Überlieferung wird durch historische Arbeit überprüft, ihre Geltung und ihre normative Funktion unterliegen der staatlichen Autorität.»[111]

Die Frage nach Norm und Geltung kirchlicher Lehraussagen führt unausweichlich zur Frage nach einer kirchlichen Lehrautorität.

3.6 Zur Frage einer Lehrautorität und ihrer Verbindlichkeit

Im Vorspann der *Dekaden* werden die Bekenntnisse unter der Überschrift «De quatuor universalibus synodis sive conciliis / Die vier allgemeinen Synoden oder Konzilien» angeführt. Die Frage nach Lehrinstanzen ist Bullinger also nicht fremd. Sie stellt sich unausweichlich, wenn wahrgenommen wird, dass «nicht alle möglichen Auslegungen» gebilligt werden können[112] und Merkmal der wahren Kirche die «rechtmässige und reine Verkündigung des Wortes Gottes» ist.[113] Unter den Bedingungen der Geschichte braucht es selbst dann, wenn man «keinen anderen Richter als Gott selbst, der durch die heiligen Schriften verkündigt, was wahr und was falsch sei, was man befolgen und was man fliehen müsse»,[114] konkrete Urteile zur Unterscheidung. Für Bullinger sind dies Urteile, «die von geisterfüllten Menschen stammen und aus dem Wort Gottes gewonnen sind».[115] Das Schriftprinzip verbindet sich hier mit einem personalen Prinzip. Im Blick sein dürften vor allem jene Diener, von denen Kapitel XVIII spricht und die Bullinger auch als Aufseher und Lehrer versteht.[116] Ausdrücklich unterstreicht er: «Das Dieneramt der Kirche haben wir damals nicht aus der Kirche entfernt, als wir das päpstliche Priestertum in der Kirche Christi abgeschafft haben.»[117] Auch Konzilien sieht Bullinger nicht nur als eine Grösse der Vergangenheit an: «Wir missbilligen auch nicht jene Kirchenversammlungen (Konzilien), die nach dem Beispiel der Apostel feierlich zusammentreten zum Heil und nicht zum Verderben der Kirche.»[118]

Demnach lehnt die CHp nicht prinzipiell eine Lehrautorität ab. Wohl aber nennt sie neuralgische Punkte. Es sind m. E. drei Aspekte, die ich hier als Herausforderung auch für unsere heutigen Kirchen aufgreifen möchte. Von ihnen dürfte der dritte der entscheidende und zugleich für beide Seiten schwierigste sein.

111 Bergjan, Bullinger (Anm. 96), 142.
112 CHp II, 275,12f.; ZHB, Kap. II, 20.
113 CHp XVII, 314,4f.; ZHB, Kap. XVII, 82.
114 CHp II, 276,9–1; ZHB, Kap. II, 21.
115 CHp II, 276,11f.; ZHB, Kap. II, 21.
116 Vgl. CHp, 317,35, 318,5f.9f.; ZHB, Kap. XVIII, 90.
117 CHp XVIII, 319,14–16; ZHB, Kap. XVIII, 93.
118 CHp XVIII, 323,2–4; ZHB, Kap. XVIII, 100.

Ein erster Aspekt ist die konkrete Gestalt der Lehrautorität. Die Ablehnung des Papstamtes ist in der CHp evident.[119] Sie bezieht sich zwar konkret mehr auf die Jurisdiktion, dürfte aber die hierarchisch beanspruchte Lehrautorität umgreifen. Hinsichtlich der Konzilien zieht Bullinger, wie vorhin gesehen, die Unterscheidung ein, dass sie zum Heil oder zum Verderben arbeiten können.[120] Es dürfte hier nicht zuletzt um die Strukturen und Verfahren solcher Instanzen gehen. Diesbezüglich ist auch gegenüber der CHp moniert worden, dass sie das Allgemeine Priestertum der Gläubigen und das Dienstamt nur unzureichend miteinander verbindet[121] und insofern mindestens für heutige reformierte Kirchen nicht repräsentativ ist. Umso mehr gilt auf römisch-katholischer Seite, dass die neuzeitliche Aufwertung und Überdimensionierung des Lehramtes auf Kosten der seriösen Berücksichtigung anderer Instanzen – Theologie, *sensus fidelium* – ging. Das II. Vatikanum brachte hier leichte Korrekturen (vgl. DV 7; 12),[122] die aber jedenfalls bis anhin zu wenig beherzt umgesetzt wurden. Ein erstes Desiderat betrifft also, in heutiger Begrifflichkeit gesprochen, die Sorge für eine partizipative und communiale Struktur von Lehrautorität.

Ein zweiter Aspekt betrifft die von der CHp in der Vorrede angesprochene Unterscheidung zwischen den «Hauptstücken des Glaubens», für die es Übereinstimmung braucht, und der Freiheit in «Ausdruck und Formulierung der Lehre»[123] und erst recht der legitimen Verschiedenheit in Zeremonien und Gebräuchen.[124] Das entsprechende Problem hat sich in der römisch-katholischen Kirche in der Neuzeit in gegenreformatorischer Zuspitzung und verstärkt durch technisch ermöglichte Kommunikations- und Kontrollmöglichkeiten noch weiter zugespitzt. Es bedarf dringend einer Rehabilitation der «rechtmässigen Verschiedenheiten».[125] Positiv zu erwähnen sind jene oft unterschätzten Verschiedenheiten, welche die römisch-katholische Kirche durchaus kennt, sowie aktuelle Reformansätze im Pontifikat von Papst Franziskus, die beide bisher ge-

119 Vgl. CHp XVII, 312,15–30; ZHB, Kap. XVII, 80f.

120 Vgl. CHp XVIII, 323,2–4; ZHB, Kap. XVIII, 100.

121 Vgl. Linde, Lehre (Anm. 105), 358f.

122 Siehe auch das Dokument der Päpstlichen Bibelkommission, Interpretation (Anm. 68), Abschnitt III.B.3, in dem eine differenzierte Aussage über die Beteiligung verschiedener Instanzen und letztlich des ganzen Volkes Gottes in der Interpretation der Heiligen Schrift getroffen wird.

123 CHp, 269,18–25; ZHB, Vorrede, 11f.

124 Vgl. CHp, 316,3–15; ZHB, Kap. XVII, 86f.

125 Siehe II. Vatikanisches Konzil, LG 13; ebenso die Rede von der Hierarchie der Wahrheit in UR 11 sowie die Pastoralkonstitution über die Kirche in der Welt von heute *Gaudium et spes* (GS) 92: «Es gelte im Notwendigen Einheit, im Zweifel Freiheit, in allem die Liebe.»

nannten Aspekte betreffen. Ein zweites Desiderat richtet sich also darauf, einerseits das verbindende und verbindliche Gewicht der «Hauptstücke» festzuhalten, andererseits den Raum für Freiheit und Verschiedenheit nicht zu Unrecht zu beschneiden.

Der dritte und m. E. entscheidende Punkt ist der Vorbehalt, den die CHp, wie gesehen, für die Kirchenväter ebenso wie für die «Erklärungen und Richtlinien der Kirchenversammlungen» anwendet, den sie am Ende der Vorrede aber auch auf sich selbst appliziert. Wir stehen hier vor einem Phänomen, das für die reformierte Tradition charakteristisch ist. Matthias Freudenberg bezeichnet diese Konsequenz aus dem Schriftvorbehalt «grundsätzliche Überbietbarkeit»:[126] «Wie die Stellung der Bekenntnisse [hier gemeint: die reformierten Bekenntnisse] gegenüber der Heiligen Schrift nur relativ ist, so sind sie selbst in den reformierten Kirchen nur relativ gültig – unter dem Vorbehalt besserer Erkenntnis.»[127] Diese Haltung der Selbstrelativierung gab der reformierten Tradition die Stärke, flexibel auf fortschreitende Einsichten in die kulturelle Bedingtheit kirchlicher Lehrtraditionen zu reagieren. Meines Erachtens liegt bei diesem Verständnis der Lehrautorität der grösste Unterschied im Verhältnis zwischen reformierter und römisch-katholischer Auffassung.[128] Dabei ist nochmals präzise hinzuschauen. Der Vorbehalt ist Folge der bereits thematisierten Suffizienz der Schrift und ihrer Richterfunktion über die kirchliche Schriftauslegung und Lehre. Wie gesehen ist damit aber nicht primär eine Gegenüberstellung zwischen einem *sola scriptura*-Prinzip und jeglicher Tradition und auch nicht ein Widerspruch und nicht einmal ein Vorbehalt gegenüber jeglicher Lehraussage intendiert. Jegliche Instanz muss sich aber im Angesicht der Schrift und der *regula fidei* befragen lassen, ob sie zu Recht oder zu Unrecht Lehrautorität beansprucht. Während reformierterseits diesbezüglich eher eine Hermeneutik des Verdachts geübt wird, ist es römisch-katholische Überzeugung, dass der treue Gott seine Kirche in der Weise in der Wahrheit hält, dass lehramtliche Instanzen in ihren herausragenden Entscheidungen auch in der Gegenwart verlässlich Zeugnis von der Wahrheit geben.

Allerdings kennt auch die römisch-katholische Tradition – mag es auch kirchenoffiziell verhalten und ungern thematisiert werden – Selbstrelativierungen

126 Matthias Freudenberg, Reformierte Theologie. Eine Einführung, Neukirchen-Vluyn 2011, 212f.

127 Freudenberg, Theologie (Anm. 126), 122.

128 Vgl. Gemeinsame römisch-katholische/evangelisch-lutherische Kommission, Kirche und Rechtfertigung. Das Verständnis der Kirche im Licht der Rechtfertigungslehre (1993): DwÜ, Bd. 3, 2003, 317–419 (Nr. 205–222).

des Lehramtes. Ein Freibrief ist die Berufung auf das *charisma veritatis* in Wahrnehmung des (bischöflichen) Lehramtes nicht, weshalb Thomas von Aquin festhält: «Wir glauben den Nachfolgern der Apostel und Propheten nur in dem Masse, wie sie uns verkünden, was jene uns in der Schrift hinterlassen haben.»[129]

Nicht leicht zu beantworten ist auch in römisch-katholischer Lehrauffassung die Frage nach der Verbindlichkeit. Erst mit der Diskussion um die päpstliche Unfehlbarkeit setzte sich das Konzept eines abgrenzbaren Dogmas durch. Rückblickend ist für viele kirchliche Lehrentscheidungen früherer Jahrhunderte durchaus unklar, welche als im strengen Sinn dogmatisch zu gelten haben.[130] Die im I. Vatikanum formulierte Lehrautorität hat bei weitem nicht die Bedeutung gewonnen, wie es sich ihre Befürworter vorgestellt hatten, so dass auch seitdem die gestufte Verbindlichkeit von Lehraussagen oft unklar bleibt.

Hinzu kommt, dass in römisch-katholischem Verständnis auch dogmatische Aussagen im strikten Sinn von geschichtlicher Bedingtheit gekennzeichnet sind und möglicherweise «zunächst in einer unvollkommenen» Weise ausgedrückt werden.[131] Eine grundsätzliche Überbietbarkeit wird somit nicht bestritten. Schwieriger wird es, wenn gefragt wird, ob es neben unvollkommenen auch fehlleitende Lehraussagen geben kann. Ist neben dem umgrenzten Bereich unfehlbarer Lehraussagen nicht realistisch, mit fehlbaren Aussagen zu rechnen? Die Diskussion um die Kontinuität katholischer Lehrtradition während des Pontifikates Papst Benedikts XVI. lässt erkennen, wie schwierig es ist, eine solche Debatte zu führen. Dass eine Lehre wie die vom Limbus offiziell widerrufen wird, hat Seltenheitswert. Allerdings weist die Geschichte der katholischen Kirche durchaus einige Kunstfertigkeit auf, Lehrtraditionen in Vergessenheit geraten zu lassen oder unter der Hand zu revidieren. Dass dies auch offiziell möglich sein sollte, zeigt eine Aussage von Papst Johannes Paul II. in seiner Enzyklika *Ut unum sint* zum ökumenischen Prozess als Weg in eine grössere Wahrheit. Er äussert die Erwartung, dass diese neu zu entdeckende Wahrheit «Revisionen von Aussagen

129 Thomas von Aquin, De veritate 14,10 ad 11. Vgl. Augustinus, De unitate ecclesiae 11,28: CSEL 52,264.

130 Vgl. Klaus Schatz, Welche bisherigen päpstlichen Lehrentscheidungen sind «ex cathedra»? Historische und theologische Überlegungen: Werner Löser/Karl Lehmann/Matthias Lutz-Bachmann (Hg.), Dogmengeschichte und katholische Theologie, Würzburg 1985, 404–422.

131 Kongregation für die Glaubenslehre, Erklärung zur katholischen Lehre über die Kirche, die gegen einige heutige Irrtümer zu verteidigen ist, 1973: www.vatican.va/roman_curia/congregations/cfaith/documents/rc_con_cfaith_doc_19730705_mysterium-ecclesiae_ge.html (24.9.2019).

und Haltungen erforderlich machen könnte».[132] Beherzte Bereitschaft, solche Revisionen vorzunehmen, ist jedoch kaum zu entdecken. Hier legt die CHp den Finger auf einen sehr wunden Punkt, der überdies beschämenderweise nicht nur grosse Lehrfragen betrifft, sondern auch Traditionen, die nach eigenem Selbstverständnis kirchlicher Art und revidierbar sind.

Dies führt mich zu einer abschliessenden Reflexion über das Verhältnis von Verbindlichkeit und Verbindlichkeitsvorbehalt.

3.7 Verbindlichkeit und Verbindlichkeitsvorbehalt: ein gemeinsames Problem?

Letztlich dürfte hinter der Abwehr kritischer Selbstrelativierung die Sorge stehen, dass mit einem Verbindlichkeitsvorbehalt jegliche Verbindlichkeit schwinden könnte. Tatsächlich ist menschliche und religiöse Existenz auf identitätsstiftende Verbindlichkeit angewiesen. Dies gilt erst recht, wenn es um den gemeinsam gelebten christlichen Glauben geht. Andererseits ist es problematisch, wenn das Einschärfen von Verbindlichkeit mit komplexitätsverdrängenden Ängsten einhergeht.

Meine ökumenische Vision wäre es, dass Reformierte und Katholiken sich der Spannung zwischen dem Anliegen der Verbindlichkeit einerseits und der Notwendigkeit kritischer Überprüfung von Lehraussagen andererseits gemeinsam stellen könnten. In gegenseitiger Abgrenzung gibt es für das Problem keine Lösung, während es vielleicht in gegenseitiger Ergänzung gelingen könnte, die Gratwanderung zu meistern.

Die Herausforderung besteht darin, im Bewusstsein der historischen und kulturellen Perspektivität und Relativität religiöser Ausdrucksformen, in interreligiösem Respekt und Dialog und in Wertschätzung der unhintergehbaren Pluralität von Erkenntnissen und Überzeugungen doch benennen zu können, welches der Glaube der Christgläubigen ist. Wie ist es möglich, diesen Glauben identitätsstiftend, gemeinschaftsprägend und lebensgestaltend zu tradieren? Können wir uns auf Entscheidungen und Lehrformulierungen stützen, hinter die wir nicht zurückgehen möchten und die wir deswegen auch als solche kennzeichnen? Wie erhalten wir uns gleichwohl die kritische Bereitschaft zur Überprüfung kirchlicher Positionierungen? Für solche Fragen scheint mir eine Auseinandersetzung mit der CHp fruchtbar. Ich möchte hier in zwei Richtungen Ausschau halten.

---

132 Papst Johannes Paul II., Ut unum sint. Über den Einsatz für die Ökumene, 1995, Nr. 36: http://w2.vatican.va/content/john-paul-ii/de/encyclicals/documents/hf_jp-ii_enc_25051995_ut-unum-sint.html (24.9.2019).

Verbindlichkeit aus Bewährung
Zunächst lohnt es sich, auf eine schon referierte Beobachtung zurückzukommen. Die CHp unterscheidet zwischen jenen Bekenntnissen und Lehraussagen, welche sie als definitiv mit der Schrift übereinstimmend identifiziert, und den Bekenntnissen, die (noch oder je neu) einer kritischen Überprüfung bedürfen. Lässt sich weiter präzisieren, auf welcher Grundlage dies geschieht?

Wenn Heinrich Bullinger ähnlich wie andere Protagonisten der Reformation die altkirchlichen Bekenntnisse von späteren lehramtlichen Entscheidungen abhebt, gründet dies wohl weniger in einem willkürlichen zeitlichen Schnitt als darin, dass die altkirchlichen Bekenntnisse einen Weg der Bewährung und Rezeption bereits hinter sich haben. Wenngleich das Konzept des *consensus quinquesaecularis/antiquitatis* zu Recht deswegen kritisiert wird, weil es die aus dem Konsens herausfallenden Kirchen ausblendet,[133] so kann doch eine Bewährung durch die Jahrhunderte anerkannt werden, die sich inzwischen sogar wieder mit den damals abweichenden Positionen vermitteln lässt. Damit rückt ein Kriterium für die Geltung von kirchlichen Lehraussagen in den Blick, das gegenüber der formalen Autorität von Lehrentscheidungen zu Unrecht ins Hintertreffen geraten ist: die Rezeption. Am deutlichsten erkennbar wird das Phänomen im Hinblick auf altkirchliche Konzilien, die zumindest in einigen Fällen erst rückblickend jene allgemeine Anerkennung erhielten, die sie zu sogenannten ökumenischen Konzilien machte.[134] Dabei erlangten sie ihre Verbindlichkeit nicht zuletzt aufgrund der spezifischen Art ihrer Bezeugung des apostolischen Glaubens, nämlich der Schrifttransparenz ihrer konziliaren Lehre.[135]

Das Kriterium der Rezeption zu respektieren, würde verlangen, die Bewährung von kirchlichen Entscheidungen am Massstab der Schrift und an den Anforderungen kirchlicher Praxis mit Geduld abzuwarten, Diskussionen um um-

133 Siehe zum *Consensus patrum* Andreas Merkt, Das patristische Prinzip. Eine Studie zur theologischen Bedeutung der Kirchenväter (Supplements to Vigiliae Christianae 58), Leiden 2001.

134 «Ein Konzil rezipieren heisst in den Vorgang der Überlieferung des Glaubens eintreten, der selbst das Wesen des Konzils ausmacht. Freilich kann dieser Rezeptionsvorgang auch schon einmal negativ ausgehen. Andererseits stehen die Entscheidungen ‹wahrer› Konzilien nie unter dem Vorbehalt späterer Rezeption. Sie beanspruchen zumindest immer eine Autorität ‹ex sese›. Dass sie das freilich [... zu Recht] taten, wird wieder durch die Rezeption bezeugt.» Klaus Schatz, Allgemeine Konzilien – Brennpunkte der Kirchengeschichte, Paderborn ^{2}2008, 70; vgl. auch ders., Die Rezeption ökumenischer Konzilien im ersten Jahrtausend – Schwierigkeiten, Formen der Bewältigung und verweigerte Rezeption: Wolfgang Beinert (Hg.), Glaube als Zustimmung. Zur Interpretation kirchlicher Rezeptionsvorgänge (QD 131), Freiburg i. Br. 1991, 93–122.

135 Vgl. Schulz, Bekenntnis (Anm. 67), 107–149.

strittene Themen zuzulassen, offene Problemüberhänge auszuhalten und ggf. mit ausbleibenden Rezeptionen gelassen und konstruktiv umzugehen. Auf diese Weise würde die angestrebte Verbindlichkeit der Gefahr entgehen, auf einem rein äusserlichen Verpflichtetsein zu beruhen: Die Bindung würde aus existenzieller und gemeinschaftlicher Verifikation hervorgehen.[136]

Andererseits bergen bewährte und rezipierte Glaubenszeugnisse die Chance und den Anspruch, auch späteren Zeiten als Referenzpunkte des Glaubens zu dienen. Dies gilt selbst dann, wenn diese Ausdrucksformen des Glaubens kulturell geprägt sind und je neu einer hermeneutischen Erschliessung ihrer Bedeutung bedürfen. Schon unter kulturtheoretischem Gesichtspunkt ist eine (religiöse) Kultur angewiesen auf Kristallisationen ihrer Identität. Dies gilt erst recht für den christlichen Glauben, der sich dezidiert an einer Geschichte festmacht und auf anamnetische Bezeugung des Ursprungs angewiesen ist.

In diesem Sinne formulierte das Dialogdokument «Die Gegenwart Christi in Kirche und Welt» (1977): «Die [bekenntnishaften] Aussagen der Vergangenheit sind für die Katholiken leitende Normen für weitere Neuformulierungen. Für die Reformierten besitzen diese einen echten indikativen Wert, der aber gleichwohl der Autorität der Schrift untergeordnet bleibt.»[137] Zu vertiefen bleibt für Katholiken, welchen Unterscheidungsprozess lehrhafte Aussagen durchlaufen sollten, um normativ weiterwirken zu können (auch dem eigenen Selbstverständnis nach sind nicht jegliche Aussagen der Vergangenheit gleich verbindlich!), und inwiefern sie auf Neuformulierungen angewiesen sind. Reformierte könnten fragen, wie trotz des kritischen Vorbehaltes der «echte indikative Wert» überlieferter Glaubenszeugnisse fruchtbar werden kann.

Zeitgebundene Verbindlichkeit aktueller Positionierung

Gleichzeitig stellt sich die Frage, wie Kirchen in der je aktuellen Gegenwart Stellung beziehen und bei aller Vorläufigkeit doch aktuell verbindliche Orientierungspunkte benennen können.[138] Wenngleich hierfür im heutigen kirchlichen

136 Vgl. die begriffliche Analyse und Problempräzisierung von Rochus Leonhardt, Das Problem theologischer Verbindlichkeit aus evangelisch-lutherischer Sicht: Johann Ev. Hafner/Martin Hailer (Hg.), Binnendifferenzierung und Verbindlichkeit in den Konfessionen (Beiheft zur Ökumenischen Rundschau 87), Frankfurt a. M. 2010, 148–183 (148–152).

137 Die Gegenwart Christi (Anm. 56), Nr. 37, 495.

138 Zu dieser ökumenisch relevanten Fragestellung vgl. Verbindliches Lehren der Kirche heute. Arbeitsbericht aus dem Deutschen Ökumenischen Studienausschuss und Texte der Faith and Order-Konsultation Odessa 1977, hg. vom Deutschen Studienausschuss (Beiheft zur Ökumenischen Rundschau 33), Frankfurt a. M. 1978; Was gilt in der Kirche? Die Verantwortung für Verkündigung und verbindliche Lehre in der Evangeli-

Sprachgebrauch mit guten Gründen der Zeugnisbegriff dem des Bekenntnisses oftmals vorgezogen wird, verlangt doch auch ein Zeugnis eine verbindliche Positionierung. Hier ist ein zweiter Aspekt der CHp von Interesse: Trotz ihrer Selbstrelativierung beabsichtigte die CHp, eine Positionierung vorzunehmen, die jedenfalls durch die Rezeption des Textes Bullingers als Bekenntnis bei den Signatarkirchen verbindlichen Charakter erhielt. Diesen Vorgang zu erhellen, leistet einen Beitrag zur «Verständigung über die Aufgabe heutigen Bekennens», wie Lukas Vischer sie 1987 anmahnte.[139]

Die römisch-katholische Kirche und Theologie stiess mit der Entscheidung für ein pastorales Lehramt beim II. Vatikanum auf ein vergleichbares Problem und hat bis heute daran zu arbeiten. In Ausübung des pastoralen Lehramtes, welches sich der eigenen Zeitbezogenheit bewusst war, traf das Konzil gleichwohl verbindliche Richtungsentscheide und Festlegungen. Wie beherztes Sicheinlassen auf geschichtliche Bedingtheit (vgl. die Anmerkung zu Beginn von GS)[140] und der Verzicht auf eigentliche «Dogmatisierungen» dennoch mit Positionierungen von verbindlicher Geltung einhergehen, ist derzeit gegen Kräfte herauszuarbeiten, welche die konziliaren Festlegungen z. B. in Sachen Ökumene und Religionsfreiheit relativieren wollen.

Wiederum sind zwei konträre Einsichten zu vermitteln. Epochale Erfahrungen und das Näherrücken unterschiedlicher Kulturen haben den Kirchen unhintergehbar vor Augen gestellt, wie fragmentarisch und riskant kirchenamtliche Positionierungen in konkreten zeitgeschichtlichen Situationen sind. Andererseits haben zurückliegende und zeitgenössische Konstellationen auch in der Moderne und Postmoderne vor Augen geführt, dass den Kirchen neue Positionierungen im Bekenntnis bzw. Zeugnis abverlangt sind. Der Internationale reformiert/römisch-katholische Dialog hält deswegen für die reformierte Kirche fest: «Reformierte Christen können sich zu neuen Auslegungen und Ausdrucksformen des christlichen Glaubens verpflichten, vorausgesetzt die neuen Anforderungen entsprechen der Botschaft der Schrift, wie sie gemeinschaftlich im Ge-

schen Kirche. Ein Votum des Theologischen Ausschusses der Arnoldshainer Konferenz. Mit einem Anhang: Pluralismus in der Kirche. Chancen und Grenzen (Veröffentlichungen aus der Arnoldshainer Konferenz), Neukirchen-Vluyn 1985.

139 Lukas Vischer, Das Theologieverständnis der reformierten Bekenntnisse: EvTh 47/1987, 569–573 (573).

140 Vgl. Hans-Joachim Sander, Theologischer Kommentar zur Pastoralkonstitution über die Kirche in der Welt von heute *Gaudium et spes*: HThKVatII, Bd. 4, 2005, 581–886 passim.

spräch mit der reformierten Tradition interpretiert wird.»[141] Auf katholischer Seite fraglich ist an diesem Dokument weniger die Möglichkeit erneuter Festlegungen als der oben bereits thematisierte communiale Weg der entsprechenden Urteilsbildung, der «das gesamte prophetische Gottesvolk (Laien und Pastoren [...])» einschliesst.[142]

Dringlich dürfte es sein, nicht bloss formal die Möglichkeit verbindlicher Positionierung zu proklamieren, als sei dies ein Wert an sich. Alle Kirchen müssen sich Rechenschaft darüber ablegen, dass nicht nur einzelne Christen und Christinnen in Situationen kommen können, in denen sie zum Bekenntnis herausgefordert sind. Vielmehr geraten auch die Kirchen in Situationen, in denen sie «Farbe bekennen» müssen. Wenngleich die gemeinte «Farbe» dem Evangelium Jesu Christi entstammt, ist sie zumeist konkreter zu benennen, als dies im Hinweis auf das Gesamt der Heiligen Schrift möglich ist. Ethische Fragen um Gerechtigkeit, Frieden und Bewahrung der Schöpfung können den *status confessionis*[143] ebenso herausfordern wie der Kerngehalt des christlichen Glaubens, das Einstehen für das christliche Menschenbild und die damit verbundenen (und mit anderen Menschen geteilten) Überzeugungen über die Personrechte (z. B. Religionsfreiheit) oder ökumenisch eingegangene Verbindlichkeiten.

Dass in gewissen Konstellationen verbindliche Positionierung verlangt ist, hebt doch nicht ihre situativen Bedingtheiten auf. Was bedeutet dies für die Eigenart zeitgebundener Verbindlichkeit? Was lässt sich dafür an der CHp ablesen? In erster Linie mahnt die CHp diesbezüglich zu höchstmöglicher Nähe zur Schrift und zur Sparsamkeit der Aussagen, die sich unnötiger Festlegungen enthalten sollten.[144]

Damit verbunden sind Sprachformen und Eigenheiten dieses verbindlichen und zugleich vorläufigen Bekenntnisses. In der CHp findet sich jedenfalls in einigen Teilen jener narrative Stil,[145] der auch im II. Vatikanischen Konzil die lehr-

141 Die Kirche als Gemeinschaft gemeinsamen Zeugnisses für das Reich Gottes. Bericht über die dritte Phase des Internationalen theologischen Dialogs zwischen der Katholischen Kirche und dem Reformierten Weltbund. 1998–2005: DwÜ, Bd. 4, 2011, 998–1097 (Nr. 136, 1049).

142 Die Kirche als Gemeinschaft (Anm. 141), Nr. 138, 1050.

143 Siehe dazu Christian Link, Verbindlichkeit als theologische Maxime: Hafner/Hailer, Binnendifferenzierung (Anm. 136), 184–199 (185–188).

144 Vgl. zum Urstand Kap. VIII (CHp, 286,17–21; ZHB, Kap. VIII, 38) und zur Prädestination Kap. X (CHp, 290,11f.; ZHB, Kap. X, 44f.).

145 Er gründet in den heilsgeschichtlichen Narrationen, die immer neu beim Heilswillen und Heilswirken Gottes ansetzen, so an den Anfängen von Kap. VI, VII, X, XI und XVII–XIX, in der Verortung biblischer Stellen im Kontext, so in Kap. XVII, sowie im An-

amtliche Sprache prägt und erneuert.[146] Damit verbindet sich eine bildhafte Sprache, von der bereits Fritz Büsser hervorhebt, dass sie manchen Gedanken der Kirchenkonstitution des II. Vatikanischen Konzils ähnelt.[147] Verbindliche Positionierungen müssen somit nicht einem Begriffsfetischismus verfallen, der meint, den Glauben formelhaft fassen zu können. Deswegen erinnert Christian Link in seinen Reflexionen zu Verbindlichkeit an die Weise, wie in der Bibel die Gott zugeschriebenen Attribute «im Hymnus und in den Gebeten Israels verankert» sind: Sie wollen «an die Verheissungen erinnern, die im Namen Gottes beschlossen sind, und die Hoffnung begründen, die wir auf die gemeinsame Geschichte der Juden und Christen setzen: So darf und so muss man von Gott reden, wenn sein Geist diese Geschichte bewegt.»[148] Hinzu kommt der engagierende Charakter einer adäquaten Bekenntnissprache. Erst dort, wo die Bekennenden sich selbst in das Reden von Gott einbinden lassen, wird es zu einem verbindlichen Reden.[149]

Es handelt sich hier um eine Sprache der Bezeugung, womit jene Haltung wiedergewonnen wird, die letztlich der Grund ist, warum – nebst der Bewährung – die altkirchlichen Lehrdokumente mit grösserem Gewicht auftreten bzw. angenommen werden als spätere Lehrtexte. Bei allen Schwächen, die auch hier zu finden sind, liegt den altkirchlichen Texten der Wille zur *Bezeugung* zugrunde, ohne den im 2. Jahrtausend dominierenden Charakter der Lehr*entscheidung*.

Der Bezeugung ist eigentümlich, dass sie letztlich mehr werbenden als beherrschenden Charakter hat. Sie ist nicht machtförmig verfasst, verlangt aber dennoch oder gerade deswegen sorgsamen Umgang. Es gilt, der aufgezeigten Sinnrichtung zu folgen. Dass diese Haltung von römisch-katholischer Seite gegenüber dem bezeugenden Bekenntnis der CHp im 16. Jahrhundert und danach nicht aufgebracht wurde, war Ursache von viel Missverstehen und Polemik, wie wir am Anfang sahen. Ich hoffe, mindestens diesem Mangel entgangen zu sein.

satz beim existenziellen Glaubensvollzug, hier ist besonders hervorzuheben die Begründung der Bilderkritik in Kap. IV (CHp, 279,23–27; ZHB, Kap. IV, 26) sowie Kap. XIV.

146 Vgl. Hünermann, Sprache (Anm. 100), 53f.56.159. Hünermann weist darauf hin, dass auf das II. Vatikanum 51 % der Schriftverweise aller Konzilien fallen (43).

147 «Eine unbefangene Lektüre des ‹Zweiten Helvetischen Bekenntnisses› ergibt, dass Bullinger gerade in diesem Kapitel nicht nur von einer erstaunlichen ökumenischen Weite, sondern zugleich ausserordentlich modern ist. Er spricht – manche Gedanken der Konstitution ‹Lumen gentium› des Zweiten Vatikanischen Konzils vorwegnehmend – von der heilsgeschichtlichen Einheit des alten und neuen Bundesvolkes, von den biblischen Bildern der Kirche (Braut Christi, Herde unter einem Hirten, Leib Christi).» Fritz Büsser, Heinrich Bullinger (1504–1575). Leben, Werk und Wirkung, Bd. 2, Zürich 2005, 171f.

148 Link, Verbindlichkeit (Anm. 143), 199.

149 Link, Verbindlichkeit (Anm. 143), 199.

Der Sinnrichtung der CHp zu folgen, könnte im 3. Jahrtausend für eine wachsende ökumenische Gemeinschaft in der Schriftbindung wie in der Aufgabe heutigen Bekennens fruchtbar sein.

Michael Beintker

Katholizität und Ökumenizität im Kontext der *Confessio Helvetica posterior*

I. Das Verständnis des Katholischen in der *Confessio Helvetica posterior*

Mit einer bemerkenswerten Selbstverständlichkeit ist der Begriff des Katholischen in der *Confessio Helvetica posterior* präsent. Das geht gleich aus dem Titel hervor: *Confessio et Expositio simplex Orthodoxae Fidei, et dogmatum Catholicorum syncerae religionis Christianae* (Bekenntnis und einfache Erläuterung des orthodoxen Glaubens und der katholischen Lehren der reinen christlichen Religion).[1] Das Bemühen um den Nachweis, dass man im wahren und eigentlichen Sinne katholisch sei und katholisch glaube, bestimmt den Tenor der Einleitung.[2] Und die vergleichsweise umfangreiche Ekklesiologie in Kapitel XVII,[3] die die konstruktive Bedeutung des Katholischen untermauert, wird ausdrücklich unter der Überschrift «De catholica et sancta Dei Ecclesia, et unice capite Ecclesiae»[4] verhandelt.

Wenn man fragt, worauf diese für einen reformatorischen Text eher ungewöhnliche Sympathie für den Begriff des Katholischen zurückzuführen ist, wird man zunächst an das Legitimationsbedürfnis zu denken haben, das offensichtlich dahintersteht. Man wird sagen können: Heinrich Bullinger und die sein Bekenntnis rezipierenden und nostrifizierenden Kirchen hatten aus Gründen des Reichsrechts und der damit verbundenen Religionspolitik allen Anlass, die in den reformierten Kirchen der Schweiz vertretene kirchliche Lehre von jedem Verdacht auf Ketzerei und Häresie freizuhalten. Wenn ihre Lehre als katholisch gelten konnte, gab es keinen Grund, deren Anhänger zu unterdrücken und zu verfolgen. Wir hoffen, so heisst es am Ende der Vorrede, «nos ab omnibus habendos, non pro haereticis, sed pro Catholicis et Christianis [dass wir von allen nicht für Irrlehrer, sondern für Katholiken und Christen gehalten werden]».[5] Zwar haben die Gegner die Evangelischen der Irrlehren und der Gottlosigkeit bezichtigt.

1 CHp, 268,1f.
2 Vgl. CHp, 268–272.
3 Vgl. CHp, 310–316.
4 CHp, 310,10.
5 CHp, 273,1f.

Aber der vorliegenden *Confessio* wird jeder Mitdenkende entnehmen können, dass wir uns von den Kirchen Deutschlands, Frankreichs und Englands und anderer Völker der christlichen Welt «nicht durch frevelhafte Spaltung absondern und trennen, sondern mit ihnen im allgemeinen und besonderen in diesem Bekenntnis christlicher Wahrheit völlig übereinstimmen».[6] Das läuft auf die Gleichung von katholisch und rechtgläubig bzw. orthodox hinaus, die nun die evangelische Seite ganz bewusst für sich in Anspruch nimmt.

Zum Erweis der Katholizität beruft sich die *Confessio* in besonderer Weise («imprimis»)[7] auf die Übereinstimmung mit der *vetus Apostolica ecclesia*[8] und damit auf die theologischen Entscheidungen der ökumenischen Konzile von Nicäa, Konstantinopel und Chalkedon. Die Rechtgläubigkeit wird mit dem Erlass des Kaisers Gratian von 380 und mit der *Fides Damasi* genannten Formel dokumentiert. Letztere wird dem Papst Damasus I. (366–384) zugeschrieben, kann aber, wie man heute annimmt, erst am Ende des 5. Jahrhunderts in Südfrankreich entstanden sein.[9] In beiden Fällen geht es um die Anerkennung der kirchlich approbierten Trinitätslehre; im Bekenntnis des Damasus auch um die kirchlich approbierte Christologie. Diejenigen, die an die *eine* Gottheit des Vaters, des Sohnes und des Heiligen Geistes glauben, so das Edikt Gratians, sollen «den Namen katholischer Christen [Christianorum Catholicorum nomen] tragen, die übrigen aber, die wir für toll und wahnsinnig halten, [müssen] die Schande der Irrlehre auf sich nehmen».[10] Das ist auch die Auffassung der *Confessio Helvetica posterior*. Sie will sich betont auf den Boden einer über die wahre Lehre definierten Katholizität stellen. Im Falle der Trinitätslehre besass diese Katholizität sogar reichsrechtliche Geltung.

Reformierte sind also *auch* Katholiken, wenn sie auf der Rechtgläubigkeit ihres Bekennens beharren. Und wenn sich auch noch der Nachweis erbringen lässt, dass sich bei ihnen jetzt die wahre Kirche Jesu Christi verkörpert, während diese Verkörperung bei den andern im Begriff steht, ihre Erkennbarkeit zu verlieren, dann sind Reformierte erst recht Katholiken. Bullinger jedenfalls hatte keine Berührungsscheu gegenüber dem Ausdruck «katholisch». Wir stehen hier vermutlich an der Wiege dessen, was man im 20. Jahrhundert auf den Begriff einer

6 ZHB, Vorrede, 11; CHp, 269,14–17.
7 CHp, 269,28.
8 CHp, 269,28.
9 Vgl. DH 71–72.
10 ZHB, Vorrede, 14; CHp, 271,4–8.

«evangelischen Katholizität»[11] gebracht hat – ein Begriff, der nur auf den ersten Blick als paradox gelten darf. Er signalisiert in aller Form, dass Katholizismus kein Privileg der römisch-katholischen Kirche ist.

Aber «katholisch» ist nicht nur ein Attribut der Lehre, mit dessen Hilfe die richtige von der falschen Lehre unterschieden werden kann. Es ist auch ein Attribut der Kirche, die mit den Worten des Bekenntnisses von Nicäa-Konstantinopel als die «eine, heilige, katholische und apostolische Kirche» geglaubt wird. Damit stossen wir auf eine zweite Dimension des Katholischen. Hier wandert der Blick von der Katholizität des Glaubens auf die Universalität der Gemeinschaft, die sich zu diesem Glauben bekennt. Im Hinblick auf die Kirche steht Katholizität für die weltumspannende Gesamtheit und Universalität der Gemeinde Jesu Christi, der «sancta ecclesia catholica» des Apostolischen Glaubensbekenntnisses,[12] was in den evangelischen Übersetzungen mit «heilige christliche Kirche»[13] (Luthers Kleiner Katechismus) oder mit «heilige allgemeine christliche Kirche»[14] (Heidelberger Katechismus) wiedergegeben wird und schon in der Übersetzung äusserste Zurückhaltung gegenüber einer wörtlichen Wiedergabe von «katholisch» verrät, jedenfalls im Deutschen.

Die Kirche wird deshalb katholisch genannt, heisst es im ekklesiologischen Kapitel der *Confessio*, «weil sie allumfassend [universalis] ist, sich über alle Teile der Welt und über alle Zeiten erstreckt und weder durch Ort noch Zeit eingeschränkt ist».[15] Es handelt sich um eine räumlich-globale und zugleich temporale Erstreckung der Kirche. Anders gesagt: Die Kirche Jesu Christi hat eine synchrone und eine diachrone Ausdehnung. Zu ihr gehören nicht nur die heute Lebenden, sondern auch diejenigen, die vor uns gelebt haben, und man kann hinzufügen: auch diejenigen, die nach uns leben werden. Das in Apg 2 geschilderte Jerusalemer Pfingstfest ist keineswegs der Geburtstag der Kirche, wie man heutzutage in nicht wenigen Pfingstpredigten mit ermüdendem Nachdruck gesagt

11 Vgl. Friedrich Heiler, Evangelische Katholizität, Gesammelte Aufsätze und Vorträge, München 1926; Wolfram Weisse, Praktisches Christentum und Reich Gottes. Die ökumenische Bewegung Life and Work 1919–1937, Göttingen 1991, 123ff. Schon im 19. Jahrhundert hatte sich Philip Schaff für evangelische Katholizität eingesetzt (vgl. Gesine von Kloeden, Evangelische Katholizität. Philip Schaffs Beitrag zur Ökumene – Eine reformierte Perspektive, Münster 1998). Vgl. ausserdem Michael Beintker, Evangelische Katholizität. Das Kirchenverständnis der Gemeinschaft Evangelischer Kirchen in Europa: Ulrich H. J. Körtner (Hg.), Kirche – Christus – Kerygma. Profil und Identität evangelischer Kirche(n), Neukirchen-Vluyn 2009, 81–101.

12 Vgl. CHp, 310,23.

13 BSLK 21, 20.

14 Vgl. CHp, 181,17.

15 ZHB, Kap. XVII, 78; CHp, 310,28–30.

bekommt. Vielmehr wird die *ecclesia catholica* bereits in der Glaubensgemeinschaft des Volkes Israel angetroffen.

Zwar ist in diesem Zusammenhang nicht gleich von der *ecclesia ab Abel* die Rede. Aber an eine *ecclesia ab Abraham et ab Mose* ist schon gedacht, wenn auf die Kirche zur Zeit der Patriarchen oder die Kirche zur Zeit der Propheten aufmerksam gemacht wird[16] oder die Apostel *und* Propheten zum Grund der Kirche[17] gerechnet werden. Die *eine* Kirche besteht aus den Völkern des Alten und des Neuen Bundes, so dass mit dem Begriff des Katholischen der bundestheologisch fundierte Zusammenhang des Alten und des Neuen Testaments zum Ausdruck kommt und die bei aller Verschiedenheit anzutreffende Kontinuität der Glaubensgemeinschaft, wie sie etwa in Hebräer 11 anhand des Glaubensbegriffs explizit beleuchtet wird, erkennbar wird. So gesehen könnten bereits Abraham, Mose und die Propheten als Katholiken betrachtet werden.

Der für die Heutigen ungewohnte ekklesiologische Bezug auf das Alte Testament dient der Verdeutlichung des Zusammenhangs von Universalität und Partikularität. Die Universalität kommt darin zum Ausdruck, dass die Kirchen unbeschadet ihrer Verschiedenheit «alle zur Einheit der katholischen christlichen Kirche gehören [quae tamen omnes ad unitatem catholicae ecclesiae referuntur]».[18] Aber gerade dann sind Partikularität und damit Verschiedenheit legitim, was nicht zuletzt mit der Verschiedenheit der Kirche vor dem Gesetz (Patriarchen), der Kirche unter dem Gesetz (Mose) und der Kirche unter dem Evangelium (Christus) begründet werden kann.[19]

Gegenüber einer derartigen Verkirchlichung des Alten Testaments werden wir heute Zurückhaltung üben. Dennoch hat Bullinger in seiner *Confessio* richtig gesehen, dass man bei einer diachronen Betrachtung der Kirche die Gemeinschaft der vor uns Glaubenden zu würdigen hat und dass diese Betrachtung nicht einfach beim Jerusalemer Pfingstfest einsetzen kann. In einem sehr bestimmten Sinne gehören die Patriarchen, Mose und die Propheten in die Geschichte der christlichen Glaubensgemeinschaft.

Mit der Behauptung eines evangelischen Katholizismus grenzt sich die *Confessio* von zwei Extremen ab. Das eine Extrem besteht in der donatistischen Versuchung der Kirche, nach der sich eine einzelne Kirche in einer bestimmten Region (wie die Donatisten in Nordafrika) auf die exklusive Existenz im Winkel

16 Vgl. ZHB, Kap. XVII, 79; CHp, 311,11–14.
17 Vgl. CHp, 311,27f.
18 ZHB, Kap. XVII, 79; CHp, 311,11f.
19 Vgl. CHp, 311,11–13.

(*angulus*) beschränkt[20] und damit die Universalität der Kirche zugunsten einer elitär gedeuteten Partikularität preisgibt. Das andere Extrem wird aus Sicht der *Confessio* vom Klerus der römischen Kirche verfochten, der einzig und allein *seine* Kirche für katholisch hält.[21] Hier wird im Ansatz zwar universal gedacht, aber zugleich wird die Katholizität der anderen infrage gestellt und gegebenenfalls ihr Kirchesein bestritten. Evangelische Katholizität wäre so gesehen ein Mittelbegriff zwischen der Überhöhung des Partikularen und der Überprivilegierung einer amtskirchlich festgelegten Universalität.

II. Die Wesensattribute der Kirche im Horizont geschichtlicher Wahrnehmung

Einheit, Heiligkeit, Katholiziät und Apostolizität bilden die vier Wesensattribute der Kirche; darüber nachzudenken, was damit ausgesagt wird, gehört zu den grundlegenden Aufgaben jeder Ekklesiologie. Dabei steht man vor der Schwierigkeit, dass es sich um Aussagen über die *geglaubte* Kirche handelt und dass nicht einfach gesagt werden kann, dass Einheit, Heiligkeit, Katholizität und Apostolizität in der konkret erfahrbaren Kirche ungetrübt präsent sind.

Eher schon kann leicht das Gegenteil behauptet werden: Der Aussage über ihre Einheit stehen Konflikte im Wege, die bis zur Kirchenspaltung reichen. Ihre Heiligkeit wird nicht so erfahren, dass die vorfindliche Kirche als glaubwürdige Zeugin ihrer Botschaft erkennbar ist. In der Behauptung, katholisch zu sein, treffen wir auf einen der Katholizität im Wege stehenden Alleinvertretungs- und Überbietungsanspruch. Und Apostolizität als Gütesiegel einer vom Zeugnis der Apostel unterrichteten Verkündigung versteht sich nicht von selbst – abgesehen davon, dass sie auch noch amtstheologisch enggeführt werden kann, indem man sie auf eine bis zur Jüngerberufung zurückreichende Ämterkette fixiert.

Wenn man das *credo in ecclesiam* des Glaubensbekenntnisses beachtet, wird man Einheit, Heiligkeit, Katholizität und Apostolizität als geistliche *Vorgaben* betrachten, an denen die jeweilige Kirche teilhat. Sie hat in dem Masse daran teil, wie sie sich von Jesus Christus als dem alleinigen Haupt der Kirche regieren lässt.[22] Einheit, Heiligkeit, Katholizität und Apostolizität werden in dem Umfang erfahrbar, wie sich die einzelne Kirche auf Jesus Christus besinnt und an ihm ausrichtet. Er kann zusammenführen, was getrennt ist, also die Beschädigungen

20 Vgl. CHp, 311,1.
21 Vgl. CHp, 311,1f.
22 Vgl. CHp, 312,3–15.

der Einheit und Katholizität heilen. Er kann heiligen und er kann sich so bezeugen lassen, dass unter den vielen fremden Stimmen kraftvoll die Stimme der Apostel erklingt.

In der *Confessio Helvetica posterior* wird die Bedeutung der Heiligkeit und Apostolizität der Kirche eher vorausgesetzt als detailliert ausgeführt,[23] dafür werden aber umso intensiver ihre Katholizität und ihre Einheit reflektiert. Das ist kein Zufall: Einheit und Katholizität bedingen sich gegenseitig. Ihre Einheit gründet in der Einheit von Vater, Sohn und Geist: «[...] da es immer nur einen einzigen Gott gibt, nur *einen* Mittler zwischen Gott und den Menschen, den Messias Jesus Christus, *einen* Hirten der ganzen Erde, *ein* Haupt dieses Leibes, schliesslich *einen* Geist, *ein* Heil, *einen* Glauben und *ein* Testament oder *einen* Bund, so folgt daraus notwendig, dass es auch nur eine einzige Kirche gibt [necessario consequitur unam duntaxat esse Ecclesiam].»[24] Diese eine einzige Kirche nennen wir deshalb katholisch, weil sie «allumfassend [universalis]» ist und sich als solche – wie oben schon gesagt – «über alle Teile der Welt und über alle Zeiten erstreckt».[25] In der geschichtlichen Welt («in terris») gibt es immer nur besondere, nur partikulare Kirchen; gleichwohl bilden sie alle die *unitas catholicae ecclesiae* ab.[26] Mit heutigen Worten: Hinter den Wesensattributen der Kirche kommt eine transkonfessionelle Realität zum Vorschein, in der alle schon verbunden sind.

Man kann also von der Einheit der Kirche nicht ohne Bezug auf ihre Katholizität und von ihrer Katholizität nicht ohne Bezug auf ihre Einheit sprechen. Jürgen Moltmann hat diese Wechselbeziehung einmal auf die lehrreiche Formel gebracht, dass Einheit für intensive Katholizität und Katholizität für extensive Einheit stehe.[27] Einheit als intensive Katholizität bedeutet: Die einzelnen Gemeinden und Kirchentümer sind in Christus geeint, indem sie von ihm zu seinem *einen* Leib verbunden werden. Deshalb können sich Christen als Christen und Kirchen als Kirchen über alle konfessionellen Grenzen und Differenzen hinweg erkennen und anerkennen. Um ihre Einheit sichtbar zu machen, sind sie zur Ökumene verpflichtet. Ökumene kann geradezu als Bemühen um die schritt-

23 Vgl. CHp, 310, Anm. 147, 315,13 (zur Heiligkeit) sowie 311,28, 313,16f., 314,5f., 316,12 (Apostolizität).

24 ZHB, Kap. XVII, 78; CHp, 310,25–29.

25 Vgl. ZHB, Kap. XVII, 78; CHp, 310,29f.

26 Vgl. CHp, 310,11f.

27 Jürgen Moltmann, Kirche in der Kraft des Geistes. Ein Beitrag zur messianischen Ekklesiologie, München 1975, 374: «Die Katholizität der Kirche ist ein Korrelatbegriff zur Einheit der Kirche. Meint ihre Einheit ihre intensive Katholizität, so bedeutet ihre Katholizität ihre extensive Einheit.»

weise Stärkung der Sichtbarkeit der Einheit definiert werden. Katholizität als extensive Einheit bedeutet: Die einzelnen Gemeinden und Kirchentümer sind in Christus in voller Ansehung ihres Verschiedenseins geeint. Das Verschiedensein wird nicht eingeebnet oder uniformiert, aber es verliert seinen trennenden Charakter. Das Verschiedensein dient nicht der Abgrenzung und Profilierung der einen auf Kosten der anderen. Die weltweite Vielfalt und Vielfarbigkeit des Glaubens wird zur Chance eines wechselseitigen Gebens und Nehmens, des Lernens voneinander und des Lernens miteinander. In Christus kommt es zur geistlichen Integration der Pluriformität des gemeindlichen und kirchlichen Lebens auf dieser Erde. Darin widerspiegelt sich letztlich sogar die Einheit und die Katholizität der Menschheit vor Gott, wie sie im Jerusalemer Pfingsten (Apg 2) im heilsamen Kontrast zur Erzählung vom Turmbau in Gen 11,1–11 ablesbar wird.

Das ist natürlich nicht die Sprache der *Confessio Helvetica posterior*. Aber in der Sache argumentiert sie auf dieser Linie. Verschiedenheit und Pluriformität sind ihr kein Grund zur Irritation; sie gehören ganz einfach zur erfahrbaren Wirklichkeit der Kirche. Gleich in der Einleitung wird hervorgehoben, dass gewisse Unterschiede in «Ausdruck und Formulierung der Lehre, in Gebräuchen und Zeremonien, die je nach Bedürfnis, Nutzen und Aufbau der einzelnen Kirchen angenommen wurden», niemals als hinreichender Grund zur Zwietracht und Spaltung betrachtet worden seien.[28] Denn dabei hätten die Kirchen Christi immer von der Freiheit Gebrauch gemacht: «Semper enim hac in re, Christi ecclesiae usae sunt libertate.»[29] Das Freiheitsmotiv, das den Formen kirchlichen Lehrens und Gestaltens bestimmte Ermessensspielräume zugesteht, ist für die *Confessio* wichtig gewesen.[30] Selbst Streit und Zwietracht müssen nicht zur Spaltung der Kirche führen. Zur Illustration wird auf die heftigen Auseinandersetzungen im paulinischen Korinth, auf das Apostelkonzil in Apg 15 und auf die Auseinandersetzungen in den ersten Jahrhunderten verwiesen.[31] In der Kirche habe es immer schwere Kämpfe gegeben, und hervorragende Lehrer der Kirche seien auch in nicht untergeordneten Dingen uneins gewesen, gleichwohl habe die Kirche nicht aufgehört, *Kirche* zu sein.[32] Die *Confessio* wagt sich an dieser Stelle zu einem Gedanken vor, der allen Ketzermachern als Gotteslästerung erscheinen musste, über den sich aber ein Denker vom Format Hegels gefreut hätte: «So gefällt es eben Gott, auch die kirchlichen Streitigkeiten zum Ruhme

28 ZHB, Vorrede, 11; CHp, 269,17–23.
29 ZHB, Vorrede, 11; CHp, 269,23f.
30 Vgl. dazu CHp, 311,22, 316,3–15.
31 Vgl. CHp, 313,9–21.
32 Vgl. CHp, 313,21–24.

seines Namens dienen zu lassen, damit schliesslich die Wahrheit leuchtend hervortrete und damit die Bewährten offenbar werden [et ut qui probati sunt, manifesti fiant].»[33]

Bevor man argwöhnt, dass auf diese Weise die Attribute der Einheit und Katholizität überdehnt und die Konflikte schöngeredet werden, sollte man darauf achten, was die *Confessio* zur Bewährung beider Attribute im Alltag der Kirchen sagt. Sie werden, wenn man auf das Vorbild der Alten Kirche sieht, immer dann mit Leben erfüllt, wenn «allseitige Übereinstimmung [mutuus consensus] in den Hauptstücken des Glaubens [in praecipuis fidei dogmatibus], im rechtgläubigen Sinn [in sensu orthodoxo] und in der brüderlichen Liebe [in charitate fraterna]» vorhanden sind.[34] Die Katholizität der Grundeinsichten des Glaubens und der Liebe muss also immer mitgedacht werden. Nicht jede Kirche kann man als wahre Kirche anerkennen,[35] aber die wahre Kirche ist auf jeden Fall dort anzutreffen, wo solche Merkmale erkennbar sind. Das entscheidende Merkmal oder Zeichen der wahren Kirche ist die «rechtmässige und reine Verkündigung [legitima vel syncera praedicatio] des Wortes Gottes, wie sie uns in den Büchern der Propheten und Apostel überliefert ist, die alle zu Christus hinführen, der im Evangelium gesagt hat: ‹Meine Schafe hören auf meine Stimme [...]›.»[36]

Neben diese *nota ecclesiae* tritt als zweites Merkmal die Bewährung der von Christus geschenkten neuen Existenz: «Weil sie Christus allein [Christum solum!] als Haupt und Fundament der Kirche anerkennen und auf diesem Grunde stehend sich täglich durch Busse erneuern, tragen sie das ihnen auferlegte Kreuz mit Geduld, sind aber auch mit allen Gliedern Christi durch ungeheuchelte Liebe verbunden, und beweisen dadurch, dass sie Jünger Jesu sind, indem sie im Bande des Friedens und heiliger Einigkeit verharren.»[37] Man kann durchaus sagen, dass nach dieser Bestimmung ökumenische Aufgeschlossenheit zu den Kennzeichen der wahren Kirche gehört. Als drittes Merkmal wird die Teilnahme an den Sakramenten genannt, die sie so gebrauchen, wie sie sie vom Herrn empfangen haben.[38]

Rechtmässige und reine Verkündigung des Wortes Gottes, aus der täglichen Busse erwachsende Bewährung der neuen Existenz in Liebe und Friedensgesinnung und christusgemässer Gebrauch der Sakramente – an diesen drei Zeichen

33 ZHB, Kap. XVII, 82; CHp, 313,24–26.
34 ZHB, Vorrede, 12; CHp, 269,23–25; vgl. auch 316,2–15.
35 Vgl. CHp, 354,2f.
36 ZHB, Kap. XVII, 82f.; CHp, 314,3–7.
37 ZHB, Kap. XVII, 83; CHp, 314,13–17.
38 ZHB, Kap. XVII, 83; CHp, 314,17–19.

zeigt sich die Präsenz der einen, heiligen, katholischen und apostolischen Kirche in der kirchlichen Realität. Auffällig ist nicht nur die Nachordnung der Sakramente, sondern auch, dass die *Confessio Helvetica posterior* über die klassischen *notae ecclesiae* von Confessio Augustana 7 hinausgeht, indem sie den Finger auch auf die ekklesiologische Relevanz des neuen Lebens der Christen legt. Die klassischen *notae* tauchen freilich bei der späteren Darlegung der Amtspflichten der ordinierten Diener der Kirche auf, die sich in der *doctrina Christi evangelica* und in der *legitima sacramentorum administratio* bündeln lassen.[39]

Weiter fällt auf, dass die Kennzeichen in bestimmten Situationen elastisch gehandhabt werden dürfen. Ausdrücklich wird betont, dass die Kirche nicht streng an sie gebunden ist: «Ecclesia non alligata est signis.»[40] Weshalb? Die *Confessio* hat verschiedene Fälle[41] vor Augen: Menschen, die aus Glaubensgründen in ihren Kirchen zu Dissidenten geworden sind und deshalb den Sakramenten fernbleiben oder von ihnen ferngehalten werden, heimliche Freunde ausserhalb der eigenen Glaubensgemeinschaft, notvolles Entbehren der Sakramente wegen des Fehlens von ordinierten Personen (wie Israel während der babylonischen Gefangenschaft siebzig Jahre lang seinen Opferdienst entbehren musste), aber auch die Verdunkelung und Zerstörung der rechtmässigen Gottesverehrung, durch die die Kirche «für unsere Augen verborgen und Gott allein bekannt ist», während unser Urteil (über wahre und falsche Kirche) «oft am Ziele vorbeischiesst»[42].

In allen diesen Situationen spiegeln sich bestimmte Konfliktkonstellationen der Umbrüche der Reformation. Es gibt, so will die *Confessio* verdeutlichen, wahre Christen und deshalb wahre Kirche auch dort, wo der Reformation ein Erfolg verwehrt geblieben ist. So hat, um ein berühmtes Parallelbeispiel heranzuziehen, Calvin die heftig kritisierte römische Kirche nicht in ein ekklesiologisches Niemandsland entlassen. Es gebe auch bei den «Papisten» «Spuren der Kirche [vestigia ecclesiae]».[43] Gott habe auch unter ihnen, in Frankreich, Italien, Deutschland, Spanien und England, seinen Bund «unverletzlich» aufrechterhalten,[44] die Taufe als Zeugnis dieses Bundes behalte weiterhin volle Gültigkeit, und auch sonst gebe es Überreste (*reliquiae*) der wahren Kirche, «damit die Kirche

39 CHp, 322,2f.

40 CHp, 315,1.

41 Vgl. hierzu CHp, 315,2–20.

42 ZHB, Kap. XVII, 85; CHp, 315,20–23.

43 Institutio IV, 2,11. Johannes Calvin, Unterricht in der christlichen Religion (1559), übers. und bearb. von Otto Weber (= Weber), Neukirchen-Vluyn [5]1988, 712; J. Calvin, Opera selecta, München 1926ff. (= OS), V, 41,1.

44 Institutio IV, 2,11 (Weber [Anm. 43], 713; OS [Anm. 43], V, 41,11ff.).

nicht ganz und gar unterginge»[45]. Calvin scheint freilich geschwankt zu haben, ob man die römische Kirche als solche noch als *Kirche* ansehen könne, und viele seiner Äusserungen weisen in die Richtung eines Neins, aber er rang doch um ein differenzierteres ekklesiologisches Urteil: «Obgleich wir [...] den Papisten den Namen ‹Kirche› nicht rundweg [simpliciter] zugestehen wollen, so leugnen wir deshalb doch nicht, dass es bei ihnen Kirchen gibt [non ideo Ecclesias apud eos esse inficiamur], sondern wir streiten mit ihnen allein über die wahre und rechtmässige Gestaltung der Kirche [de vera et legitima Ecclesiae constitutione], die sich einerseits in der Gemeinschaft an den Sakramenten findet, die die Zeichen des Bekenntnisses sind, andererseits aber vor allem in der Gemeinschaft der Lehre.»[46]

III. Impulse für die Ökumene

Die *Confessio Helvetica posterior* bietet eine Ekklesiologie, die man als ebenso irenisch wie weitsichtig charakterisieren kann.

Das Irenische tritt dadurch in Erscheinung, dass hier von der Dramatisierung von Konflikten und Differenzen abgeraten wird. Konflikte sind zwar nicht schön, aber sie kommen eben in der erfahrbaren Kirche vor. Man begegnet ihnen besser mit Gelassenheit und dem Bemühen um Klärung als mit Scharfmacherei. In den grundlegenden Fragen des Glaubens und des christlichen Lebens kann und muss man sich einigen; an diesem Punkt wird die Katholizität der christlichen Lehre für unabdingbar gehalten. Die Einleitung hat als massgebliche Lehrdokumente den Erlass Gratians und die *Fides Damasi* genannt. Danach müssen der Konsens in der Trinitätslehre und in der Christologie als die entscheidenden Kriterien der Lehrkatholizität gelten. Etwas darüber hinausgehend, aber im Sinne der *Confessio* argumentierend, könnte man sagen: Gotteslehre, Christologie und Soteriologie müssen die Kernthemen des ökumenischen Gesprächs bilden. Wenn man sich hier einigen kann, dann sind die entscheidenden Voraussetzungen für die Erklärung von Kirchengemeinschaft gegeben. Dann kann man auf jeden Fall miteinander Gottesdienst feiern und sich gegenseitig zum Abendmahl einladen. Im Hinblick auf die ökumenische Karriere der Ekklesiologie und auf die noch steilere Karriere der Amtsfrage wäre von der *Confessio* her zu fragen, ob damit nicht nachgeordnete Themen einen Rang erobert haben, der ihnen im Hinblick auf die

45 Institutio IV, 2,11 (Weber [Anm. 43], 713; OS [Anm. 43], V, 41,16–17).
46 Institutio IV, 2,12 (Weber [Anm. 43], 713; OS [Anm. 43], V, 41,25–29).

Verständigung in den Zentralbereichen des christlichen Credos eigentlich nicht zusteht.

Die Weitsicht der *Confessio* zeigt sich im unverkrampften Umgang mit Verschiedenheit und Differenz. Vielfalt ist für sie nicht Ausdruck eines Mangels, sondern eine alle bereichern könnende Gegebenheit. Im Jahre 1566 – also fast ein halbes Jahrhundert nach Luthers Ablassthesen – geht es nicht mehr um die Erneuerung der real existierenden römisch-katholischen Kirche, sondern um das gedeihliche Verhältnis unterschiedlicher Bekenntnisse und damit unterschiedlicher Kirchen im frühen konfessionellen Zeitalter. Bis zum neuzeitlichen Aufbruch der Ökumene werden zwar noch Jahrhunderte vergehen. Aber das Bemuhen «um Frieden und Eintracht in gegenseitiger Liebe mit den Kirchen Deutschlands und den ausländischen Kirchen»[47] – zuvor sind schon die Kirchen Frankreichs, Englands und «anderer Völker der christlichen Welt» genannt worden –[48] steht im Zeichen der Überwindung von kirchentrennenden Differenzen, und dies gewiss nicht nur im Hinblick auf die Lutheraner.

Mit unseren Worten gesagt: Die *Confessio* hat sich auf Pluralität verstanden und Pluralität bejaht. Es gibt in der Welt, in der wir leben, Kirche im Plural, also Kirch*en* wie die Kirche von Zürich, Bern, Schaffhausen, St. Gallen, Chur oder Genf, aber auch die Kirche von Wittenberg, Strassburg, Emden oder Nürnberg. Diese Kirchen werden dadurch zusammengehalten, dass sie Jesus Christus als ihr einziges Haupt anerkennen. Das genügt. Der Zusammenhalt braucht nicht durch ein eng gefügtes, hierarchisch gebautes Strukturgerüst garantiert zu werden. Denn indem sie jeweils Kirchen sind, die sich zu Jesus Christus als ihrem Haupt bekennen, gehören sie schon zur Kirche im Singular: zur einen, heiligen, katholischen und apostolischen Kirche, an der sie unbeschadet ihrer Verschiedenheiten und auch unbeschadet ihrer Differenzen teilhaben.

Von hier aus lassen sich Linien bis zur *Leuenberger Konkordie* und zu der durch die Konkordie instruierten Ekklesiologie ziehen. Die unter dem Titel *Die Kirche Jesu Christi* 1994 in Wien verabschiedete Kirchenstudie[49] trifft sich an entscheidenden Punkten mit der Ekklesiologie der *Confessio Helvetica posterior*. Die Kirchenstudie – nach der Konkordie inzwischen der wichtigste Text der GEKE – geht von der reformatorischen Fundamentalunterscheidung zwischen

47 ZHB, Vorrede, 12; CHp, 269,30–32.

48 ZHB, Vorrede, 11; CHp, 269,14–16.

49 Die Kirche Jesu Christi. Der reformatorische Beitrag zum ökumenischen Dialog über die kirchliche Einheit. Im Auftrag des Exekutivausschusses für die Leuenberger Kirchengemeinschaft hg. von Wilhelm Hüffmeier (Leuenberger Texte 1), Frankfurt a. M. 1995.

dem Handeln Gottes und dem Handeln der Menschen aus: «Der *Grund* der Kirche ist das Handeln Gottes zur Erlösung der Menschen in Jesus Christus. Subjekt dieses Grundgeschehens ist Gott selbst, und folglich ist die Kirche Gegenstand des Glaubens. Weil Kirche Gemeinschaft der Glaubenden ist, gewinnt ihre *Gestalt* geschichtlich vielfältige Formen. Die eine geglaubte Kirche (Singular) ist in unterschiedlich geprägten Kirchen (Plural) verborgen gegenwärtig.»[50]

Weiter heisst es: Wenn mit dem dritten Artikel des Glaubensbekenntnisses von Kirche im Singular gesprochen wird, dann ist immer die eine, heilige, katholische, apostolische Kirche «in allen Kirchen» gemeint.[51] Sie ist in unterschiedlich geprägten Kirchen verborgen gegenwärtig.[52] Die geglaubte Kirche ist eine Realität, die faktisch quer durch die Spaltungen und Trennungen der Christenheit geht. Ihre Wesenseigenschaften sind durch ihren Ursprung im Handeln Gottes vorgegeben. Verdeutlicht am Attribut der Einheit: Die Kirche ist aufgrund des sie begründenden Wirkens Gottes immer schon *eine*. Deshalb ist ihre Einheit nach reformatorischem Verständnis «nicht ein von den Christen und Kirchen durch ihr Handeln erst noch zu verwirklichendes Ideal, sondern sie ist den Christen und den Kirchen als Werk Gottes vorgegeben».[53] Die einzelnen Kirchen stehen damit vor der Aufgabe, «von dieser Gabe Gottes als dem Grund lebendiger Gemeinschaft zwischen den Kirchen in der Verschiedenheit ihrer geschichtlichen Gestalten sichtbar Zeugnis zu geben»[54] – zum Ausdruck zu bringen, was sie von ihrem Ursprung her immer schon sind.

So ist die geglaubte *eine* Kirche kraft ihres Ursprungs «*katholisch (allumfassend)*».[55] Damit wird die grenzüberschreitende *Universalität in der Einheit* zum Ausdruck gebracht. Katholizität hat ihren Ursprung im Wort Gottes als dem Heil der ganzen Welt. Weil das Heil der ganzen Welt gilt, überschreitet das Evangelium alle Grenzen. Christen und Kirchen stehen vor der Aufgabe, «diese Gabe Gottes in der Gestaltung ihres Lebens erfahrbar zu machen» und nationale, ethnische, soziale, kulturelle und mit der Geschlechtszugehörigkeit gegebene Gren-

50 Die Kirche Jesu Christi (Anm. 49), 19.

51 Vgl. Die Kirche Jesu Christi (Anm. 49), 19. Von grösster Bedeutung für das Verständnis des Redens von Kirche im Singular oder im Plural ist folgender Hinweis: «In der Studie bezeichnet der Plural Kirchen immer die unterschiedlichen geschichtlichen Ausgestaltungen der einen, heiligen, katholischen und apostolischen Kirche; der Singular meint in der Regel die geglaubte Kirche, es sei denn, er wird durch Adjektive wie sichtbar, konkret, erfahrbar usw. ergänzt.» Ebd., Anm. 2.

52 Vgl. Die Kirche Jesu Christi (Anm. 49), 19.

53 Die Kirche Jesu Christi (Anm. 49), 19.

54 Die Kirche Jesu Christi (Anm. 49), 19.

55 Die Kirche Jesu Christi (Anm. 49), 27.

zen zu überschreiten.[56] «In ihrer Katholizität ist die Kirche die Verheissung einer alle Menschen umfassenden Gemeinschaft.»[57]

Von daher wird Katholizität regelrecht blockiert, wenn eine bestimmte Kirche, und mag sie auch noch so alt und ehrwürdig sein, das Attribut der Katholizität ausschliesslich für sich beansprucht, indem sie behauptet, dass die eine christliche Kirche im Vollsinne nur in ihr verwirklicht ist, und deshalb bestreiten muss, dass sie auch in anderen christlichen Kirchen verwirklicht sein kann.[58] Katholizität schliesst konfessionelle Vielfalt nicht aus, sondern ein. Aus evangelischer Sicht liesse sich konfessionelle Ausdifferenzierung bei gegenseitiger Anerkennung sogar als die heute adäquate Erscheinungsform von Katholizität[59] darstellen. Deshalb liesse sich die sichtbare Einheit der Kirche am besten in der Perspektive der versöhnten Verschiedenheit zur Darstellung bringen.

Es ist nicht sehr wahrscheinlich, dass die Autoren der Leuenberger Kirchenstudie bei deren Erarbeitung intensive Studien in der *Confessio Helvetica posterior* betrieben haben. In der Liste der vorbereitenden Referate[60] taucht sie jedenfalls nicht auf. Umso bemerkenswerter sind markante Konvergenzen zwischen ihr und der Leuenberger Kirchenstudie. Das in der *Confessio* niedergelegte Verständnis von Katholizität ist jedenfalls so prägnant auf Ökumenizität hin angelegt, dass ein Heinrich Bullinger die Kirchenstudie als eine Fortschreibung des Ekklesiologiekapitels seiner *Confessio* lesen könnte.

---

56 Die Kirche Jesu Christi (Anm. 49), 27.

57 Die Kirche Jesu Christi (Anm. 49), 27.

58 Vgl. II. Vatikanisches Konzil, Lumen gentium 8 (DS 4118–4121, bes. 4119), sowie Kongregation für die Glaubenslehre, Erklärung Dominus Iesus. Über die Einzigartigkeit und die Heilsuniversalität Jesu Christi und der Kirche, 6. August 2000, 16–17.

59 Vgl. Bernd Oberdorfer, Art. Katholizität der Kirche: RGG^4, Bd. 4, 902–905 (905).

60 Vgl. Die Kirche Jesu Christi (Anm. 49), 64.

Bruce Gordon

Das *Zweite Helvetische Bekenntnis* in europäischer Perspektive[1]

I. Einführung

Ich muss gestehen, dass es ein emotionaler Moment für mich ist, hier vor dieser erlesenen Zuhörerschaft in Zürich zu stehen, einer Stadt, in die ich zum ersten Mal vor fast dreissig Jahren zum Studieren kam. Während dieser Arbeitsjahre habe ich enorme Gastfreundschaft erfahren – in den Bibliotheken und Archiven, vor allem aber am Institut für Schweizerische Reformationsgeschichte. Da wäre zunächst Professor Fritz Büsser zu nennen, der mit Grossmut meine Doktorarbeit betreute, dann Alfred Schindler, mein Freund und Kollege Emidio Campi und nun Peter Opitz, mit dem wir weiterhin Zukunftspläne schmieden – sie alle bilden eine ununterbrochene Kette der Unterstützung und Ermutigung. Und es gab noch viele andere, die Kollegen der Bullinger-Briefedition, die mir endlose Stunden in ihren Büros gewährten und mich mit Freundschaft, gutem Rat und Tee versorgten. Frau Seger, die mir wirklich sehr geholfen hat, als ich neu war und mich noch nicht auskannte. Ich erinnere mich an viele Gesichter, einige davon nun nicht mehr unter uns, die mir einen warmherzigen Empfang bereiteten und mich mit ihrem fachlichen Rat begleiteten. Ich kann nur hoffen, dass ich in meinem Leben in Yale ein bisschen etwas davon weitergeben kann, was ich hier erlebt habe. Daher möchte ich gerne diesen kurzen Vortrag als kleines Dankeschön und als Erinnerung an die vielen Jahre der Freundschaft mit jenen verstehen, die das wichtige Werk der Reformation weiterführen in der Stadt, in der Heinrich Bullinger das Wort Gottes verkündigte.

II. Das *Zweite Helvetische Bekenntnis* in seinen europäischen Kontexten

Das Jubiläum des *Zweiten Helvetischen Bekenntnisses* von 1566 fällt auf dasselbe Jahr wie das des *Novum Instrumentum* von Erasmus, und wie wir wissen, kommt

1 Übersetzt von Martin Ernst Hirzel und Frank Mathwig. Der Vortragsstil wurde beibehalten.

darauf dann das Reformationsjubiläum 2017 auf uns zu. Es könnte also leicht passieren, dass Heinrich Bullingers Meisterwerk der Theologie dabei unter den Tisch fällt. Denn zumindest in den meisten *Mainline Churches*, den moderaten protestantischen Kirchen in Amerika, haben Bekenntnisse nicht viel mehr als einen nominellen offiziellen Stellenwert. Sie sind formeller Bestandteil der Kirchenordnung, bekannt als *subordinate standards*, also nachgeordnete Normen, und jeder Kandidat und jede Kandidatin für das Pfarramt muss sich auf sie verpflichten, aber tatsächlich bedeutet diese Treueverpflichtung nicht sehr viel. Bekenntnisse werden weniger als Normen betrachtet, auf die sich die Kirchen und ihre Mitglieder einigen können; stattdessen gelten sie überwiegend als Relikte der Vergangenheit, die ernsthafte theologische und ekklesiologische Differenzen zwischen Glaubensgemeinschaften innerhalb derselben Konfession offenbar machen. Dagegen ist die Haltung der konservativeren protestantischen Kirchen eine deutlich andere: die *Confessio Belgica* (1561) und die *Westminster Confession of Faith* (1646/1647) haben auch heute noch einen hohen Stellenwert und werden strengstens bewahrt.

Im Folgenden geht es aber nicht um Bekenntnisse im kirchlichen Leben der Gegenwart – da sind andere deutlich bewanderter als ich –, sondern um eine Betrachtung der Kontexte der *Confessio Helvetica posterior*, diesem so tief greifenden und prägenden Dokument der Reformation in der Schweiz und in Europa. Die Relevanz des historischen Fokus für die gegenwärtige Kirche zeigt sich in der Frage: Warum wurden Bekenntnisse im reformierten Protestantismus des 16. Jahrhunderts geschrieben?

Die Vorbereitungen zu diesem Vortrag begann ich mit der Lektüre von Autoren des 19. und 20. Jahrhunderts. Ich wollte einen Eindruck davon bekommen, was diese als das Herz der *Confessio* betrachten. Anders gesagt: Was macht Bullingers Werk so emblematisch für die Zürcher Reformation und die reformierte Tradition der 1560er Jahre und darüber hinaus? Besonders faszinierend fand ich dabei die wiederholte Betonung der tiefen Spiritualität von Bullingers Text, der Schönheit seines Schreibens über das Wesen Gottes und das christliche Leben, seine Leidenschaft für die Kirche als Leib Christi. Zweifellos waren es diese Qualitäten, die den Pfälzer Kurfürsten Friedrich den Frommen an Bullingers Werk so beeindruckten, als er nach einer Verteidigungsschrift für seine reformierten Ansichten suchte. In Ungarn, Polen, Frankreich und Schottland waren es darüber hinaus die Klarheit, Tiefe und die umfassende Darstellung von reformierter Katholizität, die die *Confessio* zu einem wesentlichen Standardwerk der reformierten Tradition werden liessen.

Die *Confessio Helvetica posterior* ist alles andere als eine trockene dogmatische Abhandlung. Sie besitzt viele Qualitäten, die den Text in jenen Jahren der 1560er verorten, als Zürich sich mit enormen Herausforderungen von aussen (Lutheraner und Katholiken) und innen (Pest und Ketzereivorwürfe) konfrontiert sah. Als eine Verteidigung der Zürcher Orthodoxie enthielt sie auch ein starkes polemisches Element, denn wie die anderen Bekenntnisse ihrer Zeit versuchte auch sie, ihren Wahrheitsgehalt durch die Zurückweisung konkurrierender Positionen zu bekräftigen. Wie wir sehen werden, war es ein wesentliches Merkmal der Reformationsbekenntnisse, dass sie mehrere Absichten verfolgten: zum einen die Herstellung und Stärkung kirchlicher Einheit, zugleich aber auch einen bewussten Angriff auf die jeweiligen Gegner. In meinem Vortrag möchte ich über die Welt der 1560er Jahre nachdenken, in denen die *Confessio* erschien; ich möchte untersuchen, warum Bullinger den Text geschrieben hat und wie dieser dann rezipiert wurde.

Wie bereits angedeutet, führte mich meine Arbeit an der *Confessio Helvetica posterior* zur grundsätzlicheren Frage: Wie und warum wurden religiöse Bekenntnisse zu einem zentralen Bestandteil der protestantischen Reformation und insbesondere der reformierten Tradition? Was verstanden Bullinger und seine Mitreformatoren unter Bekenntnissen, welchen Zwecken dienten sie und warum gab es so viele davon? Die *Confessio Helvetica posterior* befand sich in den 1560ern, dem Blütejahrzehnt des reformierten Glaubens, in guter Gesellschaft: Dazu gehört etwa das *Schottische Bekenntnis* von 1560, die *Waldenser-Bekenntnisse* zwischen 1520 und 1544 und das Bekenntnis von Theodor Beza von 1559; dann die *Confessio Belgica* von 1561, die ungarische *Confessio Catholica* von 1562 und die *Neununddreissig Artikel* der Kirche von England von 1563. Von grosser Bedeutung waren der *Heidelberger Katechismus* von 1563 und das *Antwerpener Bekenntnis* von 1566. Natürlich gab es noch viele weitere Bekenntnistexte, zu deren beeindruckender Anzahl auch die *Confessio Helvetica posterior* samt ihren zahlreichen Übersetzungen gehörte.

Wie Emidio Campi klar gezeigt hat, markierten die 1560er Jahre mit dem Abschluss des Konzils von Trient die definitive Abgrenzung des katholischen Glaubens gegenüber allen Formen des Protestantismus. Calvin war gestorben, und seine Heimat Frankreich wurde von den gefürchteten Religionskriegen zerrissen, in denen die Hugenotten abwechselnd Erfolge und Niederlagen verzeichneten. Schottland hatte 1560 im Zuge einer Revolte gegen ihr katholisches Staatsoberhaupt den reformierten Glauben angenommen und etwas weiter südlich, in England, wurde die fragile Religionsbefriedung Elizabeths I. von Puritanern und Katholiken angefochten. In den Niederlanden tobte der Bildersturm. Durch all diese

Ereignisse hindurch blieb Heinrich Bullinger der «elder statesman» der Reformation, eine Position freilich, die weder unangefochten noch unumstritten war. Scharfe Zurückweisung erlebte er vonseiten der Lutheraner; der Abendmahlsstreit, den Ludwig Lavater so sorgfältig in seiner historischen Abhandlung rekonstruiert hatte, war noch nicht abgeklungen. Wie bereits erwähnt, hatte sich Bullinger eine äusserst schmerzhafte Kontroverse über die Antitrinitarier in der Stadt eingehandelt und nun war er darüber hinaus auch in die Debatten in Polen und Osteuropa verstrickt – eine Kontroverse, in der die *Confessio* eine wichtige Rolle spielte. Währenddessen wütete, wie die Pestpredigten Lavaters und anderer Autoren zeigen, die Pest in der Stadt Zürich, und die Zahl der Todesopfer war hoch; auch Bullingers Familie blieb davon nicht verschont. Die *Confessio* erschien zu einem entscheidenden Zeitpunkt im Verlauf der europäischen Reformation: Der Protestantismus verbreitete sich zwar erfolgreich im Osten und Westen, aber die alten Streitigkeiten drohten, das gesamte Gebäude zum Einsturz zu bringen.

Nur Bullinger hatte das Format, ein religiöses Bekenntnis hervorzubringen, das für die breite und vielgestaltige Gemeinschaft reformierter Christen sprechen konnte – nicht als verbindliches Dokument, sondern als Bestandsaufnahme der Grundlagen reformierter Theologie und Ekklesiologie. Nach dem Tod Calvins wurde nur noch Theodor Beza, Bullingers Kollegen, eine vergleichbare internationale Achtung zuteil und als Autorität anerkannt. Deshalb überrascht es nicht, dass die *Confessio* in Genf so positiv aufgenommen wurde. Sie war eine Gemeinschaftsarbeit, eine Bekundung der Ansichten der Schweizer Reformatoren quer durch die eidgenössischen Orte hindurch, aber artikuliert in den Worten des grossen Predigers von Zürich.

Bevor wir nun zum Thema der reformierten Bekenntnisse im 16. Jahrhundert und zu Bullingers Vision der katholischen Kirche kommen, die der *Confessio* zugrunde liegt, kehre ich noch einmal zu den Stimmen derer zurück, die in den letzten beiden Jahrhunderten über Bullingers grosses Werk geschrieben haben. Ich möchte kurz darauf eingehen, wie sie diesen Meilenstein der Reformation interpretierten. In einem der – meiner Meinung nach – immer noch bedeutendsten und gediegendsten Werke über Bullingers Leben, der Arbeit von Carl Pestalozzi aus dem Jahre 1858, finden wir eine bemerkenswerte Passage über die *Confessio*: Pestalozzi erscheint sie als «das reife Ergebnis seines Glaubenslebens»,

> «seiner reichen inneren und äusseren Erfahrung, als der Inbegriff seiner theologischen Ueberzeugung wie seiner kirchlichen Grundsätze, als die ächte, wahrhafte Entwicklung und Fortbildung seiner früheren Bekenntnisse, zumal der ersten helvetischen Confession (von 1536). Sie ist ein Muster von Klarheit und Einfachheit, wie

selbst hervorragende Gegner anerkennen, ausgezeichnet durch den Ueberblick, der das Ganze der christlichen Lehre umfasst, der völlige Ausdruck von Bullingers Gesinnung, scharf ausgeprägt gegenüber den Verirrungen des römisch-katholischen Kirchenthums, milde in Bezug auf die lutherischen Besonderheiten, ohne doch der eigenen Ueberzeugung irgend Eintrag zu thun. [...] Die ganze Entwicklung der christlichen Kirche seit den Tagen der Apostel bis auf die Gegenwart ist ihr von hohem Werthe und findet ihre ernste Berücksichtigung, nur dass sie sich nach der obersten Norm muss richten lassen. Insofern steht sie mit ihrer evangelischen Schwesterkirche lutherischen Bekenntnisses ganz auf demselben Boden und kann ihr stets die Hand reichen zur Annäherung, möglicher Weise auch zu einer Einigung, wenn gleich die Auffassung der christlichen Wahrheit nach gewissen Richtungen hin sich unterscheiden und deshalb die Entscheidung über diese oder jene einzelnen Lehrpunkte und Gebräuche verschieden ausfallen mag.»[2]

Pestalozzi arbeitet eine Reihe von Charakteristiken Bullingers und der *Confessio* heraus, die häufig in der wissenschaftlichen und erbaulichen Literatur begegnen: das Bekenntnis als der tiefste Ausdruck von Bullingers Theologie und Religiosität, seine tiefgehenden seelsorgerlichen Qualitäten, seine erstaunliche Weite. Bullinger ging es darum, die Übereinstimmung der Schweizer Kirche mit dem Glauben der apostolischen Tradition aufzuzeigen, und er grenzte darin die Kirchen der Reformation deutlich von der römisch-katholischen Kirche ab. Zugleich war Bullinger laut Pestalozzi ein Gemässigter, ein Mann mit einer ökumenischen Vision, die weit über die Mauern von Zürich hinausreichte und auf eine gemeinsame Grundlage für die Einigung mit den Lutheranern zielte. Bullinger war ein Visionär, ein ausserordentlich gelehrter Mann und eine Stimme für die gesamte Kirche. Seine Idee von Einheit aus Vielfalt zieht sich durch die gesamte *Confessio* hindurch, die sich darum bemüht, das wahre apostolische Wesen der Kirche zu erfassen.

Zwanzig Jahre später schrieb der in der Schweiz geborene und in Amerika lange Zeit sehr einflussreiche Theologe und Kirchenhistoriker Philip Schaff (1819–1883) in seinem Werk *Creeds of Christendom* über das *Zweite Helvetische Bekenntnis*:

«Wie die meisten Bekenntnisse des 16. Jahrhunderts entwickelt sich auch das Helvetische Bekenntnis über die Grenzen eines Volksbekenntnisses hinaus zu einem ausführlichen theologischen Traktat. Es ist die gereifte Frucht der vorausgehenden Arbeiten Bullingers und der Schweizer Kirchen an Bekenntnissen. Es ist in seiner Substanz eine Neuformulierung des Ersten Helvetischen Bekenntnisses, mit demsel-

2 Carl Pestalozzi, Heinrich Bullinger. Leben und ausgewählte Schriften nach handschriftlichen und gleichzeitigen Quellen, Elberfeld 1858, 420–421.

> ben thematischen Aufbau, aber mit wichtigen inhaltlichen und formalen Entwicklungen. Es ist schriftgemäss und katholisch, weise und besonnen, umfassend und ausführlich, aber dennoch einfach und klar, kompromisslos gegenüber den Verfehlungen Roms, moderat in seinem Widerspruch gegen die lutherischen Lehrmeinungen. Es fusst auf der Überzeugung, dass der reformierte Glaube mit dem wahren katholischen Glauben aller Zeiten im Einklang steht, vor allem mit dem der griechischen und römischen Kirchen des Altertums.»[3]

Schaffs Text weist deutliche Anklänge an Pestalozzis Formulierungen auf: darin, wie er die *Confessio* als «schriftgemäss und katholisch», «einfach und klar» preist, verbunden mit der Einschätzung, dass sie gleichzeitig kompromisslos gegen die Verfehlungen Roms und moderat in ihrem Dissens gegenüber den lutherischen Lehren vorgeht. Auch hier begegnet das Urteil über Bullinger als ökumenische Stimme eines antikatholischen Protestantismus. Besonders beeindruckt mich an den zwei Abschnitten die scharf herausgearbeitete Verbindung zwischen der *Confessio* und dem Wesen Heinrich Bullingers: Der Text liefert die klarste Aussage darüber, wer sein Autor war. Das überrascht nicht, entstand die *Confessio* doch als das persönliche Glaubensbekenntnis eines Mannes, der davon ausgehen musste, bald an der Pest zu sterben. Nichtsdestotrotz sind es die Klugheit und relativ milde Polemik des Werkes, die es so ansprechend machten – als eine Vision protestantischer Einheit, die auch im postkonfessionellen Europa des 19. Jahrhunderts noch grosse Anziehungskraft ausübte.

Die Rezeption der *Confessio Helvetica posterior* im Protestantismus des 19. und 20. Jahrhunderts ist ein Thema, das ich sehr gerne weiterverfolgen würde, aber für den Moment belasse ich es bei einigen weiteren bekannten Autoren. In Walter Hildebrandts und Rudolf Zimmermanns *Bedeutung und Geschichte des Zweiten Helvetischen Bekenntnisses* (1938) finden wir die folgende bemerkenswerte Einschätzung:

> «Mit Fug und Recht darf das *Zweite Helvetische Bekenntnis* als die Quintessenz der gesamten reformierten Glaubensentwicklung und als Abschluss der reformierten Reformation überhaupt bezeichnet werden. In ihm sind nämlich alle jene Gedanken und Glaubenslehren abschliessend – für die Reformationszeit wenigstens – aufgezeichnet in der Form, wie sie sich durch die theologische Arbeit der Reformation und ihrer Nachfolger schliesslich ergab und wie sie in allen reformierten Kirchen Anerkennung gefunden hat.»[4]

3 Philip Schaff, Creeds and Christendom, Bd. 1, New York 1877, 394–395.

4 Walter Hildebrandt/Rudolf Zimmermann, Bedeutung und Geschichte des Zweiten Helvetischen Bekenntnisses, Zürich 1938, 19.

Hildebrandts und Zimmermanns Würdigung der *Confessio* als Quelle der Einheit und Ausdruck der Fülle der reformierten Gedankenwelt findet ihre Fortsetzung in Fritz Büssers Biografie über Heinrich Bullinger. Büsser betrachtet die *Confessio* als Inbegriff des Denkens und kirchenleitenden Wirkens des Reformators, die auf die Schaffung einer vereinten Schweizer reformierten Kirche zielten. In meinem im Jahr 2002 veröffentlichten Buch über die Schweizer Reformation verstehe auch ich die *Confessio* in dieser Hinsicht als einen wesentlichen Wendepunkt in der Entwicklung der Kirchen Zürichs und der Schweiz nach dem Desaster von Kappel im Jahr 1531.

Obwohl es beileibe nicht die aktuellste Arbeit zur *Confessio* ist, gebe ich zu, dass ich mich immer wieder zum Werk Gottfried Lochers hingezogen fühle, eines Mannes, den ich bei verschiedenen Gelegenheiten zu treffen die Ehre hatte und der mir immer wieder als ein Vorbild an Forschergeist und christlicher Gastfreundschaft begegnete. In seinem grossen Werk über die zwinglische Reformation aus dem Jahr 1979 machte Locher einen Ausblick auf das Werk Heinrich Bullingers und fand die folgenden Worte, in denen die oben erwähnten Urteile nachhallen, die einen erfrischenden Blick auf die für Bullinger so charakteristische Verbindung zwischen der Vision kirchlicher Einheit und tief greifender spiritueller Erneuerung werfen. Locher schreibt:

> «Dafür stellte die CHP den schweizerischen reformierten Kirchen, einschliesslich der Genfer, eine gemeinsame Lehrformel zu Verfügung, die kraft ihres Gehalts und ihrer Klarheit jahrhundertlang ihre Frömmigkeit prägen und den Leitfaden der theologischen Ausbildung abgeben sollte […]. Ein Juwel bildet die Beschreibung des Glaubens in Artikel 16: Er ist Vertrauen, ‹Zustimmung des Herzens und […] Erfassen der Wahrheit Gottes, ja Gottes selbst […], und Christi, der aller Verheissung Inbegriff ist›. Gott schenkt ihn ‹durch den Heiligen Geist mittels der Predigt des Evangeliums und des gläubigen Gebets›.»[5]

III. Die Rolle der Bekenntnisse im reformierten Protestantismus

Jaroslav Pelikan schrieb, es sei «der Zweck der ‹Lehre› in allen Glaubensrichtungen und Konfessionen zu allen Zeiten der Kirchengeschichte, die […] ‹Rechtgläubigkeit der Gemeinschaft der Gläubigen› zu fördern, zu stärken, und zu regulie-

5 Gottfried W. Locher, Die Zwinglische Reformation im Rahmen der europäischen Kirchengeschichte, Göttingen 1979, 603–604.

ren, in erster Linie aber, sie zu artikulieren».[6] Die Reformation spielte eine Schlüsselrolle für die Entwicklung des Bekenntnisses als eine theologische und kirchliche Schriftgattung. Aufgrund der protestantischen Betonung des *sola scriptura* und Priestertums aller Gläubigen waren Bekenntnisse essenziell wichtig für die Bewahrung der Lehre und des Lebens der Kirche.

Die *Confessio Helvetica posterior* stellt klar, dass «das Schrifttum der Apostel [...] mit Recht evangelische Lehre genannt»[7] wird und dass «die wahre Einheit der Kirche [...] in den Glaubenslehren [bestehe], in der wahren und einmütigen Verkündigung des Evangeliums Christi sowie in den vom Herrn selbst ausdrücklich überlieferten gottesdienstlichen Gebräuchen».[8] Der Inhalt der Lehre kann gepredigt werden, und Predigen muss lehrgemäss sein; darin besteht der enge, konstitutive Zusammenhang im Zentrum von Bullingers Bekenntnis. Um sicherzustellen, dass die wahre Lehre gepredigt wird, war für die Kirchen im 16. Jahrhundert ein öffentliches Zeugnis ihrer Glaubensinhalte von essenzieller Wichtigkeit.[9]

Wie kam es zu dieser Entwicklung in der reformierten Tradition? Ich denke, Wilhelm Niesel hat recht, wenn er als das herausragende Merkmal der reformierten Bekenntnisse hervorhebt, dass «auch die Ordnung der Kirche bekenntnismässigen Charakter» trägt.[10] Mit der expliziten Verbindung zwischen Glaube und Kirchenordnung wollten die Kirchen und Bullinger die Unterschiede ihrer kirchlichen Ordnungen gegenüber dem römischen Katholizismus deutlich machen. Diese Aufgabe hatte für die Reformatoren die Ekklesiologie, die Lehre von der Kirche und vom Amt zu übernehmen. Schon ganz früh, seit Zwinglis Augustininterpretation, war den Reformatoren klar, dass die Kirche zwar unsichtbar, jedoch keine abstrakte Idee oder Konzeption war. Sie bestand aus den wahren Gläubigen in der Zeit, und weil sie in der Welt war, brauchte sie das Amt. Dieses Amt musste aber seine apostolische Befugnis ausweisen. Die Geistlichkeit war nicht einfach ein Verwaltungsapparat, der den Willen der Kirche ausführte, sondern hatte die Aufgabe, das Bekenntnis der Kirche zu verkünden und zu lehren.

Was aber meint «apostolisch»? Das ist die zentrale Frage der *Confessio.* Sie ergab sich aus der reformierten Auslegung der Schrift, vor allem des Neuen Testaments. Im Eingangskapitel der *Confessio Helvetica posterior* schreibt Bullinger,

6 Jaroslav Pelikan, Credo. Historical and Theological Guide to Creeds and Confessions of Faith in the Christian Tradition, New Haven 2003, 85.

7 ZHB, Kap. XIII, 59.

8 ZHB, Kap. XVII, 87.

9 Vgl. ZHB, Kap. XVII, 84–86.

10 Wilhelm Niesel (Hg.), Bekenntnisschriften und Kirchenordnungen der nach Gottes Wort reformierten Kirche, München 1938, V.

dass die Heilige Schrift Regeln zur Reformation der Kirchen aufstelle, sich aber auch mit der geordneten Leitung der Kirche befasse. Die *Confessio* spricht ferner von einem apostolischen Amt, von den «Dienern der Kirche», «sie heissen: Apostel, Propheten, Evangelisten, Aufseher (Bischöfe), Älteste (Presbyter), Hirten (Pastoren, Pfarrer) und Lehrer (Doktoren)».[11] Alle sind einander gleichgestellt. So verlieh die reformierte Tradition in ihrer Entstehung innerhalb der europäischen Reformation der Kirche einen Bekenntnischarakter, indem sie die Lehre von der Kirche mit der kirchlichen Gemeinschaft, dem Glauben und der Kirchenordnung verknüpfte. Wie wir wissen, war dies eng mit der Kirchenzucht als drittem Merkmal der Kirche verbunden.[12] Mit Bullingers Überlegungen zur Gleichwertigkeit der Ämter in der Kirche als charakteristischem Ausdruck seiner Schweizer Herkunft hat sich Daniel Bolliger befasst.[13]

Wie das Eingangskapitel der *Confessio* klarmacht, beschränkt sich die Bedeutung der Bibel nicht auf die Funktion eines Belegtextes für die reformierte Theologie. Das hiesse, wie man im Englischen sagt, «putting the cart before the horse» – oder, mit dem deutschen Sprichwort, das Pferd am Schwanz aufzuzäumen. Die Autorität der Heiligen Schrift wird als Lehre aufgefasst, die alle anderen Lehren stützt, untermauert und beglaubigt. In Bullingers katholischer Weitsicht bildet *sola scriptura* die Vorrangstellung der Heiligen Schrift vor der Autorität der Kirche; das Prinzip, das die Kirchen, unabhängig von ihren unterschiedlichen Gestalten, vereint. Diesen Gedanken hat erstmals Johannes Calvin in der Widmung seines Kommentars zum Römerbrief an Simon Grynaeus geäussert.

Ich glaube, das entspricht Bullingers Rede von der «Glaubensregel», die nie direkt mit menschlichen Institutionen verknüpft werden kann, obwohl sie eine wichtige Rolle spielen. Es ist die Schrift, die lehrt, aber sie muss korrekt ausgelegt werden, und dies ist die Rolle der Bekenntnisse. Für die *Confessio Helvetica posterior* wie auch die anderen reformierten Bekenntnisse ist der enge Bezug auf die Heilige Schrift fundamental. Das Wort Gottes musste ausgelegt werden, und doch trifft die *Confessio* eine klare Unterscheidung und besteht auf einer streng hierarchischen Ordnung.

---

11 ZHB, Kap. XVIII, 90f.

12 Vgl. ZHB, Kap. I, 17f.

13 Vgl. Daniel Bolliger, Bullinger on Church Authority. The Transformation of the Prophetic Role in Christian Ministry: Bruce Gordon/Emidio Campi (Hg.), Archtitect of the Reformation. An Introduction to Heinrich Bullinger 1504–1575, Grand Rapids 2004, 159–117.

Kapitel II der *Confessio* bietet eine klare Darstellung der Schriftauslegung und nennt einige grundsätzlichen Kriterien:[14]

1. Man muss den Sinn der Quellsprache bedenken, in der sie geschrieben ist;
2. ferner sind die Umstände ihrer Niederschrift zu beachten;
3. ähnliche Stellen sollen miteinander verglichen werden;
4. die Auslegung muss mit der Glaubensregel übereinstimmen und
5. sie muss zu Gottes Ehre und dem Heil der Menschen beitragen.

Die *Confessio* hebt die Kenntnis der biblischen Sprachen als unverzichtbare Voraussetzung für die zuverlässige Übersetzung volkssprachlicher Bibelausgaben hervor. Diese Übersetzungen stellten die wesentliche Verbindung zwischen den beiden Hauptanliegen der Reformation her: dem Priestertum aller Gläubigen und der rechten Schriftauslegung.

Diese Anliegen führen uns zur Frage nach der Glaubensregel in der Kirche zurück. Sollen die Bekenntnisse normative Standards der Schriftauslegung enthalten? Bullinger ist in diesem Punkt etwas unklar, und ich hoffe hier auf hilfreiche Hinweise meiner Kollegen. Existiert die Glaubensregel neben der Schrift? Stammt sie in erster Linie von den Kirchenvätern? Soll sie mit den Glaubensbekenntnissen der Kirche übereinstimmen? Die reformiert-protestantische Betonung des *sola scriptura* könnte durchaus als Bestreitung des (traditionellen) Status der Glaubensbekenntnisse verstanden werden, allerdings bekräftigt die *Confessio* ausdrücklich das Nicänische, Athanasianische und Apostolische Glaubensbekenntnis.

Wie ich etwas später ausführlicher darlegen werde, erfüllten die reformierten Bekenntnisse mehrere Funktionen. Sie zogen Grenzen, indem sie die Irrtümer der Gegner aufzeigten, formulierten Richtlinien bezüglich der Wissens- und Lehrinhalte und sie suchten nach Gemeinsamkeiten mit anderen Kirchen. Noch einmal mit den Worten Pelikans brachte die protestantische Reformation mit ihren verschiedenen Bekenntnissen «den Fragen nach der Verbindung zwischen lehrmässigem Bekenntnis, liturgischer Feier und moralischem Verhalten eine neue Aufmerksamkeit entgegen».[15] In den reformierten Bekenntnissen, so auch in der *Confessio Helvetica posterior*, bilden Glaubensbekenntnis, Handeln, Verkündigung der rechtgläubigen Lehre und Moral eine Einheit. Im Eingangskapitel und in Kapitel XVIII über die Diener der Kirche verbindet Bullinger Glauben und Kirchenzucht.[16] Das Bekenntnis, die Werke und das gottgefällige Leben gehören

14 Vgl. ZHB, Kap. II, 20f.
15 Pelikan, Credo (Anm. 6), 280.
16 Vgl. ZHB, Kap. I, 17f. und Kap. XVIII, 99.

untrennbar zusammen.[17] Deshalb wird, so meine ich, in der *Confessio* die Wortverkündigung als das zentrale Lehrmedium der ordinierten Pfarrerschaft für die Gemeinde besonders hervorgehoben. Die wahre Eintracht der Kirche besteht in der einträchtigen Verkündigung des Evangeliums.

Diese Einsicht leitet über zur Frage des Verhältnisses von altchristlichen Glaubensbekenntnissen und reformatorischen Bekenntnissen. Bullinger würdigt das Apostolische Glaubensbekenntnis als eine «Zusammenfassung» der göttlichen Schrift.[18] Die Bekenntnisse der Kirche, die in den 1560er Jahren bei den Reformierten, Lutheranern und Anglikanern entstanden, zielten darauf, die rechtgläubigen Lehraussagen zu der jeweiligen konkreten Situation in Beziehung zu setzen. «Auf diese Weise», so Bullinger, «halten wir den unversehrten und reinen, rechtmässigen und allgemeinen christlichen Glauben fest, weil wir wissen, dass in den genannten Bekenntnissen nichts enthalten ist, was dem Worte Gottes nicht entspräche oder nicht zur reinen Darlegung des Glaubens genügte.»[19]

Für Bullinger darf eine *Confessio* also nicht von einem anerkannten *Credo* abweichen. Sie bietet nichts Neues, sondern fokussiert die Glaubensaussagen lediglich auf eine konkrete Situation und ein aktuelles Problemfeld, wie die Ereignisse in Zürich und im Europa der 1560er Jahre. Die jeweiligen Bekenntnisse der grossen protestantischen Kirchen waren, wie wir wissen, das *Augsburger Bekenntnis* und das *Konkordienbuch* (1580), für die Anglikaner die *Thirty-nine Articles* (1563) und für die Presbyterianer die *Westminster Confession of Faith* von 1647/1648.

Trotzdem wurden im 16. und 17. Jahrhundert die Begriffe «Glaubensbekenntnis» im Sinne der altkirchlichen Tradition und reformatorisches «Bekenntnis» (*confessio*) in gewissem Masse austauschbar und willkürlich verwendet. Die Reformatoren bezeichneten in der Regel die Glaubensbekenntnisse der kirchlichen Tradition als Bekenntnisse im reformatorischen Verständnis und nicht umgekehrt. Der Protestantismus brachte das «Bekenntnis» als literarische Gattung hervor und distanzierte sich damit bewusst von der Form der traditionellen Glaubensbekenntnisse. Die reformatorischen Bekenntnisse gehörten zu einem Ensemble religiöser Schriften, die das kirchliche Leben betrafen: volkssprachliche Bibeln, Katechismen und Kirchenordnungen. Für die Reformatoren äusserten die Bekenntnisse wesentliche reformatorische Überzeugungen: die rechte Schriftauslegung und die lehrmässigen Glaubenswahrheiten. Für beides war die ge-

17 Vgl. ZHB, Kap. XVI.
18 ZHB, Kap. XVII, 87.
19 ZHB, Kap. XI, 55.

samte Kirche verantwortlich und nicht nur die geistliche und theologische Elite. Bekenntnisse sprechen für alle, so wie die Bibel zu allen spricht. Veränderungen und Entwicklungen sowohl bei der Schriftauslegung wie in der Lehre nötigten zur Reformierung der Bekenntnisse, um Fragen zu klären, die frühere Generationen noch gar nicht voraussehen konnten. Einer der Schlüssel zum Verständnis der Reformation liegt meines Erachtens in der Rekonstruktion jener Fragen, die die Kirchen während ihrer Konstituierungsphase beschäftigten und die thematische Entwicklung der Lehrgespräche prägten. Im Fall des *Zweiten Helvetischen Bekenntnisses* wirkten, wie mein früherer Student Mark Taplin gezeigt hat, die in Zürich besonders zwischen den Italienern ausgetragenen Debatten über die Dreieinigkeit als Initialzündung für die Formulierung eines neuen, unverbrauchten Glaubensbekenntnisses.

Der Aufstieg der Bekenntnisschriften in der Reformationszeit hängt auch mit dem Niedergang der mittelalterlichen Konzilien als Austragungsorte theologischer Diskussionen zusammen. Bekanntlich äusserten sowohl Luther als auch Zwingli die Hoffnung auf ein allgemeines Konzil, und für Zwingli spielte das konziliare Denken eine wichtige Rolle. Allerdings wurden diese Hoffnungen durch die Realität nicht bestätigt. Wie die gescheiterten Religionsgespräche der frühen 1540er Jahre zeigten, wiesen Konzilien keinen Weg, um die tief greifenden Differenzen zwischen Protestanten und Katholiken zu lösen.

Die reformierten Bekenntnisse weisen ein wichtiges Merkmal auf, das in der Literatur bisher weitgehend übersehen wurde. Anders als das lutherische Bekenntnis in seiner einzigartigen Gestalt, der augsburgischen Formulierung, hatten die Reformierten, wie bereits erwähnt, viele Bekenntnisse, die häufig mit den Kirchen einzelner Länder verknüpft waren: etwa der belgischen, der ungarischen, der schweizerischen. Das *Zweite Helvetische Bekenntnis* erreichte in Ungarn ein gewisses Mass an internationaler Anerkennung, in Frankreich und Schottland wurde es in eine Bekenntnisgemeinschaft aufgenommen, zu der auch das *Schottische Bekenntnis* von 1560 gehörte. Diese recht verwirrende und manchmal sogar widersprüchlich erscheinende Pluralität machte meiner Meinung nach eine Stärke der entstehenden reformierten Kirchen des 16. und frühen 17. Jahrhunderts aus.

Die Vielfalt der Bekenntnisse stand in direktem Zusammenhang mit den in Zürich und anderen Reformationszentren vorgetragenen Überzeugungen über Funktion und Zweck von Bibelübersetzungen. In Zwinglis Vorwort zur Bibel von 1531 finden wir Argumente, die von Bullinger besonders in der lateinischen Bibel von 1543 wiederholt werden. Mit Augustinus argumentieren die Zürcher Reformatoren dafür, dass eine Sammlung landessprachlicher oder lateinischer Übersetzungen der Bibel ein Zeichen kirchlicher Gesundheit darstelle. Die Vorstellung, eine bestimmte Übersetzung könne für alle Zeiten allgemeingültig sein, war ihnen fremd, auch wenn sie forderten, dass alle Übersetzungen der Führung des Heiligen Geistes und der Treue zu den Quellsprachen Griechisch und Hebräisch verpflichtet seien. Bullingers Überlegungen über Wesen und Auslegung der Schrift zu Beginn der *Confessio Helvetica posterior* gelten ebenso für das Verständnis der Zürcher Kirche im Hinblick auf Bibelübersetzungen.

Ich bin der Ansicht, dass das *Zweite Helvetische Bekenntnis* nur richtig verstanden werden kann, wenn man es in den Kontext der Bekenntnissammlungen der reformierten Kirche rückt. Es beansprucht an keiner Stelle Exklusivität, ganz im Gegenteil. Wie die Bibelübersetzungen standen auch die Bekenntnisse in einem Dialog untereinander und waren verbunden durch das gemeinsame Zeugnis des Wortes und die apostolische Lehre der Kirche. Begriffliche und sprachliche Unterschiede sollten den jeweiligen besonderen Umständen und Bedürfnissen der Kirchen gerecht werden. Darüber hinaus hatten die Bekenntnisse die Funktion, sich gegenseitig zu korrigieren oder vielleicht besser: sich wechselseitig zu ergänzen. In ihrer Gesamtheit bildeten sie die – auf verschiedene Arten und Weisen formulierte – Gesamtheit der Kirchenlehre. Edward Dowey, der verstorbene Professor der Theologie am Princeton Theological Seminary, charakterisierte einmal die reformierten Bekenntnisse als Cousinen ersten Grades mit ausgeprägten Familienähnlichkeiten, die aber nicht mit eineiigen Zwillingen verwechselt werden dürften.

IV. Die *Confessio Helvetica posterior* und Bullingers Vision der Katholizität der reformierten Kirchen

In der Vorrede der *Confessio* bemerkt Heinrich Bullinger, dass die Schweizer Kirchen, einschliesslich der Genfer, übereingekommen seien, «allen Gläubigen zu bezeugen, dass sie in der Einheit der wahren und alten Kirche Christi beharren». Der wahre und alte Glaube der Kirche ist für Bullinger das Merkmal der katholischen Kirche, die Grundlage dessen, was wir als die Katholizität der reformierten Autoren des 16. Jahrhunderts verstehen können.

Der Gedankengang wird in der Vorrede weiterentwickelt, wenn Bullinger sich der Frage zuwendet, warum es überhaupt ein weiteres Bekenntnis geben soll:

> «Bisher sind schon viele verschiedene Bekenntnisse und Erläuterungen des Glaubens verfasst worden, und besonders gegenwärtig werden solche von Königreichen, Völkern und Städten herausgegeben. Darin lehren und bezeugen diese in dieser letzten

> Zeit bei dem so unheilvollen Wachstum verderblicher Irrlehren, wie sie überall entstehen, dass sie in ihren Kirchen rechtgläubig und einfach denken, glauben und lehren in allen Stücken unseres christlichen Glaubens und unserer christlichen Religion, im allgemeinen wie im einzelnen, ferner, dass sie weit entfernt seien von der Gemeinschaft mit Irrlehren oder Sekten.»[20]

Verweilen wir einen Augenblick bei Bullingers Aussage. Die Kirchen brauchen die Bekenntnisse, um ihre Treue zu Gottes Wort zu demonstrieren. Bekenntnisse entstehen in bestimmten historischen Kontexten und müssen die Themen ihrer jeweiligen Gegenwart aufnehmen. Es ist kaum vorstellbar, dass Bullinger in den 1560ern nicht mehr unter dem Trauma des Verrats der Antitrinitarier in Zürich litt. Was ist die Aufgabe der Bekenntnisse? Sie sollen «lehren und bezeugen». Aber was? Sie bezeugen, dass die Kirche das lehrt, was «rechtgläubig und einfach» hinsichtlich der Lehren Christi ist. Ich denke, die innere Dynamik ist klar: Bekenntnisse sind historisch bedingt, und sie haben keinerlei Wert, wenn sie nicht erklären, was «rechtgläubig» und schriftgemäss ist.

Anschliessend wendet sich Bullinger in seiner Vorrede dem Zweck des *Zweiten Helvetischen Bekenntnisses* zu: Das Bekenntnis enthalte nichts Neues, alles Wesentliche sei schon oft genug gesagt worden. Aber es gebe Anlässe, angesichts derer die Lehren der Kirche kurz und bündig erläutert werden müssten. Häufig – ergänzt Bullinger –, würden die Lehren der Kirche zu weitläufig behandelt. All dies sei jedoch zweitrangig im Hinblick auf den konstitutiven Zweck des Bekenntnisses, nämlich aller Welt die «einmütige Übereinstimmung» zu bezeugen (vgl. 1Kor 1,10), «die Gott uns gegeben hat, so dass wir in unseren Kirchen, denen wir nach dem Willen Gottes dienen, alle dasselbe sagen und dass unter uns keine Streitigkeiten bestehen, sondern dass wir, eines Herzens und eines Sinnes, einen durchaus gesunden Leib bilden».[21]

Das Hauptaugenmerk der Vorrede liegt auf der Einheit der Kirchen in Lehre und Zucht. Der Zweck des Bekenntnisses ist einerseits defensiv – angesichts der innerreformatorischen Dispute – und andererseits evangelisch – im Sinne der Unterstützung anderer Kirchen, damit diese die richtige Lehre vertreten und Gemeinschaft mit der wahren Kirche haben können. Die abgelehnten Gegner werden in der *Confessio* nicht als «Papisten» oder «Rom» bezeichnet, sondern als solche, die «Irrlehren» verbreiten. Die nicht schriftgemäss Gläubigen lehren «Ketzereien».

20 ZHB, Vorrede, 10.
21 ZHB, Vorrede, 11.

Im Gegensatz dazu bildet die Lehre des Evangeliums die Grundlage reformierter Katholizität, eine Einheit zwischen Kirchen, die nach aussen hin verschieden sind, aber innerlich vereint in ihrem Festhalten an der Vorherrschaft von Gottes Wort.

> «Man wird daraus auch ersehen, dass wir uns von den heiligen Kirchen Deutschlands, Frankreichs und Englands und denen anderer Völker der christlichen Welt nicht durch frevelhafte Spaltung absondern und trennen, sondern mit ihnen im allgemeinen und besondern in diesem Bekenntnis christlicher Wahrheit völlig übereinstimmen und sie selbst mit aufrichtiger Liebe umfassen.»[22]

Der entscheidende Argumentationsgang zur Vereinbarkeit von Vielfalt und Einheit führt uns auch den Historiker Bullinger vor Augen, den Theologen, der das Wesen der göttlichen Offenbarung in der Geschichte der Menschheit zu ergründen suchte. Die Geschichte, so seine Beobachtung, habe bezüglich der Bräuche und Gepflogenheiten stets Unterschiede in der Kirche zugelassen, nicht jedoch bezüglich der wesentlichen Glaubenslehre.

> «Obgleich man nun in verschiedenen Kirchen einen gewissen Unterschied findet in Ausdruck und Formulierung der Lehre, in Gebräuchen und Zeremonien, die je nach Bedürfnis, Nutzen und Aufbau der einzelnen Kirchen angenommen wurden, ist das in der Kirche doch niemals als hinreichender Grund zur Zwietracht und Spaltung betrachtet worden. Denn immer haben die Kirchen Christi darin von der Freiheit Gebrauch gemacht. Das kann man aus der Kirchengeschichte sehen. Der alten christlichen Kirche genügte völlig jene allseitige Übereinstimmung in den Hauptstücken des Glaubens, im rechtgläubigen Sinn und in der brüderlichen Liebe.»[23]

Als Autor des *Zweiten Helvetischen Bekenntnisses* wirbt Bullinger für die gegenseitige Verständigung der Kirchen, die zu grösserer Einheit führen werde. Als Bedingungen dieser Einheit sollen die Kirchen Christi

> «mit uns gern auch selbst in der Einigkeit des Glaubens und der Lehre, im rechtgläubigen Sinn und in der brüderlichen Liebe übereinstimmen, wenn sie gesehen und gefunden haben, dass wir in der Lehre des heiligen und ewigen Gottes, ferner im rechtgläubigen Sinn und in der brüderlichen Liebe mit ihnen, besonders aber mit der alten apostolischen Kirche, in allem übereinstimmen».[24]

Die Stossrichtung ist klar: Die reformierte Kirche ist in Einheit mit der apostolischen Kirche verbunden, und die Einheit wird durch den «rechtgläubigen Sinn»

22 ZHB, Vorrede, 11.
23 ZHB, Vorrede, 11f.
24 ZHB, Vorrede, 12.

bewahrt. Die Kirche steht also in der Auslegungstradition, die die Übereinstimmung in den wesentlichen Lehraussagen aufgrund der Schrift garantiert, während im Bereich der Adiaphora Unterschiede möglich sind.

Die geschichtliche Berufung auf die Tradition wird in der *Confessio* nachdrücklich durch den Verweis auf altehrwürdige Dekrete zur Unterscheidung zwischen Ketzerei und Rechtgläubigkeit konkretisiert: Zur Grenzziehung zwischen Wahrheit und Irrtum zitiert Bullinger aus dem Codex Iustinianus:

> «Wir wollen, dass alle Völker unter dem Regiment unserer gnädigen Herrschaft in dem Glauben wandeln, den der heilige Apostel Petrus den Römern überliefert hat – was der Glaube bezeugt, der bis heute von ihm selbst in uns eingepflanzt wurde –, und dem offensichtlich der Papst Damasus und der Bischof Petrus von Alexandria, ein Mann von apostolischer Heiligkeit, folgen: das heisst, dass wir nach der apostolischen Lehre und der evangelischen Unterweisung an *eine* Gottheit des Vaters, des Sohnes und des Heiligen Geistes glauben, alle von gleicher Herrlichkeit und in heiliger Dreieinigkeit. Wir befehlen, dass diejenigen, die diesem Gesetz folgen, den Namen katholischer Christen tragen.»[25]

Das Insistieren auf der Dreieinigkeit als Herzstück der Rechtgläubigkeit gewinnt noch an Gewicht, wenn sie in den Zusammenhang der Kämpfe gerückt wird, die Bullinger in Zürich in dieser Sache ausfechten musste. Das wird durch einen zweiten Verweis in der Vorrede zur *Confessio* bestätigt, bei dem sich Bullinger auf Hieronymus' Verteidigung der nicänischen Formulierung des Glaubensbekenntnisses beruft.

In Kapitel I des *Zweiten Helvetischen Bekenntnisses* über die Heilige Schrift begegnet Bullingers bekannter Satz, dass die Verkündigung von Gottes Wort das Wort Gottes sei. Er erklärt, dass die kanonischen Schriften,

> «das wahre Wort Gottes sind, und dass sie aus sich selbst heraus Kraft und Grund genug haben, ohne der Bestätigung durch Menschen zu bedürfen. Denn Gott selbst hat zu den Vätern, Propheten und Aposteln gesprochen [Hebr 1,1–2] und spricht auch jetzt noch zu uns durch die Heiligen Schriften.»[26]

Und doch verweist die *Confessio* in Kapitel I mehrfach auf den kirchlichen Rahmen, in dem das Wort Gottes empfangen und verbreitet wird:

25 ZHB, Vorrede, 13f.
26 ZHB, Kap. I, 17.

«Wenn also heute dieses Wort Gottes durch rechtmässig berufene Priester in der Kirche verkündigt wird, glauben wir, dass Gottes Wort selbst verkündigt und von den Gläubigen vernommen werde.»[27]

Die reformierte Tradition ist besonders durch die gemeinschaftliche Verkündigung der Heiligen Schrift durch Wort und Sakrament ausgezeichnet. Auf diese Weise wird die Kirche von Christus durch den Heiligen Geist aufrechterhalten. Die Schriftauslegung bildet die Grundlage für das reformierte Verständnis von Katholizität. Die Heilige Schrift hat Vorrang, sie steht über der Tradition. Gleichwohl ist die Tradition von entscheidender Bedeutung und wird laufend im Lichte der Lehren aus der Schrift reformiert. Der Tradition kommt eine wichtige Rolle zu. Die Heiligen Schriften sind einzigartig, aber nicht einzig. Die reformierte Kirche begegnet ihnen nicht als unbeschriebenes Blatt,[28] sondern im Lichte der überkommenen Tradition, in deren Zentrum die nicäno-chalcedonensische Lehre steht. Wie Todd Billings schreibt: «Die katholisch-reformierte Tradition strebt auch danach, die Heilige Schrift gemeinsam mit Christen anderer Zeitalter zu lesen, um das Wirken des Heiligen Geistes in der Vergangenheit zu erkennen.»[29]

Nach Bullingers Argumentation, der auch die anderen Reformatoren folgen, ist die Christologie der reformierten Kirchen katholisch. Sie halten an der nicänischen Vorstellung von Jesus Christus als dem wahren Mittler fest. Insofern hat das *Zweite Helvetische Bekenntnis* die Wiederaneignung der Texte und Traditionen der Vergangenheit zum Ziel. Die Autorität der Heiligen Schrift anzuerkennen, schliesst nicht aus, auf die Stimmen der Vergangenheit zu hören und sich mit den Zeugnissen von Gottes Wort zu befassen, die aus den früheren Kirchen überliefert sind.

Am deutlichsten wird dieser Umgang mit der Vergangenheit im *Zweiten Helvetischen Bekenntnis* in der Aussage über den Platz der Väter in der Auslegung der Schrift:

«Deshalb verachten wir nicht die Auslegungen der heiligen griechischen und lateinischen Kirchenväter, und wir missbilligen auch nicht ihre Auseinandersetzungen und Abhandlungen über heilige Dinge, sofern sie mit den Schriften übereinstimmen; immerhin lehnen wir sie in aller Bescheidenheit ab, wenn es sich ergibt, dass sie den Schriften fremde oder gar ihnen widersprechende Gedanken vorbringen. Und wir glauben ihnen dann keineswegs Unrecht zu tun, da sie alle einstimmig ihre eigenen

27 ZHB, Kap. I, 18.

28 Vgl. J. Todd Billings, Chatholic and reformed. Rediscovering a tradition: Pro Ecclesia 23/2014 132–146.

29 Billings, Catholic (Anm. 28), 138.

Schriften den kanonischen – das heisst biblischen – nicht gleichgestellt haben wollen, sondern geradezu auffordern zu prüfen, ob sie mit jenen übereinstimmen oder von ihnen abweichen, und verlangen, dass man das Übereinstimmende annehme und vom Widersprechenden abstehe.»[30]

Im letzten Teil dieses Vortrags möchte ich mich Calvin und der Frage der Katholizität zuwenden und hoffe, damit meine Argumentation nochmals zu verdeutlichen. Calvin engagierte sich, und das wird nicht genug gewürdigt, für die Einheit der sichtbaren Kirche. Über viele lange und schmerzhafte Jahre hinweg versuchte er, den Bruch zwischen Lutheranern und Zwinglianern zu überwinden, aber erntete nur spärlichen Dank für seine Bemühungen.

Calvins Relevanz in unserem Zusammenhang besteht in seiner klaren und unmissverständlichen Unterscheidung zwischen primären und sekundären Lehren. Einheit gründet für Calvin auf derjenigen kirchlichen Lehre, die wesentlich für die Erlösung ist: auf der *doctrina qua Ecclesia Christi fundatur*, der Lehre, auf der die Kirche Christi fusst.

Calvins Unterscheidung nimmt eine Überlegung aus dem *Zweiten Helvetischen Bekenntnis* bereits vorweg, wenn er im IV. Buch der *Institutio* über die Einheit der Kirche bemerkt:

«Denn nicht alle Stücke der wahren Lehre sind von gleicher Gestalt. Einige unter ihnen sind derart notwendig zu wissen, dass sie bei allen unerschütterlich und unzweifelhaft fest stehen müssen, gleichsam als die eigentlichen Lehrstücke der Religion. Dazu gehören zum Beispiel folgende Aussagen: Es ist ein Gott, Christus ist Gott und Gottes Sohn, unser Heil besteht in Gottes Barmherzigkeit, und andere Aussagen gleicher Art. Dann gibt es andere Lehrstücke, über die unter den Kirchen Meinungsverschiedenheiten herrschen, die aber die Einheit im Glauben nicht zerreissen. Denn welche Kirchen werden sich um des einen Punktes willen miteinander entzweien, dass die eine ohne Streitsucht, und ohne hartnäckig auf ihrer Behauptung zu bestehen, der Meinung ist, die Seelen führen, wenn sie den Leib verliessen, sogleich in den Himmel, die andere dagegen über den Ort nichts Genaues auszusagen wagt, aber doch klar daran festhält, dass diese Seelen dem Herrn leben?»[31]

Calvin war sorgfältig darauf bedacht, Streitigkeiten zwischen den Gemeinden zu vermeiden. Kirche war für ihn authentisch, wenn sie an der grundlegenden Lehre festhielt. Diese Lehre wurzelt ausschliesslich in der Bibel. Von der Richtschnur

30 ZHB, Kap. II, 21.

31 Johannes Calvin, Unterricht in der christlichen Religion. Institutio Christianae Religionis. Nach der letzten Ausgabe von 1559 übersetzt und bearbeitet von Otto Weber. Neuausgabe, Neukirchen-Vluyn 2008, IV, 1,12.

sola scriptura durfte die Kirche niemals abweichen. Das macht das Fundament von Calvins Verständnis von Katholizität aus.

Zweitens gründete Calvins Katholizitätsverständnis auf der Herrschaft Christi. Wie der katholische Theologe Alexandre Ganoczy betont, dass Calvin beharrlich eine Rückkehr zu Christus durch das Evangelium vertrete und diese Rückkehr die Kontinuität der Kirche voraussetze und alles Neue ablehne.[32] Für Calvin sind *sola scriputra* und die Herrschaft Christi von grundlegender Bedeutung für die Kirche und für Katholizität.

Im Jahr 2017 begehen viele Christen das 500-jährige Jubiläum der Reformation. Die Gründe für das Gedenken sind komplex und vielfältig, aber ich hoffe, dass mein Vortrag heute Abend im Geiste ihrer Tagung etwas dazu beigetragen hat. Bullingers europäischer Kontext bildete die Katholizität der reformierten Leitfiguren im 16. Jahrhundert, es ging um die Gliedschaft am Leib Christi. Doch war die *Confessio* nie nur ein Text der Rechtgläubigkeit, sondern ein alles durchdringendes, tiefgehendes Bemühen um die Einheit dieses Leibes in einem Zeitalter der Gewalt, Fragmentierung und scharfen Polemik. Die Reformatoren fanden die Katholizität in Gottes Wort, genauer: in Gottes Wort, wie es in der Gemeinde, in der Kirche, ausgelegt und gelebt wird. Zu verstehen, was Kirche sein bedeutete, verlangt, sich auf die Begegnung mit der Weisheit der Vergangenheit einzulassen, um von ihr das Wesentliche zu lernen.

Für Bullinger und Calvin bestand die Katholizität der Kirche durch die Zeiten hindurch im Hören auf die Verkündigung von Gottes Wort. Sie bestand in der Zurückweisung menschengemachter Traditionen und zugleich im Festhalten am reichen kirchlichen Erbe gelebter Glaubensgemeinschaft. Ungeachtet ihrer Reputation strebten die Reformatoren nach einem umfassenden Verständnis von Katholizität der Kirche, und sie taten dies in der Hoffnung auf grössere Einheit. Als Menschen ihrer Zeit waren ihre Überzeugungen durch andere Bedingungen und Erfahrungen geprägt als in unserer Welt. Aber sie sind Vorbilder. Sie blickten in die Vergangenheit, um den Reichtum des Glaubens zu finden.

32 Vgl. Alexandre Ganoczy, Le jeune Calvin. Génèse et évolution de sa vocation réformatrice, Wiesbaden 1966, 260.

Autorinnen und Autoren

Ariane Albisser, * 1993; Doktorandin und Assistentin am Institut für Schweizerische Reformationsgeschichte an der Theologischen Fakultät der Universität Zürich.

Luca Baschera, * 1980; Dr. phil., Wissenschaftlicher Mitarbeiter am Institut für Schweizerische Reformationsgeschichte der Universität Zürich, Privatdozent für Praktische Theologie der Theologischen Fakultät der Universität Zürich und Beauftragter für Theologie bei der Evangelisch-reformierten Kirche Schweiz.

Michael Beintker, * 1947; Prof. em. Dr. theol. Dr. h. c., bis 2015 Professor für Systematische Theologie und Direktor des Seminars für Reformierte Theologie an der Evangelisch-Theologischen Fakultät der Westfälischen Wilhelms-Universität Münster.

Jan-Andrea Bernhard, * 1971; Prof. Dr. theol., Titularprofessor für Kirchengeschichte an der Theologischen Fakultät der Universität Zürich.

Amy Nelson Burnett, * 1957; Paula and D. B. Varner-Professorin für Geschichte an der University of Nebraska-Lincoln, USA.

Emidio Campi, * 1943; Prof. em. Dr. theol. Dr. h. c., bis 2009 Professor für Kirchen- und Dogmengeschichte und ehemaliger Leiter des Instituts für Schweizerische Reformationsgeschichte an der Theologischen Fakultät der Universität Zürich.

Eva-Maria Faber, * 1964; Prof. Dr. theol., Professorin für Dogmatik und Fundamentaltheologie an der Theologischen Hochschule Chur.

Bruce Gordon, * 1962; Titus-Street-Professor für Kirchengeschichte an der Yale Divinity School, New Haven CT.

Martin Ernst Hirzel, * 1965; Dr. theol., Beauftragter Personalentwicklung Pfarrschaft, Reformierte Kirchen Bern-Jura-Solothurn.

Gottfried Wilhelm Locher, * 1966; Dr. theol., MBA, Präsident der Evangelisch-reformierten Kirche Schweiz und Präsident der Gemeinschaft Evangelischer Kirchen in Europa (GEKE).

Frank Mathwig, * 1960; Prof. Dr. theol., Beauftragter für Theologie und Ethik bei der Evangelisch-reformierten Kirche Schweiz und Titularprofessor für Systematische Theologie/Ethik an der Theologischen Fakultät der Universität Bern.

Peter Opitz, * 1957; Prof. Dr. theol., Professor für Kirchen- und Dogmengeschichte von der Reformationszeit bis zur Gegenwart und Leiter des Instituts für Schweizerische Reformationsgeschichte an der Theologischen Fakultät der Universität Zürich.

Martin Sallmann, * 1963; Prof. Dr. theol., Professor für Neuere Geschichte des Christentums und Konfessionskunde an der Theologischen Fakultät der Universität Bern.

Christiane Tietz, * 1967; Prof. Dr. theol., Professorin für Systematische Theologie und Leiterin des Instituts für Hermeneutik und Religionsphilosophie der Theologischen Fakultät der Universität Zürich.